U0924497

理想
中国

理想中国·丛书

中国扶贫

雷明　李浩　等◎著

CHINA' S
POVERTY ALLEVIATION

清華大學出版社
北　京

图书在版编目（CIP）数据

中国扶贫 / 雷明等著. —北京：清华大学出版社，2020.4
（理想中国丛书）
ISBN 978-7-302-52876-0

Ⅰ. ①中… Ⅱ. ①雷… Ⅲ. ①扶贫－研究－中国 Ⅳ. ①F126

中国版本图书馆 CIP 数据核字（2019）第 083036 号

责任编辑：左玉冰
封面设计：李召霞
版式设计：方加青
责任校对：王凤芝
责任印制：宋 林

出版发行：清华大学出版社
网 址：http://www.tup.com.cn，http://www.wqbook.com
地 址：北京清华大学学研大厦 A 座 邮 编：100084
社 总 机：010-62770175 邮 购：010-62786544
投稿与读者服务：010-62776969，c-service@tup.tsinghua.edu.cn
质 量 反 馈：010-62772015，zhiliang@tup.tsinghua.edu.cn
印 装 者：三河市龙大印装有限公司
经 销：全国新华书店
开 本：148mm×210mm 印 张：16.375 字 数：476 千字
版 次：2020 年 4 月第 1 版 印 次：2020 年 4 月第 1 次印刷
定 价：129.00 元

产品编号：080998-01

目　录

第一章　绪论……………………………………………………1

第一节　贫困与反贫困理论……………………………………………1

一、贫困的定义与成因………………………………………………1

二、反贫困理论………………………………………………………3

三、中国扶贫理论与政策的发展……………………………………4

第二节　中国的扶贫历程与成就………………………………………5

一、扶贫历程…………………………………………………………5

二、扶贫的成就与意义………………………………………………9

第二章　中国扶贫史………………………………………………20

第一节　中华人民共和国成立后的扶贫………………………………20

一、1949—1979 年救济式……………………………………………21

二、1979—1985 年以工代赈…………………………………………23

三、1986—1993 年以县为中心………………………………………25

四、1993—2000 年八七扶贫攻坚……………………………………27

五、2001—2010 年整村推进…………………………………………30

六、2011—2013 年集中连片…………………………………………33

七、2013 年精准扶贫…………………………………………………36

八、2017 年深度扶贫…………………………………………………42

第二节　总结……………………………………………………………44

第三章　中国扶贫模式……………………………47
第一节　输血救济式扶贫……………………………47
第二节　以工代赈模式……………………………48
第三节　以县为中心的扶贫……………………………51
第四节　整村推进……………………………54
第五节　集中连片特困地区扶贫……………………………58
第六节　精准扶贫……………………………62
第七节　深度扶贫……………………………67
第八节　可持续扶贫……………………………70
第四章　中国扶贫治理结构……………………………75
第一节　公共品、准公共品及扶贫……………………………75
一、基本概念……………………………75
二、扶贫的准公共品属性……………………………76
第二节　政府：主导—引导……………………………76
一、政府主导阶段……………………………77
二、政府引导阶段……………………………78
第三节　市场：无—有……………………………83
一、市场力量的引入……………………………83
二、产业扶贫模式……………………………83
第四节　群众：主体……………………………91
一、参与式扶贫的发展……………………………91
二、参与式扶贫面临的挑战……………………………92
第五节　社会：参与……………………………95
一、社会组织参与扶贫……………………………95
二、民营企业参与扶贫……………………………96
三、个人参与扶贫……………………………97
第六节　国际组织：助推……………………………99
一、国际组织在中国的扶贫工作……………………………99
二、国际组织的助推作用……………………………102

作者简介

雷明，男，北京大学贫困地区发展研究院院长，北京大学光华管理学院教授（二级），博士生导师。英国爱丁堡大学 H. 教授。国务院扶贫开发领导小组专家咨询委员会委员，教育部教学指导委员会专业委员会委员，国家统计局中加统计信息管理项目（环境）咨询委员会委员，中国运筹学会专业委员会副理事长，中国环境科学协会环境经济学专业委员会副主任委员，国际决策科学协会（DSI）亚太地区决策科学协会（APDSI）当选主席（President elect）。

长期从事有关中国贫困地区可持续发展、可持续减贫、生态扶贫、贫困治理等研究工作，成果丰硕。多次主持或作为子课题主持人承担完成了包括国家自然科学重大、国家社科重大等多项基金研究项目以及中央和地方委托项目。

发表论文百余篇，完成调研报告几十部。研究论文相继在 *Energy Policy, Omega, The International Journal of Management Science, Decision Support Systems, International Journal of Production Economics, International Journal of Production Research, Review of Development Economics, International Journal of Social Economics, Sustainablity, Revue Generale de Strategie, Journal of Intelligent & Fuzzy Systems, Mathematical Problems in Engineering* 等国际重要学术期刊上发表。

代表性学术专著《贫困山区可持续发展之路——基于云南昭通地区调查研究》（2010）、《科学发展　构建和谐——贵州省毕节地区开发扶贫与生态建设》（2008）、《农村信息化模式选择与路径依赖——广东德庆县农村信息化调查与分析》(2013)、《旌德调查——关于安徽省旌德县多元扶贫的调查报告》(2017)、《新型城镇化与减贫发展》（2018）、《贫困与贫困治理——来自中国的实践（1978—2018）》（2019）《可持续发展下绿色核算——资源经济环境综合核算》（1999）、《绿色投入产出核算——理论与应用》（2000）、《中国资源经济环境绿色核算（1992—2002）》（2010）、《中国资源经济环境绿色核算综合分析（1992—2002）》（2011）、Fair Development in China：12, Fair Development: The Construction of a Rural Social Governance Ecology in China（Springer,2016）、Green GDP Estimates in China, Indonesia, and Japan: An Application of the UN Environmental and Economic Accounting System, Chapter 6: SEEA & Green GDP for China（United Nations University Press，Tokyo，2000）、China's Sustainable Development Framework，Chapter 3: The Estimate of the China's Green GDP in 1992（United Nations University Press，Tokyo，1999）等。

先后应邀在 Nature，新华社，《人民日报》《光明日报》《文汇报》《半月谈》，The Guardian，Straits Times，China Watch，《经济参考报》，《经济观察报》《解放日报》《大公报》《中宣部时事报告》，中央电视台一套、二套，凤凰卫视等重要媒体就相关问题接受专访和发表论点。

获全国优秀博士称号，教育部新世纪人才计划，中国绿色人物特别奖，中国环境与发展国际合作委员会环境奖，其他国家级奖励二等奖 1 项，国家级奖励三等奖 1 项，省部级奖励一等奖 1 项，省部级奖励二等奖 3 项等。

李浩，男，北京大学光华管理学院在读博士生，参与多项导师雷明主持的科研项目，发表 SCI 论文一篇，国内核心期刊论文多篇，作为主要参与者参与导师主持的国务院扶贫办项目，并作为主要合作者与导师共同出版《新型城镇化与减贫发展》（2018）。

编 委 会

理想中国丛书的使命与定位

经过近四十年的快速发展，中国现实社会正处于发展模式转变的新阶段。在此关键时期，本丛书试图以科学的方法和负责任的态度，反思历史，分析现状，提出对未来中国社会的理想建构,这已成为中国当下的一个重要课题。在此背景下，本丛书以有中国特色的公正发展为主旨，汇集各个学科资深学者的集体智慧，从多个方面共同描绘理想中国的宏伟蓝图。

本丛书根植于学术研究之上的长期积累，深度反映中国经济、政治、社会和文化等诸多方面，强调前瞻性的观察和思考，兼具思想性、建设性、创新性及社会责任感。每本著作聚焦于一个主题，并努力达到如下四个目标：（1）追溯、反思并梳理历史脉络；（2）深刻记录剖析中国现实；（3）清晰描绘未来的理想；（4）担当社会责任，为社会发展提供新的思路和建议。

以上使命和目标将成为我们恒久不变的追求。

理想中国丛书编委会

2017 年 6 月 19 日

第七节 总结……103

第五章 中国扶贫机制……104

第一节 经济扶贫机制……104
一、宏观经济增长与扶贫……104
二、政府宏观调控机制与扶贫……111
三、市场机制与扶贫……115
第二节 法制扶贫机制……122
一、法制机制存在的问题……123
二、完善法制扶贫的路径选择……124
第三节 道德扶贫机制……126
一、道德扶贫的动因分析……127
二、道德扶贫的路径选择……128
第四节 内生动力扶贫机制……129
一、内生动力的定义……129
二、贫困农户内生动力不足的成因分析……129
三、提升农民内生动力的路径选择……131
第五节 总结……132

第六章 中国扶贫政策体系……134

第一节 研究问题……134
一、问题提出……134
二、研究现状……135
第二节 中国扶贫政策体系……139
一、分散式扶贫政策体系……140
二、系统化扶贫政策体系……144
三、精准化扶贫政策体系……149
四、深度扶贫政策体系……153
五、可持续扶贫政策体系……158
第三节 总结……161

第七章　中国扶贫组织保障……163

第一节　组织保障的含义……163

一、组织及组织理论……163

二、组织保障及中国扶贫体系……164

第二节　中国扶贫组织保障形式……167

一、四种组织保障形式概述……167

二、案例分析……176

第三节　总结及建议……185

第八章　中国扶贫工作机制……189

第一节　自上而下、自下而上……189

一、政策执行具体环节——识别机制……190

二、扶贫执行整体模式……195

三、小结……197

第二节　菜单式与订单式……198

一、订单式扶贫……199

二、菜单式扶贫……200

三、小结……206

第三节　学后干与干中学……207

一、学后干……207

二、干中学……208

三、小结……210

第四节　政府主导与市场主导……211

一、必要性……211

二、文献回顾……212

三、优势与不足……213

四、解决路径——构建政府主导下市场化扶贫的新模式……214

五、小结……217

第五节　供给侧与需求侧……217

一、文献回顾……217

二、扶贫供给侧结构改革……218
三、扶贫需求侧改革……219
四、小结……222

第九章 中国扶贫能力建设……223

第一节 基础设施建设……224
一、交通运输……225
二、电力……226
三、供水……227
第二节 公共服务建设……228
一、公共教育……229
二、文化体育……230
三、公共卫生与基本医疗服务……231
四、社会保障……233
第三节 财政体系建设……234
一、财政资金扶贫……234
二、税收优惠……236
三、筹措机制创新……237
第四节 金融体系建设……238
一、信贷扶贫……238
二、多种金融组织方式扶贫……238
第五节 信息化建设……241
一、信息基础设施建设……241
二、“互联网+”扶贫……241
第六节 市场培育……244
一、市场机制引入……245
二、产业扶持……245
第七节 人力资源培育……247
一、脱贫主体培育……247
二、扶贫队伍建设……248

第八节　总结……250

第十章　中国扶贫实现路径……252

第一节　输血救济……252
一、输血救济的概念……252
二、输血救济的实现路径……253
第二节　以工代赈……253
一、以工代赈的概念……253
二、以工代赈的实现路径……254
三、以贵州省为例……255
第三节　以县为中心……258
一、以县为中心的概念……258
二、以县为中心的实现路径……259
三、以安徽省潜山县为例……262
第四节　整村推进……264
一、整村推进的概念……264
二、整村推进的实现路径……264
三、以宽城满族自治县北杖子村为例……267
第五节　片区扶贫……269
一、片区扶贫的概念……269
二、片区扶贫的实现路径……269
第六节　精准扶贫……275
一、精准扶贫的概念……275
二、精准扶贫的实现路径……276
三、以湖北省恩施州为例……278
第七节　深度扶贫……280
一、深度扶贫的概念……280
二、深度扶贫的实现路径……281
三、以凉山州为例……284
第八节　可持续扶贫……286

一、可持续扶贫的概念……286
二、可持续扶贫的实现路径……286

第十一章　以县为中心的扶贫……289

第一节　成就……289
第二节　经验……291
一、核准家底、精准定位……291
二、促进转移就业……293
三、积极鼓励创新创业……294
四、智志双扶、精神扶贫……295
五、动态管理社保信息……297
六、跟踪服务不可忽视……300
七、在农村推行“三变”改革……300
第三节　问题……303
第四节　对策……305
一、稳脱贫，建立增收渠道……305
二、加强和改善生态扶贫……305
三、加大开发式扶贫的力度，提高扶贫政策的帮扶作用……307
四、分类施策，强化扶贫政策的针对性……308
五、科学监督、考核、评估……308
第五节　总结……311

第十二章　整村推进扶贫……314

第一节　成就……314
第二节　经验……319
一、参与式扶贫，以人为本……320
二、整合资源，综合扶贫……323
三、瞄准扶贫对象，因地制宜……324
四、加强瞄准机制……327
第三节　问题……330

一、资金投入问题……330
二、瞄准问题……330
三、贫困村适用类型限制……331
四、贫困人群的可持续发展问题……332
第四节　对策……333
一、改进资源整合机制……333
二、健全扶贫项目管理和验收评估机制……334
三、协调扶贫项目与区域经济发展……335
四、加强贫困对象知识教育和技能培训……335

第十三章　片区扶贫……337

第一节　绪　论……337
一、集中连片特困地区的概念内涵……338
二、集中连片特困地区扶贫政策的发展历程……339
三、集中连片特困地区的基本特征……340
四、集中连片特困地区致贫原因分析……342
第二节　中国片区扶贫取得的成就……346
一、社会经济发展统计各项指标呈逐年递增趋势……346
二、贫困人口数量和贫困发生率大幅缩减……347
三、居民人均可支配收入和人均消费水平均有明显提升……349
四、基础设施状况日臻完善……351
五、文化教育和卫生事业进步明显……352
六、生产生活条件明显改善，农户耐用消费品拥有量显著增加……353
第三节　中国片区扶贫的典型经验……354
一、滇桂黔石漠化片区产业扶贫模式……355
二、武陵山片区金融精准扶贫模式——以湖南省张家界为例……357
三、大别山片区旅游精准扶贫模式——以安徽省六安市为例……358

四、秦巴山区易地搬迁精准扶贫模式——以四川省苍溪县为例……360
五、启示……362
第四节 中国片区扶贫存在的问题……363
第五节 中国片区扶贫的对策建议……366
第六节 总结……368

第十四章 精准扶贫……371

第一节 绪论……372
第二节 精准扶贫战略的形成及基本内涵……374
一、精准扶贫的基本概念……374
二、精准扶贫战略的形成过程……375
三、精准扶贫的内涵……376
第三节 精准扶贫的减贫成就……382
一、精准扶贫取得决定性进展……382
二、多维扶贫措施成效显著……386
第四节 精准扶贫的实践案例……389
一、案例 1：沿河县的创新扶贫模式……389
二、案例 2：汝城县的“面子工程”……394
第五节 精准扶贫的实践困境与应对策略……397
一、精准扶贫面临的实践困境……397
二、应对策略……402
第六节 总结……405

第十五章 深度扶贫……408

第一节 深度扶贫的理论基础及主要成因……408
一、深度扶贫的理论基础……408
二、深度贫困的主要成因……410
第二节 深度扶贫的成就与经验……412
一、现阶段深度扶贫取得的成就……412

二、深度扶贫的成功经验……415
第三节 深度扶贫的难点和问题……416
一、法律问题……416
二、干部问题……418
三、观念问题……419
第四节 深度扶贫问题的解决措施……421
一、明确指导思想和扶贫目标……421
二、扶贫法治化……424
三、扶贫“自主化”……425
四、扶贫区域化……428
五、干部队伍是中坚力量……429
第五节 总结……432
第十六章 可持续扶贫……434
第一节 绪论……434
一、可持续扶贫的概念内涵……435
二、可持续扶贫的基本特征……436
第二节 产业融合：可持续扶贫发展新模式……438
一、金融业参与扶贫工作，助推可持续扶贫发展……438
二、乡村振兴战略下的民族地区旅游可持续扶贫……442
第三节 可持续扶贫案例……444
一、海南省产业扶贫新模式……444
二、陕西省特色农村经济发展模式——以渭南白水县为例……446
三、河北省光伏产业扶贫新情况——以张北县为例……448
四、宁夏因地制宜扶贫发展新战略——以宁夏滩羊产业、养蜂产业为例……450
五、湖南省探索生态模式助脱贫……455
第四节 可持续扶贫存在的问题……457
第五节 总结……459

第十七章　中国扶贫经验总结……………………461

第一节　精准扶贫……………………461

一、精准扶贫的理论意蕴……………………462

二、精准扶贫的实现路径……………………463

第二节　开放式扶贫……………………466

第三节　绿色扶贫……………………469

第四节　可持续扶贫……………………473

第五节　共享扶贫……………………476

第六节　协调扶贫……………………482

第七节　创新扶贫……………………486

第十八章　总结……………………492

第一节　本书要旨……………………492

第二节　中国贫困现状……………………494

一、区域发展不均衡……………………494

二、脱贫难度加大……………………495

三、返贫现象时有发生……………………497

四、贫困退出机制亟待完善……………………497

第三节　思考与建议……………………498

一、明确指导思想，加大政策倾斜力度……………………498

二、打破行政体制固化，实现跨省连片治理……………………498

三、促进产业培育，激发贫困人口脱贫内生动力……………………499

四、提高公共服务水平，改善农村生活条件……………………500

五、推动广泛参与……………………500

六、队伍建设……………………500

第四节　2020年扶贫工作展望……………………501

第一章 绪　论

第一节　贫困与反贫困理论

18 世纪工业革命开始以来，科学技术发展迅猛，机器开始替代人工，劳动力得以解放，生产效率逐步提高，社会财富不断积累；同时，科技进步也加剧了世界各国的不均衡发展，贫富差距加大等问题日益凸显。第二次世界大战结束后，随着全球化进程加快，发展中国家不断发声，贫困问题为全世界所关注，“消除贫困”成为世界大多数国家重要的发展目标。

一、贫困的定义与成因

贫困是伴随着人类社会形成与发展而存在的世界性现象，是相对于富足而存在的，因而不同国家、不同民族都会出现贫困；贫困的表现方式是随着国家或区域的经济条件变化而发展的。因此，不同国家的人们，在不同的时间，对贫困的认识也不尽相同。

19 世纪末到 20 世纪初，英国的布什（Booth）和朗特里（Rowntree）出版了专著讨论贫困问题。朗特里最早系统地提出贫困的定义：“如果一个家庭的总收入不足以维持家庭人口最基本的生存活动要求，那么，这个家庭就基本上陷入了贫困之中。”① 人们早期对贫困的理解只

感谢娄新琳为本章做出的工作 .

① 西博姆•朗特里 . 贫乏研究 [M]. 长泽弘毅，译 . 东京：株式会社千城，1975：1-2.

停留在物质层面。百年间，学术界和国际机构都依据区域国家或全球发展的不同状况对贫困进行了定义，随着贫困理论的不断发展，贫困的定义也越来越完善。

加尔布雷斯（Galbraith，1958）认为一个人贫困与否同时由他个人所拥有的收入和社会中其他人的收入水平决定。此后，鲁西曼（Runciman，1966）与汤森德（Townsend，1971）提出相对贫困理论。汤森德认为那些缺乏获得各种食物、参加社会活动和最起码的生活与社交条件等资源的个人、家庭和群体就是贫困的，他们被剥夺了享有这些资源的权利。[①]1998 年诺贝尔经济学奖获得者阿马蒂亚·森（Amartya Sen）首次使用权利方法进行贫困研究，在 20 世纪 90 年代提出从“可行能力”视角对贫困进行分析，指出要“用一个人所拥有的、享受自己有理由珍视的那种生活的实质自由，来判断其个人的处境”，森认为贫困是“基本可行能力被剥夺，而不仅仅是收入低下”[②]，收入低下只是可行能力缺乏的一种直观表现和重要原因。

《1990 年世界发展报告》根据森的贫困理论将贫困定义为“缺少达到最低生活标准的能力”[③]。《2000/2001 年世界发展报告》中，世界银行将广义的贫困定义为“贫困是指福利的被剥夺状态”，指出“贫困不仅指物质的匮乏，而且还包括低水平的教育和健康”。除此之外，“贫困还包括风险和面临风险时的脆弱性，以及不能表达自身的需求和缺乏影响力”。[④]

人们对贫困产生原因的认识也是随着贫困概念的研究而开展的。早期人们对贫困的解读主要集中在物质层面，认为造成贫困的原因是收入少导致的生活资源缺乏，即绝对贫困，这时的贫困研究主要以经济学理论为依据。随着贫困研究的不断深入和人类需求层次理论的形成、相

---

① 郭熙保，罗知．论贫困概念的演进 [J]. 江西社会科学，2005（11）：38-43.

② 阿马蒂亚·森．以自由看待发展 [M]. 任赜，于真，译．北京：中国人民大学出版社，2002.

③ 世界银行．1990 年世界发展报告 [M]．北京：中国财政经济出版社，1990：52.

④ 2000/2001 年世界发展报告：与贫困作斗争 [M].《2000/2001 年世界发展报告》翻译组译．北京：中国财政经济出版社，2001.

对贫困的概念确立，精神文化需求的缺失成为造成贫困的重要因素。

20世纪90年代，阿马蒂亚·森提出的“能力贫困”开拓了贫困研究的新方向，贫困理论不再局限于经济学分析，还加入了伦理学理论。“能力贫困”理论引入“可行能力”和“可行能力集”两个新概念，并认为自由是人类发展的目标和手段，“可行能力”被剥夺将直接导致丧失实质自由，进而产生贫困。因而，贫困外在形式产生的根本原因在于能力和机会被剥夺。

贫困是一个多元化概念，包含物质、健康、文化、法律和政治等多方面内涵。贫困概念和相关理论的不断完善，有力地支持了反贫理论的发展和反贫政策的制定。

二、反贫困理论

反贫困理论的构建主要有三个来源：一是后凯恩斯主义经济学，即主流经济学，以保罗·萨缪尔森（Paul A.Samuelson）的“收入可能性曲线”动态分析和阿瑟·奥肯（Arthur M. Okun）的“漏斗理论”为代表[①]，多强调经济在贫困中的重要性，只有解决资本不足导致的收入低才能解决贫困问题；二是福利经济学，以霍布森（Hobson）、阿瑟·庇古（Arthur Cecil Pigou）增加社会福利总量为宗旨的传统福利经济学、“帕累托最优状态”为前提的新福利经济学和阿马蒂亚·森以收入均等程度为指标的福利经济学为代表；三是发展经济学，以瑞典经济学家冈纳·缪尔达尔（Gunnar Myrdal）的《世界反贫困大纲》中的反贫困思想为代表。[②] 20世纪中后期，福利经济学和发展经济学的贫困研究更为主流认可。福利经济学和发展经济学强调机会缺失和能力缺乏导致贫困，主张国家通过政策引导和体制改革提高贫困人口的可行能力，从而在根本上解决贫困。

冈纳·缪尔达尔1970年在《世界贫困的挑战》一书中首次提出“反

① 陈昕．反贫困理论与政策研究综述 [J]. 价值工程，2010，29（28）：256.

② 王俊文．当代中国农村贫困与反贫困问题研究 [M]. 长沙：湖南师范大学出版社，2010.

贫困”概念，“反贫困”的研究就此展开。目前，反贫困的概念主要有以下几种表述：一是 poverty reduction，即减少贫困发生因素，强调反贫困的过程性。二是 poverty alleviation，即减轻、缓和贫困的手段。三是 support poverty，即扶贫，主要是政府或民间的反贫困计划与项目。这在我国解决农村贫困问题工作中得到广泛运用。四是 poverty eradication，即根除、消灭贫困，强调反贫困的目的性。[①] 这些概念分别从不同角度阐述反贫困，反映了反贫困的内在逻辑，即通过政府或民间组织的政策或项目减少发生因素、缓和贫困，向消除贫困的长远目标而努力。

三、中国扶贫理论与政策的发展

中国的反贫困斗争始终伴随着国家的建设与发展。

中华人民共和国成立之初，国民经济破坏严重，人民普遍贫困，我国以马列主义为基本理论指导进行社会主义建设，并结合我国国情，以发展生产力、恢复国民经济为主要目标，着力开展集体所有制经济建设，发展工业，以经济增长缓解贫困，对于生活困难的特困和受灾群众，国家财政专项拨款下发救济金。此时，中国还未形成系统的扶贫理论，也没有制定明确的扶贫政策。

20 世纪 80 年代，中国着手解决农村贫困问题。在推进经济体制改革、加快对外开放等措施大力发展国民经济，从而实现共同富裕的同时，政府还开始有组织、有计划地开展扶贫项目，针对我国区域发展不均衡的状况，以开发式扶贫为理论基础，提高贫困人口生产力，改善地区生活环境。至 20 世纪末，中国贫困人口的温饱问题基本解决。

随着扶贫工作的推进，中国贫困人口大幅下降，农村普遍贫困状况得到缓解。至 21 世纪初期，我国贫困地区呈现出区域化、分散化的特点，并且贫困也不仅表现为物质生活资料的缺失，还向文化、教育、健康等多元贫困形态发展。针对这一现象，政府将以贫困县为基础的扶贫开发调整为“整村推进”，注重贫困人口的能力培养，通过教育

① 王俊文 . 当代中国农村贫困与反贫困问题研究 [D]. 武汉：华中师范大学，2007.

培训、医疗改革、发展涉农产业等方式提高贫困人口自身发展能力。贫困人口规模进一步下降，但贫困地区发展滞后问题仍未解决，扶贫工作进入最后的攻坚阶段。

近年来，随着“精准扶贫”理念的提出，中国扶贫理论得以创新和发展。精准扶贫是一种合作型扶贫模式，它针对精准识别的贫困户，以参与式扶贫为基础，强调政府、贫困人口通力合作，依托社会平台进行产业发展、资源开发和基础建设，从而实现脱贫。依托“精准扶贫”战略，政府加大扶贫投入，因地制宜，因人施策，出台并落实各项扶贫政策。我国扶贫工作效率大幅提升，贫困人口脱贫速度明显加快。

同时，改革开放以来国外先进反贫困经验的传入和国际组织对我国的扶贫援助，都推动了我国扶贫理论的完善和扶贫政策的发展。

第二节　中国的扶贫历程与成就

一、扶贫历程

解决贫困问题与增进人民福祉息息相关，历来为政府所重视。中华人民共和国成立之初，我国致力于社会主义建设，发展工业带动国民经济恢复，以期缓解普遍贫困的状况。对于极端贫困和受灾致贫群众，则由国家财政拨款救济。

党的十一届三中全会之后，中国开始进行经济体制改革，实行土地经营制度变革、放开农产品价格、发展乡镇企业等一系列措施，促进了农村经济的发展，缓解了农村贫困状况，为扶贫工作的进一步开展奠定了基础。据统计，1978 年到 1985 年，农村人均粮食产量增长 14%，棉花增长 73.9%，油料增长 176.4%，肉类增长 87.8%；农民人均纯收入增长了 2.6 倍；没有解决温饱的贫困人口从 2.5 亿人减少到 1.25 亿人，占农村人口的比例下降到 14.8%；贫困人口平均每年减少

1 786 万人。[①]

我国系统化的扶贫工作起步于 20 世纪 80 年代中期。改革开放政策实施后，在“先富带动后富”理念的引领下，我国总体经济水平显著提高，同时，区域发展不平衡现象逐渐显露，我国贫富差距开始拉大，一些地区由于地理环境、历史因素和政策倾斜等原因逐渐落后，人民生活困苦。在这一背景下，1984 年中央下发《中共中央、国务院关于帮助贫困地区尽快改变面貌的通知》，决定采取放宽经营政策、兴办企业、减轻税赋、加强基础设施建设、发展教育事业等一系列措施，“帮助这些地区的人民首先摆脱贫困，进而改变生产条件，提高生产能力，发展商品生产，赶上全国经济发展的步伐”。

1986 年第七个五年计划出台，设专章规划“老、少、边、穷地区的经济发展”，同年国务院成立贫困地区经济开发领导小组，全面负责扶贫攻坚事业。这一阶段，中国确定了开发式扶贫政策和规划，根据贫困标准确立了扶贫工作重点县，实施优惠政策，投入扶贫专项资金，启动开发项目，使我国扶贫开发实现新跨越。至 1993 年，国家扶贫工作重点县农民人均纯收入从 1986 年的 206 元增加到 1993 年的 483.7 元；农村贫困人口由 1.25 亿人减少到 8 000 万人，平均每年减少 640 万人，年均递减 6.2%；贫困人口占农村总人口的比重从 14.8% 下降到 8.7%。[②] 但同时，我国大部分贫困地区选择以工业为中心的经济增长模式，以期快速、便捷地增加区域经济收入，实现开发扶贫。实践证明，这一方式虽促进了县域经济发展，但缺乏与贫困人口的直接联系。

随着改革开放的深入及扶贫政策的实施，我国贫困发生率逐年下降，贫困人口规模显著降低。但同时贫困的表现形式有了新变化，贫困人口主要集中在中西部地区，贫困人口呈现出明显的地缘化分布，贫困人口脱贫速度放缓，“以解决温饱为目标的扶贫开发工作进入了攻坚阶段”[③]。1994 年，《国家八七扶贫攻坚计划》（以下简称《扶贫攻坚计划》）出台，重新认定国家扶贫工作重点县，详尽部署扶贫

---

① 《中国的农村扶贫开发》白皮书，2001.

② 《中国的农村扶贫开发》白皮书，2001.

③ 中华人民共和国国务院 . 关于印发《国家八七扶贫攻坚计划》的通知 .

工作，从产业发展、财政资金安排、政策保障、教育卫生事业、基础设施建设、社会合作等方面，加大政府投入及部门合作，“力争用 7 年左右的时间，基本解决全国农村 8 000 万贫困人口的温饱问题”。这是我国第一个目标明确、措施详细、时间限定的扶贫计划。1996 年，中共中央、国务院《关于尽快解决农村贫困人口温饱问题的决定》颁布，强调了解决农村贫困人口温饱问题的紧迫性和重要性，坚持《扶贫攻坚计划》，集中力量推动扶贫工作开展，确保 20 世纪末实现既定目标。1998 年、1999 年我国相继召开扶贫工作会议，从上而下动员，对于坚定扶贫干部工作信念，鼓舞贫困人口脱贫信心，坚定不移地实施扶贫政策、达到脱贫目标都有重要意义。到 2000 年年底，我国基本实现了《扶贫攻坚计划》确立的脱贫目标。贫困人口生活条件明显改善，贫困县累计修建基本农田 6 012 万亩（一亩≈ 666.67 平方米），新增公路 32 万公里，架设输变电线路 36 万公里，解决了 5 351 万人和 4 836 万头牲畜的饮水问题，通电、通路、通邮、通电话的行政村分别达到 95.5%、89%、69% 和 67.7%，其中部分指标已经接近或达到当年全国平均水平。农村居民家庭人均纯收入从 648 元提高到 1 337 元，年均增长速度为 12.8%。[①] 中国农村绝对贫困人口由 1992 年的 8 000 万人左右下降到 3 209 万人，平均每年减少 532 万人，农村贫困发生率由 8.8% 减少到 3.5%。其中国家重点扶持贫困县的贫困人口由 1994 年的 5 858 万人下降到 2000 年的 1 710 万人。[②]

经过 20 余年的扶贫奋斗，中国贫困人口的温饱问题已基本解决，但仍有部分贫困人口因为地理、环境或历史原因等在贫困线下挣扎；同时，随着我国国民整体经济水平的提高，相对贫困依然存在，且呈现出文化、教育、就业等多方面机会缺失的贫困表现，贫困人口整体生活质量偏低。

面对 21 世纪新的贫困态势，我国及时调整政策，制定《中国农村扶贫开发纲要（2001—2010 年）》，确立贫困人口的主体地位，以“解

① 中国扶贫开发情况简介 [EB/OL]. http://www.china.com.cn/economic/txt/2001-11/07/content_5073269.htm.

② 《中国的农村扶贫开发》白皮书，2001.

决少数贫困人口温饱问题，进一步改善贫困地区的基本生活条件，巩固温饱成果，提高贫困人口的生活质量和综合素质”“为达到小康水平创造条件”为奋斗目标，坚持扶贫政策保障和扶贫工作队伍建设，以产业发展、环境改善、素质提高为切入点，通过市场化经营、基础设施建设、教育培训、科技指导、医疗救助、劳务输出、搬迁扶贫等途径，辅以社会力量和国际组织，进行贫困地区开发建设，并将扶贫重点转向贫困村。进行整村推进、产业扶贫、劳务输出、搬迁扶贫等具体扶贫措施的创新，因地制宜，推动农村地区尤其是贫困地区的经济发展，进一步缓解贫困，在一定程度上改善了群众的生活环境和居住条件。2001 年至 2010 年，592 个国家扶贫开发工作重点县人均地区生产总值从 2 658 元增加到 11 170 元，年均增长 17%；人均地方财政一般预算收入从 123 元增加到 559 元，年均增长 18.3%；农民人均纯收入从 2001 年的 1 276 元增加到 2010 年的 3 273 元，年均增长 11%（未扣除物价因素）。①10 年间，贫困发生率从 10.2% 降至 2.8%，贫困人口减少 6 734 万人②。

2011 年，中国大幅上调贫困标准，由于新标准的提出，农村贫困人口数量则由 2010 年的 2 688 万人增加到 16 567 万人。同时，连片特困地区的扶贫任务依然艰巨，区域性贫困和贫困人口脱贫动力不足问题亟待解决；返贫现象时有发生。据有关部门统计，中国目前各地返贫率平均达到 15% 左右，而有的统计则认为中国目前返贫率为 15% ～ 20%，最高的则认为我国每年的返贫率为 20% ～ 30%③。针对我国贫困地区出现的新问题，我国政府下发《中国农村扶贫开发纲要（2011—2020 年）》，以“稳定实现扶贫对象不愁吃、不愁穿，保障其义务教育、基本医疗和住房。贫困地区农民人均纯收入增长幅度高于全国平均水平，基本公共服务主要领域指标接近全国平均水平，扭转发展差距扩大趋势”为目标，调整扶贫资源配置，强化专项扶贫措施的实施。2010 年至 2012 年，全国农村贫困人口减少近 6 700 万人，

① 《中国农村扶贫开发的新进展》白皮书，2011.

② 《中国统计年鉴 2017》，按 2008 年贫困标准统计 .

③ 陈端计，杨莉莎，史扬 . 中国返贫问题研究 [J]. 石家庄经济学院学报，2006（2）：166-169.

农村贫困发生率从 17.2% 下降到 10.2%；重点县农民人均纯收入从 3 273 元增加到 4 602 元，年均增长 18.6%，增幅超过全国平均水平[①]。

2013 年，随着“精准扶贫”理念的确立，中国扶贫工作翻开了新篇章。当年年底，国务院下发《关于创新机制扎实推进农村扶贫开发工作的意见》，强调要从根本上改变贫困地区发展落后现状，通过改革创新扶贫工作机制，“着力消除体制机制障碍，增强内生动力和发展活力，加大扶持力度，集中力量解决突出问题，加快贫困群众脱贫致富、贫困地区全面建成小康社会步伐”，详细部署重点工作，“践行党的群众路线，转变作风，扎实工作，切实帮助贫困地区改变面貌，帮助贫困群众脱贫致富”。2014 年以来，中国政府出台一系列相关政策保障精准帮扶，创新和完善扶贫方式，改革财政管理，优化金融服务机制，广泛引导社会参与，开拓适合我国国情的特色扶贫之路。2016 年，正值“十三五”开局之年，国务院印发《“十三五”脱贫攻坚规划》，详细指导专项扶贫工作的开展，并创新性地提出健康扶贫、资产收益扶贫、电商扶贫、“互联网＋”扶贫等新举措。

2013 年至 2018 年，农村贫困人口从 8 249 万人减少到 1 660 万人，贫困发生率降至 1.7%[②]，贫困地区农村居民人均可支配收入与全国农村平均水平的差距进一步缩小，同时贫困地区基础设施明显改善，基本公共服务保障水平持续提高。

二、扶贫的成就与意义

经过近 70 年的扶贫开发，中国农村的贫困状况得到很大程度的缓解。在不同扶贫标准下，中国的农村贫困人口和贫困发生率均有大幅下降。[③] 改革开放 40 年来，贫困人口数量从 1978 年年末的 77 039 万

① 刘永富 . 国务院关于农村扶贫开发工作情况的报告——2013 年 12 月 25 日在第十二届全国人民代表大会常务委员会第六次会议上 [J]. 北京：全国人民代表大会常务委员会公报，2014（1）：105.109.

② 国家统计局 . 中国统计年鉴 2018.

③ 张腾，蓝志勇，秦强 . 中国改革四十年的扶贫成就与未来的新挑战 [J]. 公共管理学报，2018，15（4）：101-112，154.

人下降到2017年末的3 046万人，累计减贫7.4亿人，年均减贫人口近1 900万，贫困发生率也从97.5%下降到3.1%（图1-1），对全球减贫的贡献率超七成[①]，中国成为率先完成联合国千年发展目标的国家[②]。我国向全面建成小康社会的伟大目标又迈进了一步。

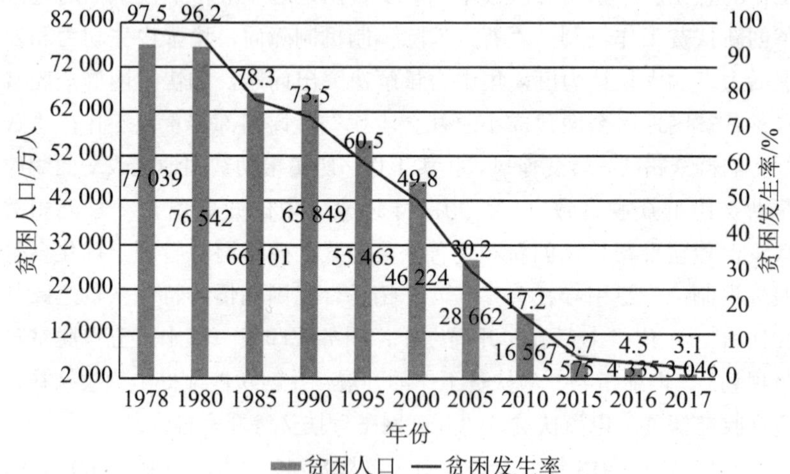

图1-1　1978—2017年中国贫困人口数量及贫困发生率（2010年贫困标准）

资料来源：国家统计局《中国统计年鉴2017》

中国的扶贫质量也在不断提升。贫困距指数（poverty gap index）是国际公认的贫困深度测量指标，反映了贫困人口收入与贫困线差距的百分比，数值越大说明贫困人口整体收入越低，越接近赤贫状态。中国的贫困距指数自1981年以来迅速降低（图1-2），表明中国贫困人口的收入水平有了整体提升，基本与贫困线持平，也说明中国目前的极端贫困人口已经很少，贫困深度明显降低，扶贫质量不断提高。[③]

---

① 改革开放40年 贫困人口减少7.4亿[EB/OL].http://cn.chinagate.cn/news/2018-10/17/content_66636367.htm.

② 《中国的减贫行动与人权进步》白皮书，2016.

③ 张腾，蓝志勇，秦强.中国改革四十年的扶贫成就与未来的新挑战[J].公共管理学报，2018，15（4）：101-112，154.

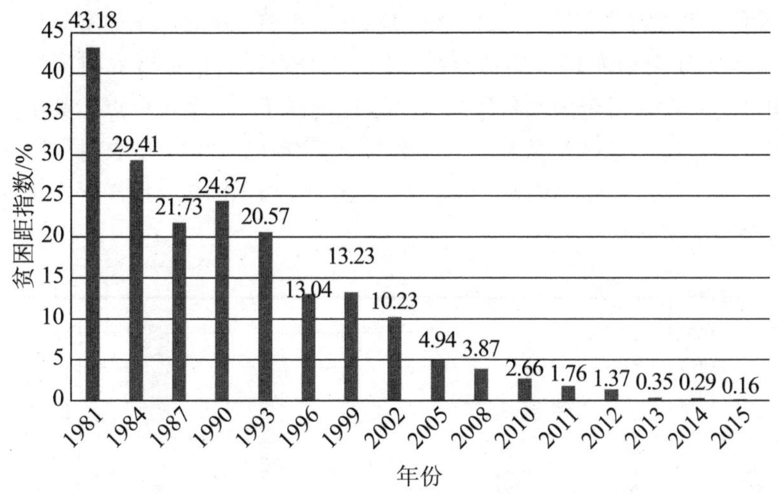

图 1-2 中国贫困距指数变化情况

资料来源：http://iresearch.worldbank.org/PovcalNet/povOnDemand.aspx

具体来看，中国扶贫取得的成就切实反映在居民、地区和国家发展的方方面面。

（一）贫困人口生活水平提高

贫困人口脱贫最直观的反映就是生活水平的改善，包括收入和消费水平、住房状况、地区基础设施三个方面内容。

1. 收入和消费水平

贫困地区居民收入和消费水平一直保持快速增长，与全国农村平均水平的差距在逐渐减小。2017 年，我国贫困地区农村居民人均可支配收入为 9 377 元，是全国农村平均水平的 69.8%；其中，集中连片特困地区和扶贫开发工作重点县的居民人均可支配收入都在 9 250 元以上（图 1-3）①。2013 年实施“精准扶贫”战略以来，我国反贫困斗争取得突破性进展。与“精准扶贫”实施前即 2012 年的指标相比，2017 年我国贫困地区农村居民人均可支配收入名义水平是 2012 年的

① 国家统计局住户调查办公室 . 扶贫开发成就举世瞩目 脱贫攻坚取得决定性进展 [N]. 中国信息报，2018-09-04（1）.

1.8 倍，扣除价格因素，实际水平是 2012 年的 1.6 倍，年均实际增长 10.4%，比全国农村平均增速快 2.5 个百分点，贫困地区农村居民人均可支配收入与全国农村平均水平之比提高了 7.7 个百分点。其中，集中连片特困地区和扶贫开发工作重点县 2012—2017 年农村居民人均可支配收入实际年均增长率分别为 10.3% 和 10.7%，均高于全国农村平均增速。①

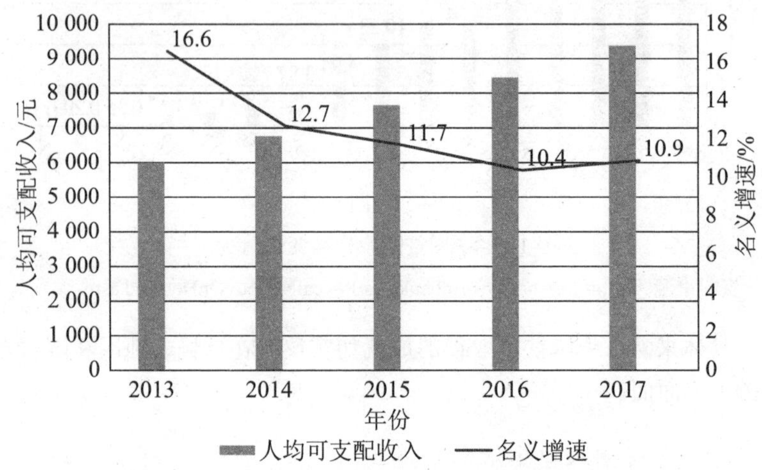

图 1-3　2013—2017 年贫困地区农村居民收入增长情况

资料来源：国家统计局《中国农村贫困监测报告 2017》《农村改革书写辉煌历史 乡村振兴擘画宏伟蓝图——改革开放 40 年经济社会发展成就系列报告》

2017 年，我国贫困地区农村居民人均消费支出 7 998 元（图 1-4），与 2012 年相比，年均名义增长 11.2%，扣除价格因素，年均实际增长 9.3%。其中，集中连片特困地区农村居民人均消费支出 7 915 元，年均名义增长 11.2%，扣除价格因素，年均实际增长 9.2%；扶贫开发重点县农村居民人均消费支出 7 906 元，年均名义增长 11.3%，扣除价格因素，年均实际增长 9.3%。①

① 国家统计局住户调查办公室 . 扶贫开发成就举世瞩目 脱贫攻坚取得决定性进展 [N]. 中国信息报，2018-09-04（1）.

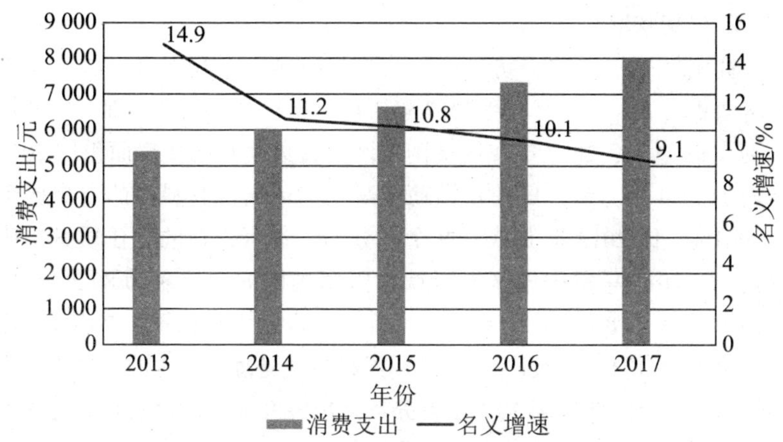

图 1-4　2013—2017 年贫困地区农村居民消费支出增长情况

资料来源：国家统计局《中国农村贫困监测报告 2017》《农村改革书写辉煌历史 乡村振兴擘画宏伟蓝图——改革开放 40 年经济社会发展成就系列报告》

同时，贫困地区农民家庭耐用品升级换代，消费结构不断优化。从传统耐用消费品来看，2017 年贫困地区农村每百户拥有电冰箱、洗衣机、彩电分别为 78.9 台、83.5 台和 108.9 台，分别比 2012 年增加 31.4 台、31.2 台和 10.6 台，拥有量持续增加，和全国农村平均水平的差距逐渐缩小。从现代耐用消费品来看，2017 年贫困地区农村每百户汽车、计算机拥有量分别为 13.1 辆、16.8 台，分别是 2012 年的 4.9 倍和 3.1 倍，实现快速增长。[①] 贫困人口吃饭穿衣消费稳定增长，而占比下降，交通通信、教育娱乐消费占比提高。2016 年贫困地区农村居民人均食品支出为 2 567 元，是 2013 年的 1.25 倍，恩格尔系数为 35.0%，相比 2013 年下降 3.2%；2016 年贫困地区农村居民人均衣着支出消费是 2013 年的 1.27 倍，衣着支出占消费支出比重为 5.8%，较 2013 年下降 0.4 个百分点。而人均交通通信支出和文化娱乐支出占比分别从 2013 年的 9.5%、9.3% 提高到 2016 年的 11.0% 和 10.8%。[②]

---

① 国家统计局住户调查办公室 . 扶贫开发成就举世瞩目 脱贫攻坚取得决定性进展 [N]. 中国信息报，2018-09-04（1）.

② 国家统计局：精准脱贫成效卓著　小康短板加速补齐——党的十八大以来经济社会发展成就系列之六。

2. 住房状况

贫困地区居民住房状况不断改善。1978 年，我国农村居民人均住房面积为 8.1 平方米，到 2017 年，这一指标是 46.7 平方米[①]，增幅达到 80% 以上。2017 年我国贫困地区农村居民户均住房面积比 2012 年增加 21.4 平方米；居住在钢筋混凝土房或砖混材料房的农户比重为 58.1%，比 2012 年上升 18.9 个百分点。贫困人口的居住质量也明显提升，2017 年贫困地区农村饮水无困难的农户比重为 89.2%，比 2013 年提高了 8.2 个百分点；使用管道供水的农户比重为 70.1%，比 2013 年提高了 16.5 个百分点；使用经过净化处理自来水的农户比重为 43.7%，比 2013 年提高 13.1 个百分点；2017 年贫困地区农村居民使用卫生厕所的农户比重为 33.2%，比 2012 年提高 7.5 个百分点。[②]

3. 地区基础设施

我国重视贫困人口的居住环境及便捷程度，投入大量财政资金进行基础设施建设，通电、通水、通路、通信，打通贫困地区与外界连接的通道。2015 年 12 月，随着青海省最后 3.98 万无电人口通电，我国全面解决了无电人口用电问题。[③]2017 年，我国农村自来水普及率和集中式供水覆盖率分别提高到 70% 和 75% 以上[④]；全国农村公路里程达到 400.93 万千米，通公路的建制村占全国建制村总数的 99.98%，其中通硬化路面的建制村占全国建制村总数的 98.35%；贫困地区通硬化路面的自然村比重为 81.1%，低于全国水平，但仍比 2013 年提高了 21.2 个百分点；通电话、有线电视信号、宽带的贫困村比重分别达到 98.5%、86.5% 和 71.0%，与 2012 年相比都有明显提高[②]。

贫困人口收入消费水平的提高，直接反映了贫困地区群众购买能力的提升；住房状况的改善和基建水平的增长，表明了贫困地区生活

---

① http://www.ce.cn/xwzx/gnsz/gdxw/201808/31/t20180831_30175442.shtml.

② 国家统计局住户调查办公室 . 扶贫开发成就举世瞩目 脱贫攻坚取得决定性进展 [N]. 中国信息报，2018-09-04（1）.

③ 中国已全面解决无电人口用电问题 [EB/OL]. http://power.in-en.com/html/power-2250215.shtml.

④ 五年来贫困地区中央水利投资 2 266 亿元 [EB/OL]. http://news.xinhuanet.com/politics/2017-10/10/c_129718265.htm.

环境和便捷程度的改善。困扰贫困人口的基本生存问题得到解决。

（二）贫困区域公共服务逐渐完善

公共服务为人们提供基本的生产生活保障，贫困地区教育、医疗和社会保障等公共服务的建设，拓展了贫困人口的可行能力与内生动力，切实增强了贫困地区的经济活力与发展潜力。

1. 教育文化

教育脱贫力度不断加大。我国通过深入普及义务教育，着力缩小城乡差距，优化和完善农村贫困地区的办学条件与教学设施，推动教育优惠政策向农村及贫困地区倾斜，切实维护农村贫困人口的受教育权利，促进教育公平。2012—2015 年，中央财政累计投入资金 831 亿元改造义务教育薄弱学校，投入约 140 亿元建设边远艰苦地区农村学校教师周转宿舍 24.4 万套，可入住教师 30 万人。连续实施学前教育三年行动计划，全国学前 3 年毛入园率由 2011 年的 62.3% 提高到 2015 年的 75%，中西部地区在园幼儿数由 2011 年的 2 153 万名增加到 2015 年的 2 789 万名，增长了 30%。同时，我国实施面向贫困地区定向招生专项计划，面向 832 个贫困县 4 年累计录取学生 18.3 万人，贫困地区农村学生上重点高校人数连续 3 年（2013—2015 年）增长 10% 以上。①2017 年，贫困地区农村居民 16 岁以上家庭成员均未完成初中教育的农户比重为 15.2%，比 2012 年下降 3.0 个百分点；84.7% 的农户所在自然村上幼儿园便利，88.0% 的农户所在自然村上小学便利，分别比 2013 年提高 17.1 个和 10.0 个百分点。有文化活动室的行政村比重为 89.2%，比 2012 年提高 14.7 个百分点。②

2. 医疗卫生

我国加大农村医疗投入，改善农村医疗卫生机构基础设施，针对贫困人口实施医疗救助，并开展医疗公益事业，提升农村地区尤其是贫困地区医疗服务水平。2017 年，贫困地区农村拥有合法行医证医生

---

① 《中国的减贫行动与人权进步》白皮书，2016.

② 国家统计局住户调查办公室 . 扶贫开发成就举世瞩目　脱贫攻坚取得决定性进展 [N]. 中国信息报，2018-09-04（1）.

或卫生员的行政村比重为92.0%，比2012年提高8.6个百分点；92.2%的户所在自然村有卫生站，比2013年提高7.8个百分点（表1-1）。①同时，我国加强农村卫生环境的治理。2016年年末，90.8%的乡镇生活垃圾集中处理或部分集中处理，73.9%的村生活垃圾集中处理或部分集中处理，17.4%的村生活污水集中处理或部分集中处理，53.5%的村完成或部分完成改厕①。至2017年，我国贫困地区61.4%的户所在自然村垃圾能集中处理，比2013年提高31.5个百分点②。

表1-1　2012—2017年贫困地区农村医疗卫生条件 %

指　　标	2012年	2013年	2014年	2015年	2016年	2017年
拥有合法行医证医生/卫生员的行政村比重	83.4	88.9	90.9	91.2	90.4	92.0
所在自然村有卫生站的农户比重	—	84.4	86.8	90.3	91.4	92.2
拥有畜禽集中饲养区的行政村比重	16.0	23.9	26.7	26.9	28.0	28.4
饮用水经过集中净化处理的自然村比重	—	27.7	34.4	39.2	44.7	—
所在自然村垃圾能集中处理的农户比重	—	29.9	35.2	43.2	50.9	61.4

资料来源：国家统计局《中国农村贫困监测报告2017》《农村改革书写辉煌历史　乡村振兴擘画宏伟蓝图——改革开放40年经济社会发展成就系列报告》

3. 社会保障

农村社会保障机制不断健全，居民最低生活保障标准不断提高，贫困人口生活负担切实减轻。2007年全国农村低保年平均标准为840.0元/人，2012年增加到2 067.8元/人，增长1.5倍，年均增长19.7%；2007年全国1 608.5万户、3 566.3万人得到了农村最低生活保障，2012年则增加至2 814.9万户和5 344.5万人。2017年全国农村

① 国家统计局．农村改革书写辉煌历史 乡村振兴擘画宏伟蓝图——改革开放40年经济社会发展成就系列报告．

② 国家统计局住户调查办公室．扶贫开发成就举世瞩目 脱贫攻坚取得决定性进展[N]. 中国信息报，2018-09-04（1）．

低保年平均标准为 4 300.7 元 / 人，比 2012 年增长 1.1 倍，年均增长 15.8%。截至 2017 年年底，全国有农村低保对象 2 249.3 万户、4 045.2 万人。[①]“病有所医”“老有所养”取得新进展，新型农村合作医疗基本实现全覆盖，至 2015 年年底，全国乡镇新型农村社会养老保险参保人数达到 41 365 万人，比 2013 年增加 182 万人。[②]2016 年，我国整合城镇居民医保和新农合两项制度，建立城乡居民基本医疗保险制度，城乡居民公平享有基本医疗服务[③]。

（三）贫困地区经济快速发展

1999 年，我国贫困地区生产总值为 5 702 亿元，占全国生产总值的 0.06%[④]；至 2015 年，贫困地区生产总值增加到 55 607 亿元，占全国生产总值的 8.1%[⑤]。扶贫工作开展以来，我国不断调整涉农政策，贫困地区经济一直保持积极发展态势，具体体现在以下两个方面。

1. 涉农产业生产力提高

改革开放建立家庭联产承包责任制以来，极大地提高了农业生产力。同时，国家不断出台惠农政策，加强专业知识技术指导，提高农业生产所需物资设备水平，促进农产品生产。21 世纪以来，我国粮食持续丰收，油料、蔬菜、水果、茶叶等经济作物产量总体保持较高水平。1978 年，我国粮食总产量为 30 475 万吨。到 2016 年，这一数字为 62 143.9 万吨，增长 51%。[⑥]2013 年，我国粮食产量首次突破 60 000 万吨，至 2016 年均在 60 000 万吨以上，标志着我国粮食综合生产能力实现质的飞跃；2016 年，全国人均粮食占有量达到 447 公斤，比 1978 年提高 128 公斤，高出世界平均水平 47 公斤。各类农产品单位面积产量也连续增长，其

① 国家统计局 . 农村改革书写辉煌历史 乡村振兴擘画宏伟蓝图——改革开放 40 年经济社会发展成就系列报告 .

② 国家统计局 . 农村改革迈出新步伐农业发展再上新台阶——党的十八大以来经济社会发展成就系列之七 .

③ 中华人民共和国国务院 . 关于整合城乡居民基本医疗保险制度的意见 .

④ 中国农村贫困监测报告——2000.

⑤ 中国农村贫困监测报告——2017.

⑥ 中国统计年鉴 2017.

中2016年全国粮食单产达到363公斤/亩，比2012年增加了10公斤/亩，增长2.8%。[①]

林业、畜牧业也得到快速发展。森林资源不断增多，森林覆盖率由2012年的21.6%增加到2016年的22.3%，全国自然保护区数量也从2012年的2 669个增加到2016年的2 750个。[①]林产品产量稳定增长，近年来，受到生态保护力度加大的影响，木材产量有所回落。畜牧业整体保持稳定发展，规模化养殖占比不断上升。

2. 涉农产业结构升级

我国是农业大国，第一产业是农村地区的主导产业。近年来，我国农村多种经营模式快速发展，各类新型农业生产经营主体和服务主体大量涌现。2016年我国农民专业合作社和龙头企业分别已达179.4万个和13万个，比2012年分别增长160.4%和8.6%[②]。同时贫困地区大力发展产业融合，农业与第三产业协同，发展农村采摘、观光、旅游等服务项目，第三产业生产总值占比越来越多，且增幅最大（见表1-2）。贫困地区产业结构优化，经济增长加快。

表1-2　贫困地区生产总值 万元

指　　标	1999年	2011年	2015年	年均增长率/%
地区生产总值	5 702	36 637	55 607	8.75
第一产业增加值	2 144	8 979	12 668	4.91
第二产业增加值	1 882	16 019	22 463	10.94
第三产业增加值	1 675	11 641	20 477	11.23

资料来源：国家统计局《中国农村贫困监测报告2000》《中国农村贫困监测报告2017》

① 国家统计局.农村改革迈出新步伐农业发展再上新台阶——党的十八大以来经济社会发展成就系列之七.

② 国家统计局.农村改革书写辉煌历史 乡村振兴擘画宏伟蓝图——改革开放40年经济社会发展成就系列报告.

（四）为全球减贫事业作出贡献

中国积极参与国际减贫事业。中国借鉴和参考国际组织的先进扶贫经验与理念，并根据国情进行改革创新，获得了显著成效，如开发式扶贫、小额贷款等，推动了国内扶贫事业的发展。在致力于消除自身贫困的同时，中国积极开展南南合作，建立以合作共赢为核心的新型国际减贫伙伴关系，支持和帮助广大发展中国家，特别是最不发达国家消除贫困，为全球减贫事业注入新活力[①]，体现了大国的责任和担当。

---

① 携手合作 中国力量托起全球减贫事业 [EB/OL]. http://views.ce.cn/view/ent/201806/25/t20180625_29521009.shtml.

第二章 中国扶贫史

第一节　中华人民共和国成立后的扶贫

在既往的研究中，已经有许多学者按照各自的标准为中华人民共和国成立以来的扶贫战略与政策划分阶段。

曾小溪、汪三贵以追求的社会生活水平为依据，将扶贫划分为五个阶段：保障生存阶段、体制改革阶段、解决温饱阶段、巩固温饱阶段、全面小康阶段。[①]2007 年出版的《中国扶贫开发政策演变（1949—2005 年）》则强调了扶贫政策与包括经济发展、现代化等具体时代背景的紧密联系，计划经济体制、制度性变革、高速经济增长背景和全面建设小康社会进程因此成了划分的背景性依据。[②] 以上两种划分标准都是单维度的，或以目标、或以背景，明晰地区分出了确定的节点。而程联涛（2017）对中国扶贫开发历程的划分根据的是宏观经济形势的变化和扶贫战略的调整，是多重因素交杂的阶段划分的尝试。将二者相结合后，他划分了计划经济体制下广义扶贫阶段、农村经济体制

感谢邵梦琪为本章做出的工作 .

① 曾小溪，汪三贵 . 中国大规模减贫的经验：基于扶贫战略和政策的历史考察 [J]. 西北师大学报，2017（54）：11-19.

② 中国国际扶贫中心 . 中国扶贫开发政策演变（1949—2005 年）[M]. 北京：中国财政经济出版社，2007.

改革推动贫困缓解阶段、扶贫开发正规化阶段、八七扶贫攻坚计划阶段、综合性扶贫开发阶段、新时期集中连片扶贫开发阶段六个阶段。① 新意与争议并存的是，他将前两个阶段归类为依靠经济发展缓解贫困的间接扶贫过程，从而忽视了这一时期的直接扶贫举措。

阶段划分的结果大同小异，但仍有一些问题悬而未决。最具争议的是 1949—1978 年，也就是改革开放以前的扶贫政策。关于这一时期主要有两种说法：胡鞍钢②、范小建③等学者认为这一时期的减贫成就主要来自制度改革以及高度覆盖的基本社会保障，这些举措并不属于狭义上的扶贫。而刘娟（2009）、朱小玲、陈俊（2012）等学者则将这一时期的举措总结为小规模救济式扶贫④。也有学者以 1986 年贫困地区经济开发领导小组的建立作为扶贫的正式起点。如左停等（2015）将 1986 年以前的减贫工作总结为以经济增长为主、以救济为辅的减贫模式，在 1986 年才开始有针对、有目的的扶贫工作。⑤

这些阶段的划分各有侧重，其共同特征是将扶贫放在大背景之中，强调特定阶段与宏观趋势的契合，或多或少弱化了扶贫政策作为主要研究对象的核心位置。以下将以不同阶段的代表性政策为中心，以时间为线索梳理中华人民共和国成立以来我国的扶贫历程。诚然，同一阶段的政策是复杂多样的，无法用简单的一句口号加以概括，但这些关键词仍然能够体现一个时期扶贫开发的总体设想和指导方针，可以提纲挈领地描绘 70 年来中国农村地区扶贫开发的图景。

一、1949—1979年救济式

救济式扶贫被形象地描述为输血式扶贫，是以政府为主体，以国

---

① 程联涛 . 我国农村扶贫开发制度创新研究 [M]. 贵阳：贵州人民出版社，2017.

② 胡鞍钢 . 中国减贫之路：从贫困大国到小康社会（1949—2020 年）[M]// 胡鞍钢主编，国情报告（第十一卷 • 2008 年）. 北京：社会科学文献出版社，2012.

③ 范小建 .60 年：扶贫开发的攻坚战 [J]. 求是，2009（20）：35-37.

④ 刘娟 . 我国农村扶贫开发回顾、成效与创新 [J]. 探索，2009（4）：4.

⑤ 左停，杨雨鑫，钟玲 . 精准扶贫：技术靶向、理论解析和现实挑战 [J]. 贵州社会科学，2015（8）：156-162.

家财政为支撑，以财政补贴、实物救济为主要手段的政策体系。

1950 年 4 月 26 日，时任内务部长谢觉哉在中国人民救济大会上发表的讲话——《我们能够战胜灾荒》显现了中华人民共和国成立初期扶贫工作的基调和思想基础。他提出，“政府的钱、粮，即是人民的钱、粮”[①]，调集资源实施贫困救济是合情合理、毋庸置疑的。

赈济灾荒是中华人民共和国成立后农村扶贫工作的重中之重，也是几千年来中国社会福利思想的一种延续。1949 年，苏北、皖北、山东等地区发生了较为严重的水灾。在这一背景下，董必武就灾荒救济工作做了题为《新中国的救济福利事业》的报告。报告中强调，主要的救灾方法为政府领导人民互助自救，同时给予灾民必要和可能的帮助。政府直接拨给灾区粮食超过 15 亿斤，并调控有余粮的地区将粮食输往灾区。据统计，在抗灾的 5 年时间内，受灾农民从各级政府获得的救济经费将近 10 亿元；直至改革开放，救济农村贫困户的拨款高达 22 亿元。

除此之外，中央及地方各级政府以无偿发放或低息、无息贷款的形式向农村贫困户发放大量生产和生活资料。1951 年年初，热河省自行购买耕畜 3 000 余头，并通过借贷的方式发放给贫困户，银行也下拨贷款，帮助贫困户购买种子和牲畜。[②]1952 年，吉林省农村信贷部在农耕季节帮助群众以群众募集资金为基础购买了 444 匹马、820 头牛、737 台车、394 500 斤种子。除此之外，国家充分考虑到资金投入的选择性问题，即虽然贷款为生产发展提供了最初的资金来源，但最贫困的地区和最贫困的农户往往无力偿还贷款，因而主动或被动地被政策的优惠拒之门外。于是，1959 年 2 月，毛泽东提出“建议国家在十年内向公社投资几十亿到百多亿元人民币，帮助公社发展工业，帮助穷队发展生产”[③]。随后，中央下拨 10 亿元的投资，以帮助无力

① 朱小玲，陈俊 . 建国以来我国农村扶贫开发的历史回顾与现实启示 [J]. 生产力研究，2012（5）：30-32，1261.

② 谢觉哉 . 我们能够战胜灾荒 [J]. 新华月报，1950：14-15，2（2）.

③ 中共中央文献研究室 . 郑州会议记录（1959 年 2 月 27 日至 3 月 5 日中共中央政治局扩大会议）[M]// 中共中央文献研究室 . 建国以来重要文献选编（第十二册）. 北京：中央文献出版社，1996.

偿还贷款的生产队和人民公社购买生产资料与生产设备，改善生产条件。[①]1963—1970 年，中国农业银行每年向生活、生产困难的贫下中农困难户发放专项贷款 5 000 万元。

在现今的学术研究中，救济式扶贫往往作为开发式扶贫的对立面出现，在媒体报道中被简单化为慈善式扶贫。诚然，中华人民共和国成立初期的扶贫工作思路和方式都较为单一，但将其简单化为纯粹的赈灾、输血也是不符合史实的。

在 1949 年的水灾发生后，国家也采取了以工代赈的手段，调入 2.3 亿斤粮食，用于兴建苏北地区水利工程。1950 年 6 月的《中华人民共和国土地改革法》宣告施行土地改革，以实现“耕者有其田”，生产资料的重新分配使广大农民自行发展生产成为可能。1951 年热河省扶助贫困户发展农副业的工作得到了中央的肯定。热河省递交的《扶助困难户生产的报告》得到了时任政务院副总理黄炎培的肯定，“热河经验”成为中华人民共和国最早的农村地区扶贫试点工作的典型。1964 年《关于在社会主义教育运动中加强农村社会保险工作，帮助贫下中农克服困难的报告》标志着农村贫困问题的正式提出。中央在全国各地农村开始布置扶贫试点工作，重点是给贫困劳动力安排适当的生产门路，使其通过生产自救摆脱贫困。

二、1979—1985年以工代赈

1979—1985 年的扶贫工作往往被研究者形容为“体制性改革扶贫阶段”，即通过进行农村土地制度改革与经济体制改革获得扶贫成效。农村土地制度实现了从人民公社制度到家庭联产承包制的转变，极大地调动起农民的生产积极性，给农村的生产带来了新鲜气息。经济体制改革指改计划经济体制为市场经济体制，农民通过出售富余农产品和劳动能力换取额外的收入。

但就狭义的直接扶贫而言，20 世纪 80 年代的扶贫工作显现出由

① 王爱云 . 1978—1985 年的农村扶贫开发 [EB/OL]. 国史网，[2017-09-01]. http://www.hprc.org.cn/gsyj/zzs/zzsxs/201709/t20170901_401820.html.

无偿救济为主到帮助生产为主、无偿救济为辅的转型特征。提供信贷资金、实施以工代赈、扩大就业机会等成了扶助贫困农户的重要手段。

无论就政策发布的时间顺序，还是就扶贫工作步骤前提的关键性而论，贫困标准和贫困户都是扶贫模式转型的第一步。在理论原则方面，1978 年正式划定了农民贫困标准。在实践方面，1979 年已经在全国范围内实施了更为细致且多样化的扶贫措施，如逐户建立贫困户登记卡片，在劳动分工上给予贫困户照顾，建立干部保户和群众性保户小组等。

以工代赈是有偿救济的典型方式。1933 年 3 月美国成立的“民间资源保护队”先后雇用了 250 万～ 300 万名 18 ～ 25 岁失业青年，从事修筑森林道路、植树造林等公共事务，这是最早的工赈单位。1977 年 4 月人民党执政期间，印度也实施了以工代赈计划，即以国家储备粮为酬劳，组织农村失业人员进行农田建设工作，从而缓解农村地区的失业和贫困问题。实际上，以工代赈并非西方世界的独创，它在我国有着悠久的历史。早在东周齐景公之时，晏子就曾在饥荒时期招募饥民参加路寝之台的工程建设，“三年台成而民振。故上说乎游，民足乎食”①。这一方法的优越之处在于：对贫困农民而言，参加以工代赈不仅可以增加收入，而且可以融入社会、提升劳动能力；对国家而言，雇用贫困农民参与工程建设可以降低财政开支，促进社会和谐；从理念角度来讲，有偿救济崇尚不劳者不得食的原则，有利于社会公平。

扶贫扶优服务中心是这一时期具有代表性的救灾扶贫服务组织。1983 年，山西省潞城市东邑乡以双扶服务中心为组织和指导单位，动员当地 200 多名贫困农民在当地工厂做工，3 个月内人均收入 150 ～ 200 元。在此后的几年间，这一做法被迅速推广到全国。截至 1986 年 11 月，全国拥有这类双扶服务公司总计 5 万多个。②1990 年

---

① 晏婴 . 晏子春秋 [M]. 北京：中华书局，2007.

② 王瑞芳 . 告别贫困：新中国成立以来的扶贫工作 [EB/OL]. 国史网，[2010-01-05]. http://www.hprc.org.cn/wxzl/gsqk/dangdaizh_21/diwuqi_5/zhailw/201001/t20100105_39991.html.

民政部关于对云南省民政厅《关于要求保留省扶贫扶优服务公司的请示》的复函肯定了云南省的做法，并盛赞其将“保障灾民基本生活和扶持发展生产相结合、无偿使用与有偿使用相结合、救灾和扶贫相结合”[①]。

截至 1982 年年底，全国有 1 814 个县的 3.1 万余个公社开展了扶贫工作，共有 327 万贫困户享受到了政策的关怀。1986 年，尚存在温饱问题的贫困人口数量在 1978 年的 2.5 亿人的基础上缩减了一半，中国减贫出现了历史性的突破。

三、1986—1993年以县为中心

市场化经济改革的开展不仅带来了 20 世纪 80 年代中后期经济的迅猛增长，也造成了地区、个体间在收入、能力、生活水平、思想观念等方面的巨大差距。扶助一些发展缓慢的地区和部分生产生活条件相对落后的个体成为当务之急。

1986 年 6 月，贫困地区经济开发领导小组成立。这标志着今后贫困地区的开发工作和政策制定有了统筹与协调的领头单位，也标志着以开发式扶贫为方针的专项扶贫的开始。同年，扶贫工作被列入“七五”计划。从计划、组织、规模而论，1986 年开始了我国开发式扶贫工作的全新阶段。

就在这一年，“贫困县”的概念开始出现。由于财政资金有限，为了集约使用资金，国家严格限制了贫困县的入选条件，即 1985 年人均收入低于 150 元。在后来的工作中，随着经济的发展和反贫困政策的深入，牧区县和“三西”项目县又被逐步纳入其中。在这一时期，资源传递主要有国家财政扶贫资金、贴息贷款和以工代赈三种手段，贫困人群对自身脱贫的义务和能动性在政策中得以体现，脱贫不再被认为是国家单方面的工作。同时，由于区域间人口流动的日益频繁，组织劳务输出、定点对口扶持等多样化的手段也成了合理而可能的

① 民政部. 关于对云南省民政厅《关于要求保留省扶贫扶优服务公司的请示》的复函 [EB/OL]. http://www.51wf.com/print-law?id=1158263.

举措。[①]

1987 年 10 月底，《关于加强贫困地区经济开发工作的通知》提出了“扶贫落实到户”的口号，致力于提高扶贫对象的瞄准精确性。贫困户、五保户、救济户等我们今日耳熟能详的概念出现在这一通知中，也彰显了个体贫困的层次差异和程度差异。

1991 年 3 月下旬发布的《关于“八五”期间扶贫开发工作部署的报告》是“七五”向“八五”计划过渡时期扶贫开发工作的指导性文件。文件确定在“八五”期间，贫困县数量将不再增加，国家将集中力度、加大投入解决现有的贫困县的脱贫问题。[②]这一文件显示出，扶贫工作不再是“广撒网、多捞鱼”思路，而有了切实的、确定的目标，扶贫工作由看过程转变为看效果。

案例：巴东县整合内外资源，推动产业发展

巴东县位于鄂西自治州，是国家重点贫困县之一。在 20 世纪 80 年代末期，巴东县凭借准确的定位和对自身优势的把握，获得了大量国家财政资金和项目的支持。

1989 年，巴东县被纳入省重点试点县，获得国家投资 220 万元，以以工代赈的方式修通了县内道路，解决了 10 万人的饮水问题。神农溪景区被国家旅游局纳入长江旅游线重点开发项目，获得 100 万元基础建设资金。

农业生产方面，巴东县利用包括县内投资、外资在内的 4 022 万元建设资金，组织当地农民大规模种植柑橘，从而成了长江中上游柑橘种植基地。1986—1989 年，巴东县累计获得国家扶贫资金 1 420 万元。以扶贫资金为支持，巴东县培育烟叶、茶叶、柑橘等特色品种，经济

① 赵强社．扶贫模式演进与新时期扶贫对策探析 [J]. 西部学刊，2013（2）：19-24.

② 国务院贫困地区经济开发领导小组．关于“八五”期间扶贫开发工作部署报告的通知 [EB/OL]. 人民网，[1991-03-20]. http://cpc.people.com.cn/GB/64184/64186/66684/4494179.html.

效益卓著。1988—1989 年的两年间，烟叶种植产业为农民增收 4 000 万元。

此外，巴东县加大力度推广普及科技农业，鼓励科技人员下厂下乡，与沿海地区的科研单位开展紧密合作。科学技术的普及提升了巴东县农业生产对抗自然灾害的能力。

资料来源：罗贤美 .《外力与内功——巴东县扶贫思路》，《中国民族》

20 世纪八九十年代，中国市场经济发展尚处在起步与探索的阶段。特别是在内陆地区，可利用的资源和成功经验都相对匮乏。在这一穷二白的基础之上，巴东县所作出的努力是在充分发挥自主能动性基础上的对党和国家脱贫号召的积极有益的尝试。如何在现实情况与现实需求的广阔空间中寻求一条最为适合、最为高效的脱贫路径成了首先要解决的问题。针对这一问题，巴东县积极探寻自身优势，充分利用县内、县外能提供的资金、技术等各类资源，大力推进特色农业发展。此后，巴东县以现有资源与成果为基础，不断扩展新的优势、新的资源，显现了以县为单位的集约发展的优越性。

四、1993—2000年八七扶贫攻坚

截至 1992 年年底，依据年人均纯收入 320 元的标准，全国尚有 8 065.5 万名农村居民生活在贫穷的困境之中。这些贫困人口集中分布在深山区、荒漠区等自然、生态条件险恶的偏远地区的 592 个贫困县中。[①] 此时扶贫工作进入攻坚阶段。

为了解决农村贫困问题，缩小地区差距，实现共同富裕的最终目标，1994 年 4 月 15 日中央政府发布《国家八七扶贫攻坚计划》通知。“八七攻坚”的名称直接地体现了中国反贫困的坚定决心和宏伟雄心：“集中人力、物力、财力，用 7 年左右的时间，基本解决 8 000

① 中华人民共和国国务院新闻办公室 . 中国的农村扶贫开发 [EB/OL]. 中国网，[2001-10-15]. http://www.scio.gov.cn/zfbps/ndhf/2001/Document/307929/307929.htm.

万农村贫困人口的温饱问题。”[①] 同年，中央决定将县设为脱贫工作的基本单位，重新划定了贫困县的标准，不仅设立了 1992 年人均纯收入 400 元的入选标准，而且设立了 700 元的强制退出标准。[②] 在 1999 年，即“八七攻坚”工作进入尾声之际，中央再次召开会议，发布了《关于进一步加强扶贫开发工作的决定》。根据中国农村贫困监测调查资料，1997—2001 年，国定贫困县累计扶持农户 3 073 万户，扶持人口 12 469 万人次。以年均脱贫人口而论，1997—1999 年达到了扶贫攻坚的一次高潮。

“八七扶贫攻坚计划”的主要措施包括以下五项。

（1）以解决温饱为直接目的，重点发展投资少、见效快的产业，多、快、好、省地帮助当地民众摆脱贫困。坚持开发式扶贫，利用资源和劳动力资本的优势，发展劳动密集型和资源开发型企业。

（2）进一步加强贫困地区基础设施建设，解决人畜饮水困难、贫困乡用电困难和交通闭塞等阻碍发展的基础建设问题。1997—2001 年，全国 592 个国定贫困县累计修建基本农田 6 012 万亩，新增公路 32 万千米，架设输变电线路 36 万千米，解决 5 351 万人和 4 836 万头牲畜的饮水问题。[③]

（3）扶贫政策向中西部地区倾斜。这首先体现在扶贫专项资金的分配上。中央财政、信贷、以工代赈等扶助资金应向贫困县倾斜，而在 592 个贫困县中，西部 9 个省区占据了 307 席。国定贫困县较多的省份包括云南（73）、陕西（50）、贵州（48）等。以信贷资金为例，中央决定，自 1994 年起停止向沿海地区发放扶贫信贷资金，转而将其用于中西部贫困地区的扶贫工作。中央号召东部贫困县以地区力量解

① 中华人民共和国国家发展和改革委员会地区经济司 . 改革开放以来我国实施的 4 个扶贫专项规划 . 中华人民共和国国家发展和改革委员会，[2016-12-02]. http://www.ndrc.gov.cn/gzdt/201612/t20161202_829216.html.

② 中华人民共和国国务院新闻办公室 . 中国的农村扶贫开发 [EB/OL]. 中国网，[2001-10-15]. http://www.scio.gov.cn/zfbps/ndhf/2001/Document/307929/307929.htm.

③ 汪三贵，李周，任燕顺 . 中国的“八七扶贫攻坚计划”：国家战略及其影响 . 上海扶贫大会案例研究，2004.

决自身贫困问题，完成贫困县的脱贫工作。[①]

（4）动员全党全社会、沿海发达地区、中国扶贫基金会、联合国开发计划署等海内外机构参与扶贫，实现中央机关定点帮扶，东西协作对口帮扶，社会团体帮扶等多种形式的帮扶模式。1996 年 9 月起，东部的广东、江苏、浙江等省（市）和单列市与西部 10 个省（自治区）一一结对，为中西部贫困地区带去发展的成功经验和经济、人才资源。

（5）强化“省”在扶贫工作中所负有的责任。这主要体现在“资金、权力、任务、责任”的“四到省”的原则之中[②]。1994—2000 年，中央总计下发 1 240 亿元资金用于专项扶贫贷款、以工代赈和财政发展及新增财政扶贫资金三项扶贫投资计划。在此过程中，中央政府根据贫困人口数量及以农民人均纯收入为依据的贫困程度、当地经济资源等因素核算各个省能获得的扶贫资金，随后由省扶贫领导小组进行资金分配与调度。

案例：贵州省盘县农村小额信贷扶贫

以国际先进经验为基础，中国政府积极探索小额信贷的扶贫到户新模式。截至 1999 年，全国投入的资金总量达 30 亿元，惠及 240 多万贫困农户。这一模式在为贫困农户定向提供生产资金与信贷支持的同时，较好地解决了贴息贷款到户率低、还款率低的问题，被广泛地应用于中西部省区的农村扶贫开发工作中。

盘县处于广西、云南和贵州的交界地带，是贵州省内贫困程度和贫困深度都极为深重的地区。1998 年 7 月，盘县在贵州省政策指导下在全县各乡镇开展了小额信贷扶贫试点工作。在组织上，盘县成立了县、乡、镇等级别的小额信贷扶贫工作领导小组，协调银行、妇联、

① 中华人民共和国国务院新闻办公室. 中国的农村扶贫开发 [EB/OL]. 中国网，[2001-10-15]. http://www.scio.gov.cn/zfbps/ndhf/2001/Document/307929/307929.htm.

② 汪三贵，李周，任燕顺. 中国的“八七扶贫攻坚计划”：国家战略及其影响. 上海扶贫大会案例研究，2004.

团委等多个部门参与工作。在管理上，实行“双线运行，封闭管理”，一方面由农行进行审查发放，另一方面由乡镇、村委会进行对象审定和后续管理。在产业布局上，以养殖业为发展重心，引导贫困农户加入畜牧养殖业。以小额扶贫贷款为资金支持，扶持农户购买母牛。

截至 2002 年年底，盘县累计发放小额扶贫贷款 17 265 万元，扶持贫困农户 77 286 万户。4 年间，农民人均纯收入由 1 253 元提高到 1 491 元，贫困人口由 26.08 万减少至 11.02 万。截至 2015 年，盘县农行投入小额扶贫到户贷款累计达 18 754 万元。盘县扶贫开发成就显著，被称为“小额信贷盘县模式”。

资料来源：杜晓山，张保民，刘文璞，等.《中国小额信贷十年》

小额信贷扶贫的做法体现了对资源利用效率的重视。这一路径突破了传统的以县、市等政府单位作为投资者与规划者的扶贫模式，在县级机构实行管理和审查的同时，将资源的利用、处置权直接下放到贫困户。贫困户可以真正根据自身需要和个人能力、兴趣，选择合适的投资对象和投资领域。但在此间也隐藏着能力不足的危险，即在农业生产知识之外，贫困户是否拥有足够的金融、管理知识，使获得的资源发挥出最大的效益。小额信贷扶贫在赋予贫困户劳动资料与经济资助的同时，也对劳动者的技能提出了更高层次的要求。

五、2001—2010 年整村推进

整村推进是甘肃省率先提出的新形势下的扶贫方式，是以区域贫困为核心问题的扶贫新思路的探索。其主要特征为以贫困村为基本单位，整合领导力量、工作力量、扶贫资金等单位内扶贫资源，进行扶贫综合开发。主要工作内容不仅包括传统扶贫工作的改善基础建设、稳定解决温饱问题，还创造性地纳入能力建设、民主建设、管理水平等社会性因素。①

① 吴华.整村推进扶贫开发案例 [EB/OL]. [2017-12-12]. http://www.iprcc.org.cn/ppt/2007-12-20 /1198127183.doc.

（一）主要思想

整村推进计划首先针对的是贫困瞄准问题。在“八七攻坚”之后，农村贫困人口分布由原来的以县为单位的集中分布变为以村为单位集中分布。基于大规模贫困现象的普遍缓解，贫困问题分布的零散化的现实状况，扶贫政策的目标瞄准模式也发生了相应的变化。

其次，整村推进方针强调因地制宜、因村制宜。这一思路也是由我国现实存在的地域差异性决定的。方案要求各个村集体根据自身的资源、存在的问题、发展所处的阶段寻找适宜的解决方案。例如，甘肃的静宁县李堡村基于日照时间长、昼夜温差大的自然特征，将蔬菜种植作为全村的核心产业，获得了良好的经济效益。

同时，整村推进遵循参与式发展思路（图 2-1），强调通过参与向群众赋权，扶贫开发的主体是贫困群众。扶贫工作层次的下移意味着群众参与的增加。它要求充分发挥村内农民的参与积极性，充分尊重农民的意见与建议，突出农民群体的主体性特征，增强贫困农民的自我发展能力。较此前的扶贫规划而言，参与性扶贫更具针对性、实用性、参与性、公开性、综合性、过程的互动性、可操作性、科学性等特征，因而显现出一定的优越性和可持续能力。①

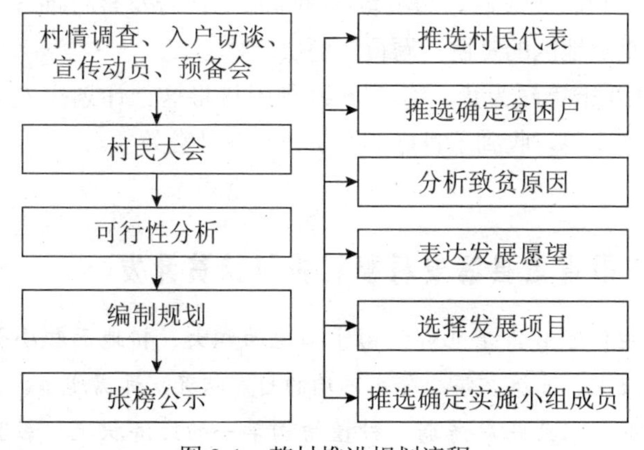

图 2-1　整村推进规划流程

① 任燕顺 . 扶贫开发模式与方法研究 [M]. 北京：中国财政经济出版社，2008.

（二）政策依据

整村推进的前身为甘肃省在1998—2000年实施的将项目管理与到村到户相结合的贫困村试点工作，提倡村民广泛参与方案制订，组织群众参与管理。试点的10个贫困村的人均纯收入在一年间从721元提高到1 332元，使人们的思想观念发生转变，村级组织得到加强，基础建设与生产条件得到改善，先进的生产技术也得到推广。

2001年，国家在全国范围内宣传、推广整村推进和“甘肃模式”。2001年6月发布的《中国农村扶贫开发纲要（2001—2010年）》在总结前一阶段扶贫攻坚的成果与经验基础上，提出扶贫工作重心下沉、进村入户的要求。整村推进成了2001—2010年的十年扶贫工作的重点。2002年计划在14.8万个贫困县实施整村推进工作，覆盖80%左右的扶贫对象。此外，贫困县这一名称正式更名为国家扶贫开发工作重点县。

2005年，国务院扶贫开发领导小组又相继印发了《关于加强扶贫开发“整村推进”工作的意见》等一系列文件，明确提出了“基本解决农村贫困人口的温饱问题，基本完成14.8万个村的整村推进扶贫规划”的“两个基本”的目标。2008年的政策在现有项目基础上，额外提出要在人口较少民族、边境地区和革命老区普及整村推进工作，确保这三类重点地区的贫困问题得到解决。①

到2010年年底为止，有12.6万贫困村将这一计划投入实施，原定目标基本实现，收到了良好的经济效益和社会效益。

案例：甘肃省徽县麻安村整村推进扶贫开发

麻安村位于甘肃省北部，由于山地面积大、耕地面积小等地理情况，水土流失、土壤贫瘠、降水不均的自然状况，远离城市、山高路远的交通状况，农业基础薄弱、种植结构单一的经济状况，教育水平及

① 顾仲阳.2010年底前我国确保三类贫困村整村推进[N]. 人民日报，2018-07-03（2）.

医疗卫生条件欠发达的社会文化状况等多重因素，长期处于贫困状态。

2002 年，由县扶贫办、县林业局、畜牧局等工作人员共同组成的规划小组与妇女代表、党员代表、贫困户代表等协同召开整村推进扶贫开发专题座谈会和准备会，通过入户访谈、问卷调查、群众会议等方式充分掌握当地基本情况和基础数据，分析长期贫困的原因，探索解决问题的基本思路。经初步排查和村民大会表决，初步筛选出包括教育、交通、农业发展在内的 8 个项目，交由参会村民选择。同时，村民通过代表提名与直接选举的方式产生了麻安村项目规划实施小组和 5 个项目能力建设小组。每户至少有一人参与表决大会。在规划实施过程中，各阶段的计划、采购、工程也统一张贴公示，并接受领导小组、能力小组的监督管理。在村日常工作之余，36 名妇女参加了由澳门巴迪基金会举办的培训，并于培训后在村内进一步分享培训经验。麻安村还建立了“大户带小户”的互帮互助制度，推动先富带动后富。

项目实施后，农民人均纯收入在四年间由 650 元上升到 1 200 元，养殖业和非农产业收入大幅提升。经济收益之外，农民的自我管理能力和发展积极性也得到了充分发挥，村民大会举办频率提高至每年 6 次，妇女参与公共事务的积极性提高了，村集体的凝聚力也不断加强。

资料来源：徐进．《整村推进扶贫思路与方法研究》

当扶贫的关注点从县、市一级别进一步聚焦到微观的村时，个人能力的各个层面具有了研究的意义。脱贫不仅是经济层面的富足，更是管理能力与民主意识的增长。这种主观因素的转变若能得到实现，将长远地有利于当地经济、社会、文化的可持续发展。从麻安村的案例中，我们清晰地看到脱贫项目深入并嵌入具体村落的日常生活和行为实践之中，且由自上而下的设计扭转为了自下而上的呈现，这在中国扶贫的实践中是独具特色且充满创新意涵的。

六、2011—2013年集中连片

2010 年 2 月 4 日，时任总理温家宝做了题为《关于发展社会事业和改善民生的几个问题》的讲话。讲话中，他提出要“继续抓好农村扶贫工作，把扶贫开发的重点放在贫困程度较深的集中连片贫困地区和特殊类型贫困地区”[①]。在此之后，包括中共十七届五中全会、国家扶贫工作会议、人大会议在内的几次重要会议都进一步确认了消除绝对贫困的首要任务和连片特困地区的主要对象。

2011年4月审议通过的《中国农村扶贫开发纲要（2011—2020年）》（以下简称《纲要》）是这一特定历史时期我国农村扶贫开发工作的纲领性文件。文件指出，我国扶贫开发整体上已经从解决温饱进入“两不愁三保障”的新阶段。绝对贫困的问题已经得到初步解决，缩小发展差距、调节收入不平等、提高发展能力成了急需解决的问题。

过去30年的扶贫工作经历了由片区到县、由县再到村的扶贫单位变迁，《纲要》的提出再一次将片区作为扶贫的主战场，也是针对区域发展差异格局的政策性调整。集中连片贫困区多数是老区、边境地区和少数民族聚居地区，生态环境的脆弱性是其共同特征。以片区为组织的扶贫攻坚需要中央和地方共同支持，跨省合作协同发展。

2011年11月，作为革命老区、民族地区的武陵山片区也成为11个片区中最早完成规划的片区。《武陵山片区发展与扶贫攻坚规划》提出，要依靠重庆、武汉、贵阳、长沙等中心城市的辐射带动作用，加快工业化、城镇化水平；以旅游业为依托，打造十二条精品旅游线路，优化产业结构与产业布局；发展中草药种植等具有区域性特色的高效农业；建立生态、地貌、物种、水源保护区，对石漠化采取强有力的措施，加强生态保护与建设。

集中连片的扶贫政策的理论基础为新区域主义，如强化地方合作，支持产业升级和新兴产业发展；人力资本理论，如教育扶持和投资；生计资本理论，如关注贫困人口对自然、物质、金融、人力和社会资本的拥有；空间贫困理论，如扶贫搬迁；多元发展理论，如关注地区差异性和扶贫道路的多样性。

---

① 温家宝．关于发展社会事业和改善民生的几个问题．求是，[2010-04-01]. http://theory.people.com.cn/GB/11273957.html.

案例：滇桂黔石漠化片区扶贫

滇桂黔石漠化区地跨三省，共有国家级贫困县 66 个。2011 年集中连片特困地区扶贫计划实施之初，滇桂黔石漠化区的贫困发生率为 31.5%，显著高于全国平均水平。针对区域落后的多重原因，特别是石漠化的地质成因，该地区制订了以产业扶贫为核心的多领域协同合作的扶贫计划。

（1）产业扶贫。着力建设特色农业产业基地和旅游产业基地。这一地区涌现出大批农产品名县，如“中国水晶葡萄之乡”三都县、“中国火龙果之乡”罗甸县。在此过程中，各乡县根据各自的经济结构、管理模式、经济发展水平调整政府、企业、农民、合作社在发展中占据的位置，形成了多种产业扶贫模式，调动各主体参与脱贫致富工作。[①]

（2）水利扶贫。水利建设工作也依据北部经济区、中部生态区、西南边境区的这一划分寻求最为高效有利的开发路径。[②] 在发展基础相对较好的北部经济区，水利扶贫工作的主要任务是增强水资源调控能力和供水保障能力，推动区域产业发展；中部生态区是石漠化最严重的地区，扶贫工作的重心为水土流失和石漠化综合治理，提高涵养水源和保持水土能力；西南边境区的具体工作为兴修水库及建设节水灌溉配套设施。

（3）智力扶贫。为就读于职业院校的贫困家庭子女提供学业指导和资金资助，提高教师待遇，实现教育扶贫。为扶贫规划、开发项目提供指导，派遣科技特派员到农村辅助科技创业行动，实施科技扶贫。开展“雨露计划”，开展务农技能和农业实用技术培训，帮助贫困地区居民提升就业能力。

（4）金融扶贫。滇桂黔贫困地区基于《金融服务工作指导意见》，不断尝试创新金融服务方式，提高金融服务的覆盖面，让可及和普惠

---

① 李英勤 . 滇桂黔石漠化片区产业扶贫的成效、问题与对策研究 [J]. 黔南民族师范学院学报，2016（6）：64-69.

② 水利部 . 水利扶贫规划滇桂黔石漠化片区水利扶贫实施方案印发 [EB/OL]. [2014-05-07]. http://www.gov.cn/xinwen/2014-05/07/content_2673994.htm.

的金融服务在农村地区落地生根。例如，黔南州推动农村土地承包经营权和宅基地使用权抵押贷款工作。[①]截至2015年6月，广西滇桂黔石漠化连片特困区29县支农贷款余额为11.41亿元，同比增长240.6%。

资料来源：苏维词.滇桂黔石漠化集中连片特困区开发式扶贫的模式与长效机制；李向阳，陈翔，李敏.滇桂黔石漠化区水利扶贫总体工作思路研究；许凌志.广西滇桂黔石漠化连片特困区智力扶贫若干问题研究；李英勤.滇桂黔石漠化片区产业扶贫的成效、问题与对策研究；王海全，覃安柳.集中连片特困区金融扶贫成效、存在问题及政策建议——以广西滇桂黔石漠化区为例；中国人民银行河池市中心支行课题组.普惠金融服务问题研究——以黔桂连片贫困区为例

滇桂黔石漠化区的贫困有多重原因，其中生态环境脆弱是脱贫攻坚工作首先面临的巨大挑战。在这一客观条件之下，水利开发、农田利用、科学技术的学习与运用等诸多政策都以生态环境建设为中心展开。与此同时，区域统筹发展并不意味着对共性的强调和对个性的忽略。滇桂黔石漠化区区域内部在降水、日照等自然条件，民族分布、年龄结构等人文条件和产业结构、资金积累等经济基础等诸多方面都呈现出不同面貌，因地制宜在区域化发展的过程中依然具有决定性意义。

七、2013年精准扶贫

（一）政策依据

2012年召开的中国共产党第十八次全国代表大会把脱贫攻坚纳入“五位一体”总体布局和“四个全面”战略布局，标志着扶贫攻坚战的全面打响。

此前，扶贫工作的精确化，如2011年《开发纲要》所提出的，主要体现在建档立卡等具体操作中。2012年习近平总书记在阜平调研时指出，将“因地制宜、科学规划、分类指导、因势利导”[②]作为扶贫的

① 中国人民银行河池市中心支行课题组，冼海钧.普惠金融服务问题研究——以黔桂连片贫困区为例[J].南方金融，2015（2）：68-71，100.

② 陈明生.精准扶贫的分类管理与精准扶贫不同方式的应用[EB/OL].光明网，[2018-10-22]. http://news.gmw.cn/2018-10/22/content_31793647.htm.

基本思路。随后汪洋副总理又将仍然存在的“大水漫灌”现象摆上了台面，在深入反思过往的手段及成效后，他提出要进一步提高扶贫的精准度，“瞄准重点、精准制导、定点清除”。

2013年11月，习近平在湖南湘西花垣县十八洞村视察时首次提出了“精准扶贫”概念。“贵在精准，重在精准，成败之举在于精准”成为主旋律。

此后，精准扶贫的概念不断深化、细化。2015年6月，习近平在贵州考察时提出了“四个切实”的工作要求。2015年6月18日，在集中连片特困地区扶贫攻坚座谈会上，他又提出，扶贫工作要以“六个精确”为基本要求，“五个一批”为根本途径[①]，这一总结进一步丰富了精准扶贫、精准脱贫的内涵。11月27日，他又将精准扶贫问题归纳为“扶持谁”“谁来扶”“怎么扶”的问题，厘清了扶贫问题的前提、目的、主体，为未来的扶贫工作梳理了主要脉络。在此先的因地制宜的基础上，他提出要因人施策、责任到人，进一步降低扶贫工作重心，并进一步细化出发展生产、易地搬迁、生态补偿、发展教育、社会保障五大基本手段。除此之外，他还就建立贫困县、贫困户退出机制作出部署。退出机制因而成为靶向瞄准的有机组成部分。

中央各部委就扶贫工作在各个领域内的落实作出部署。电商扶贫、能源扶贫、网络扶贫……一系列具有时代特征的文件的发布也成为扶贫方案与时俱进、不断创新的明证。扶贫攻坚日益渗透于新时代各领域的工作之中。

（二）内涵及存在的问题

目前，学界对于精准扶贫的研究更多建立在对政策文献的总结基础之上，集中在对其性质、意义与特征的总结和分析，精准扶贫概念尚无明确而清晰的定义。

① 中共中央党史和文献研究会，国务院扶贫办．习近平扶贫论述摘编[M]．北京：中央文献出版社，2018.

习近平总书记在讲话中指出，精准扶贫在内容上主要涉及精准识别、精准帮扶、精准管理、精准考核四大方面。这四个方面并不是相互割裂、平行的，它们彼此勾连，勾画了精准扶贫的全过程。其中，精准识别是基本前提，精准帮扶是政策核心及主要举措，精准管理是重要保障，精准考核是提升成效的重要手段。①

精准识别涉及扶贫对象的确认问题，是最为学者关心的核心问题。目前我国的贫困识别采用规模控制、指标分解的方法。各省（区、市）根据国家统计局调查得出的乡村人口数量和贫困发生率，将贫困人口识别规模按市、县、乡、村的层级逐级分解。杨朝中（2014）进一步解释了片区、重点县、贫困村、贫困户的多层级划分。② 针对这一运作流程，左停（2015）等提出，在这一过程中，以统计数据为基础的贫困指标和扶贫政策并不能够完全精准地反映现实情况。当指标下发到村一级后，村庄内部在贫困户认定上享有较大的自由裁量权，民主评议标准不统一、不公开，特别是贫困标准上下的群众难以识别，因而在实际分配中会产生轮流享受、平均分配、精英俘获等脱靶现象。③ 杨亮承（2016）借助布迪厄场域视角剖析扶贫瞄准过程，认为扶贫工作的困难实质在于：县级政府在基层实践中具有自主决策权和支配权，贫困户往往因为缺乏获取资源能力而处于被支配地位。④ 杨瑚（2017）则对县政府的角色有不同意见，他提议将扶贫对象认定权由乡镇和村上移至县，从而减少自由裁量权的过度使用，提升扶贫瞄准工作的专业性和标准化程度。⑤ 陈潇阳（2014）则提出以“扶贫对象自愿申报、政府部门自动识别、脱贫对象主动退出、公共参与评议”为主

---

① 王介勇，陈玉福，严茂超．我国精准扶贫政策及其创新路径研究 [J]. 中国科学院院刊，2016（3）：103-104.

② 杨朝中．构建精准扶贫体制机制 [J]. 政策，2014（5）：53-55.

③ 左停，杨雨鑫，钟玲．精准扶贫：技术靶向、理论解析和现实挑战 [J]. 贵州社会科学，2015（8）：156-162.

④ 杨亮承．扶贫治理的实践逻辑——场域视角下扶贫资源的传递与分配 [M]. 北京：中国农业大学出版社，2016.

⑤ 杨瑚．精准扶贫的贫困标准与对象瞄准研究 [J]. 甘肃社会科学，2017（1）：95-100.

要流程的动态甄别机制，将以往自上而下的贫困瞄准机制变革为自下而上的贫困申报机制。[①]叶初升、邹欣（2012）同样倡导一种自下而上的瞄准模式，将加强瞄准主体和对象的互动和双向交流视为提高瞄准效率的治本之策。[②]

精准帮扶指因人、因地、因致贫原因制宜，制订个性化的扶贫措施，从而帮助贫困人口摆脱贫困。汪三贵、郭子豪（2015）认为项目式扶贫存在的最大问题是扶贫无法覆盖真正贫困的人口，无法与千差万别的致贫原因相对接，与贫困户的实际需要相脱节。[③]而精准帮扶就是对以往重视整体而不重视个性的扶贫工作方法的一种拨乱反正。[④]然而，唐丽霞等研究者认为目前的精准帮扶在实践中仍然没有解决这一问题。例如，政策对资金的规定主要目的是避免扶贫资金被挪用、滥用，对扶贫到户资金使用的明确规定忽视了农民自身发展需要，也忽视了各个村庄和个人的差异性。[⑤]

在精准管理上，吴雄周（2015）等认为，扶贫管理乱象主要表现在管理主体缺乏约束力，减贫目标模糊不清，人情化现象普遍。[⑥]黄承伟、覃志敏（2015）同样批评了扶贫驻村干部工作方法的非制度化和非持续性现象。[⑦]林忠伟（2016）在广西壮族自治区扶贫管理的具体实践中关注到管理者自身的能力缺陷，信息化能力不足导致对贫困户的致贫

---

① 陈潇阳．我国农村扶贫对象动态甄别机制的构建路径 [J]. 河北大学学报（哲学社会科学版），2014（1）：38-41.

② 叶初升，邹欣．扶贫瞄准的绩效评估与机制设计 [J]. 华中农业大学学报（社会科学版），2012（1）：63-69.

③ 汪三贵，郭子豪．论中国的精准扶贫 [J]. 贵州社会科学，2015（5）：147-150.

④ 葛志军，邢成举．精准扶贫：内涵、实践困境及其原因阐释——基于宁夏银川两个村庄的调查 [J]. 贵州社会科学，2015（5）：157-163.

⑤ 唐丽霞，罗江月，李小云．精准扶贫机制实施的政策和实践困境 [J]. 贵州社会科学，2015（5）：151-156.

⑥ 吴雄周，丁建军．精准扶贫：单维瞄准向多维瞄准的嬗变——兼析湘西州十八洞村扶贫调查 [J]. 湖南社会科学，2015（6）：162-166.

⑦ 黄承伟，覃志敏．我国农村贫困治理体系演进与精准扶贫 [J]. 开发研究，2015（2）：56-59.

原因、生活需求、生活近况认识不足。[①]万江红、苏运勋（2016）同样提及，扶贫干部轮换制不利于扶贫管理人员了解村庄事务及利益关系，因而阻碍了公共问题的处理。在以村委会为关注重点的研究中，研究者分析了精准扶贫在基层地方的运作后提出，扶贫驻村干部制度分解了村委会的职能与权威，威胁到村民自治的制度基础和基层民主的活动空间。[②]李鵾、叶兴建（2015）则认为繁重的脱贫工作加重了村委会的任务负担，激化了政府行政管理与村民群众自治组织之间的矛盾。[③]

关于扶贫的精准考核尚无统一的定义，目前主要有两种说法。少数学者认为精准考核指对扶贫对象的考核，如王介勇等（2016）认为，精准考核的内涵为贫困人群、贫困县的脱贫退出和再入机制。[④]更多研究中，精准考核等同于对工作的考核与对政策的评估，如吴雄周、丁建军（2015）对湘西扶贫状况的调查中，以扶贫管理机构等作为考核对象[⑤]，林忠伟（2016）将其定义为对识别、帮扶、管理的成效进行量化考核，奖优罚劣的过程[⑥]。

案例：农产品电子商务的“陇南模式”

2013年，陇南成县县委书记李祥在微博销售“成县核桃”的创新之举轰动全国，在这一网络热点事件中，陇南农产品进入全国网民的视野。2015年1月，陇南市电商扶贫试点工作全面启动。截至2016年11月底，陇南全市经营各类网点9 000多家，农产品网络销售额累

---

① 林忠伟．精准扶贫体制机制创新研究[J].经济与社会发展，2016（1）：7-13.

② 万江红，苏运勋．精准扶贫基层实践困境及其解释——村民自治的视角[J].贵州社会科学，2016（8）：149-154.

③ 李鵾，叶兴建．农村精准扶贫：理论基础与实践情势探析——兼论复合型扶贫治理体系的建构[J].福建行政学院学报，2015（2）：26-33，54.

④ 王介勇，陈玉福，严茂超．我国精准扶贫政策及其创新路径研究[J].中国科学院院刊，2016（3）：103-104.

⑤ 吴雄周，丁建军．精准扶贫：单维瞄准向多维瞄准的嬗变——兼析湘西州十八洞村扶贫调查[J].湖南社会科学，2015（6）：162-166.

⑥ 林忠伟．精准扶贫体制机制创新研究[J].经济与社会发展，2016（1）：7-13.

计突破39亿元，电商、物流等企业为全市提供就业岗位5.7万多个，吸纳贫困户就业1.4万余人，陇南引来了农产品贸易的网销时代。

在“陇南模式”中，政府为贫困群众提供计算机、互联网使用和网络宣传营销等电商从业实用技能培训，选派128名未就业大学生到浙江电商企业开展为期半年的在岗培训，他们是电商产业发展的先行者和引导者。陇南市政府创建了陇南电商职业学校，先后累计培养各类电商从业人员5.2万人次。此外，政府兴建基础设施建设，扫清电商产业发展的障碍。几年间，陇南市补贴物流企业247家，建设快递网点928个。

在精准帮扶方面，陇南市针对各区县的不同产品优势，培育出礼县苹果、武都花椒等销路极佳且具有地区特色的农产品。根据各村镇的经济结构特征，探索出龙头企业带动型、贫困农户创业型、能人大户引领型等多种网店建设模式。[①]在扶持有能力的村民开设网店，以紧跟时代潮流的方式脱贫致富的同时，政府还通过各方面举措引导缺乏创业能力的贫困户通过精准扶贫专项贷款、土地入股电商企业等途径，分享电商发展的红利。例如，礼县良源电商公司吸纳40户贫困户每户5万元的精准扶贫贷款入股，通过分红为贫困户每年带去5 000元的增收。

此外，陇南市积极寻找外部资源，大力引入阿里巴巴、京东等互联网企业作为战略伙伴，建立“特色商城·陇南馆”“阿里巴巴陇南产业带”“京东帮服务店”“苏宁云商农村电商项目”。

资料来源：陇南日报，2015年6月4日

电商扶贫是“互联网+”时代发展衍生出的扶贫新形式。互联网的使用可以跨越地域的限制，这在很大程度上克服了中西部地区经济发展的一大困难。但要真正紧跟电商经济的时代潮流，无论在道路交通、物流运作方面，还是在经营者的个人能力、经营策略方面，都潜藏着巨大的挑战和虚假繁荣的危险。对于经济较为发达、教育水平相对较高的东部地区，这些困难都是无法避免的，对于中西部地区更是

① 杜理明. 陇南农产品电子商务发展现状及对策研究[J]. 电子商务，2015（4）：12-13，15.

如此。例如，在扶贫的成果考核方面，尚且缺少准确合理的监控与评价体系。“刷单”“无效购买”成为下辖县区内日益浮现的现象。如何挤出业绩内的水分，衡量区域电商真实的发展状况成为政策评估的难点。在现今的情势下，电商对地区经济发展的助推作用不言自明。只有脚踏实地地借助电商平台发展出切实可行的经营方略，才能防范电商致富成为蒙蔽双眼和头脑的幻觉。

八、2017年深度扶贫

（一）政策依据

2016年12月，《“十三五”扶贫攻坚规划》正式提出了2020年前实现“两不愁三保障”的扶贫攻坚总目标，这意味着扶贫攻坚工作到了最后的冲刺阶段，如何实现深度贫困地区真脱贫、不返贫成为攻坚克难的核心议题和各领域工作的重中之重。

在这一现实情境之下，习近平总书记于2017年6月23日在山西省太原市主持召开深度贫困地区脱贫攻坚座谈会。讲话围绕着深度贫困的中心议题展开。他点明，深度贫困是现阶段扶贫攻坚的重难点。他总结了深度贫困地区的普遍特征，分析了深度贫困的多维成因。除社会发育滞后、生态环境脆弱等深度贫困成因之外，总书记还提出要对因病致贫问题给予特别关注，即关注系统问题之外的个人问题。

2017年10月18日至10月24日，中国共产党第十九次全国代表大会在北京召开。党的十九大报告着重强调，要集中力量重点攻克深度贫困地区脱贫攻坚任务，确保脱贫目标的实现。总书记在报告中将“精准脱贫”列为决胜全面建设小康社会的三大攻坚战之一，明确提出“打好精准脱贫攻坚战，要把扶贫和扶志、扶智结合起来，进一步向深度贫困地区聚焦发力，重点攻克深度贫困地区脱贫任务”①。

2017年11月21日印发的《关于支持深度贫困地区脱贫攻坚的实

① 习近平.决胜全面建成小康社会　夺取新时代中国特色社会主义伟大胜利——在中国共产党第十九次全国代表大会上的报告.新华社，[2017-10-27]. http://www.gov.cn/zhuanti/2017-10/27/content_5234876.htm.

施意见》明确了深度扶贫的主要对象：贫困发生率超过 18% 的贫困县，贫困发生率超过 20% 的贫困村以及云南怒江州、甘肃临夏州等西部少数民族聚居地区的“三区三州”。新增脱贫攻坚资金、项目、举措都将主要用于深度贫困地区。

2018 年 6 月中旬颁发的《关于打赢脱贫攻坚战三年行动的指导意见》则专门设立章节，以大量的篇幅讨论深度贫困地区所面临的机遇与挑战，足以显现这一任务在现阶段我国国内建设与发展中所占据的战略性地位。该指导意见提出加快推进深度贫困地区交通、电力、网络、生态、医疗等多领域的发展，全方位提升贫困地区生活水平与发展能力。多举齐下，不仅有力地推动了扶贫的立体化，也表现出现代化建设进入综合管理、协同发展的新阶段。

（二）概念与内涵

深度扶贫的“深”首先在于扶贫对象的特征与现状。依据 2017 年底的《关于支持深度贫困地区脱贫攻坚的实施意见》的标准，截至 2017 年底全国仍然有 110 个深度贫困县和 16 000 个深度贫困村。除此之外，各省按照贫困发生率 11% 的标准确定了 334 个省级深度贫困县。这些深度贫困地区贫困人口占比高、人均收入和消费水平低、基础设施匮乏、致贫原因多样。过去几十年的扶贫工作没有能够彻底解决这些地区的贫困问题，也说明了深度扶贫地区贫困程度之深、脱贫难度之大。

深度扶贫的“深”其次在于要激发贫困群体的脱贫意愿，提升贫困群众的自我发展能力和可持续脱贫能力，这是医治贫困的根本之策。从救济式扶贫到开发式扶贫，从以县、村为单位到集中连片，由大规模扶贫再到精准扶贫，我国在减贫路上不断探索前行。在几十年间，扶贫的领域不断扩大，扶贫手段日趋多样，贫困群体的主体性日益成为不可忽视的重要元素。党的十九大报告的“注重扶贫同扶志、扶智相结合”[①]，正是要求在认识和行动两方面激发贫困群众摆脱贫困的内

---

① 习近平 . 决胜全面建成小康社会　夺取新时代中国特色社会主义伟大胜利——在中国共产党第十九次全国代表大会上的报告 . 新华社，[2017-10-27]. http://www.gov.cn/zhuanti/2017-10/27/content_5234876.htm.

在动力。“赋权优于给钱”，政府及其他社会主体应以合理方式予以贫困群体必要支持。人力资源和社会保障部、国务院扶贫办于 2018 年 10 月联合发布《关于开展深度贫困地区技能扶贫行动的通知》，即旨在通过建立完善职业指导、分类培训、技能评价、就业服务协同联动的公共服务体系，提升职业技能培训水平，促进转移就业脱贫效果。

深度扶贫的“深”同样也指“真脱贫、不返贫”的脱贫目标，要通过各类举措让贫困群体彻底摆脱贫困。虽然没有明确界定深度贫困人口，但在应用中主要指因病致贫、返贫及老贫人口。这部分人口多数在客观上缺乏劳动能力与技能，缺乏稳定工作与经济来源，面对变故和灾害时应对风险能力弱，遭遇危机时返贫概率大。只有建立起可持续的扶助体系，关注深度贫困人口的长期发展，才能真正做到脱贫成果可持续。

第二节　总　　结

自中华人民共和国成立以来，扶贫政策方针经历了数次转变。在对主要阶段进行历史性梳理之后，首先需要澄清的是：核心概念或口号的提出并不意味着在此之前同样的工作思路和指导意见完全不存在。诚然，随着经济社会的发展和互联网的普及，扶贫的具体领域和具体手段都日渐多元，但扶贫工作的思路在总体上没有巨大改变。例如，改革开放后的以工代赈政策不仅在社会主义建设时期的政策文件中出现，而且在中国扶贫工作的历史演进中占据重要位置。可以说，扶贫政策的变化在更大程度上是扶贫领域、扶贫手段和扶贫对象随着具体贫困状况的转变而发生的在侧重上的变化。

整体而言，我国的扶贫政策是连贯而稳健的，中国政府和中国共产党始终将共同富裕作为社会主义社会发展的核心目标之一，将消除贫困视为不可推卸的责任和义务。在此基础之上，我们可以观察到各时期的扶贫政策在以下方面进行了以现实为导向的调整。

（1）就扶贫主体而言，政府部门在扶贫工作上有了更为细致的责任划分。在 20 世纪 50 年代普遍贫困的形势下，扶贫工作更多关注自然或人为灾害导致的农业生产中断，国家与具体地区之间形成直接的点对点的资源输送渠道，中央或各级政府直接将资金、劳动力或粮食送到受灾群众手中。而在改革开放之后，特别是进入 21 世纪以来，政府性扶贫主体呈现纵向多层级、横向多领域特征。自国务院扶贫工作小组成立后，除传统的农业部、水利部外，工信部、交通部、教育部等国家部委都被纳入扶贫工作的范畴，扶贫成为横跨多个领域的核心议题。与之相应地，扶贫研究也日益成了跨学科的课题。除此之外，越来越多非政府的主体也参与到扶贫工作中来。在近 5 年的精准扶贫工作中出现了不少以企业为主导的精准扶贫项目。在这些项目中，企业塑造了良好的社会形象，贫困地区的产业链得以延伸，产业结构得到优化，农业生产的效益获得较大幅度的提升；与此同时，从政府主导的以再分配为主要内容的扶贫模式到企业一对一帮扶为主要方法的扶贫模式，扶贫主体的多元化也同样展现了经济市场化背景下的扶贫思路和环节设计的开放与创新。

（2）在扶贫工作对象方面，扶贫单位层级不断转变。从 20 世纪八九十年代的以县为中心到 21 世纪初的整村推进，再到集中连片、精准扶贫，我们可以看出扶贫问题的分析单位和实践单位都有两条并行的线路，一是扶贫瞄准的精准化。对于贫困县、贫困村、贫困户，精确的政策制定和严格的筛查制度背后是对资源利用效率和社会公平的不断追求。在贫困瞄准单位不断下移的过程中，贫困户获得越来越多的话语权，也越来越深地融入扶贫攻坚的工作之中，自下而上信息流通成为自上而下资源流通之外的另一条并行道路。二是区域协调发展。以滇桂黔石漠化地区为例，同一地区往往具有相似的贫困成因，以区域为单位的统筹发展是对症下药的直接结果。而就实践而言，区域内合作有助于资源分配的合理化和脱贫效率最优化。

从经济扶贫到多维扶贫。经济发展自始至终都是扶贫工作的核心和基础，无论在哪个时期，人均收入都是入选贫困重点县的最主要标准。在经济范畴内，随着政府政策制定和管理能力的提升，随着扶贫工作经验的不断积累和扶贫问题的不断暴露，贫困户面临的经济风险和具有的劳动能力等不可直接测量的经济因素也通过民主评议等主观方式不断被纳入考察体系之中。除了经济状况外，贫困群众的受教育水平、信息化工作水平、参与和管理公共事务的能力，贫困地区的基础设施建设、生态环境保护也成了扶贫攻坚的工作对象。脱贫在实践中日益成为全方位的立体的概念，脱贫质量与可持续性成了指标脱贫之上的更高追求。

第三章 中国扶贫模式

第一节 输血救济式扶贫

中华人民共和国成立后，我国政府一直在努力发展经济、消除贫困，但多数学术研究认为真正意义上的扶贫措施是直到改革开放后才开始大规模实施的。[①]改革开放以前，扶贫工作最早以农村地区救济和救灾工作为主，以地区性的试点工作为主，在人民公社时期以人民公社和生产队为主要工作单位。

改革开放废除了人民公社，除了建立以家庭联产承包责任制为基础的双层经营体制外，还放开了市场和农产品价格，促进了乡镇企业的发展，极大地解放和发展了生产力，迅速改善了农民的收入状况，大面积缓解了农村贫困问题，从总体上降低了中国农村地区的贫困发生率，也为解决农村贫困问题奠定了基础。

早期的扶贫政策采取的是提供资金补贴的“输血式”扶贫模式，以救济贫困地区和人口为主：扶贫工作主要为各级政府和相关部门向贫困地区直接提供生产和生活所需要的物资，辅以小额贷款或其他相关优惠政策和生产补贴，使贫困者脱离贫困。扶贫政策目标主要关注“老、少、边、穷”地区的贫困问题，将其作为各级政府工作的重点。[②]

---

① 国务院.《中国的农村扶贫开发》白皮书，2001.

② 申秋.中国农村扶贫政策的历史演变和扶贫实践研究反思[J].江西财经大学学报，2017（1）：91-100.

1980年，中央财政设立支援经济不发达地区发展资金；1982年，将甘肃定西、河西和宁夏西海固等全国最为贫困的集中连片地区列入国家专项扶贫工作计划；同年，国家经委发布《关于认真做好扶助农村贫困户的通知》；1984年，划定了18个集中连片贫困区。这一时期，国家以大面积贫困的农村地区，以及极端贫困情况集中的连片贫困区为主要扶贫对象，以区域性扶贫模式为主。

输血救济式的扶贫政策取得了一定成效。这一扶贫模式下提高了普遍贫困状态下的贫困人群的生活水平，满足了贫困群体的温饱需求。1978年到1985年，农村人均粮食产量增长14%，农民人均纯收入增长了2.6倍；贫困人口从2.5亿人减少到1.25亿人，农村地区贫困发生率下降到14.8%；贫困人口平均每年减少1 786万人。①

但是在那些受到自然地理环境劣势限制、基础设施薄弱的农村地区，经济发展仍然非常落后。区域性的瞄准方式和救济式的扶贫模式都不能帮助他们真正脱离贫困。贫困地区与其他地区，特别是与东部沿海发达地区在经济、社会、文化等方面的差距逐步扩大，农村地区仍有相当一部分人的经济收入不能维持其生存的基本需要，“输血式”的扶贫模式难以从根本上提高贫困地区的自我发展能力。为了更有效地开展扶贫工作，我国的扶贫方式逐渐从直接输血的救济式转向开发式。

第二节　以工代赈模式

20世纪80年代，中国反贫困战略随着国家经济发展政策的变化也发生了重大转变，扶贫模式由主要补贴贫困地区政府财政和直接救济贫困人口的模式，转向为扶持贫困者发展，帮助改善其生产生活条件，以激发这些地区内生的经济发展动力，逐步实现社会经济发展的

① 国务院.《中国的农村扶贫开发》白皮书，2001.

开发式扶贫。以工代赈政策就是这种转变中的一个组成部分[①]。

2014年，国家发改委修订了《国家以工代赈管理办法》，规定“以工代赈”指的是受赈济者参加政府投资建设公共基础设施的工程以取得劳务报酬，用以取代直接救济贫困者的一项扶持政策。以工代赈主要是在农村地区实行的扶贫政策，政策实行地区为当地贫困农民提供参与工程建设、赚取劳务报酬的机会。以工代赈的扶贫计划主要面向扶持集中连片特殊困难地区，兼顾其他国家扶贫开发工作重点县和其他贫困地区，向革命老区、少数民族地区、边疆地区倾斜。[②]

作为扶贫政策的以工代赈起源于1984年，以工代赈模式的开展表明了中国的反贫困模式从救济式向开发式转变。1994年国务院颁布了《国家八七扶贫攻坚计划》，投入10亿元作为以工代赈资金，坚持开发式扶贫的方针，对现有扶贫成果进行巩固和发展，以减少返贫人口。

以工代赈不仅可以通过组织赈济对象参与生产计划或公共建设来取得收入和基本的生活保障，达到反贫困的目的，还可以促进政策实行地区的生产发展、增加基础设施和公共工程的建设，推动当地经济社会的长远发展。工程项目的建设也有利于增强地区抗击自然灾害的能力，减少返贫的出现。并且以工代赈具有明确的指向性，可以准确瞄准目标人群、提高扶贫效率。但在以工代赈济政策开展过程中，存在工程扶持和报酬赈济的矛盾、长期效益和短期效果的矛盾、扶贫开发与抗灾救灾的关系等一系列问题。

作为中国扶贫开发政策的重要组成部分，以工代赈有效地起到了集中资源的作用，推动了农村地区农田、水利、公路等基础设施的建设，对改善贫困地区生产生活条件、增加农民收入、促进贫困地区发展，作出了不可替代的重要贡献。以工代赈在扶贫开发工作中取得了显著成效，可以说是一项符合中国贫困地区实际的有效的扶贫政策，直至今天依然是中国反贫困政策中的重要部分。

---

① 斯丽娟．以工代赈在农村扶贫开发中的效益——基于甘肃省以工代赈政策实施的调查[J]. 甘肃社会科学，2011（3）：237-239.

② 国家以工代赈管理办法[EB/OL]. http://www.gyygdz.gov.cn/article_view.aspx?aid=1018.

案例：甘肃省清水县

甘肃省地处我国西北，地貌类型多样，地形复杂。其中山地占总面积的70%。贫困县主要分布在山区，其中贫困人口主要集中在自然条件恶劣的交通闭塞地区和偏远山区，那里自然灾害频发。加之交通极为不便，信息闭塞，贫困人口居住分散，扶贫成本高且效果难以巩固。

清水县作为甘肃省国家扶贫工作重点县之一，以农业和农村基础设施建设为重点，努力实现脱贫致富，共完成总投资11 927.68万元的以工代赈项目176项，其中：国家以工代赈投资8 554.7万元，省级配套1 358.91万元，整合其他专项资金193.6万元，地方自筹1 718.4万元，以及其他投资102.02万元。

以工代赈工程在改善清水县农村生产生活条件、改变落后面貌、促进当地资源开发和脱贫致富等方面取得了显著成效。截至2005年，清水县累计完成公路建设772.72公里，修建大中桥梁13座548.61延米，涵洞183道1 775.05延米，建成了一大批通乡、通村路和资源开发路，清北公路、清张公路等有效加强了清水县与外部的联系，对当地经济发展起到了重要作用。

同时兴修梯田20.97万亩，建设灌渠18条65.49公里，新增灌溉面积1.93万亩；修建农村供水工程67处，解决了部分人口的用水问题；新建、改建10kV输电线路20公里；新建农村广播电视“村村通”工程20处。2005年年底，全县农民人均纯收入达到1 189元，较1984年的81元增长13倍多，基本解决了大多数贫困乡村群众的温饱问题，农村贫困人口由1984年的15.98万人下降到2万人。这一切与以工代赈工程对于当地经济建设的推动作用密不可分。①

但同时也出现了一些问题：由于扶贫工作压力巨大，地方财政资金有限，甘肃省扶贫工作非常依赖中央专项扶贫资金的支持，而中央扶贫资金主要投向国家扶贫工作重点县，难以惠及其他地区。大量农村地区劳务输出，老弱病残“留守”的“空巢村”造成了以工代赈工程项目的劳动力短缺，不利于农业产业化发展。基础设施的公共物品

① http://www.gsdrc.gov.cn/content/2006-10/24428.html.

属性使得在后期项目运转过程中水利、道路、桥梁工程等基础设施维护工作不到位，从而缩短了以工代赈工程效益的持久性等。

资料来源：甘肃省发改委，http://www.gsdrc.gov.cn/content/2006-10/24428.html

以工代赈对甘肃省清水县的经济建设起到了明显的推动作用，同时也提供就业机会，解决了贫困群体的温饱问题。通过以工代赈的工程项目，使群众生产生活条件的直接改善和群众的期望相一致，极大地调动了贫困乡村群众的积极性，地区的环境面貌和基础设施得到较大提升，也为后续发展提供了保障。但同时，以工代赈的扶贫模式较大程度依赖中央扶贫资金，惠及地区有限，也存在其他问题，因此无法成为持久的自主的发展模式。

第三节　以县为中心的扶贫

1986 年，国务院成立“贫困地区经济开发领导小组”作为专门的反贫困机构，开始正式实行计划性的扶贫工作。随着对于国家贫困形势的认识加深，我国贫困分布的区域性特点开始显现。为了有效配置资源、有组织地开展工作，国家划定了 331 个国定贫困县，后增加为 592 个。随着社会经济的发展和贫困形势的变化，贫困县的划定标准和确定范围的相关政策陆续进行过调整，但以县为中心开展扶贫工作自此成为我国开展扶贫工作的主要特点之一，县级单位一直都是贫困瞄准机制和扶贫工作开展、扶贫资源分配的重要环节。

国定贫困县的确定标准经历过三次较大的调整，时间分别在 1986 年、1994 年和 2001 年。1986 年第一次确定了国定贫困县标准：在 1985 年县人均纯收入低于 150 元的县，并对少数民族自治县、革命老区根据地县放宽标准为县人均收入低于 200 元，为个别有特大贡献的老革命根据地县放宽为县人均收入低于 300 元。各省也根据自身情况确定了 368 个省级贫困县。这一政策基本覆盖了中国绝大多数农村贫困人口。1994 年发布的《国家八七扶贫攻坚计划》提出继续以贫困县作为扶贫对象，调整了国定贫困县的标准，将 1992 年人均纯收入低于 400 元的县纳入国定贫困县，1992 年人均纯收入高于 700 元的县退出贫困县。并根据中国贫困形势进一步明确了扶贫工作的重点，形成了中国扶贫战略的基本框架。2001 年国家再次调整了贫困县的标准，将贫困县的确定权限下放至省级，国务院扶贫办只进行审核和备案，全国保持贫困县的总数为 592 个，东部沿海地区的贫困县由各省自行扶持，退出国定贫困县范围，将西藏整体作为一个扶贫单位，退出原有贫困县名额，其余各省采用“631”指数法，即各省贫困人口占全国比重为 60%，农民人均纯收入较低的县数占全国比例为 30%，人均财政收入低的县数占全国比例为 10%，以此来确定各省的贫困县数量。①此后，国家将扶贫瞄准单元不断下移到村一级直至贫困农户，但县级单位仍然为扶贫资源整合的重要层级。

以县为中心的扶贫模式，贫困县主要享受三类政策：第一类为国家专项扶贫资金分配倾斜政策；第二类为国家给予贫困地区的行业优惠政策，如水利交通、教育卫生等行业的优惠政策；第三类为国家财政转移支付政策，包括税收减免、优惠补贴等。以县级单位为贫困工作瞄准和开展对象，增加了原本普遍性的贫困政策的精确度，同时有利于地方政府把贫困问题同地区开发问题相结合，整合资源，对贫困进行综合治理。同时，以县为中心开展扶贫工作可以节省国家的扶贫成本，使扶贫资金和扶贫管理成本控制在与当时贫困形势适应的水平。

1986 年至 1993 年，国家重点贫困县农村居民家庭年人均纯收入从 206 元提高到 483.7 元，年增长率达到 13%，农村绝对贫困人口从 1.25 亿人降低到 8 000 万人，贫困发生率从 14.8% 降低到 8.7%；到 2000 年底，农村绝对贫困人口降低到 3 000 万人，农村贫困发生率降低到 3.4%，国家重点扶持贫困县的贫困人口从 1994 年的 5 858 万人降低到

---

① 左常升 . 中国扶贫开发政策演变（2001—2015）[M]. 北京：社会科学文献出版社，2016：8-9.

2000年的1 710万人。[①] 以县为中心的扶贫工作取得了较明显的成效。

但根据实证研究可知，以县为中心的扶贫模式存在一定的问题。

其一，以县为贫困瞄准单元的实际准确度有限，扶贫投资仅能到达贫困县的贫困村，而无法覆盖到大量居住在非贫困县的贫困人口。2000年，生活在贫困县的绝对贫困人口占全国总贫困人口的54.3%，有大约一半的贫困人口生活在非贫困县。[②] 即使在贫困县内，贫困人口也主要居住在一些偏远村落，使县级瞄准难以达到预期的效果。

其二，贫困县的确定受政治因素影响较大。贫困县的“帽子”对于县级官员的个人考察和晋升有影响，一定程度上演化为政治博弈的空间，导致扶贫资源的不公平分配和争取贫困县资格的不正当竞争。[③] 此外，早期国定贫困县的确定标准具有浓厚的政治色彩和偏向性，附着在贫困县上的优惠政策成为地方政府争取发展资源甚至采取不正当手段的动力。

其三，以县为中心的扶贫工作在发展过程中缺乏有效的退出机制。尽管1995年国务院扶贫开发领导小组提出贫困县数只能减少，不能增加，但到2012年调整时，贫困县总数仍然为592个。这一时期中，除去政策原因，真正退出的贫困县只有38个，占总量的6.42%。贫困县的政策优惠并没有使贫困县产生主动脱帽的动力，贫困县的识别机制也受到政治因素的影响，导致长期固化，缺乏灵活有效的进退机制。[④]

以县为中心的扶贫模式仍然是我国目前开展扶贫工作的特点之一，但其实施期间存在的较多缺陷和问题也为我国实行整村推进、精准扶贫等扶贫模式提供了动力来源和参考经验。习近平总书记也在党的十九大报告中提出，到2020年我国要实现贫困县全部摘帽，解决区域性整体贫困，做到脱真贫、真脱贫。

---

① 吕书奇．中国农村扶贫政策及成效研究 [D]. 北京：中国农业科学院，2008.

② 汪三贵，Albert Park，Shubham Chaudhuri，Gaurav Datt. 中国新时期农村扶贫与村级贫困瞄准 [J]. 管理世界，2007（1）：56-64.

③ 许源源．中国农村扶贫瞄准问题研究 [D]. 广州：中山大学，2006.

④ 李小云，唐丽霞，许汉泽．论我国的扶贫治理：基于扶贫资源瞄准和传递的分析 [J]. 吉林大学社会科学学报，2015，55（4）：90-98，250-251.

第四节 整村推进

整村推进是指以扶贫开发工作重点村为工作对象，整合资源、科学规划，促进农村经济社会文化全面发展，增加贫困群众收入和改善其生活条件的扶贫开发工作方式。

整村推进方式的背后是中国扶贫开发模式由项目主导的区域性开发向直接定位贫困人口的“到村到户”扶贫方式的转变。《中国农村扶贫开发纲要（2001—2010年）》中明确提出整村推进的扶贫工作方式。而随着中国扶贫工作的开展，扶贫面临着新的特点。一是整体贫困人口的减少使部分贫困村落凸显，绝对贫困人口的分布相对集中使扶贫工作瞄准重点从贫困县转为贫困村；二是剩余贫困人口多处于自然条件恶劣的偏远地区，扶贫难度增加，解决温饱的难度较大；三是扶贫成果不稳定，返贫率仍然较高；四是农村劳动力素质偏低，整体社会发育水平低。鉴于以上扶贫形势的变化，为了实现《中国农村扶贫开发纲要（2001—2010年）》所确立的目标，中国以“整村推进”作为新的扶贫方式，能够更好地识别贫困群体，有利于扶贫资金进入基层组织，帮助贫困村整合各类扶贫资源，激发贫困农户自主脱贫的积极性，同时提高贫困人口的综合素质和贫困村可持续发展能力。[①]

“整村推进”，即“参与式整村推进”，是一种来源于甘肃省扶贫工作实践，后逐渐向全国推广的扶贫办法。一方面，以村为单位的评估方式缩小了扶贫针对地区的范围，提高了扶贫的精确度，使得真正惠及贫困人群；另一方面，该计划以村级扶贫规划为切入点，发动农户参与扶贫计划制订、实施和监督的全过程，政府则以政策引导和技术支持为主，有利于自主脱贫，促进农户自我发展，提高农户参与扶贫开发工作的积极性，也更契合贫困农户的发展需求，有利于项目的推进和落实。并且，该办法能够拓宽公共参与与基层公共服务的基础，有助于农村文化与社会建设，有利于维护农村基层稳定，加强基

① 杨军.“整村推进”扶贫模式的问题与对策研究[J]. 西部论坛，2006，16（6）：15-20.

层组织建设；也有利于集中国家资源，重点解决凸显出来的贫困村的问题。

整村推进是目前中国反贫困工作中仍在沿用的重要方法，其作用与意义十分重大，但具体实践中还有一些问题需要解决。

其一，是扶贫资金不足的问题。完成贫困村整村推进的工作需要扶贫资金尤其是财政扶贫资金的支持，而事实上地方扶贫工作中整村推进只是重点贫困村扶贫的部分，还有其他的扶贫任务需要完成，但各项资金均存在缺口，使得整村推进出现困难，在部分资金短缺地区只能实施一些基础性建设项目，用户的稳定增收项目由于资金过少而无力安排。

其二，整村推进并未解决扶贫对象不明确的问题，在资金和项目的安排上仍不能做到优先考虑最贫困的人口，扶贫的精确度仍有待提高，这也是此后发展精准扶贫政策需要解决的重点内容之一。在实施过程中，部分地区采用让农户配套资金的方式，形成了超出贫困人口承受能力的高门槛，使多数贫困户被排斥在项目之外。此外，出于资金使用效率和回报率的考虑，许多地方的工作人员更偏向将资金投放到回报率更高但不一定最贫困的农户，尤其是扶贫贷款和需要回收的“滚动扶持”的投入上。同时，实践中贫困户各家情况不一且都十分复杂，仅靠资金的支持很难完成脱贫工作，还需要配套的政策和措施予以帮助。另外，由于一些地方农村基层干部的工作作风和素质的原因，在监督机制不完善的情况下使整村推进工作中出现不规范问题，在群众中产生了恶劣影响。

其三，整合扶贫资源需要加强各有关部门的组织协调，加强制度建设。扶贫工作中出现了扶贫资金与项目捆绑、使用不配套的问题。多头管理的资金在一些地区到位和配套情况差强人意。而整村推进项目建成后，由于后续管理涉及的部门多，村级管理上存在先天不足的问题；省级政府相关部门也尚未制定一个操作性较强的措施，为整村推进的可持续发展提供政策保障。①

① 李树基 . 整村推进扶贫开发方式研究——以甘肃为例 [J]. 甘肃社会科学，2006（2）：207-210.

“整村推进”的扶贫模式是在中国之前几十年的扶贫经验上进行总结和改进的，在扶贫工作中产生了明显的效果，但仍然存在不足之处。“整村推进”政策中出现的问题正是此后推行精准扶贫政策的重要原因之一。

案例：湖北省房县

房县位于湖北西北腹地，总面积 5 110 平方公里，是湖北省大县，为国家扶贫开发工作重点县，省革命老区。辖 20 个乡镇（场）、305 个村居，总人口 48.87 万人，耕地面积 42 052 万亩，其中农业人口 38.4 万人，占总人口的 79.5%。至 2010 年年底，农民人均纯收入 3 310 元，贫困人口 118 379 人，占全县农业人口的 31%。①

2001—2011 年，整村推进工作在房县共 168 个重点贫困村开展。基础设施建设和群众生产生活条件得到逐步改善，168 个重点贫困村 10 年共新修、维修村组公路 1 344 公里，新修、维修河堤 10.8 万米，新建人畜饮水池（窖）672 口，埋设饮水管道 82.9 万米，建沼气池 2.3 万口，硬化门前晒场 20.1 万平方米，新建和维修村委会、卫生室 1.7 万平方米。

项目实施期间，房县发展了特色产业，大幅增加了贫困人口收入。采取扶贫部门、专业技术人员、乡村干部、当地群众“四位一体”的措施，扶持重点贫困村建设农特产品基地。在集中扶持下，当地整村推进的 168 个重点贫困村的主导产业已初具规模，形成以烟、药、菌为主的特色产业基地达 45.9 万亩。到 2010 年底，重点村贫困人口人均纯收入达 2 919 元，年均增长 392 元，增幅达 19%。增幅高于全县农民人均纯收入增长水平。

此外，扶贫资金得到整合利用，整体使用效益得到提高。上级政府累计投入房县各类扶贫资金 2.6 亿元，通过“捆绑”使用，80% 以

① 房县扶贫办.整村推进存在的主要问题与对策，http://www.hbfp.gov.cn/xxgk/dcxj/1433.htm.

上用于贫困村整村推进基础设施、社会发展等项目建设。县政府在财政资金十分紧张的情况下加大对扶贫开发的投入力度，把配套扶贫资金用于扶持龙头企业和产业发展，取得明显成效。此外，在整村推进过程中，干部群众积极参与，项目建设活力大大增强。全县上下通力合作，充分评估、论证、挑选、规划扶贫项目。

但与此同时，房县的整村推进工作仍然存在一些问题。一方面，贫困村基础设施落后，短期内群众生产生活条件难以从根本上改善。重点村的建设年限仅为两年，资金投入年限过短，基础设施的建设和维护成了各重点村的难题。部分村为了完成规划任务形成了新的村级债务。另一方面，产业发展见效缓慢，重点贫困村的群众难以从根本上脱贫。由于贫困村分布分散，产业项目难以集中，并且缺乏长远规划，没有连续性。一些产业项目时间短，规模小，效益不突出，难以为群众增收。还有一些产业发展没有与市场对接，存在盲目性。龙头企业与农户的联系松散，带动能力也非常有限。而发展产业项目见效之困难也导致许多贫困村干部重基础设施轻产业发展，认为整村推进的主要工作内容在修路架桥、解决饮水困难等。另外，还存在扶持资金额度偏小成效有限、扶贫资金多头管理整合困难、扶贫开发工作与整村推进难以配套等问题。

资料来源：房县扶贫办．整村推进存在的主要问题与对策，http://www.hbfp.gov.cn/xxgk/dcxj/1433.htm

整村推进工作在房县的重点贫困村开展，大大改善了贫困村的基础设施和环境风貌，并改善了贫困人口的生活条件，发展了特色产业和龙头企业，有利于可持续发展。整村推进模式使房县的扶贫资金得到整合利用，产生了较好的使用效果。但仍然存在资金和项目年限有限、项目后期维持困难、产业发展存在各种制约、难以产生理想效益等问题。由此可见，整村推进的扶贫工作不应当仅仅是短期项目投入，更应当努力调动地区内生发展力量，实现自主脱贫、可持续发展。

第五节　集中连片特困地区扶贫

2011 年国务院发布《中国农村扶贫开发纲要（2011—2020 年）》，作为我国扶贫开发工作的纲领性文件，纲要提出了“连片特困地区”的概念，将六盘山区、秦巴山区、武陵山区、乌蒙山区、滇桂黔石漠化区、滇西边境山区、大兴安岭南麓山区、燕山一太行山区、吕梁山区、大别山区、罗霄山区等区域的连片特困地区和已明确实施特殊政策的西藏、四省藏区、新疆南疆三地州作为扶贫攻坚主战场。“连片特困地区”成为当前阶段扶贫攻坚工作的主要对象，片区减贫战略的实施是我国扶贫战略的重要规划部分。

“连片贫困地区”的概念最早出现在 1984 年中共中央、国务院发布的《关于帮助贫困地区尽快改变面貌的通知》中，在 1986 年明确了 14 个“连片贫困地区”，后调整为贫困县相对集中的 18 个区域。2000 年以后，由于发展的非均衡现象开始越来越明显，出现贫困集中在老少边穷等特殊地区的趋势，“特殊类型贫困地区”成为扶贫开发工作的新概念。《中国农村扶贫开发纲要（2011—2020 年）》正式公布了根据 592 个集中连片特困县确定的 14 个集中连片特困地区。各部委也分别出台了扶持政策，从各个角度针对贫困片区实际情况制定了优惠政策。①

集中连片特困地区集中在山区、高海拔地区和生态环境恶化地区，贫困原因主要为资源匮乏的资源性贫困，生产活动效率低下的生产性贫困，劳动者自身知识文化素养不足或劳动力外流、人力资源匮乏制约地区发展的主体性贫困，以及由于政策缺位、被边缘化导致的政策性贫困。四种类型的贫困相互关联，连片特困地区的扶贫工作需要结合这四方面进行进一步的统筹安排。②

集中连片特困地区片区划分以县为单位，以西部地区为重点，一

---

① 万君，张琦 . 区域发展视角下我国连片特困地区精准扶贫及脱贫的思考 [J]. 中国农业大学学报（社会科学版），2016，33（5）：36-45.

② 张立群 . 连片特困地区贫困的类型及对策 [J]. 红旗文稿，2012（22）：18-20.

般为跨省片区。因此，连片特困地区的脱贫工作离不开区域性开发工作，片区工作是实施扶贫计划的重要战略支点。地理分布集中的连片特困地区导致贫困的理由、共享的资源都是具有相似性和整体性的，连片特困地区的减贫工作由外源性、“输血式”的扶贫模式转变成为区域内生发展、自我开发的规划实施。以片区为单元开展扶贫减贫工作，有利于打破行政单位之间的壁垒，加强区域协调发展，减少扶贫工作的阻力，更好地整合资源，形成发展合力。

片区减贫政策取得了明显的成效：片区脱贫速率高于全国贫困地区平均速率，片区的人均生产总值增速也高于全国贫困地区的增速。除西藏、四省藏区、新疆南疆三地州三个片区外，全国划分的 11 个片区在 2001 年至 2010 年人均生产总值增速较快，城乡居民人均可支配收入大幅增加，发展速度与全国保持同步（图 3-1）。[①]

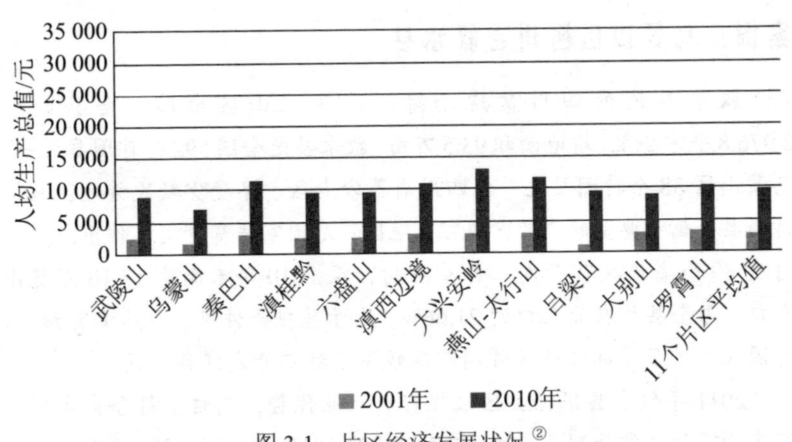

图 3-1　片区经济发展状况[②]

然而，集中连片特困地区扶贫工作仍然存在一些难点问题和不足，片区攻坚整体效果和推进速度低于预期。根据国务院扶贫办信息中心

① 万君，张琦．“内外融合”：精准扶贫机制的发展转型与完善路径 [J]. 南京农业大学学报（社会科学版），2017，17（4）：9-20.

② 共济．全国连片特困地区区域发展与扶贫攻坚规划研究 [M]. 北京：人民出版社，2013.

的资料，2014 年年底，全国 14 个连片特困地区在片区攻坚规划进行到一半的时间，仅有 5 个片区完成原计划总投资额的 50%[①]。张琦、陈伟伟基于 2013 年片区检测数据和徐孝用等人利用四川省凉山州的面板数据进行的研究都表明，片区攻坚取得一定成效，但投入产出效率一般。此外，片区扶贫往往集中于经济方面，在经济收入以外的教育、健康、文化等领域仍然处于较为落后的状态，这些问题的尚未解决会制约片区的可持续发展。片区的支持政策也存在精准度低、缺少差异化、集中于见效快的项目等特点，片区扶贫在实践中并没有完全实现打破行政区划、生产要素在区域间自由流动的初衷，跨区域整合扶贫资源并没有形成氛围、制度和相应的市场机制，扶贫资源在较大投入的情况下仍然面临碎片化和被分割的问题。

案例：乌蒙山区四川省叙永县

叙永县地处四川盆地南缘，系乌蒙山区余脉。全县面积 2 976.8 平方公里，耕地面积 93.5 万亩。叙永县是全国 592 个贫困县之一，乌蒙山区 38 个特困县之一，四川省革命老区、享受少数民族地区政策待遇县，属于典型的“老少边穷”地区，是国家扶贫开发工作重点县。时有 89 个省级扶贫开发工作重点村，至 2010 年末尚有 13.16 万贫困人口，占全县总农业人口的 21.66%。由于基础条件差、自然灾害频发、贫困人口较多、部分地区贫困程度较深，扶贫开发任务艰巨。

2011 年叙永县根据县区位优势和产业优势，制订了符合自身社会经济情况的扶贫计划[②]。叙永县位于 321 国道、叙威公路、川黔铁路交汇处，临近泸州航空港，具有便捷的海陆空立体交通网络。叙永县有悠久的烤烟产业和核桃种植历史。叙永县将财政扶贫专项资金补助重点用于培育扶持连片优势产业并配套基础设施，打造优质烟叶和优质核桃科技示范园，发挥示范带动作用，同时进行基础设施建设、新农

① 万君，张琦 . 区域发展视角下我国连片特困地区精准扶贫及脱贫的思考 [J]. 中国农业大学学报（社会科学版），2016，33（5）：36-45.

② http://www.xuyong.gov.cn/publicity_dept18/subject017/subject1124/63458.

村建设和社会事业建设，改善人民生产生活环境。此外，叙永县还根据自身地理气候条件发展了高山蔬菜产业，帮助农民增收，2014 年该产业产值占全县农业产值的 18.58%，马铃薯、烤烟、蔬菜等主要种植作物在该地区的脱贫贡献率达到 25% 以上，具有较高的效益和广阔的发展前景。[①]

国土资源部响应《乌蒙山片区区域发展与扶贫攻坚规划（2011—2020 年）》，出台了针对连片特困地区的支持政策，如实施用地指标倾斜，开展土地综合整治，指导地质环境保护和开发利用等。2012 年，国土资源部将四川省泸州市优先列为工矿废弃地复垦利用试点，为当地经济社会发展提供了政策支持。叙永县把握政策机遇，成为首批工作试点县，通过开展工矿废弃地复垦利用工作，有效改善了生态环境，保护了耕地资源。2013 年以来，叙永县政府共实施项目 8 个，建设规模 8 086 亩，在泸州市政府的支持下与泸州市中心城区达成转让协议，既解决了泸州市中心城区建设用地紧缺问题，又推进了叙永县的脱贫攻坚工作。[②]通过工矿废弃地复垦获得的周转指标也为叙永县提供了易地扶贫搬迁建设用地。

"十三五"易地搬迁脱贫规划也为叙永县提供了脱贫发展的解决方案和政策支持。2017 年，叙永县根据《"十三五"时期易地扶贫搬迁工作方案》开展扶贫搬迁工作，完成易地扶贫搬迁 5 045 人，项目总投资 26 789.71 万元[③]。

资料来源：叙永县发展和改革局 . 2017 年叙永县易地扶贫搬迁投资计划公示 . http://www.xuyong.gov.cn/bmpd/xfzggj/zwgk1/content_52314

位于集中连片特困地区的叙永县在开展扶贫工作的过程中，较好地把握住了政策机遇，在不断尝试中探索出扶贫减贫工作的新路。根

---

① 章世荣，彭晓明，李雪梅，等 . 高山蔬菜产业化对乌蒙山区扶贫开发的作用——以叙永县为例 [J]. 现代农业科技，2015（23）：310-311.

② 郑子敬 . 乌蒙山片区利用土地政策易地搬迁脱贫路径研究——以四川省叙永县和古蔺县为例 [J]. 国土资源情报，2016（11）：52-56.

③ 叙永县发展和改革局 . 2017 年叙永县易地扶贫搬迁投资计划公示 [EB/OL]. http://www.xuyong.gov.cn/bmpd/xfzggj/zwgk1/content_52314.

据自身自然环境特点、区位优势和产业优势，叙永县制定了适合自身发展的脱贫规划，合理利用扶贫资金，发展效益较高的产业。同时把握土地政策，改善了生态环境，并和周边城区合作，为脱贫发展提供助力。此外，利用政策支持，来开展扶贫搬迁工作。叙永县多方向、多样化、多层次地根据自身实际情况，利用贫困县政策倾斜，脱贫工作取得了较大的成就。

第六节　精准扶贫

随着以区域性为重点的扶贫工作的开展，扶贫开发工作逐渐暴露出许多问题。以政府财政扶贫资金为主导的投入模式不仅难以满足贫困居民的脱贫需求，而且在实际工作中还出现了一些问题，如基层腐败、高调贫困，甚至各县市抢夺“贫困帽”等[①]。这不仅造成扶贫资金浪费，未达到原有的扶贫效果，而且扶贫政策也偏离了原定的扶贫目标，出现了贫困人口瞄准难、帮扶效果不好等问题[②]。2011 年，中央大幅提高了扶贫标准，贫困人口陡增至 1.28 亿人，如何进一步提高贫困群众的生活水平成了扶贫工作的新重点。在这种情况下，“精准扶贫”概念应运而生。

精准扶贫政策的出现源于广东省扶贫工作“双到”的经验：规划到户和责任到人。2013 年 11 月，习近平总书记在视察湖南省湘西州时，首次提出“实事求是、因地制宜、分类指导、精准扶贫”的扶贫新方针，这标志着中国“精准扶贫”阶段的开始。2015 年 6 月，习近平总书记在贵州考察时指出，扶贫开发工作要做到“切实落实领导责任、切实做到精准扶贫、切实强化社会合力、切实加强基层组织”，将“精准

① 周兰．从粗放扶贫到精准扶贫——运动式治理下的风险防范 [J]. 中国集体经济，2018（6）：161.

② 王瑞芳．精准扶贫：中国扶贫脱贫的新模式、新战略与新举措 [J]. 当代中国史研究，2016（1）：82-83.

扶贫”概括为六个方面：“对象要精准、项目安排要精准、资金使用要精准、措施到位要精准、因村派人要精准、脱贫成效要精准。”[①]《中共中央关于制定国民经济和社会发展第十三个五年计划的建议》中明确提出将“实施精准扶贫、精准脱贫，因人因地施策，提高扶贫实效”作为扶贫开发的新模式，随着中国扶贫脱贫工作进入攻坚克难的新阶段，精准扶贫成了中国扶贫的新模式。精准扶贫模式的提出见证了我国扶贫瞄准导向经历了从县到村再到户的不断精确转变，尝试改善资源传递机制，将扶贫资金真正投入最需要的地方，以产生最大的效用。

就本质而言，“精准扶贫”要解决的是扶贫问题中面临的“扶持谁”“谁来扶”“怎么扶”三个问题。在扶贫对象方面，精准扶贫通过先进的技术手段和科学的测量机制确保扶贫资金能够真正落实到有需要的群众手中；在扶贫主体方面，精准扶贫强调以政府和公共财政力量为主导，充分发挥市场作用，吸纳社会力量进入扶贫开发领域；在扶贫手段方面，精准扶贫主张通过推动当地区域经济社会发展来从根本上解决贫困问题。[②]归根结底，精准扶贫就是要使用科学化的、系统化的思维方式，利用先进的管理理念，进一步提升扶贫工作的精准度和效率。精准扶贫的核心要义是精准化理念。扶贫工作的目标是识真贫、扶真贫、真扶贫。而分批分类理念为精准扶贫的基础工具。习近平于 2015 年详细描述了“四个一批”，即“通过扶持生产和就业发展一批，通过移民搬迁安置一批，通过低保政策兜底一批，通过医疗救助扶持一批”。[③]

精准扶贫主要分为精准识别、精准帮扶、精准管理和精准考核四个方面。精准扶贫的重点工作内容为建档立卡与信息化建设，建立驻村干部帮扶制度，建设扶贫开发的特色项目，提高扶贫的精确性和有效性。

但在实施过程中，精准扶贫工作仍然存在不少难点和困难，如下

① 王瑞芳 . 精准扶贫：中国扶贫脱贫的新模式、新战略与新举措 [J]. 当代中国史研究，2016（1）：82-83.

② 郑瑞强 . 精准扶贫政策初探 [J]. 财政研究，2016（2）：19-21.

③ 唐任伍 . 习近平精准扶贫思想阐释 [J]. 人民论坛，2015（30）：28-30.

所述。

在精准识别方面：确定贫困人口规模的程序多数时候是自上而下基于省级扶贫部门测算结果分配的，政策上的“规模控制”可能会造成部分贫困村或贫困户被排斥在精准识别之外；部分不连片的贫困村可能因为集中连片开发政策而被排除在外；识别贫困村和贫困户的过程中，由于如何精确统计农户的收入仍然是一件复杂的事情，在缺乏准确的家庭收入信息的情况下多依靠民主评议后公示的方式在村内推举建档立卡的名额，但在这个过程中可能会出现恶意排斥和过失排斥的现象，造成部分研究显示的由民主评议与收入标准判断贫困户差异较大，精准识别的准确度问题对精准扶贫的工作开展形成巨大的挑战。

在精准扶持方面：如何降低贫困户从扶贫开发中受益的门槛，解决资金短缺限制贫困户发展问题是精准扶贫要解决的难点；同时，还需要解决扶贫资金和项目管理体制不符合、不配套的问题，真正做到因户因人制宜地采取扶持措施，灵活发挥扶贫资金的作用，真正满足贫困户多方面、差异化的需求；此外，贫困户在扶贫工作中的主体性、积极性在委托给本地一些技术部门或者龙头企业时并没有被完全地发挥出来，也没有成为真正的受益者；还存在扶贫模式传统单一、部分产业帮扶措施脱离产业发展规律、扶贫资金投入有限等其他问题。[①] 此外，精准扶持建立在精准识别的基础上，因此，精准识别造成的偏差可能大大降低精准扶贫的效果，这将是精准考核方面面临的问题。[②]

因此，精准扶贫的扶贫模式要做到：在实施过程中科学设计工作流程，改进扶贫开发方式，增加政策保障，健全扶贫工作机制，灵活开展扶贫工作，努力消除贫困，改善民生，实现共同富裕，达到社会主义的本质要求，在 2020 年完成“全面建成小康社会”的宏伟目标，为中华民族的伟大复兴奠定坚实的基础。

---

① 邓维杰 . 精准扶贫的难点、对策与路径选择 [J]. 农村经济，2014（6）：78-81.

② 汪三贵，郭子豪 . 论中国的精准扶贫 [J]. 党政视野，2016（7）：44.

案例：广西壮族自治区龙州县

广西崇左市龙州县位于广西壮族自治区西南部，与越南接壤，是典型的老少边穷地区，是广西壮族自治区 28 个国家扶贫开发工作重点县、滇桂黔石漠化连片扶贫开发重点县。龙州县总面积 2 317.8 平方公里，辖 12 个乡镇，127 个行政村（社区）。2015 年年末，龙州县总人口 26.85 万人，其中壮族人口占 95%，农业人口 21.25 万人，贫困人口 5.08 万人，占农业人口总数的 23.91%。龙州县以农业为经济基础，经济结构单一，地处山区，村民少有外出务工，家庭收入来源少，贫困问题严重。

为了改善龙州县贫困村产业分散、农产品不成规模、销售渠道不畅的状况，2014 年 6 月，龙州县 33 个贫困村的第一书记在县委和县政府的支持下组建"第一书记产业联盟"，力图打造一条具有地方特色的政府带动的农业产业化扶贫路径，形成"组团找项目、引技术、筹资金、育产业、闯市场、促发展"的新型农业产业化发展格局，从而形成了一条以政府引领的"带—产—供—销"农业纵向一体化利益链，以推动各贫困村依靠农业产业化脱贫致富。图 3-2 所示为菌类产业案例中产业联盟、合作社与广西矩楧农业发展有限公司的"带—产—供—销"关系结构。①

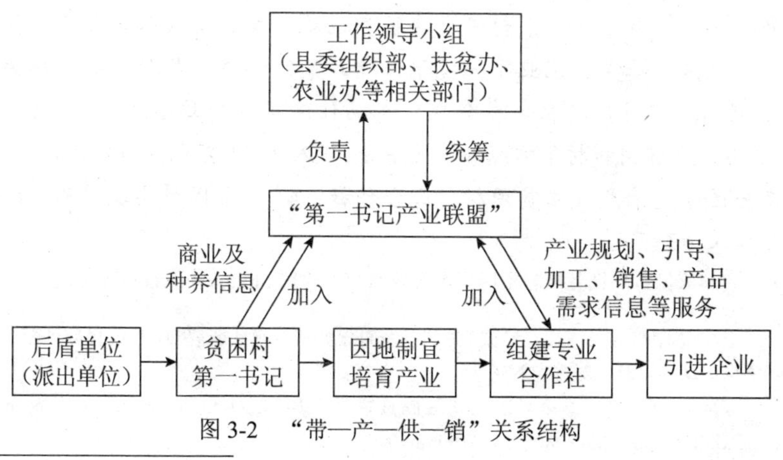

图 3-2 "带—产—供—销"关系结构

① 蒋永甫，莫荣妹 . 干部下乡、精准扶贫与农业产业化发展——基于"第一书记产业联盟"的案例分析 [J]. 贵州社会科学，2016（5）：162-168.

2017 年，龙州县整合 3.35 亿元资金，重点投入 47 个贫困村产业项目，以及村屯道路、人畜饮水等领域。此外，龙州县因地制宜，利用本县丰富的红色旅游资源、自然生态资源和边关风情、民俗文化底蕴等，大力发展乡村旅游扶贫产业，带动贫困村民就业，采取政府指导下的合作社模式运营乡村旅游微型企业，以自愿联合、民主管理的方式，极大程度上调动了村民的参与热情，农户对乡村旅游扶贫工作的满意度也非常高。龙州县的乡村旅游扶贫项目不仅为农户带来了经济效益，还带来了不同程度的社会效益、文化效益和环境效益。[①]

2017 年龙州县主动提交脱贫摘帽申请，是全区计划脱贫摘帽 6 个县（区）中唯一的国家扶贫开发工作重点县。经过国家专项评估检查，2017 年龙州县综合贫困发生率为 1.91%，错退、漏评问题不显著，群众认可度达 96.34%，符合贫困县退出条件，龙州县因此成为广西第一个脱贫摘帽的国定贫困县。[②] 数据统计显示，2016 年，龙州县减贫 2 405 户 9 559 人；2017 年，全县减贫 10 097 户 37 554 人。龙州县发展了“种养贸游工”五大扶贫产业，发放产业奖补 4 654 万元，为 1 864 户贫困户发放小额信贷 7 326 万元。9 个易地扶贫搬迁点全部建成，搬迁入住贫困户 2 113 户 6 903 人，完成危房改造 2 498 户、修缮 991 户。实施村屯道路硬化 386 公里，解决 132 个村屯饮水安全问题，提升了 119 个村级公共服务设施。该县全面落实教育、医疗、低保、社保、就业等一揽子保障政策，九年义务教育巩固率为 92.31%，贫困户新农合参合率、大病住院报销率均达 100%。落实 2 350 万元贫困村村集体经济发展基金，投入 2 700 万元实施光伏扶贫；在全区率先试点成立贫困村村民合作社，47 个贫困村实现村集体经济收入 2.3 万元以上。[③]

资料来源：广西壮族自治区崇左市龙州县民政局 . http://longzhou.gxmzt.gov.cn/

---

① 李星群，杨丽梅，侯成 . 龙州县乡村旅游扶贫模式研究 [J]. 广西民族师范学院学报，2018，35（2）：33-36.

② 左江日报 . 革命老区龙州县脱贫摘帽 [EB/OL]. http://czjyxc.czgxw.gov.cn/xwzx/xqdt/201808/t20180808_297110.html.

③ 广西壮族自治区崇左市龙州县民政局 [EB/OL]. http://longzhou.gxmzt.gov.cn/info/137564.

info/137564

龙州县的脱贫经验有较多创新发展的亮点，通过组建“第一书记产业联盟”将党组织建设与产业发展相结合，促进扶贫工作开展。同时根据实际情况发展了多项产业项目，为贫困地区带来较好的经济效益和社会效益。然而，龙州县脱贫工作持续时间较短，尽管见效快，但仍需要更长时间的检验。龙州县的“第一书记产业联盟”创办经验有限，功能定位和合法性尚有不明确之处，章程也不尽完善，需要审慎参考。龙州县在旅游扶贫产业方面的发展多数从 2016 年开始起步，发展时间短，部分项目仍在完善中，部分问题或者效益可能并不能及时显现出来。对于脱贫成果的维护和管理仍然是龙州县在未来所面临的考验。

第七节　深度扶贫

深度扶贫是指对于连片特困地区、深度贫困地区进行有针对性的扶贫补助，帮助当地人民走出贫困的扶贫开发战略。深度扶贫战略是习近平总书记在 2017 年 6 月 23 日的深度贫困地区脱贫攻坚座谈会上提出的。习总书记指出：“脱贫攻坚本来就是一场硬仗，而深度贫困地区脱贫攻坚是这场硬仗中的硬仗。我们务必深刻认识深度贫困地区如期完成脱贫攻坚任务的艰巨性、重要性、紧迫性，采取更加集中的支持、更加有效的举措、更加有力的工作，扎实推进深度贫困地区脱贫攻坚。”①

目前，国家深度扶贫项目重点支持的是“三区三州”——西藏自治区、川滇青甘四省份藏区、新疆南疆地区和四川凉山州、云南怒江州、甘肃临夏州，以及全国贫困率超过 18% 的贫困县和贫困率超过 20% 的

① 习近平，“在深度贫困地区脱贫攻坚座谈会上的讲话”，2017 年 6 月 23 日，http://www.xinhuanet.com/politics/2017-08/31/c_1121580205.htm.

贫困村。这些地区自然条件差、经济基础弱、贫困程度深，给扶贫开发和可持续减贫提出了更高的要求。

在落实深度扶贫战略、提升连片特困地区群众生活水平方面，国家从金融支持、多部门协作、人才培养、生态恢复等多个方面提出了不同的扶贫战略。在财政支持方面，中央将进一步加大对于“三区三州”地区的财政支持力度，通过转移支付、专项扶贫资金投入等方式协助深度贫困地区脱贫。在金融扶贫方面，中国人民银行、银保监会采取了定向降费降准策略，充分调动、发挥资本市场潜能，帮助深度贫困地区走上产业脱贫道路。同时，针对一些自然环境恶劣、可发展空间小的深度贫困地区，国家发改委一方面动员、鼓励公益性建设项目向“三区三州”倾斜；另一方面也大力开展易地搬迁扶贫，为群众提供更加优越的生活环境；针对“三区三州”中生态脆弱、环境问题严重的区域，由发改委、农业部、林业局等部门组织生态修复工程，通过发展生态保护产业来吸纳劳动力，实现生态脱贫的目的。在干部培养方面，对于深度贫困地区实施特殊倾斜政策，鼓励当地人才通过相关计划成为地方公务员，也鼓励外部人才向深度贫困地区流动，通过人才培养和人才交流机制推动地区贫困问题的缓解。

同时，针对深度贫困地区群众不同的致贫因素，如因病致贫、因残致贫、因教育落后致贫等，国务院也提出了相应的扶贫战略，在完善深度贫困地区医疗体系、加强对于深度贫困地区残疾人口补贴、推动深度贫困地区教育事业发展等方面从根本上消除深度致贫因素。同时，中央又结合涉及连片特困地区群众切身利益的住房、饮水安全、基本生活保障、就业、基础设施等问题，提出了保障住房安全、饮水安全，开展就业扶贫，大力推进贫困地区基础设施，优先保障特困地区建设用地指标等战略，从多方面、多角度系统地改善深度贫困地区贫困人口的生活环境[①]，彻底打赢这场“脱贫攻坚战”。

---

① 中共中央办公厅、国务院办公厅 . 关于支持深度贫困地区脱贫攻坚的实施意见，2017-09-25.

案例：山西省天镇县

天镇县位于山西省最北端，地域自然环境差，生态系统严重失衡，农业基础薄弱，无矿物资源，乡镇企业落后。天镇县的劳动力资源虽然比较丰富，但劳动力素质较低。全县 11 个乡镇的 222 个行政村中有 120 个是贫困村，总人口为 21.6 万，其中农业人口 17.6 万，有 4.93 万人属于贫困人口，2016 年农民人均可支配收入只有 6 060 元，低于全省平均值 40 个百分点。天镇县是全国扶贫开发工作重点县，山西省连片特困地区区域发展和扶贫攻坚试点县，全省 10 个深度贫困县之一。

根据天镇县的县情，当地政府成功打造了“天镇保姆”的品牌。2011 年县扶贫办等部门进山沟通，努力动员并组织妇女打破传统观念，参加家政服务培训班。同时，县委、县政府聘请专家为妇女进行专业技能培训。此外，天镇县还设立了办事机构并完善工作机制，对外出保姆开展后续服务，主动做好劳务输出对接工作，创建了“基地 + 中心 + 高校”三位一体培训输送的工作机制。① 截至 2018 年，阳光高级职业学校已累计培训当地妇女 10 000 余人，成功地将 5 000 多名妇女输送至北京、天津等大城市，劳务收入超过 2 亿元。经过不断努力和探索，天镇县已经成为全省劳务输出精准扶贫的代表。目前，“天镇保姆”的培训已经从初期的仅靠政府补贴走向与大公司、大企业合作，与北京商鲲教育集团合作打造“天镇保姆”升级版，启动大同高级培训基地，更好地融入了市场机制。②

此外，天镇县是山西省光伏产业重点县、首批光伏扶贫试点县。该县在全省率先实现了贫困村光伏扶贫电站全覆盖，完成 4 万千瓦地面集中式电站、120 个村 1.2 万千瓦村级分布式电站，并科学制定收益分配办法，形成以工资分配为主、以旧机补贴为辅的资产收益脱贫模式。2017 年首批光伏扶贫收益资金发放 990 万元，惠及贫困户 5 000

① 贾步云 . 家政服务 精准脱贫——关于“天镇保姆”品牌效应的调查 [N]. 山西日报，2016-07-12（10）.

② 于海洋，胡裕坤 . 周永波：打造“天镇保姆”品牌，让家政行业更高端 [J]. 家庭服务，2018（4）：40-41.

多户、1 万多人，每年可为贫困村分配收益 8 万元，为非贫困村分配收益 4 万元。贫困村将收益资金的 60% 集中用于特困群体，40% 用于扶贫公益事业。

资料来源：于海洋，胡裕坤 . 周永波：打造“天镇保姆”品牌，让家政行业更高端 [J]. 家庭服务，2018（4）：40-41.

“天镇保姆”项目的选择，切实做到了“三个准确”，即需求准确、对接准确、帮扶准确，因地制宜找准了特色扶贫项目，最大化发挥了经济效益和社会效益，同时提高了地区的劳动人口素质，改变了社会观念。贫困群众的自我发展能力得到了提高，人民脱贫致富的内在活力得到了激发。天镇县也在积极响应政策，努力发展高科技产业，光伏产业为天镇县的贫困群体提供了稳定可持续的生活保障。

第八节　可持续扶贫

可持续扶贫脱胎于可持续发展理念。可持续发展理念，是人类在 20 世纪 80 年代面临人口、资源、环境等重大危机日益加深的背景下提出的一种新的发展观。1987 年，联合国世界环境与发展委员会（WECD）发表的题为《我们共同的未来》的报告指出，可持续发展是“既能满足当代人们需求，又不对后代人满足其需求的能力构成危害的发展道路”。从可持续发展概念衍生而来的可持续扶贫，其宗旨在于通过各种扶贫行动使人口从根本上摆脱贫困，走上通向富裕、文明的新生活的发展道路。①

总体来看，可持续扶贫包括以下三个方面的内容。

（1）经济可持续扶贫。相对于传统的、一过式的输血式扶贫，可持续扶贫更加注重培养贫困地区的经济产业，形成良好的“造血能力”。援助内容也从传统的资金援助、物资援助转向投资援建工业园区、免

① 徐薇 . 我国可持续扶贫战略研究 [J]. 理论与改革，2002（5）：62-65.

费提供职业技术培训、帮助受援地区进行招商引资等。只有通过产业发展建成良好的、具有自给能力的工业体系，才能满足受援地区人民日益增长的物质文化需求，才有可能不断消除贫困，人民生活水平才会逐步提高。

（2）社会可持续扶贫。我国当前的扶贫模式主要体现在为受援地区提供教育、人才方面的支持，通过援建学校、师资交流、干部交流等手段，系统性地提高受援地区普遍的文化素养和人口素质，促进精神文明建设。社会可持续扶贫立足于改变受援地区人们的观念和文化素养，让当地形成不断追求发展和进步的自身动力，从而根本改变滋生贫困的社会因素。

（3）生态可持续扶贫。习近平总书记指出："绿水青山就是金山银山"。在传统的扶贫模式中，许多自然资源丰富的受援地区对于自然资源采取了掠夺式开发，只顾眼前利益，不顾子孙后代的幸福生活。生态可持续扶贫理念的提出，目的在于唤醒受援地区群众对于生态保护的重视，避免在扶贫开发过程中对于当地的生态环境造成严重的破坏，从而带来不可持续的发展。

习近平总书记高度重视扶贫工作的可持续性。2016年两会期间，习总书记在参加青海代表团会议时指出："脱贫攻坚一定要扭住精准，要更加注重教育脱贫，要更加注重提高脱贫效果的可持续性。"可持续扶贫，关键就在于彻底扭转旧有的只重视短期效果，而忽视培育受援地区长期自主发展能力的扶贫模式，从"授之以鱼"走向"授之以渔"，让贫困地区形成具有地方特色、符合地方发展实际的产业，通过自己的力量来彻底摆脱贫穷落后的局面。

可持续扶贫模式的提出是对原有的政府主导、忽视基层组织和社会力量主动性、过多注重扶贫的数量和速度而忽视质量、以政策主导而制度建设滞后的扶贫模式的困境的反思。可持续扶贫模式要求政府、企业和社会组织等多元主体参与，促进企业、社会组织和公民的协同治理。

案例：云南省会泽县

云南省会泽县位于滇东北高原腹地，乌蒙山主峰地段。该县面积5 854平方公里，其中山区占95.7%，县内矿产资源丰富。至2016年年底，会泽全县有14个贫困乡（镇、街道），175个贫困行政村、80 930户贫困户、263 418个贫困人口，农民人均可支配收入8 603元，为云南省贫困人口数量第一大县。[①]会泽县属于乌蒙山集中连片特殊困难地区范围，生态环境脆弱，自然灾害频发，水土流失严重，人口资源环境矛盾突出；人畜混居现象普遍，地方病严重，基础设施薄弱，市场体系不完善，产业发展滞后。[②]

会泽县依据国家政策和全省战略部署，设立了会泽县扶贫开发办公室，在吸收国家和省政府政策的同时，根据自身情况不断进行扶贫政策调整。

首先，结合实际打造特色产业扶贫体系。在扶贫开发工作中按照城乡一体化发展的思路，以"减贫增收"为目标，以"精准扶贫"为突破口，从改善农村基础设施条件、拓宽农民增收渠道、提高农民基本素质着手，以实施整乡推进、整村推进、易地搬迁、产业扶贫、信贷扶贫等扶贫工作为重点，引导农民增强"造血"功能。

其次，建档立卡，落实贫困户信息，"因地制宜、因户施策"，改变"大水漫灌"式扶贫。层层压实脱贫责任，定点、定户、定人、定责帮扶，全力推动精准扶贫。按照"一村一策、一户一法、一户一帮"的精准扶贫工作要求，深入分析每个贫困户的致贫原因。落实帮扶责任，制定差异化的扶持政策，帮助贫困村、贫困户编制脱贫计划和产业发展规划，探索直接帮扶、委托帮扶和股份合作等有效帮扶方式，集中力量予以扶持。建立"领导挂点、部门包村、干部帮户"长效机制，完善整合、帮扶、考评、退出、奖惩"五项机制"，简化行政批复手续，

---

① 会泽县人民政府，会泽概况 . http://www.hz.yn.gov.cn/hzzfb/1657606137849053184/20130608/247643.html，2013年6月8日。

② 国务院扶贫开发领导小组办公室，乌蒙山片区区域发展与扶贫攻坚规划（2011—2020年）. http://www.ndrc.gov.cn/zcfb/zcfbqt/201304/W020130425472738090512.pdf，2012年2月。

推进“八项工程”。

同时，明确“一年夯实基础，四年整体脱贫，一年巩固提高”的时间表。力争2019年实现扶贫对象脱贫、摘帽、增收3个主要目标，达到全县32.93万农村贫困人口全部脱贫。[①]

总体而言，会泽县精准扶贫工作取得了成效。根据云南省贫困发生率数据，2010—2015年会泽县贫困发生率高于全省平均水平，但这5年来会泽县贫困发生率已经大幅下降（图3-3），在云南省和乌蒙山连片区域内降幅均居于中等水平。2015年贫困发生率已经降到2010年的一半以下，在云南全省减贫工作中其取得的成效已经非常显著。

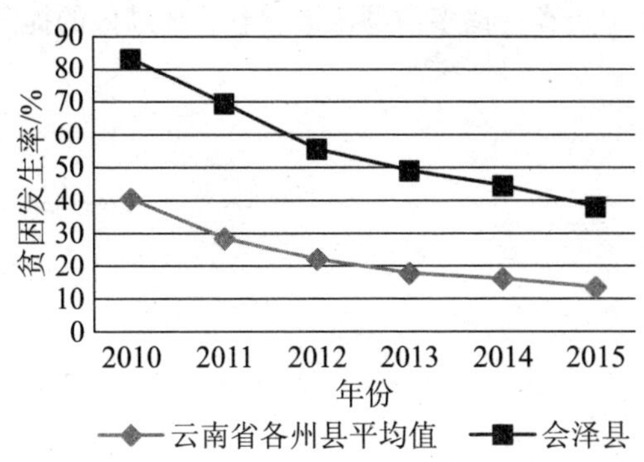

图3-3　2010—2015年云南省各州县及会泽县贫困发生率

2011年至2014年，会泽县先后实施多种多个扶贫项目，秉持深度扶贫与可持续扶贫的理念，从生态保护和贫困群众生存发展环境改善、产业化发展、农业发展等层面，直接或间接地带动了贫困户就业和增收。到2015年10月，全县50余万人受益，农村居民人均可支配收入达5 337元，13.88万农村贫困人口靠精准扶贫实现了脱贫目标。[②]

总结近年来会泽县扶贫工作，主要存在以下几个方面的问题：精

① 中国减贫研究数据库．会泽县扶贫概况[M]. 北京：社会科学文献出版社，2016.

② 赵天祥．会泽一户一策精准扶贫显成效[N]. 云南经济日报，2015-10-17（3）.

准识别存在困难，精准帮扶资源不足；管理监督不足，考核标准含糊；财政资金的分配和使用并不完全合理有效。

资料来源：会泽县人民政府 . http://www.hz.yn.gov.cn/hzzfb/1657606137849053184/20130608/247643.html

会泽县结合实际打造特色产业，在精准扶贫的框架下提高贫困人口的素质，设置完善的扶贫机制和考核机制，细分责任，明确工作时间表，具有可持续扶贫的工作机制。而本地扶贫项目的开发和建设，有利于贫困户的就业和增收，从而实现可持续的发展。会泽县的精准扶贫工作已经取得了显著的成效，但其贫困发生率仍保持在较高的水平，扶贫工作中仍存在诸多问题，影响着总体绩效的提升和扶贫目标的完成。

第四章

中国扶贫治理结构

扶贫治理结构是在贫困治理过程中对多元主体之间权、责、利关系的一种规定，是形成多元共治格局的基础[①]。合理的扶贫治理结构能充分协调政府、市场和社会机制，规范扶贫各方的责、权、利，统筹资源，综合施策，优势互补，提高扶贫治理工作效率；同时可以带动贫困人口积极参与治理工作，提高扶贫对象的主体意识。

在这一章中，我们先明确公共品理论对我国扶贫治理结构的意义，接着从政府、市场、群众、社会和国际组织五个方面阐述中国的扶贫治理结构。

第一节　公共品、准公共品及扶贫

一、基本概念

公共品（public goods）一词最早在1919年由瑞典经济学家林达尔正式使用，是指为了满足与社会、个人都有利益关系的公众需求，国家运用权力保障社会每个人的最基本福祉，而从事的职责活动所产生的结

感谢娄新琳为本章做出的工作．

① 孙远太．政府的贫困治理能力及其提升路径 [J]. 开发研究，2015（3）：31-34.

果、形成的物质形态[①]。根据非排他性和非竞争性这两个特点，公共品被划分为准公共品和纯公共品两类。其中，准公共品是指拥有有限的非竞争性或有限的非排他性的公共物品，它介于纯公共品和私人产品之间。

二、扶贫的准公共品属性

扶贫可看作一种准公共品，并且是接近私有物品的准公共品。扶贫具有非排他性和不充分的非竞争性，从非排他性角度来说，某些人利用此产品，却不会排斥其他人对它的利用，因为对于接受扶贫的甲和乙来说，甲在脱贫的同时并不排斥乙脱贫；但是在非竞争性上却不充分，在一个国家内贫困群众越多，扶贫所需的人力、物力负担越重，成本就会越高，故而扶贫具有一定程度的消费竞争性。

随着公共品理论不断完善，其供给机制也不断发展。而明确扶贫的准公共品属性，是选择供给机制的前提。一般来说，准公共品可以由公共部门或私人提供，扶贫在准公共品性质上更加接近于私人品，接受者之间存在竞争关系，私人供给是最常采用的方式，政府有时为实现特定目标也会参与供给。[②]在我国，扶贫作为准公共品，是由政府与社会机构、组织、企业和个人广泛合作所提供的。公共品理论是我国制定扶贫政策和组织扶贫工作的理论支持之一。明确扶贫的准公共品属性，对于理解我国的扶贫政策、创新扶贫理论和优化扶贫治理结构具有重要意义。

第二节　政府：主导—引导

我国很早就将扶贫工作作为政府工作的重点之一。在我国扶贫事业发展的几十年中，政府不断优化调整扶贫工作，创新扶贫政策与形

---

① https://baijiahao.baidu.com/s?id=1580162964055977393&wfr=spider&for=pc.

② 杨辉．市政债券发行规则与制度研究 [M]. 北京：经济科学出版社，2007.

式，在实践中总结经验，经历了扶贫主力军到扶贫推动者的角色转变，即“主导”到“引导”的转变。

一、政府主导阶段

过去，我国的贫困治理完全由政府主导。人民公社时期，人民普遍贫困，那时的“一大二公”严重降低了农民生产的积极性，农业发展速度缓慢，成为国民经济中薄弱的部分。20 世纪六七十年代，政府直接为贫困人口提供日常生产生活所需物资，属于典型的救济扶贫。

1978 年，党的十一届三中全会之后，我国推行家庭联产承包责任制，以发挥集体优越性和个人积极性，解放农村生产力，打破“大锅饭”的旧体制，推动农村经济体制改革，使农民的贫困问题得到了很大的缓解。1978 年到 1985 年，农村人均粮食产量增长 14%，农民人均纯收入增长了 2.6 倍；没有解决温饱的贫困人口从 2.5 亿人减少到 1.25 亿人，占农村人口的比例下降到 14.8%；贫困人口平均每年减少 1 786 万人①，农民生活得到初步改善。

20 世纪 80 年代中期之后，“三农”问题凸显，因此我国更加重视脱贫事业。1986 年国务院成立贫困地区经济开发领导小组，形成自上而下的具有组织性、规划性的扶贫机制。1994 年 3 月，国务院制定和发布了全国扶贫开发工作的纲领性文件《国家八七扶贫攻坚计划（1994—2000 年）》（以下简称《扶贫攻坚计划》）。在这段时间，我国扶贫工作卓有成效，贫困人口大幅减少，农村贫困人口由 1978 年的 2.5 亿人减少到 1997 年底的 5 000 万人，贫困发生率也由 30.7% 下降到 6.1%②。到 2000 年年底，我国基本实现了《扶贫攻坚计划》所确立的反贫困目标。进入 21 世纪，国务院颁发了《中国农村扶贫开发纲要（2001—2010 年）》（以下简称《纲要（2001—2010 年）》），基本延续了《扶贫攻坚计划》的政策和途径。根据 2010 年 1 274 元的年

① 扶贫时间轴 . http://www.xinhuanet.com/local/2016-01/07/c_128602701.htm.

② 中国海南改革发展研究院反贫困研究课题组 . 中国反贫困治理结构 [M]. 北京：中国经济出版社，1998.

纯收入扶贫标准衡量，农村贫困人口占农村人口的比例从2000年的10. 2%下降到2010年的2.8%[①]。这一阶段，政府不再大规模依赖“输血式”扶贫，而是采取开发扶贫，扩大投资，依靠科技进步和当地资源，加强基础建设、促进教育培训、改善医疗卫生条件，或合理引导易地搬迁，并实行优惠政策，动员国企和党团组织参与扶贫。《纲要（2001—2010年）》中首次明确了扶贫需要多种经济所有制和全社会共同参与，但仍坚持政府主导。在这一阶段，政府不断总结扶贫经验，制定相关政策和法规，鼓励社会参与扶贫，向引导型扶贫转变初露端倪。

二、政府引导阶段

改革开放以来，我国以政府为主导的扶贫事业取得了非凡的成就，但仍存在以下缺陷，急需创新政策改革体制。

一方面，政府没有摆脱“输血式”扶贫，贫困人口处于被动受体位置，过度依赖于政府的救济，而不履行脱贫的义务和责任，反而加剧了政府的扶贫负担。“输血式”扶贫没有深入剖析致贫原因，仅输送金钱和项目，不能激发贫困人口的主体意识，不能使其树立脱贫致富的信心。“扶贫开发光有‘输血’不行，容易养懒汉。”[②]政府的扶贫治理改变长期以来的无偿救助方式，注重“‘授人以鱼’不如‘授人以渔’”，动员扶贫治理对象参与扶贫行动，增强其脱贫意识，并使其承担相应责任，逐渐成为扶贫治理的主要力量。

另一方面，政府在扶贫工作中集决策者、实施者、监督者的身份于一身，缺乏外部监督，容易产生权钱交易、挪用资金的问题，滋生腐败。早在“八七”扶贫攻坚时期，我国就出现了挪用扶贫资金等贪污腐败现象。根据中国改革与发展报告专家组2002年版的《中国财富报告》，1988—1997年，个体私营经济偷税漏税平均占基尼系数的9.86%，官员腐败占1.42%，其他非法或非正常收入占3.63%（表4-1）。

---

① 利友，张飞．精准扶贫：贫困治理的“中国样本”与“中国经验”[J]. 西北民族大学学报（哲学社会科学版），2018（4）：134-140.

② http://cpc.people.com.cn/GB/64093/64094/10720166.html.

2016 年，全国检察机关共立案侦查扶贫开发领域职务犯罪案件 1 892 人，与 2015 年同比上升 102.8%。2017 年，中央纪委公开曝光扶贫领域的腐败案例，包括挪用低保资金、骗取危房改造补助资金、篡改五保户和低保户补贴名单等，扶贫领域存在形式主义、官僚主义、盲目决策、弄虚作假等作风问题。扶贫领域滋生腐败行为，会扩大人们之间的收入差距，加剧社会的贫富悬殊问题，导致扶贫效果大大下降。

表 4-1　1988—1997 年个体私营经济偷税漏税、官员腐败和其他非法非正常收入占基尼系数的比重　　%

年份	总体收入差距		正常收入差距		个体私营经济偷税漏税		官员腐败		其他非法非正常收入	
	基尼系数	比重	基尼系数	比重	基尼系数	比重	基尼系数增加值	比重	基尼系数增加值	比重
1988	41.69	100	34.98	83.91	4.46	10.70	0.46	1.10	1.79	4.29
1989	42.45	100	36.96	8.07	3.73	8.79	0.33	0.78	1.43	3.37
1990	40.15	100	34.69	86.40	3.28	8.17	9.56	1.39	1.62	4.03
1991	41.70	100	36.90	88.49	2.85	6.83	0.35	0.84	1.60	3.84
1992	42.62	100	37.72	88.50	2.73	6.41	0.41	0.96	1.76	4.13
1993	45.95	100	40.17	87.42	3.10	6.75	1.00	2.18	1.68	3.66
1994	51.11	100	43.56	85.23	5.29	10.35	0.78	1.53	1.48	2.90
1995	51.73	100	41.91	81.02	7.46	14.42	0.80	1.55	1.56	3.02
1996	49.91	100	40.58	81.31	6.71	13.44	1.03	2.06	1.59	3.19
1997	49.32	100	40.27	81.65	6.28	12.73	0.90	1.82	1.87	3.79
平均		100		85.10		9.86		1.42		3.63

资料来源：中国改革与发展报告专家组 . 中国财富报告 .2002：276

再者，随着社会发展和扶贫治理的推进，贫困人口进一步减少，但整体出现了“大分散、小集中”的分布格局，扶贫重点和资源配置需再度调整。2011 年，我国制定《中国农村扶贫开发纲要（2011—2020 年）》，扶贫减贫事业进入新阶段。

张康之教授在1999年最先使用“引导型政府职能”一词，他认为“引导型政府职能”模式是中国建立社会主义市场经济的正确选择[①]。后来郑家昊（2013）将其概括为：“引导型政府职能模式是一种面向后工业社会的、自觉的，旨在通过推动服务型政府建设而引导社会实现科学发展的全新的政府职能模式。”[②]先前以政府为主导的扶贫治理是一种综合性、系统化的工作模式，难以满足当前扶贫治理所需的针对性、多样性、精细化的内在要求。2013年11月，习近平总书记在湖南湘西土家族苗族自治州考察时，首次提出了“精准扶贫”的战略思想。精准扶贫政策的提出及实施，体现出政府的引导作用，是在实践领域对引导型政府职能模式引导社会发展的积极实践。

2014年以来，政府出台了一系列政策保障精准扶贫，优化政府相关职能，加大金融扶贫力度，创新和完善扶贫方式；不再强调政府的主体位置，而是广泛引导社会力量的参与，并改革财政管理，优化金融服务机制，从政策和制度上协调社会力量参与扶贫，并进行监控。政府引导型的治理结构反映了政府扶贫机制的改革和政府扶贫职能的转变。此时，政府更多的是扮演引领者、监察者、协调者的角色。

随着“互联网＋”成为国家战略，“互联网＋精准扶贫”的工作模式广泛应用于贫困地区的扶贫工作和产业发展。我国政府开创了新型扶贫方式：依靠互联网平台和大数据进行信息统筹、人员培训和政策引导，在对贫困人口建档立卡基础上，准确瞄准贫困户，建立跟踪机制，完善监督管理，从根本上解决传统粗放式扶贫中贫困人口数目、扶贫资金、项目指向、针对政策等不明确的问题；同时，政府制定相关政策引导电商经营扶贫产品，激发社会力量参与扶贫治理的积极性，开拓贫困地区产品经营新渠道，实现定点帮扶，授人以渔。

---

① 张康之，郑家昊．论政府职能模式[J].阅江学刊，2010，2（3）：5-12.

② 郑家昊．引导型政府职能模式的兴起[M]．北京：中国社会科学出版社，2013：1-10.

案例：陇南市电商扶贫

陇南市是甘肃省乃至全国最为贫困的地区之一，拥有丰富的特色优质农产品，但因交通不便、信息闭塞，难以转化为群众收入。2015年年初，陇南市经批准成为全国电商扶贫首个试点市。两年来，该市加大行政推动力度，通过网店带动、电商产业带动、电商创业带动、电商就业带动和电商入股带动，促进电商和精准扶贫深度融合。

到2016年年底，全市共发展网店超万家，两年间网络销售农产品达64亿元，使718万人实现就业。其中，750个电商扶贫试点贫困村开办网店980家，带动15万贫困人口增收。两年中农民人均可支配收入从4 345元增长到6 108元，增长了40%，电商对增长的贡献率为43.4%。贫困人口通过电商2015年人均增收430元，2016年人均增收620元。另外，全市贫困人口由2014年的64.4万人下降为2016年的36.9万人，减少42.7%；贫困发生率由26.04%下降为14.86%，下降了12个百分点。由于电商扶贫成效显著，陇南市因此荣获“2015年中国消除贫困创新奖”，2016年10月被授予“电商扶贫示范市”称号。

陇南市政府进行电商扶贫的主要做法，一是强化政策扶持，设立电商财政专项资金，支持贫困村网店建设、网货开发、教育培训；二是建立网店带贫机制，通过一店带多户、一店带一村的方式，以保护价收购贫困户农产品，并为他们提供市场信息及进行网上代购等服务；三是加强电商技能培训，组织驻村工作队、大学生村官等进村入户，帮助村民学电商、开电商、用电商，让贫困农户享受到新技术发展成果；四是完善电商发展产业链，加快完善生产、加工、包装、物流、营销等产业链，提高电商运营效率，吸纳贫困农民就业；五是培育农特产品网销品牌，许多做电商的农民开始注册商标，对产品开展食品安全QS认证，提升了当地农副产品品牌知名度；六是完善电商发展的基础设施“短板”，实现硬化通村公路一万公里，行政村公路通畅率达到99.7%，全市行政村宽带覆盖率达到80.8%。

资料来源：《陇南电商表现如何》，人民日报，2017年3月19日01版

在陇南扶贫案例中，政府大力引导农民利用电商平台销售商品，针对性解决了农副产品销售难问题，通过产业发展带动农民增收；同时，电商扶贫还促进了贫困群众思想观念转变，提高了他们的风险意识、诚信意识和品牌意识。在电商扶贫过程中，学网、触网、用网成为农村的新时尚；涉农产业也在互联网的推动下得以发展，吸引着更多青年尤其是大学生返乡创业开办网店。政府引导下的电商扶贫直接激发了贫困人口的内生动力，减贫成效大大提升。

政府还直接与社会力量合作，即政府购买服务，它是20世纪80年代开始形成的新公共管理的产物，即政府向社会组织提供扶贫服务所需资金。欧美国家的公共服务实践经历和新公共管理理论说明，政府购买社会组织公共服务，能优化政府职能，减轻政府支出，提高公共服务质量。20世纪90年代开始，我国北京、上海等地区开始探索政府购买服务模式，抓准扶贫重点，明确扶贫要求，借助社会组织的专业力量，提供更有效的公共服务。

案例：广西靖西的政府购买扶贫服务

广西靖西通过政府购买服务的方式，向社会组织“购买”50名劳务派遣工，用以协助市扶贫开发办公室、乡镇扶贫工作站等进行扶贫开发调查研究、收集资料、发布信息、宣传、建档立卡等工作。

靖西有贫困人口15.9万人，占全县总人口的23.7%，要解决15.9万人脱贫的问题，扶贫任务相当艰巨。该市由委托的劳务公司按靖西扶贫工作的要求及条件面向社会组织招聘，经市组织、人社、扶贫等相关部门考核同意聘用后，劳务公司与劳务人员签订三年劳务合同，并负责做好劳务人员的工资、保险、合同等管理工作。

资料来源：《右江日报》，2015年12月19日

靖西推行政府向社会力量购买服务，这是创新政府服务、推动政府职能转变、提高政府工作效率、促进服务型政府建设的有效途径。同时，政府向社会力量购买服务，既解决了政府人员编制不足与服务事业不断增多的矛盾问题，也可以通过发挥市场机制作用，有针对性

地选派定向的服务人员，为群众提供更加方便、快捷、优质、高效的公共服务。

第三节　市场：无—有

一、市场力量的引入

20 世纪 80 年代以来，我国实施了 30 多年的“政府主导型”扶贫治理，过去的扶贫治理过于强调政府的主导地位，较少重视市场的作用。政府的行政手段对于解决大范围、集中性的贫困问题卓有成效，但随着我国社会经济发展，扶贫形势发生深刻变化，政府为主导的扶贫治理结构暴露出专业性和精准度不足等问题，于是我国开始重视市场力量在扶贫事业中的引入。与政府相比，市场带来的是一种分散性决策机制，较政府更具有精准性、专业性，在产品、资本、技术、管理等方面都有独特优势。让市场参与扶贫治理，充分尊重市场经济规律，科学调整产业结构与资源配置，建立健全脱贫治理机制，重点发展市场需求潜力大的商品性竞争性产业，让贫困群众通过市场实现与有效率的生产要素相结合，可以充分发挥贫困人口的主观能动性，使其脱贫致富。2013 年“精准扶贫”战略提出以来，我国坚持精准扶贫脱贫，大力培育特色产业，支持社会力量参与脱贫攻坚。市场机制和市场力量的参与，提高了扶贫事业的精准性和专业性，市场是资源配置的最佳手段，中国扶贫治理的成功，离不开充分发挥市场的作用。

二、产业扶贫模式

从政府主导扶贫发展到政府引导扶贫治理的过程中，市场力量的参与呈现出从无到有的发展趋势。在这一变化过程中，产业扶贫最能体现市场扶贫的特点。产业扶贫是指政府利用贫困地区的自然禀赋，通过产业发展治理贫困问题的方式。其通常以市场为导向，以经济效益为中心。在精准扶贫的背景下，产业扶贫的方式主要分为“公司+农户”“合作社 + 农户”和“公司 + 合作社 + 农户”三种。

1.“公司 + 农户”模式

1988 年，刘允洲和陈健提出“公司 + 农户”的概念，董雷（1993）对此概念进行了界定。他认为，这种模式是指“以实体公司为龙头，联系农户签订合作经营合同”[①]。后来也有部分学者对“公司 + 农户”模式的概念进行了完善，如蒋伯英（1994）将“公司 + 农户”模式定义为“是以市场为导向，以公司为龙头，以区域经济为基础，以扩大经营为目的，构筑小农户与大市场之间的桥梁，形成产供销一体化的经济共同体”[②]。徐恩波、刘卫锋（1995）认为它是“以国内外市场为导向，以经济利益为纽带，以合同契约为手段，以农副产品加工、销售等企业为中心，团结一大批专业化生产的农户，结为一个利益共同体进行生产经营活动”[③]。杜吟棠（2002）在分析“公司 + 农户”模式内涵的基础上，提出自己对此模式的两种理解方式：第一种方式认为“公司 + 农户”模式是一个特指范畴，即仅指公司和农户之间通过签约形式建立固定供销关系；而在第二种理解方式中，他认为“公司 + 农户”模式是一个泛指范畴，除了固定供销关系，还包括紧密型联合和松散型联合。[④]

公司是政府认可的具有一定规模的交易主体，农户通过政府认识公司，政府通过公司扶持农户。在“公司 + 农户”模式中，公司和农户是“一锤子”的买卖关系，公司能发挥自身在土地、资金、社会关系等方面的优势，帮助农户减少信息不对称和生产规模的瓶颈。

---

① 董雷，发展农村市场经济的有效途径——“公司 + 农户”[N]. 经济日报，1993-7-8（2）.

② 蒋伯英 . 构筑农民走向大市场的桥梁——供销社探索“公司＋农户”路子的调查 [J]. 农村经济，1994（7）：25-27.

③ 徐恩波，刘卫锋 .“公司 + 农户”的理论基础及运行机制 [J]. 中国农村经济，1995（11）：64-65.

④ 杜吟棠 .“公司 + 农户”模式初探——兼论其合理性与局限性 [J]. 中国农村观察，2002（1）：30-38.

案例："民丰模式"：产业扶贫见实效

2017 年，民丰县通过国家专项评估，由自治区人民政府正式批准退出贫困县，它是和田地区 8 个深度贫困县中第一个脱贫的县。在浩瀚沙漠腹地的民丰县能在和田地区率先脱贫，让人刮目相看，也惊叹不已，成绩的取得完全得益于新疆昆仑尼雅生态农牧发展有限公司在民丰县实施的"公司 + 农户"的产业扶贫模式。

新疆海大集团响应自治区党委、政府"百企助百村·携手共发展"和"中国光彩事业南疆行"号召，于 2014 年 12 月在民丰县叶亦克乡成立新疆昆仑尼雅生态农牧发展有限公司，公司注册资金 1.836 亿元，是集农业种植、养殖、加工、销售、物流配送为一体的以产业扶贫为主的农牧公司。截至 2017 年已投资近 9 亿元，建设了 8 万亩种植基地、5 万亩散养基地，年出栏尼雅产品鸡 1 400 万羽。公司带动 3 000 名当地群众就业，与 2 800 户贫困户签订了养殖协议，每户可增收 1.5 万元。2017 年 4 月，公司在民丰县叶亦克乡投资建设 14.9 万平方米尼雅富民小区，搬迁 1 438 户农牧民入住。2017 年 7 月，按照《和田地区跨县易地扶贫搬迁工作（墨玉县至民丰县）实施方案》，公司积极参与接收墨玉县易地搬迁人员，对搬迁人员进行岗前培训，再将其妥善安置到公司的种植基地、养殖基地、加工基地以及物流配送等部门就业，使易地搬迁的贫困户"搬得进、稳得住、有事做、能致富"。

新疆昆仑尼雅生态农牧发展有限公司到深度贫困地区投资，助力当地政府脱贫攻坚，也遇到了一些亟待解决的困难：一是融资贷款难；二是难以享受各项优惠政策；三是项目建设配套设施亟待完善；四是当地人力资源市场匮乏，无法满足企业用工需求。

下一步，新疆昆仑尼雅生态农牧发展有限公司将按照自治区脱贫攻坚的目标、任务和要求，倾力打造尼雅黑鸡繁育基地、种植基地、散养基地、综合加工基地、冷链物流及仓储配送基地、科研培训中心和中央厨房项目，计划投资 21.75 亿元，规划 24 万亩种植面积，种养殖户将达到 3 万户，每户年增收 3.5 万元左右，形成以尼雅黑鸡为主的种养殖龙头企业。将打造"一县一品一业"农业产业扶贫的"民丰模式”，助力民丰县在脱贫道路上不但能摘帽，而且能稳得住、有发展。

资料来源：新疆维吾尔自治区工商联 . http://www.acfic.org.cn/gdgsl_362/xinjiang/xjgslgz/201805/t20180531_53411.html

“民丰模式”就是“公司 + 农户”模式的典型代表，新疆昆仑尼雅生态农牧发展有限公司通过“公司 + 养殖户”“公司 + 种植户”“农牧公司 + 现代物流 + 现代农业”等方式，为助力民丰县脱贫攻坚走出了一条“民丰模式”的扶贫之路。

同时，“公司 + 农户”模式也存在其局限性。在农业产业化过程中，企业向农户提供的服务主要是收购并出售农产品。它们很少给农户提供资金、技术服务和有关市场信息，对农户的扶贫明显不到位，不能很好地满足贫困农户的需求。再者，农业生产经营天然地具有相当的不确定性，会较多地受到自然力的影响，“公司 + 农户”的组织模式从而也具有相当的不稳定性，一旦农户拥有足够的信息和谈判能力，这一权利关系必然解体。[①]

2.“合作社 + 农户”模式

“合作社 + 农户”模式较为适合产业单一的合作社。与前一种模式相比，这种模式在规模化经营、标准化生产、社会化服务等方面会更具组织性和专业性。建立合作社的方式一般有两种：由政府组织创办领办和生产经营者自发联合成立。

案例：灯塔市：“合作社 + 农户”的经营模式实行“四个统一”

辽阳灯塔市现代波特农产品专业合作社成立于2007年，位于灯塔市西马峰镇，自成立以来一直为合作社成员提供农业生产资料的购买，农产品的包装、运输配送、销售、储藏以及与农业生产经营有关的技术服务、信息服务以及培训服务。

合作社发展的同时加强科技投入，其与辽宁农科院签订了技术合

① 柴效武，叶益东 .“农业合作社 + 农户”——农村制度变迁过程中组织模式的抉择 [J]. 浙江大学学报（人文社会科学版），2006（4）：98-107.

作协议，由农科院派专家到合作社参与种植管理、经营管理和提供技术服务。采用“四位一体”种植管理技术并加以推广，使农户所产的蔬菜达到绿色食品蔬菜标准。合作社带动周边13个村600多户将近1 000人共同参与种植经营，采用“合作社+农户”的经营模式，通过统一供种、供肥料、供技术，统一回收，统一包装，统一品牌，统一销售的经营模式，形成了产业优势。合作社还为会员提供生产经营中的技术服务、信息服务、培训服务，带领成员到外地考察和交流技术，解决技术问题，解决农户生产过程中遇到的实际难题，使农民在生产中掌握了绿色食品蔬菜生产技术和操作规程。合作社主要以绿色食品蔬菜种植销售为主，有5个系列30多个品种的产品达到国家绿色食品标准。注册了“现代波特”牌商标，所有产品统一收购、统一检测、统一包装、统一销售。

合作社强化信誉和品牌意识，以市场为导向，在省内的沈阳、辽阳等城市开办了多处“绿色食品展示销售中心”，让绿色食品进入千家万户，让广大消费者吃上放心菜、安全菜、健康菜。现在产品供不应求，销售越来越好。

合作社成立后，每年收购并销售绿色食品蔬菜1 500吨，实现销售收入900多万元，实现盈余80.1万元。会员年分配利润40万元，剩余利润提取公积金40.1万元作为合作社流动资金和日常经营费用。种植和经营中带动周边农户600户，每户每年可多增加收入3 000元，这些农户年共新增加收入182.4万元。

在以后的经营中合作社将逐年扩大经营规模和多带动农户，每年在原有规模的基础上以30%的速度递增，让周边的农民多增加收入将是合作社的长期发展规划。

资料来源：灯塔政府网．2017-6-22

灯塔市的专业合作社将种植农户集中在一起，统一经营，形成拳头力量，进行规模化、集约化经销，经营风险、交易成本和不确定性大大降低；同时专家为合作社提供种植技术指导和经营管理培训服务，使农民掌握更多种植和经营管理知识，以提高农业生产力。在合作社的示范带动下，农业产业链得以延伸，集中起来的小农户形成一定经济规模，利于规避市场风险，打破市场垄断，从而更好地与市场对接，真正走向大农业。[①]

3.“公司 + 合作社 + 农户”模式

此模式是上述两种模式的延伸，是通过结合龙头企业和专业合作社两大主体，以公司为主干、合作社为分支将农户集中的产业扶贫模式，公司、合作社与农户共同参与扶贫治理，以实现三方的互利共赢。在这种模式中，合作社作为公司和农户的中介，能有效克服公司本身较强的自我逐利性而带来的扶贫责任的弱化，充分发挥各方所长，调动各方积极性，实现长远发展。

案例：新投集团实施“龙头企业 + 合作社 + 农户 + 基地”的扶贫模式

新投集团根据喀什市英吾斯坦乡的实际，以“区域特色产业发展带动扶贫开发，扶贫开发促进区域发展”为工作思路，以产业扶贫方式增强贫困户造血能力，脱贫攻坚工作取得了一定成效。新投集团在已有的新投鸽业公司基础上，采取“龙头企业 + 合作社 + 农户 + 基地”的经营模式，龙头企业负责前端的种鸽引进、养殖技术的推广和防疫体系建立，农民深度参与到养殖和饲料种植环节，建立风险共担、利益共享的运作机制，形成农民脱贫致富的长效机制。

“龙头企业”——新投鸽业公司，在经营过程中采取“七统一”：统一安排养殖计划、统一供应饲料、统一养殖技术和培训、统一疫病防治、统一质量标准、统一收购、统一品牌销售。企业与合作社签订《肉鸽养殖合同》进行订单养殖，确保产品的有机绿色，确保产品收购，确保养殖户获得稳定的收益。

“肉鸽养殖合作社”——是养殖户利益的代表，能够把分散的养

① 现代农业装备编辑部. 农机合作社 引领小农户走向大农业[J]. 现代农业装备，2018（5）：10-11.

殖户组织起来。由新投鸽业公司推动，在各村党委政府和工作队的支持及协助下，组织当地的养殖大户、能人组建合作社，并不断发展养殖户入社，对养殖户进行指导和服务，以提高技术水平和产量，降低成本。企业给合作社一定的返利作为合作社的利润，合作社将利润返还给养殖户。

"农户"——在合作社的帮助与指导下，按统一要求进行养殖。养殖户的利益则通过产品交付、合作社盈余分红以及节约下来的成本三个方面获得，超过单纯养殖的收入。养殖户实现了零风险。

"基地"——养殖户同时也是种植户，在合作社的统一计划下，形成饲料种植基地。由合作社统一种植品种结构、统一种植技术、统一进行有机认证，确保饲料供应。

资料来源：http://www.xjgzw.gov.cn/neirong.jsp?urltype=news.NewsContentUrl&wbtreeid=1069&wbnewsid=10885

英吾斯坦乡的"公司＋合作社＋农户"模式发展思路清晰，由公司进行养殖设施建设，推行标准化养殖技术，提供统一的品牌建设和产品销售；党委政府组织创办合作社，整合当地资源，积极发动群众抱团发展；农户则在公司和合作社的标准化指导下进行日常管理，从而提高养殖品质，增加收入。这一模式对于解决农产品供求结构失衡、农民收入持续增长乏力、库存高企与销售不畅、小生产与大市场、国内外价格倒挂等矛盾大有裨益。[①] 农业的根本出路在于产业化[②]，"公司＋合作社＋农户"模式利用企业优势增加资金和技术投入，创建"投入—产出—收益—再投入"循环，彻底打通农产品供应链，确保农业产业化顺利进行。

近些年，随着社会发展、科技创新，人民生活水平普遍提高，产业扶贫的范围进一步增加，发展旅游业、边境贸易等也成为农户脱贫的较好选择，农户依托当地环境和地缘优势，发展第二、第三产业；

① "公司＋合作社＋农户"，山西省农业合作社亮点纷呈．http://k.sina.com.cn/article_5305757517_13c3f6f4d01900455h.html.

② 陈政高：农业的根本出路在于产业化．http://cpc.people.com.cn/GB/64093/64102/13499891.html.

同时，随着互联网高速发展，互联网企业崛起，其中电商通过众筹、直销等方式极大地促进了扶贫事业发展，在扶贫事业中发挥着重要作用。

案例：爱德面包坊的“逆袭”故事

创办于2007年的爱德面包坊隶属于爱德基金会，它是爱德慈佑院为智障青少年进行职业训练的工作坊。该面包坊坚持以服务智障人士职业康复为目标，授之以渔，开展职业康复活动，建构展能平台，以倡导社会接纳为使命。面包坊成立之初是作为一个公益性质的职业技能培训项目，为喜憨儿模拟一个真实的工作场景，希望喜憨儿能通过这里的训练学习到一定的职业技能，最终得到用人单位的认可。

2009年，爱德面包坊进行了工商注册，并聘请总经理负责市场运营，从而转型成为社会企业，希望借助商业的运作模式，可持续地为喜憨儿提供培训和庇护性就业。盈利的资金除了支付面包坊日常运营的成本外，还用于喜憨儿的就业学习补贴，以及增加学员培训基金，扩大培训规模。

爱德面包坊通过提供烘焙等技能培训，让喜憨儿掌握一技之长，重新获得自信、快乐。截至2016年，爱德面包坊共接收了5名喜憨儿作为他们的员工，来参与面包坊的运营，让他们像正常人一样有体面的工作。另外，还有12名喜憨儿正在接受技能方面的培训。

2010年，爱德面包坊和一些电商平台合作，建立网上销售渠道，主卖曲奇之类保质期较长、方便运输的产品。如今，爱德面包坊淘宝店铺的营业额达到每年30万元，两家实体店的营业额已经达到每年200万元。早期面包坊还处于亏损状态，最近几年都在向扭亏为盈方向努力。此外，面包坊还收到很多企业、咖啡厅等团购的订单，也会承接爱德基金会的活动茶歇订单。通过多渠道销售方式，爱德面包坊如今基本实现了盈亏平衡。

资料来源：https://www.sohu.com/a/108284013_465387

爱德面包坊以“授人以渔”的理念帮助喜憨儿真正走向自立，而转型成社会企业，利用市场的手段又让面包坊可持续运营，再加上众筹的筹款方式、明星力量的助阵，在传播上起到了出人意料的效果，可以让更多人去了解、关注喜憨儿这一特殊群体，并能通过消费一份曲奇这种力所能及的方式切实地帮助他们。爱德面包坊引入市场力量并获得成功的案例让我们看到市场在扶贫事业中的巨大潜力。

第四节　群众：主体

一、参与式扶贫的发展

20 世纪 80 年代，我国开始了正式的规范化扶贫工作，最初采用政府主导式扶贫，由政府控制扶贫资金分配及项目实施，很多扶贫资金没有被有效利用，一些贫困农户对“上级决定项目”不满。20 世纪 90 年代中后期，我国在非政府组织的农村扶贫项目中获得启发，逐渐形成了参与式扶贫模式。2001 年下发的《纲要（2001—2010 年）》，首次提出采用参与式方法制订和实施村级脱贫规划思路；2004 年和 2005 年，中央又接连下发指导意见，推动扶贫工作“整村推进”，使得我国的参与式扶贫进一步深化。

美国康奈尔大学教授诺曼·乌赫弗（Norman Uphoff）最早提出“参与式扶贫”的概念，他认为“发展对象不仅要以实现发展目标为目的而且要作为受益方参与监督和评估”。“参与式 ”扶贫是指政府通过投入一定数量的资金，以贫困村为平台，为贫困农户创造表达意愿的机会，赋予贫困农户知情权和监督权，并激发他们的参与意愿，发动群众参与扶贫项目的决策、实施和监督过程，从而使贫困农户自主脱贫、自我发展。①

① 李兴江，陈怀叶 . 参与式扶贫模式的运行机制及绩效评价 [J]. 开发研究，2008，135（2）：94-99.

与自上而下的救济式扶贫和开发式扶贫相比，参与式扶贫的核心是以人为本，它更加关注贫困人口的真正需求，充分保障其知情权和监督权，带动贫困群众参与项目决策、实施和监督；尊重贫困人口的主体地位，促进自我发展，真正调动群众参与脱贫的积极性，通过加强对贫困人口的思想教育、政策宣传、技能培训和培育致富带头人等方式，提高自身脱贫能力和内在动力，在思想和行动上实现由“被动脱贫”向“主动脱贫”转变，实现扶贫的可持续发展。另外，参与式扶贫对扶贫对象在其生活地区所拥有的丰富乡土知识表示认可，本土知识是解决贫困问题的有力手段。群众参与扶贫治理，能和政府进行知识共享，促进参与双方的互惠共赢。

二、参与式扶贫面临的挑战

目前，参与式扶贫仍需解决以下问题。

1. 贫困户参与度低

现在部分地区的当地政府没有做到具体问题具体分析，贫困群众无法参与扶贫，或者参与之后无法获利。在精准扶贫的背景下，群众参与扶贫，政府部门人员不能只是坐在办公室里为贫困地区描绘美好蓝图，而要重视民间智慧，给予贫困户足够的话语权和决策权，通过公示制度、投诉制度的建立，确保群众的积极参与。

案例：山东：着力给贫困群众输送精神给养

“贫困群众既是脱贫攻坚的对象，更是脱贫致富的主体。要加强扶贫同扶志、扶智相结合，激发贫困群众的积极性和主动性，激励和引导他们靠自己的努力改变命运。”山东在贯彻落实中央精神中，着力给贫困群众输送精神给养，引导他们增强主体意识，挖掉精神上的穷根。山东的主要措施包括以下三个方面。

（1）转变思想观念，解决“不想干”问题。有的贫困群众缺乏脱贫激情，他们晒着太阳看着干部干，坐等党和政府送小康。这种“等靠要”思想成为脱贫攻坚最大的拦路虎。山东通过红色文化激励、传统文化滋养、先进文化引导等方式，转思想、扶志气、长本领，让贫困群众的心里热起来、脑子转起来、身子动起来，变“要我脱贫”为“我要脱贫”。例如，按政策规定，蒙阴县72岁贫困户徐美凤可以享受“兜底脱贫”，但她以“合作社+贫困户”模式养殖长毛兔，实现了光荣脱贫。

（2）推广职教技能培训，解决“不会干”问题。文化程度低、劳动能力弱、技术水平差，素质“贫困”也阻碍着贫困群众脱贫。山东着力增强贫困群众脱贫本领，推广“田间课堂”“大篷车下乡”等培训模式，近两年已免费培训职业技能和实用技术55.1万人次。山东还利用身边典型言传身教，让本村近邻的脱贫户与贫困户结成对子，树信心、传经验、找门路。菏泽市从脱贫户中选取有代表性、可复制可推广的脱贫案例，编印《菏泽扶贫60例》，让贫困户照着学、比着做。

（3）强化基层建设，形成“有人领”局面。从2012年开始，山东先后选派4万多名第一书记驻村，抓党建，强“两委”，促脱贫。全省建立1万多个精准扶贫理事会，老干部、老党员、致富能手与贫困户代表全程参与并监督扶贫。各地还设有扶贫联络员，登门入户讲政策、听需求、出点子、办实事，成为贫困群众的“眼、嘴、耳、腿”。2016年以来，山东已有135万贫困群众用自己的双手劳动脱贫，占脱贫人口的58.4%。

资料来源：《人民日报》，2018年3月28日

山东省从转变思想、组织技能培训、基层队伍建设三个方面引导贫困人口积极参与脱贫，扭转贫困人口的“等靠要”思想，针对贫困群众自身的弱势与不足，推广职业培训和典型范例学习，并加强党员干部对口帮扶。这些措施极大地提高了贫困人口的脱贫动力和脱贫意识。

脱贫致富，从根本上来说是贫困群众自己的事情。脱贫攻坚要注意通过提高农民“参与度”来增强贫困户的“获得感”，通过提高“参与度”来激发农民自身的发展动力。相对于给钱、给物的“输血式”

扶贫，参与式扶贫在速度上可能要慢一些，但对巩固脱贫成效却至关重要，值得多付出一些耐心和时间。[①]

2. 监督不到位，熟人获得较大的优惠力度

参与式扶贫容易受到基层微观权力的干扰，若监督不到位，基层干部中容易发生权力寻租的情况。在信息不对称、权力干预程度低的环境下，扶贫扭曲走样，基层干部让相熟的人获得较大的优惠力度。

案例：扶贫岂能优亲厚友

西潭乡位于诏安县的西南部，是一个农业大乡，辖区群众大多以农业生产为生。为响应国家扶贫攻坚号召，帮助个别困难农户尽快脱贫致富，2015 年 3 月，诏安县扶贫办下达给西潭乡 2014 年度生产性扶贫补助资金 32 户指标，每户补助 2 000 元。金额虽然不大，但对于特别困难的群众来说无疑是“救命钱”。

作为镇分管扶贫工作的副乡长，钟武钦并没有把此事放在心上，只是口头向镇主要领导简单汇报了一下分配计划，便匆忙召开由各村村主任、统计员参加的工作会议进行分配。虽然他在主观上对此项工作消极应付，但在具体操作上，钟武钦又特别重视，看似矛盾的行为背后，藏着他内心的“小九九”。钟武钦第一次对 32 户指标进行分配时，以西潭乡上营村没有派人参加会议，不重视扶贫工作为由，自作主张取消该村的指标，剩下的 16 个村每个村 2 户指标。随后不久，县扶贫办给西潭乡追加 4 户指标，在其他村不知情的情况下，钟武钦悄悄地把指标都给了自己的老家美营村。

资料来源：《中国纪检监察报》，2017 年 4 月 20 日

打赢脱贫攻坚战事关全面建成小康社会，事关增进人民福祉，事关巩固党的执政基础，党中央高度重视。作为最接近贫困群众的扶贫干部，应严格落实各级有关要求，秉公办事，凭着一颗公心把脱贫攻坚工作做实做细，确保每一分“造血钱”“救命钱”都真正用到贫困

① https://www.zg3n.com.cn/article-52846-1.html.

乡村、贫困群众身上。本案例中，肩扛此项重任的钟武钦却优亲厚友，因此，必须严肃问责。

第五节　社会：参与

改革开放以来，社会资本不断扩大，社会力量逐渐参与到我国扶贫攻坚事业中来。2014 年 11 月国务院印发《关于进一步动员社会各方面力量参与扶贫开发的意见》（以下简称《意见》），强调社会力量在扶贫工作中的重要引领作用，倡导更多社会力量参与扶贫，积极梳理解决社会力量遇到的“组织动员不够、政策支持不足、体制机制不完善等问题”。社会力量也可作为扶贫事业的监督者和协调者，以弥补政府在扶贫工作中的不足，推进体制机制创新。

《意见》中，着重强调了社会组织、民营企业和个人三类社会力量参与扶贫开发。故本节从这三方面阐述社会力量参与我国扶贫治理的情况。

一、社会组织参与扶贫

社会组织即不以营利为目的、主要开展各种志愿性的公益或互益活动的非政府的社会组织[①]。它具有亲民性、灵活性、高效性的特点。社会组织的这些特征，使其在扶贫事业中具有天然优势，以贫困者的需求为导向，带动贫困者发挥主观能动性，使其积极参与到自我发展的实践中去，这种方式不仅提高了扶贫的实际效果，而且提供了更新、更有效的运作模式和管理理念。

20 世纪 80 年代开始，社会组织开始参与我国扶贫事业；从 1994 年《扶贫攻坚计划》提出要“充分发挥中国扶贫基金会和其他各类民间扶贫团体的作用”开始，社会组织蓬勃发展。截至 2017 年 11 月，

① 王名 . 非营利组织管理概论 [M]. 北京：中国人民大学出版社，2002.

全国有75.7万个社会组织（指的是在民政部门登记的社会团体、基金会、社会服务机构，下同），其中社会团体35.4万个，社会服务机构39.7万个，基金会6 062个。2016年底，全国社会组织具有固定资产2 746亿元，接受各类社会捐赠653.7亿元，动员志愿者191万人次。[①]全国各地社会组织积极参与扶贫治理，并取得了一定成效。2017年，国务院发布的《关于广泛引导和动员社会组织参与脱贫攻坚的通知》强调了社会组织的扶贫责任，并进一步明确服务领域和职责，要求政府相关部门大力支持并有效监督。在政府相关政策规划的支持和引导下，社会组织已成为扶贫治理的重要力量。

二、民营企业参与扶贫

民营企业是指在中国境内除国有企业、国有资产控股企业和外商投资企业以外的所有企业，包括个人独资企业、合伙制企业、有限责任公司和股份有限公司[②]。改革开放以来，民营企业从无到有，并逐渐发展，成为参与我国经济建设的重要力量。民营企业参与扶贫攻坚也呈现阶段性变化。1978年到1994年，中国民营企业参与扶贫大多是出于自发，通过安排就业和捐款捐物以帮衬乡邻，满足情感需求，实现自我价值。1994年到2006年，中国民营企业参与扶贫开始进入自觉阶段，在政府、组织的引导下，民营企业通过多元化的扶贫方式，为全国的扶贫工作贡献力量。2006年至今，中国民营企业参与扶贫进入了新的阶段，精准扶贫思想确立后，一方面，企业发挥自身产业资源优势，科学、可持续扶贫，促成和贫困群众双赢的良好局面；另一方面，扶贫开发作为企业发展战略和企业文化，被越来越多的民营企业接受，民营企业自觉参与扶贫开发常态化。

根据《2016中国100强企业社会责任指数年度报告》（CICSR）显示，民营企业的社会责任履行状况逐年改善，同等规模的民营企业在社会

---

① 我国全面引导和动员社会组织参与脱贫攻坚 [EB/OL].http://www.msweekly.com/show.html?id=95459.

② 李小安 . 民营企业财务管理与创新研究 [M]. 长沙：湖南大学出版社，2009.

责任方面优于国有企业。[①]在慈善捐助方面，民营企业积极参与，连续三年成为企业捐赠的主力军，其捐赠占比较国有企业高出 10 个百分点以上（图 4-1）。

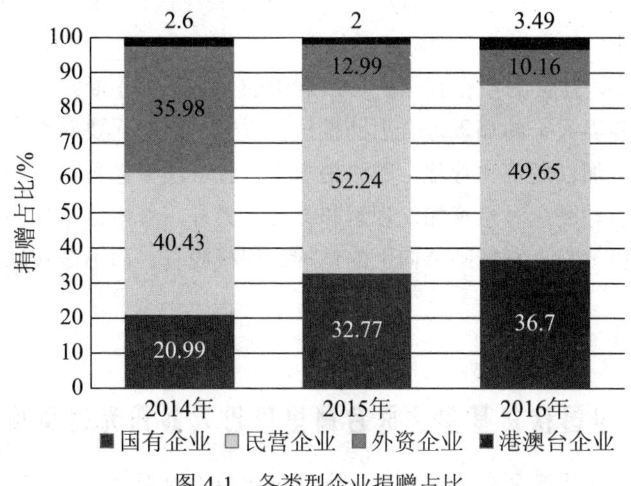

图 4-1　各类型企业捐赠占比

资料来源：《2015 年度中国慈善捐助报告》《2016 年度中国慈善捐助报告》

这些数据都充分说明了民营企业在我国扶贫事业中是不可或缺的。民营企业的参与，既可以弥补政府和国有企业扶贫中的不足，又能发挥出市场制度的积极作用。但民营企业参与扶贫开发仍面临诸多困难，如企业参与扶贫的内生动力不够、正向环境支持缺乏等困境。政府各部门仍需做好政策支持和服务保障，了解贫困群众需求与企业要求，畅通沟通渠道，调动企业积极性；同时民营企业也需发挥主观能动性，利用自身优势，创新扶贫方式。

三、个人参与扶贫

近些年来，随着人民生活水平的普遍提高以及互联网的高速发展，

① 民营企业在国民经济中的地位和作用 [EB/OL]. http://www.zytzb.gov.cn/tzb2010/S1818/201705/5b671e39e3e544e28a694520dd38e9dc.shtml.

越来越多的公众选择网络捐赠，网络捐赠平台为个人小额捐赠提供了便利快捷的方式，以互联网捐赠为主的个人捐赠蓬勃发展。同时，越来越多的政商、演艺界人士也为扶贫助力。名人捐赠的意义不仅在于资金贡献，更多的是他们可以引领社会公众关注扶贫，推动“我为人人、人人为我”的全民公益理念广泛传播。

现在，社会力量在我国扶贫事业中的参与规模不断扩大，社会组织需要各界人士的加入，合力助推扶贫攻坚。政府需要对个人参与及相关平台加以规范和管理，网络捐赠平台也应注重慈善项目的多元化发展，引导民众对慈善加深理解和参与。另外，贫困群众作为受益者也要积极参与，发扬勤劳向上的精神，积极脱贫，而不是被动接受捐款捐物。

案例：中国扶贫基金会联合阿里巴巴发起阳光跑道项目

中国扶贫基金会对贫困地区乡村小学的专项调研显示：75%的贫困地区乡村学校没有跑道，而能够真正拥有塑胶跑道的学校比例仅为8.3%。为了改善贫困地区小学的体育硬件设备，2018年6月，阿里巴巴公益联合中国扶贫基金会发起“阳光跑道”项目。“阳光跑道”项目首期计划在云南、贵州、陕西、河北等省份的20个县100所贫困乡村小学校修建阳光跑道，助力孩子们放飞体育梦想。

该项目通过阿里巴巴平台如阿里拍卖以及淘宝商家的“公益宝贝”捐赠或直接捐款来筹款，并于6月22日在北京奥林匹克森林公园发起公益跑活动，倡导社会公众进行步数捐赠，为贫困山区儿童捐建塑胶“追梦跑道”。

6月22日当天，在体育明星石竟男、孙伟、谢杏芳的带领下，近千人在北京奥林匹克森林公园完成了他们6.23公里（约1万步）的公益跑，现场产生的步数将计入全国总步数。

资料来源：中国扶贫基金会. http://www.cfpa.org.cn/news/news_detail.aspx?articleid=709

“阳光跑道”项目以线上线下结合模式，鼓励公众行动起来，帮助贫困地区孩子圆体育梦，这是社会力量参与扶贫治理的一个缩影：社会组织为贫困群众与民营企业牵线搭桥，同时社会组织又与民营企业通力合作，加上明星助力，倡导社会公众积极参与扶贫事业。

当前，精准扶贫作为我国扶贫治理的重要策略，责任重大、意义深远，只有拓宽扶贫思路，广泛动员社会力量，创新参与机制，统筹安排社会扶贫资源，打造精准扶贫的“统一战线”，才能取得扶贫攻坚战的最后胜利。

第六节　国际组织：助推

一、国际组织在中国的扶贫工作

国际组织一般指国际非政府组织，主要是“在至少两个以上国家设有分支机构、开展活动的非政府组织”，它具有组织性、非政府性、自治性、非政治性、非宗教性、公益性、志愿性、国际性等特点。[①]

中国自改革开放以来实现了6亿多人口的脱贫，国际组织在中国的扶贫治理中起着重要的助推作用。20世纪90年代后，国际组织开始在我国推行大规模的扶贫活动。中国先后与世界银行、联合国开发计划署、亚洲开发银行等国际组织和英国、德国、日本等国家以及国外民间组织在扶贫领域开展了卓有成效的减贫项目合作。据不完全统计，截至2010年，扶贫领域共利用各类外资14亿美元，再加上国内配套资金，直接投资总额近200亿元人民币，共实施110个外资扶贫项目，覆盖了中国中西部地区的20个省300多个县，使近2 000万贫困人口受益[②]。国际组织主要通过资金投入和项目投入参与我国扶贫，

① 王杰，张海滨，张志洲．全球治理中的国际非政府组织[M]. 北京：北京大学出版社，2004.

② 中华人民共和国国务院新闻办公室．《中国农村扶贫开发的新进展》白皮书．2011.

包括金融贷款、小额信贷、人才技术支持、发展开发项目、提供理论培训等方式。

案例：联合国开发计划署在中国发展小额信贷

1994年，联合国开发计划署开始在中国发展小额信贷，与中国国际经济技术交流中心合作，由后者提供支持和协调，项目首先在云南建立了基层农村发展协会，后来逐渐发展到了16个省区的48个县，项目总投入接近2 000万美元。项目至今已向中国各地超过30万客户发放了小额贷款。除了发放贷款，联合国开发计划署还支持能力发展项目，旨在为贷款者提供工作和生活的技巧，使他们了解贷款所具有的潜在作用。2001年，联合国开发计划署与中国国际经济技术交流中心启动了可持续小额信贷扶贫项目，集中在中国四川仪陇、内蒙古赤峰、贵州兴仁和甘肃省的定西实施这一项目，帮助农村发展协会实现可持续性。其中三个村在运作上实现了可持续性，还有一个参加了全球性的由“助贫咨询组”组织的“财务透明奖”活动。

资料来源：中国新闻网，2005年11月13日

20世纪90年代初期，国际组织配合中国扶贫政策，引入小额信贷扶贫。原联合国秘书长科菲·安南曾指出：“小额信贷不是慈善捐助，而是一种将其他人拥有的相同权利和服务向低收入家庭扩展的途径。小额信贷是一种需要低收入者通过自身投入和远见实现脱贫的方式。”[①] 实践也表明，小额贷款是一种行之有效的方法，可以通过资金和项目支持，帮助贫困人口解决温饱，达到脱贫致富的目的。

案例：中国西南世行扶贫项目

从1990年起，国务院扶贫办便开始了与世界银行的合作，对我国

① 雷向晴，马和励. 我看到中国人民那种努力向上的精神[J]. 对外大传播，2006（11）：18-19.

贫困地区的社会经济状况进行了详尽的调查。1992 年正式向世行提出援助中国西南扶贫项目的意见。1995 年 6 月，“中国西南世行扶贫贷款项目”正式批准；7 月，执行协议正式签订，项目开始实施。全项目分为 9 个分项目，分别为教育、卫生、劳务输出、基础设施、产业建设和机构建设等提供贷款和项目支持。

项目的实施实现了设计目标，取得了显著成绩：项目区农民人均收入由 1995 年的 733.4 元增加到 2001 年的 1 202.17 元，农民收入大幅度增长。绝大多数贫困农户稳定解决温饱，摆脱贫困，走向富裕。

资料来源：拓展国际经济合作　开创我国扶贫开发新格局——西南和秦巴山区世行扶贫项目工作概述 [J]. 地球信息科学学报，1996（1）：4-7.

世行在我国西南的扶贫项目不仅得到了广大贫困农户的欢迎和拥护，而且受到世界银行的充分肯定和国内外有关部门的高度赞扬。项目注重把基础设施建设、涉农产业发展、教育培训、医疗卫生等各种措施结合起来，找准贫困原因，针对性地投入综合性项目。这样既可以解决贫困群众的温饱问题，又可以改善贫困地区的生活生产条件和发展环境，同时有利于培育贫困群众长期发展的能力，确保不返贫。世行扶贫项目还有其严格的程序规范和项目监测，可以有效地实施项目管理，以保证扶贫工作科学、高效、安全、顺利开展，实现既定目标。

中国西南世行扶贫项目在设计思路和实践上不同于我国当时其他的扶贫项目，且比这些单一扶贫方式为主的项目效果要好很多，从而一举成为我国广大贫困地区和今后扶贫开发推广的范例，同时也拓宽了我国政府的扶贫理念。在项目管理上的规范化程序也为我国扶贫治理的制度创新提供了宝贵的经验。

案例：贵州镇宁：举行博爱家园生计金发放仪式

“博爱家园”生计项目是由红十字国际委员会和中国红十字会合作发起的，旨在通过“减灾加减贫”的方法，致力于提升社区可持续发展能力。2018 年 3 月 26 日，红十字国际委员会援助安顺市镇宁自治县简嘎乡“博爱家园”生计项目需求评估圆满结束，简嘎乡翁解村198户建档立卡贫困户中，145户通过初步评审。

2017年，在贵州省红十字会的积极争取和协调下，红十字国际委员会同意援助安龙、镇宁两个县实施“博爱家园”生计项目，每个县援助资金90万元左右。经过多方协商，该项目最终确定在极贫乡镇——镇宁自治县简嘎乡翁解村实施。同时为确保项目顺利落地实施，红十字国际委员会、中国红十字会还开展了“贵州博爱家园生计项目需求评估培训班”，为当地项目执行者提供经验指导。3月，在市红十字会的指导下，镇宁县红十字会、简嘎乡人民政府共同对翁解村198户建档立卡户进行需求评估，按照红十字国际委员会的要求，最终评选出140户作为援助对象。8月，每户6 200元的生计金已全部发放，共86.8万元。生计金由贫困户根据自己的发展意愿制定创业计划书，并根据创业计划书自由支配，不需返还。

资料来源：多彩贵州网，2018年8月31日

“博爱家园”项目是红十字国际委员会和中国红十字会在积累多年项目经验的基础上，围绕红十字会核心业务，借鉴国际项目先进理念，以社区为平台，自主设计、自主实施、自主管理的综合性发展型项目。项目主要包括组织发展、软件建设、硬件建设和生计发展四方面的内容，以协助贫困农户制订创业计划书、进行生计金发放、对农户创业情况进行监督回访等工作为主。“博爱家园”项目投入的资金量虽然不大，但对于贫困群众解决实际困难、培育互补互爱、传播红十字精神有重要意义，同时对于我国的精准扶贫和基层自治也有借鉴意义。

二、国际组织的助推作用

国际组织在中国开展扶贫，不仅直接帮助受助贫困群众脱贫，还带来了国际先进扶贫理念，提供了许多可借鉴的成熟经验，在开发项目过程中可以让我们了解先进的理念和技术，并因地制宜，创新了许

多符合中国国情的、可供国家和政府推广的扶贫方式，如小额信贷、参与式扶贫等，推动我国扶贫理论和实践的共同发展，加快了农村扶贫治理进程。同时，国际组织能在中国扶贫中发挥不可替代的作用，也有赖于政府的信任和大力支持。扶贫治理是一个世界性、历史性的难题，中国政府一直与国际组织开展多边和双边交流合作，积极为消除贫困而不断努力。国际组织在援助中国扶贫的过程中也面临管理和监控体制不健全、理念冲突等问题，有待我们做出更多的努力来解决。

第七节 总　结

中国的扶贫治理，政府、市场、社会缺一不可。扶贫不仅要依靠行政手段与力量的推动，还要充分发挥市场机制的作用，并依靠社会资源；以人为本，充分考虑贫困人口自身意愿，提高参与度，防止返贫。同时，我们要与国际组织密切合作，学习国际先进理论并吸取其实践经验，促进我国扶贫事业长足发展。

随着中国经济发展，社会不断进步，扶贫事业也要与时俱进。优化我国扶贫治理结构，需要我们集中力量，而不急于大干快上，或是复制他人的成功经验，而应开拓思路，大胆尝试，因地制宜，最终才能找准适合本国扶贫发展的产业和脱贫路径，建立完善的扶贫治理体系，“创新完善人人皆愿为、人人皆可为、人人皆能为的社会扶贫参与机制，形成政府、市场、社会协同推进的大扶贫格局”。[①]

① 创新完善人人皆愿为、人人皆可为、人人皆能为的社会扶贫参与机制. http://www.gov.cn/xinwen/2014-12/15/content_2791576.htm.

第五章
中国扶贫机制

改革开放以来，我国进入全面扶贫阶段，社会各种力量都投入到扶贫工作中来——政府利用一系列宏观调控手段，包括加大投入扶贫资金的力度、给予农民税收优惠、帮扶老、少、边、穷地区教育等，力图同时从内、外两方面改善贫困人口的生活质量，实现可持续扶贫的目标；市场也在公平与效率的原则下优化资源配置，各种要素充分迸发出活力和创造力，推动了经济的持续健康发展和人民物质文化生活水平的提高；立法机关逐步完善法律体系，先后推出《中华人民共和国农业法》《财政专项扶贫资金管理办法》《国家扶贫资金管理方法》等一系列文件，使扶贫工作走上更加规范化、制度化的道路；新时代的社会主义伦理道德成为扶贫工作的精神旗帜，激发贫困人民脱贫的内生动力是未来扶贫工作的内在要求和实现可持续扶贫的必由之路。

第一节　经济扶贫机制

一、宏观经济增长与扶贫

本章所论述的贫困是绝对贫困。绝对贫困是指低于维持身体有效

感谢谭晖为本章所做出的工作.

活动的最低指标的一种贫困状态，这种最低指标是指“勉强维持生存的标准，而不是生活的标准。在对家庭生活做这种最低指标的估计时，应遵循这样的规定，即除了为维持身体健康而绝对必须购买的物品外，其他一切都不能包括在内，而且所有购买的物品必须是最简单的”。由这一概念我们可以看出，这里的贫困是从收入和消费①的货币角度来度量的，即在某一标准的货币单位以下的生活水平就属于贫困。在学术研究中，也通常以贫困人口或者贫困率作为衡量贫困的统计指标。中国 2009 年和 2011 年的贫困线为每年 1 169 元和 2 300 元，世界银行最新的贫困线标准是每人每天 1.9 美元，家庭人均收入在贫困线以下的人口就属于贫困人口②。从理论上来说，经济增长狭义上指 GDP（国内生产总值）增长，即在一个较长的时间跨度上，一个国家人均收入或人均产出水平的持续增加③，因此经济增长对扶贫工作有着直接而主要的影响，要想达到全面扶贫、可持续扶贫的目标最根本的就是要促进经济发展，拉动经济增长。

经济增长与贫困缓解历来是学术研究的重要课题。人们一般认为，经济增长是减轻贫困的有力武器，但是经济增长能够在多大程度上缓解贫困呢？国务院扶贫办的测算结果表明，贫困人口减少与经济增长的弹性系数为 0.8，即每增长 1 个百分点，农村贫困人口减少 0.8 个百分点。谢金鹏（2008）利用 1995—2004 年的贫困指数和农村人口收入估算出贫困发生率与中国经济增长的弹性为 -2.003 即中国经济每增加 10%，贫困的发生率就下降 20.03%。文秋良（2006）利用 1993—2004 年省级的经济增长和贫困数据分析了全国与不同地区经济增长和贫困人口的变化趋势，研究结果表明，1993—2004 年贫困发生率对全国平均经济增长的弹性绝对值为 1.07，即人均 GDP 增长 1%，贫困发生率就下降 1.07%。曹文道（2000）利用 1979—1998 年的数据对我国经济

① 梅里曼，韦伯斯特大学生词典 .

② https://baike.baidu.com/item/%E4%B8%AD%E5%9B%BD%E8%B4%AB%E5%9B%B0%E6%A0%87%E5%87%86/1207599.

③ https://baike.baidu.com/item/%E7%BB%8F%E6%B5%8E%E5%A2%9E%E9%95%BF/81517?fr=aladdin.

增长与贫困发生率进行回归分析，研究结论表明贫困发生率对全国平均经济增长的弹性绝对值为 0.56，即人均 GDP 每增长 1%，贫困发生率就会降低 0.56%。

进入 21 世纪以来，我国经济进入高速发展的时期，社会生活日新月异，人民生活水平也在稳步提高。随着一个个阶段性扶贫政策的结束和新的扶贫政策的开始，我国的贫困状况也发生了翻天覆地的变化，因此本章选用最新的数据，希望反映经济增长与贫困人口在新时代的关系，采用人均 GDP 反映经济增长状况，采用农村贫困人口数量反映社会贫困状况。

（一）我国经济增长基本状况

图 5-1 显示了 2010—2017 年人均国内生产总值的变化趋势，图 5-2 显示了 2010—2017 年人均国内生产总值对数的变化趋势。2011 年，我国决定将贫困线标准由原来的 1 169 元上调至 2 300 元，这一举措也使 2010 年的贫困人口由 2 688 万人扩大到 1.28 亿人。2010 年之后贫困线的大幅调整导致前后数据不具备纵向可比性，所以本章主要的分析对象是 2010—2017 年的最新数据，2010 年以前年度的数据不纳入本章的研究范围。

从图 5-1 可以看出，2010—2017 年我国人均国内生产总值呈现持续快速上涨趋势，从 2010 年的人均 30 876 元上升到 2010 年的人均 59 660 元，年均增长率约为 12%。

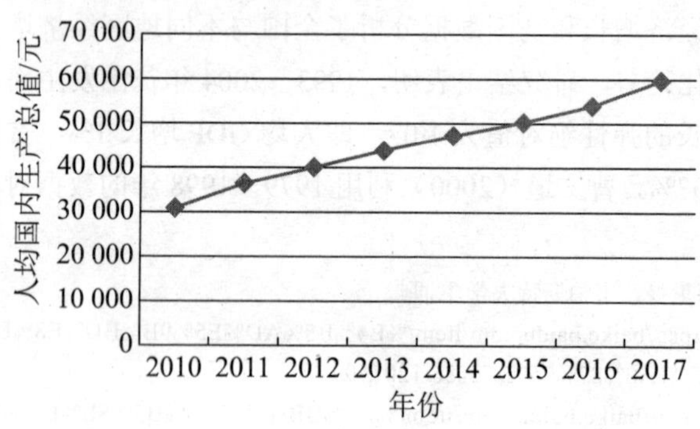

图 5-1　2010—2017 年人均国内生产总值的变化趋势

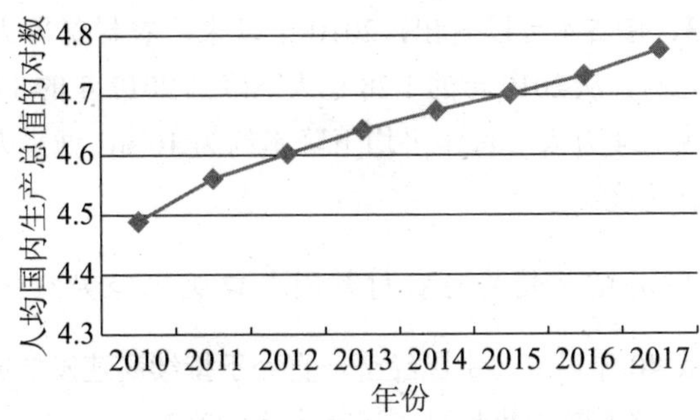

图 5-2　2010—2017 年人均国内生产总值对数的变化趋势

（二）我国贫困人口变化趋势

图 5-3 显示了 2010—2017 年农村贫困人口的变化趋势，图 5-4 显示了 2010—2017 年农村贫困人口对数的变化趋势。

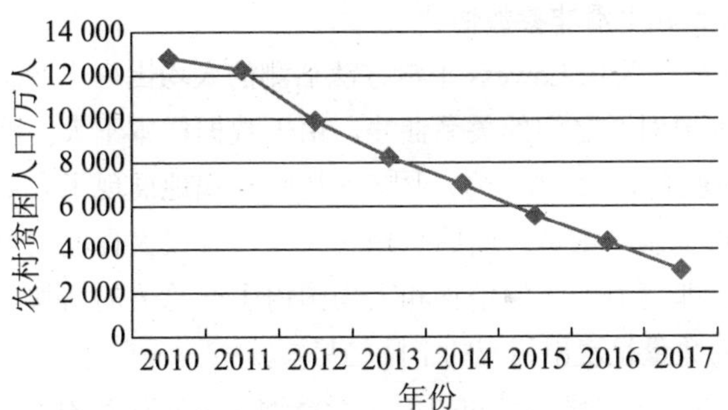

图 5-3　2010—2017 年农村贫困人口的变化趋势

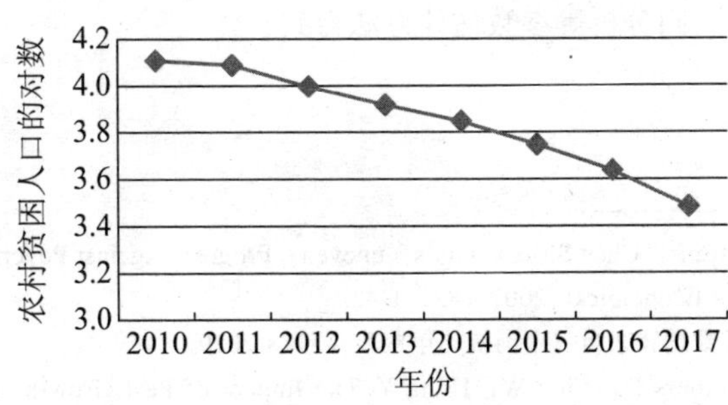

图 5-4　2010—2017 年农村贫困人口对数的变化趋势

从图 5-3、图 5-4 可以看出，2010 年以来，农村贫困人口呈现出显著下降的趋势，从 2010 年的 1.28 亿人下降到 2017 年的 3 046 万人，下降幅度达 9 754 万人，每年平均下降率约为 10%，低于人均国内生产总值的增长速度。

（三）经济增长趋势与农村贫困人口变化趋势的关系

改革开放 40 年以来，中国经济一直处于持续高速发展的时期，同时农村贫困人口下降趋势显著，1978 年到 2017 年，中国农村的贫困人口由 2.5 亿人减少到 3 046 万人，按照国际贫困线每人每天 1 美元的标准，贫困率也从 1981 年的 64% 降到了 2004 年的 10%[①,②]。持续高速的经济增长是克服贫困的力量源泉[③]，那么，中国的经济增长在缓解农村人口的贫困状况方面到底发挥了多大作用？下文将分别采用非参数估计和参数估计的方法来估测经济增长对扶贫工作的驱动作用。

1. Lowess 平滑非参数估计

图 5-5 所示为用 Lowess 平滑方法估测的人均国内生产总值对数与农村贫困人口对数之间的关系曲线，由于数据样本不大，因此此处使用 80% 的观测值个数为带宽。图 5-5 清晰直观地展现了人均国内生产总值与农村贫困户数量之间的负相关关系，且很大程度上可以概括为线性关系，即随着经济的增长和人均国内生产总值的增加，我国农村贫困人口的数量呈现出相应的下降趋势。

通过 Lowess 平滑方法可以看出经济增长与农村贫困人口的变动趋势，但这只是一种描述性统计分析，二者之间所存在的内在定量关系仍需要通过回归分析等参数估计方法得到。

---

① Martin R，Chen Sh H-China's（uneven）Progress Against Poverty[J]. Journal of Development Economics，2007（82）1-42.

② 此类数据皆来自《中国统计年鉴》（1978-2010）.

③ Chambers D，Ying W，Hong Y. The Impact of Past Growth on Poverty in Chinese Provinces [J]. Journal of Asian Economics，2008（19）：348-357.

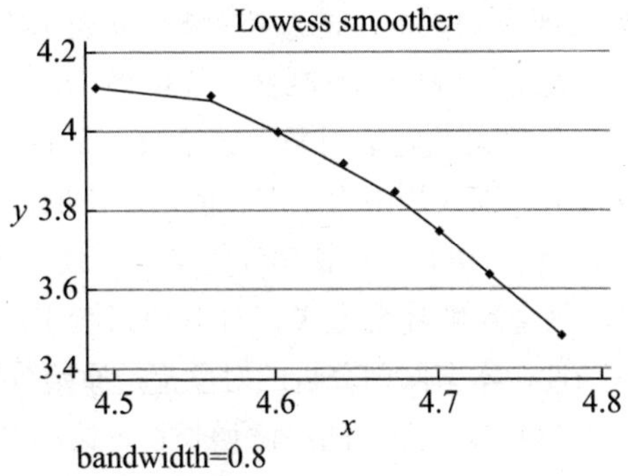

图 5-5　人均国内生产总值对数与农村贫困人口对数的 Lowess 平滑趋势

2. 参数估计方法

下面使用回归分析的参数估计方法估测经济增长与农村贫困人口数量之间存在的定量关系。经济增长对扶贫工作的作用可用以下回归模型来表示：

$$Y = \alpha + \beta X + \varepsilon$$

图 5-6 所示为使用 Stata 软件和上述模型进行回归分析所得到的结果。

Source	SS	df	MS			
				Number of obs	=	8
				F(1, 6)	=	71.34
Model	.312262394	1	.312262394	Prob > F	=	0.0002
Residual	.026264025	6	.004377337	R-squared	=	0.9224
				Adj R-squared	=	0.9095
Total	.338526418	7	.048360917	Root MSE	=	.06616

y	Coef.	Std. Err.	t	P>|t|	[95% Conf.	Interval]
x	-2.251495	.266573	-8.45	0.000	-2.903776	-1.599214
_cons	14.31564	1.239037	11.55	0.000	11.28382	17.34745

图 5-6　Stata 回归分析结果

根据以上 Stata 分析结果，即 α=14.31，β=−2.25，可得以下公式：

$$Y = -2.25X + 14.31$$

其中，Y 代表被解释变量——我国农村贫困人口对数；X 代表解释变量——经济增长即人均国内生产总值对数；α 表示不随经济增长变动的固定效应；β 表示经济增长对减贫工作的效率，由于农村贫困人口数量与人均国内生产总值均取对数，该系数就是农村贫困人口数量对经济增长的弹性值，即人均国内生产总值每增长 1%，农村贫困人口下降的百分数；β 的绝对值越大，说明经济增长对减少贫困越有效果；ε 为随机扰动项，包含除解释变量 X 以外其他影响 Y 的因素。为了减少原来数据的复杂性，本节回归分析的对象都是原始数据的对数形式，因此 β 表示农村人口数量百分比随经济增长百分比的变化弹性。根据之前的非参数分析结果可知，经济增长会导致农村贫困人口数量呈现下降趋势，因此 X 的系数 β 应该为负数。

首先，由于全国农村贫困人口对人均国内生产总值的弹性为负值，并且在统计上非常显著，从而可以有效地佐证非参数估计的结果，即人均国内生产总值的增加能缓解贫困，这一结果也与国家扶贫办和谢金鹏（2008）的研究结果一致。其次，贫困人口对人均国内生产总值的弹性为 −2.25，即人均国内生产总值每增加 1%，农村贫困人口数量就会下降 2.25%，与其他学者的研究结论相比，这个弹性的绝对值相对高一些，这说明进入新时代以后经济增长对贫困的缓解作用更为显著。最后，农村贫困人口除了受经济因素的影响外，还会受到政治、文化、社会伦理道德以及内生动力的影响，因为这些因素无法完全地与经济因素割裂开，经济的发展与社会稳定、政治民主、文化繁荣息息相关，而且政府对贫困地区的直接财政支出也会促进经济的发展。因此，我们认为不能孤立地看待经济增长对缓解贫困的积极作用，在促进经济迅速发展的同时，也要重视社会各方面平衡发展对经济增长的协调作用。

上述分析表明，经济增长确实是减少农村贫困人口数量的最主要影响因素，持续高速的经济增长为缓解农村贫困状况提供了最坚实的物质基础，为我国农村贫困人口的大幅减少作出了显著贡献[①]，因此促进经济增长、完善市场经济扶贫机制，应该是党和政府进行扶贫工作不变的核心和指南。

---

① 汪三贵. 在发展中战胜贫困——对中国 30 年大规模减贫经验的总结与评价 [J]. 管理世界，2008（11）：85-95.

二、政府宏观调控机制与扶贫

我们一般认为消费、投资和出口是拉动经济增长的"三驾马车"[①]，要促进经济发展就要从扩大内需、刺激出口和加大投资等方面进行研究。但是曾有学者指出，"三驾马车"只能带来短期经济波动，其对于拉动长期经济增长的效果十分有限；经济增长的最终动力还是来源于创新、技术进步、人力资本累积以及制度改进[②]，即我们需要把促进经济发展由着眼于"需求侧"发展转移到"供给侧"发展上来，以实现新时代经济的可持续性发展。

要刺激经济增长一方面政府要发挥"看得见的手"的作用，大力进行宏观调控，完善经济制度的顶层设计，通过政策激励促进创新、推动技术进步，为经济增长提供制度基础；另一方面要大力发展社会主义市场经济，发挥政府在资源配置中的基础性作用和市场在资源配置中的决定性作用，提高资源配置效率，充分释放出劳动、资本、人才等各种生产要素的活力和创造力，避免资源错配对经济增长的阻碍作用[②]。"看得见的手"和"看不见的手"同时发挥作用，促进经济发展的根本动力才能得到充分迸发，这一因果关系在大量的研究中已被验证。严成樑、沈超的研究也指出制度是经济增长的根本原因和经济波动的重要原因[③]。经济增长对缓解贫困的驱动作用也已经在前文中得到验证，但是拉动经济增长的哪些因素会对缓解贫困起到多大程度的作用？贫困人口从经济制度完善和市场化中究竟能受益多少？这些问题我们依然不得而知。弄清楚这些问题的答案对我们进一步完善扶贫工作机制、找准正确的扶贫工作路径有着重要而深刻的意义。

经济制度对我国经济增长的贡献一直是学术界研究的重点，目前

---

① 曹美芳 . 什么是拉动经济增长的"三驾马车"[J]. 统计科学与实践，2011（4）：64.

② 孙树强 . 拉动经济增长的"三驾马车"：一个谬误，促进增长应从供给侧发力 . 搜狐财经，2017-03-16.

③ 严成樑，沈超 . 转型时期制度变迁对我国经济波动的影响研究——市场化水平视角 [J]. 经济理论与经济管理，2014（1）：27-37.

已有研究一般用市场化水平来度量经济制度，衡量市场化水平的指标既有单个指标也有复合型指标。单个指标包括非国有控股企业在工业总产值中的比重、非国有单位职工数量占就业人数比重等；复合型指标主要是樊纲、王小鲁等人构建的市场化指数，他们认为市场化是指我国从计划经济向市场经济过渡的体制改革，是实行一系列经济、社会、法律乃至政治体制市场化改革的成果，因此市场化指数可以用来量化制度对经济的影响；市场化指数是一个指标体系，包括政府与市场的关系、非国有经济的发展、产品市场的发展、要素市场的发育程度和市场中介组织的发育 5 个方面和一系列更加细化衡量这 5 个方面的 25 个分指标。相对于单个指标来说，樊纲等的市场化指数包含的指标更多，能更加全面地反映市场化水平[①]。基于樊纲等构建的市场化指数，周业安等的研究表明，市场化水平与经济增长呈现正向变动关系，市场化程度的单位变化对人均国内生产总值的贡献程度达到 0.2 以上[②]。

这一部分主要研究政府对经济的宏观调控制度对农村贫困的缓解效应。被解释变量依然沿用前文所使用的 2010—2017 年的农村贫困人口数量，解释变量为政府的制度质量。虽然樊纲等人的市场化指数能更加全面地反映制度质量对经济的影响，但是由于这一指标只更新到 2010 年的数据且反映的是不同省份地区之间的相对市场化程度，基于数据的可得性和总体性这两个因素，下面最终选择非国有控股企业利润在全体规模工业企业总利润中的比重这一单一指标来度量制度性因素。

从图 5-7 可以看出，2010—2015 年我国非国有企业在工业企业利润中的比重一直在持续稳定上升，2015—2016 年比重略微上涨（从 0.827 到 0.829），在 2016 年后，国有企业的利润份额大幅上升，导致非国有企业利润比重大幅下降。

---

① 樊纲，王小鲁，朱恒鹏．中国市场化指数——各地区市场化相对进程 2011 年报告 [M]．北京：经济科学出版社，2011.

② 周业安，冯兴元，赵坚毅．地方政府竞争与市场秩序的重构 [J]．中国社会科学，2004（1）．

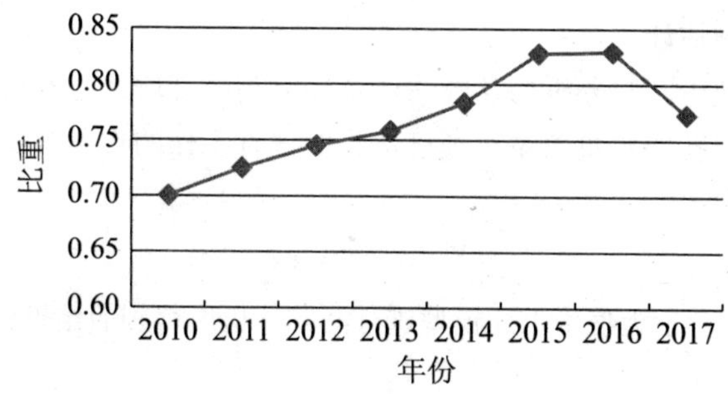

图 5-7　2010—2017 年非国有控股企业在工业企业利润中的比重

1. 非参数估计

图 5-8 所示为用 Lowess 平滑方法估计的非国有控股企业利润比重与农村贫困人口对数之间的变化关系曲线，由于数据样本不大，因此此处使用 80% 的观测值个数为带宽。图 5-8 清晰直观地展现了非国有控股企业利润比重与农村贫困人口数量之间的负相关关系，即随着非国有控股企业利润比重的增加，农村贫困人口的数量呈现下降趋势。

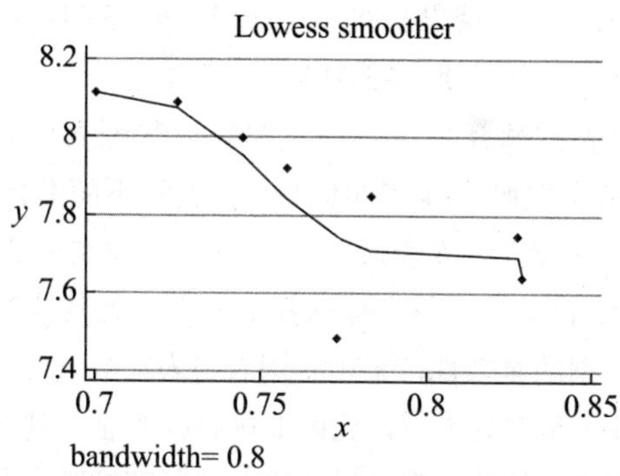

图 5-8　2010—2017 年非国有控股企业利润比重与农村贫困人口对数的 Lowess 平滑曲线

接下来通过回归分析的参数估计方法获取二者之间存在的定量关系。

2. 参数估计

下面使用回归分析的参数估计方法估测经济增长与农村贫困人口数量之间存在的定量关系。经济增长对扶贫工作的作用可用以下回归模型来表示：

$$Y = \alpha + \beta X + \varepsilon$$

图 5-9 所示为使用上述模型进行回归分析所得到的结果。

Source	SS	df	MS			
				Number of obs	=	8
				F(1, 6)	=	7.72
Model	.190451206	1	.190451206	Prob > F	=	0.0321
Residual	.148075212	6	.024679202	R-squared	=	0.5626
				Adj R-squared	=	0.4897
Total	.338526418	7	.048360917	Root MSE	=	.1571

y	Coef.	Std. Err.	t	P>|t|	[95% Conf.	Interval]
x	-3.609355	1.299282	-2.78	0.032	-6.788583	-.4301274
_cons	10.62389	.9991776	10.63	0.000	8.17899	13.06879

图 5-9　stata 回归分析结果

根据以上 stata 分析结果，即 α=10.623，β=−3.61，可得以下公式：

$$Y = -3.61X + 10.623$$

其中，Y 代表被解释变量——我国农村贫困人口对数；X 代表解释变量——非国有控股企业利润比重；α 表示不随非国有控股企业利润比重变动的固定效应；β 表示非国有控股企业利润比重对缓解贫困的效率；ε 为随机扰动项，包含除解释变量 X 以外其他影响 Y 的因素。为了减少原来数据的复杂性，采用我国农村人口数量的对数形式进行回归分析，因此 β 表示农村人口占比随非国有控股企业利润比重百分比的变化弹性。根据之前的非参数分析结果，非国有控股企业利润比重增加会导致农村贫困人口数量呈现下降趋势，因此 X 的系数 β 应该为负数。

首先，全国农村贫困人口对非国有控股企业利润比重的弹性为负值，并且在统计上非常显著（$p < 0.03$），从而可以有效地佐证非参数估计的结果，即非国有控股企业利润比重的增加能缓解贫困；其次，贫困人口对非国有控股企业利润比重的弹性为 −3.61，即非国有控股

企业利润比重每增加 1%，农村贫困人口数量就会下降 3.61%，说明政府的市场化改革制度对农村贫困的缓解有十分明显的效果；最后，非国有控股企业利润比重的变动对农村贫困人口的变动解释程度达到了 56.26%，在经济因素对贫困缓解达到约 92% 的解释效果下，可以大致判断市场机制对贫困缓解的效果可达到 32% 左右，这说明新时期的扶贫工作依旧是政府在发挥主导作用，而市场仍在发挥辅助作用。

三、市场机制与扶贫

贫困实际上是分层次的，应区分为“宏观贫困”和“微观贫困”。“宏观贫困”是指整体角度上的区域性的大面积贫困，如国家贫困、地区贫困、农村贫困等；从这个角度看，所有低收入的地区都是贫困地区，而所有高收入的地区则不是贫困地区[①]。“微观贫困”是小范围内的贫困，可精确到单个家庭或者更小的社会单位；从这一角度看，我国大部分地区都存在贫困问题，因为在收入分配政策不是绝对公平的情况下，总会存在收入和财富分配不均的情况，我国经济状况最好的东部沿海地区也有难以解决温饱问题的流浪者，经济状况相对落后的地区也存在着大量的先富者。

自改革开放 40 年以来，中国减贫工作取得了巨大的成就。在 1978 年刚刚开始实施改革开放，计划经济向市场经济过渡的时候，中国的贫困人口数量是 2.5 亿人，占当时全部人口的 1/4。随着市场经济的不断发展和政府不断调整扶贫政策、加强扶贫力度，到 2002 年中国的贫困人口减少约 2 820 万人。毫不夸张地说，在 20 世纪最后的 20 年里，全世界减少的贫困人口绝大多数发生在中国。但是无论是政府对经济的宏观调控，还是政府对扶贫工作的直接财政资金投入，作用的对象都是宏观的区域性贫困问题，即当我国存在集中连片的贫困区域时，政府通过对该地区集中投入财政资金、完善基础设施和公共资源、实施有针对性的惠民利民政策等方式可以高效、迅速地实现缓解贫困

① https://baike.baidu.com/item/%E8%B4%AB%E5%9B%B0%E9%97%AE%E9%A2%98/7887358.

的目的。然而，现在大面积的极端贫困区域越来越少，更多的是以分散的单位贫困人口存在，他们的居所并不集中，即使在政府所认定的贫困县，贫困人口也大约只占全县人口的9%，这给政府采用强有力的措施增加了难度①。同时，随着市场化的发展和扶贫工作的推进，政府主导扶贫还出现了以下缺陷。

1. 贫困主体参与程度低

政府在进行一些扶贫制度的设计时把贫困主体排除在外，在制定扶贫政策时，往往基于某个大范围地区的整体情况，而没有考虑到各个基层单位的实际参与情况，从政策的开始制定到最后决策，农户都没有参与其中。这不仅会影响农户参与到最后扶贫政策执行中的积极性，而且会导致农户无法及时准确地理解出台的政策，加大了政策推行的难度和成本。

2. 基层政府对上级政府依赖程度高

我国长期实行的政府主导扶贫模式本质是政府主导，即上级政府包揽包括扶贫政策的制定、扶贫重点的确立、扶贫资金的筹集、扶贫方向的把握以及扶贫过程与效果的评估考察②等全部工作，在扶贫工作的各个流程都能看到政府的影子，基层政府只需要在底层被动地负责相关政策的执行工作，这也导致了基层政府对上级政府过于依赖、扶贫项目缺乏后期跟踪、扶贫效果与设计目的不相符等问题的发生。

3. 忽视贫困群体的真正需求

政府主导的扶贫模式是自上而下的顶层设计模式，上级政府通常是越过基层政府直接进行决策，在没有充分了解某些基层单位的特殊情况下也会出台一些具有宏观性的普适政策，但是这些政策可能并不适合一些地区的实际情况，也不符合农户的选择意愿。举例来说，在某些经济落后交通不便的山区，政府为了提高农民的收入和生活水平，曾经划拨财政资金补贴农民大面积种植西红柿等经济作物，同时提供技术指导，这一举措对于平坦地区的农民收入确实有很大的促进作用；

---

① 林毅夫. 贫困、增长与平等：中国的经验和挑战[J]. 中国国情国力，2004(8)：4-5.

② 牟秋菊，潘启龙. “政府—市场”双导向扶贫开发机制初探——以贵州省为例 [J]. 农业经济，2015（9）：45-47.

但是对于海拔特别高的贫困地区农民来说，解决交通问题，开辟一条能通车到家门口的乡村公路才是当务之急，没有便捷的道路，成熟的农产品不能及时运输出去，在面对收购农作物的批发商时农民也没有议价能力，最后只能把辛苦耕种的农产品贱卖出去，这可能不仅没有增加经济收入、改善生活水平，还会让原本就贫困的家庭雪上加霜。

4. 资金使用效率低下

划拨财政扶贫资金通常的模式是上层决策，然后资金由上级政府划出，层层流转，最后到达底层贫困户的手中。这种模式存在流转节点过多、审批手续复杂、流转时间过长等问题，往往中间的某一个环节出了问题，就会导致扶贫资金整体流转的停滞，从而使得扶贫资金无法及时到位；此外，大额的资金经过各种大量复杂的程序流转，中间的过程没有办法得到全面、有效、及时的监督，最后对到位的资金数量和使用情况的监控可能也存在滞后情况，甚至会发生扶贫资金被其他项目占用或挪用的情况。

由于政府主导型扶贫模式存在上述种种问题，市场机制逐渐被引入反贫困工作中来。强化市场机制在反贫困工作中发挥的作用，并不意味着削减政府的职能，相反，市场积极承担一些缓解贫困的工作，不仅能够防止政府工作过程中的“越位”和“缺位”现象，还能提高扶贫工作的效率，让政府更加合理有效地行使公共权力，把资源投放到更加需要的工作中去。

我国当前进入经济发展新常态的发展时期，在新常态下，区域经济将会呈现出新的特征，最明显的是传统经济模式发展增速放缓，市场呼唤更加有技术含量的高效发展模式，对于廉价劳动力和自然资源的需求越来越少，从而改变了扶贫工作的思路和路径。在这一经济背景下，习近平总书记从当前的中国国情出发，2013 年提出了“精准扶贫”的概念。精准扶贫是基于改善扶贫瞄准效果不佳的问题所提出的新政策，其目的是通过对真正的贫困家庭和人口的扶持达到可持续脱贫，它包括精准识别、精准帮扶、精准管理和精准考核[①]四个方面的内容。

---

① 孙佳薇 . 以精准识别为前提、以精准帮扶为核心、以精准管理为关键、以精准考核为保障 [N]. 黑龙江日报，2017-06-28（01）.

要达到精准扶贫的目标，只靠政府发挥主导作用是远远不够的，只有广泛的市场主体参与其中，才能做到瞄准帮扶真正的贫困人口，实现可持续脱贫的目标。经济运行新常态和精准扶贫模式都要求市场机制更加主动积极地参与到扶贫工作中来，那么，市场主体在扶贫工作中究竟应该扮演怎样的角色？发挥怎样的作用呢？

企业参与到精准扶贫工作中来，最主要的是要明确各个市场主体的帮扶对象和帮扶方向，利用自身的资本、技术优势，为地区经济开辟出一条有地区特色的可持续发展道路。

要想实现可持续性脱贫，从根本上解决贫困问题，最有效的方式是让贫困主体本身掌握持续获得稳定收入的能力，也就是古语常说的"授人以鱼，不如授人以渔"。无论是财政资金还是作为市场主体的企业赞助，在只有投入没有产出的情况下，总有枯竭的一天。因此要想实现 2020 年彻底消灭贫困人口的目标，同时防止贫困人口返贫，必须增强贫困主体自身创造财富的能力，在大众创业、万众创新的环境下促进贫困人口在本地实现创业、创收和创生活①，推动扶贫工作走上一条可持续的健康发展道路。公司制企业作为市场经济最小而最广泛的主体，拥有技术、资本、人才等先天优势，在社会主义市场经济体制的丰沃土壤上借助国家人口红利、地区自然资源完成了财富的初步创造与积累。企业作为市场主体参与到扶贫工作中来，不仅是企业社会责任和回馈社会的要求，而且可以缩小市场各要素之间的收入分配差距，创造更加公平的经济环境，促进市场整体消费能力的增长，从而为企业发展营造更好的市场环境。

具体而言，企业应该如何积极地参与到扶贫工作中来呢？首先，企业应该做好充分的调研和前期准备工作，精准识别真正需要帮扶的贫困地区。其次，企业要利用本身的技术和资本优势，根据贫困地区的特征量身定制出符合当地特点的帮扶措施，帮助该地区释放出优势因素的活力，促进贫困人口因地制宜创造财富。我国大部分贫困地区都是因为相对闭塞、地势崎岖的自然条件而无法进行大规模农耕和走

① 庄品斑．新常态下精准扶贫创新机制探究 [J]. 现代经济信息，2017（4）：66-67.

工业化道路，但是这些地区往往有着纯天然的丰富的自然资源可以挖掘，在这种情况下，企业如果能够给当地投入初始的开发资金，促进地区的土特产开发产业或者旅游开发产业发展，不仅能够帮助该地区脱贫，还能够为企业自身创造出一个新的产业和利润增长点，实现双赢甚至多赢的目标。最后，企业要做好扶贫工作中的跟踪考核工作，促进贫困地区走上可持续脱贫的道路，防止脱贫后返贫。

下面结合一个具体的实例说明企业应该如何作为市场主体参与到扶贫工作中来。

案例：万达丹寨“精准扶贫”模式收效显著

党的十八大，习总书记要求把扶贫开发摆到治国理政的重要位置；党的十九大，习总书记提出把精准脱贫作为决胜全面建成小康社会的三大攻坚战之一；刚刚召开的中央经济工作会议，明确提出将打好脱贫攻坚战作为国家今后三年的工作重点之一。

万达集团积极响应习总书记号召，把脱贫攻坚作为新时代赋予企业新的历史使命，看成是企业承担社会责任的最好体现，作为企业的重要工作来抓。

1. 包县扶贫　万达16亿资金资助贫困项目

精准扶贫关键是做对项目、做出效果，不是看花钱多少、项目大小。2014年，把丹寨县确认为扶贫目标后，为找到现金流长期稳定、当地持续受益的扶贫产业，万达做了整整一年的调研工作。调研中万达发现，丹寨山清水秀、苗侗风情浓郁，具备发展旅游的条件，最终，万达决定把旅游作为丹寨产业扶贫的核心。不仅如此，针对丹寨县贫困原因的多样化，万达还首创“企业包县、整县脱贫”扶贫新模式，即通过市场手段，结合企业优势，通过“教育、产业、基金”这种长、中、短期兼顾的方式，全面激发贫困地区、贫困户脱贫的内生动力。

万达将扶贫资金定为16亿元。其中，长期项目是投资3亿元捐建贵州万达职业技术学院，该学院立足长远，旨在通过教育提高丹寨人口素质，从根本上阻断贫困发生路径；中期项目是万达集团创造性地提出以旅游景点为基础，捐赠 8 亿元建设丹寨万达旅游小镇，旨在带动全县旅游产业发展，增加大量就业岗位；短期项目是，万达投入 5 亿元成立丹寨扶贫专项基金，基金每年收益 5 000 万元用于丹寨兜底扶贫，分配给产业无法惠及的鳏寡孤独等特殊困难人群。

目前，万达丹寨包县扶贫的长、中、短三期项目都已落地，且成效显著。

2. 规划旅游小镇　当地旅游综合收入一年翻 5 倍

产业扶贫是真正的“授人以渔”，是铲除穷根之策。但如果产业不与特色、市场对接，那么“产业扶贫”最终仍是“竹篮打水一场空”。

经过深入细致的调研，万达根据丹寨的特点探索出一条全新路径：发展旅游业，带动当地其他产业发展。但难点在于，丹寨没有名山大川，也没有名胜古迹，更没有成熟的旅游景点，因此，在丹寨搞旅游产业完全是无中生有。为解决这一难题，万达决定规划建设一座旅游小镇作为丹寨产业扶贫的龙头。

位于丹寨县东湖岸边的万达旅游小镇占地 400 亩，结合丹寨民族文化历史悠久、底蕴丰厚的现状，小镇引进了古法造纸、锦鸡舞、芒筒芦笙祭祀乐等 7 个国家级非物质文化遗产项目和 17 个省级非物质文化遗产项目。此举不仅增加了旅游小镇的趣味性和互动性，还帮助当地传统文化焕发出新的生机。

如今，旅游小镇已成为黔东南州极具民族特色的旅游集散地和目的地，更是贵州旅游的一张新名片。数据显示，截至 2018 年 1 月 3 日，半年时间，丹寨万达小镇累计接待客流量 303.92 万人次；带动全县旅游综合收入 20.93 亿元，丹寨县全年旅游综合收入达 25 亿元，和去年同期相比翻了 5 倍。

实践证明，丹寨旅游小镇不仅带动了当地餐饮、住宿、手工业等多个产业繁荣，还带动丹寨周边卡拉、泉山、甲脚、石桥等 27 个景区和旅游村寨实现收入 2 亿元，吸引丹寨外出务工人员纷纷回乡就业、创业。

3. 3 亿元建职业学校　万达择优录取 50% 毕业生

扶贫先扶智，让贫困地区的孩子掌握知识、改变命运、造福家庭，最有效、最直接的精准扶贫就是“教育扶贫”。

解决产业脱贫的同时，万达着眼长远，通过教育扶贫，从源头上彻底“拔穷根”。具体做法是：投资3亿元捐建贵州万达职业技术学院，变单纯的“授鱼”扶贫为“授渔”扶贫。2017年9月30日，贵州万达职业技术学院正式开学。学校的专业设定均和万达现有业态挂钩，开设了文化旅游管理系、护理系及会计等专业。

4. 设立扶贫基金　丹寨预计提前两年脱贫

除产品扶贫、教育扶贫外，针对孤、残、重病等特殊贫困人群，万达有针对性地设立了规模达5亿元的万达丹寨专项扶贫基金，使这些特殊困难群体可以获得稳定收益，确保其他扶贫方式无法惠及的特殊贫困人群精准脱贫，消除贫困“死角”。

不仅如此，据丹寨县统计，万达旅游小镇和学院直接创造就业人数近2 000名，直接和间接带动全县贫困人口26 637人实现增收，占全县贫困人口的75%。

公开材料显示，2014年，丹寨县在整个贵州省扶贫综合排名中位列第23位；2016年，万达包县扶贫各项动作开始落地，丹寨县综合排名第二，其中群众满意度全省排名第一。据报道，预计丹寨县将在2018年实现全县脱贫摘帽，比原计划提前两年。

万达集团对丹寨的包县扶贫模式也获得社会的认可。2016年，凭借着丹寨扶贫项目，万达集团获得了国家首届扶贫攻坚创新奖。而万达集团开创的丹寨模式，也逐渐成为全国产业扶贫的新品牌。

资料来源：新京报，http://www.wanda.cn/2018/2017media_0117/37710.html

党的十八大以来，以习近平同志为核心的党中央把脱贫攻坚作为全面建成小康社会的重要任务，在全国范围内全面打响了脱贫攻坚战。习近平总书记强调，扶贫开发是全党、全社会的共同责任，要动员和凝聚全社会的力量广泛参与。要坚持专项扶贫、行业扶贫、社会扶贫等多方力量、多种举措、有机结合和互为支撑的三位一体大扶贫格局。在党中央、国务院的领导下，贵州省委省政府将扶贫作为第一民生工程，精准扶贫、精准脱贫的做法，为全国脱贫攻坚探索了有益经验，形成了脱贫攻坚的省级样本。

万达对贵州省丹寨县的扶贫模式，不仅利用当地的自然优势，发掘了可长期盈利的优势产业，还为万达集团本身创造了一个新的产业增长点，拓宽了集团发展路径，同时营造了积极承担社会责任的企业形象；不仅创造了双赢的局面，而且真正实现了产业扶贫、精准扶贫的目标，验证了市场主体积极投入扶贫工作理论的正确性，为广大企业做了一个良好的表率。

识别贫困的主要依据是收入和消费水平，理论和实证研究都证明发展经济是战胜贫困的不二选择。通过发展经济来改善贫困需要政府和市场的共同参与，只有“看得见的手”和“看不见的手”共同发挥作用，形成“政府—市场”双导向扶贫开发机制①，才能从根本上解决贫困问题，推动扶贫工作走上可持续发展道路。

第二节　法制扶贫机制

法制建设是搞好扶贫开发工作的基础和保障。改革开放以来，我国的扶贫工作取得了举世瞩目的成就，到2017年，全国范围内的农村贫困人口已经减少到3 097万，人民生活水平得到了大幅提升，贫困线以下的家庭生活质量也得到了一定程度的改善。但是数据显示，近年来的扶贫工作明显出现了动力不足、边际效益递减的趋势，立法机构虽然颁布了《中华人民共和国农业法》《财政专项扶贫资金管理办法》《国家扶贫资金管理方法》等少数几部法律法规，但是与扶贫攻坚、实现可持续脱贫的艰巨任务相比，我国扶贫开发工作还存在很大程度的改进空间，扶贫工作法制建设不完善在很大程度上导致了扶贫边际效益递减，脱贫工作进入瓶颈期。

① 牟秋菊，潘启龙．“政府—市场”双导向扶贫开发机制初探——以贵州省为例 [J]. 农业经济，2015（9）：45-47.

一、法制机制存在的问题

（一）立法工作滞后，扶贫工作定位模糊

由于相关立法的滞后，我国对扶贫开发的定位不够明确，对扶贫开发机构的任务、扶贫工作的性质和作用都有很大的自由理解空间[①]，相关机构没有明确具体的工作范围，导致扶贫工作某些流程职能重复交叉，责任范围互相推诿，某些环节又无人管理，贫困人群的问题得不到有效及时的解决。

（二）扶贫效率不高，资金无法及时落实

立法没有切实制定扶贫工作激励机制，对于扶贫工作，做与不做、做好做坏都是一个样，各部门在推进扶贫政策的时候积极性不高，导致工作效率不高，政策落实周期长且成效并不显著；政府划拨的财政资金流转环节复杂，相关流程手续没有通过立法程序得到充分规范，不仅导致扶贫资金无法及时到位，而且相关人员可能会利用法律的漏洞私自把扶贫资金挪为他用，甚至占为己有。《国务院关于2017年度中央预算执行和其他财政收支的审计工作报告》显示，在精准扶贫工作中，部分扶贫资金和项目监管仍较粗放，有28.11亿元被骗取套取或挪用，举借的11.75亿元闲置，还有261个项目（投资2.88亿元）长期闲置或未达目标。[②]

（三）贫困人口对扶贫法规了解不足，无法有效维护自身权利

法制建设不足目前已经成为深入推进扶贫工作的一大阻碍，推动扶贫开发法制化建设已经成为我国新阶段扶贫攻坚的必然选择。

---

① 杜晓．自然条件恶劣社会服务水平低制约扶贫效果，破解扶贫开发难题亟待完善法制 [N]. 法制日报，2012（01）．

② 国务院关于2017年度中央预算执行和其他财政收支的审计工作报告，2017（04）．

二、完善法制扶贫的路径选择

（一）法律要明确规定贫困者的各项权利，并且加强普法宣传工作

对于贫困群体享有的权利，法律法规应该作出明确的规定，并对相关法律知识进行大力普及，建立法律扶贫“明白卡”，发放到户，公示法律帮扶范围和联系方式，方便贫困群众申请法律服务，使得贫困户能知法、守法、用法，能够利用法律工具来维护自身权利，早日实现脱贫的目标。

（二）法律要明确承担扶贫救济任务的主体和相关责任范围

从政策层面确立法律扶贫的地位，使之成为各级部门的工作内容和绩效评估标准，同时建立法律扶贫队伍，将扶贫工作细分成小的任务流程，并且层层落实责任，确保每部分扶贫工作都落实到位，各部门都在扶贫工作中各司其职。

（三）法律应该明确扶贫的组织管理体制，严惩扶贫工作中的违法行为

扶贫工作需要政府、市场和社会公益组织的共同参与，法律要确认各个主体在扶贫开发中扮演的角色，防止任一社会主体集体性缺位现象的发生；同时加强扶贫监督，规范法律扶贫行为，各级司法机关既要严惩脱贫工作中的贪污腐败行为，又要积极作为，打击在贫困村产业发展、基础设施建设等方面坑农骗农、影响脱贫步伐的行为，确保扶贫资金用到实处，发挥效果。

在推进扶贫开发法制化的进程中，国家权力机关可以通过立法程序完善立法，使扶贫工作具有更高的地位和更规范的程序；同时，地方权力机关和行政机关也可以结合当地扶贫实际情况，制定相应的具体条例和办法，作为扶贫法制体系的补充，促进地方扶贫工作有条不紊地进行。下面以一个具体实例进行补充说明。

案例：脱贫攻坚 人大行动：从一部法规看湖南省人大如何用法治推进扶贫开发

湖南省人大常委会在扶贫开发中就认真贯彻落实中央和省委关于脱贫攻坚的重大决策部署，推进扶贫开发法制体系建设，在湖南省十二届人大常委会第十九次会议表决通过了《湖南省农村扶贫开发条例》（以下简称《条例》）。

在脱贫工作中，某些地区存在“上面热、下面冷”的现象，有的贫困户“等”“靠”“要”思想严重，有的贫困县、贫困村“争戴穷帽”“只愿戴不想摘”；涉农资金与扶贫资金不匹配，存在“撒胡椒面”“大水漫灌”现象……该《条例》就这些问题和现象进行了规范和制止。

针对“上热下冷”的现象，《条例》从精准识别对象、层层落实责任、强化扶贫措施等方面入手，层层传导压力，强化监督考核；对于贫困户的“只戴不摘”现象，《条例》严格监督制度、明确考核标准、完善贫困退出验收办法，确保资源投放到真正的贫困户手中；针对扶贫资金使用效率不高的问题，《条例》严格执行脱贫攻坚一把手负责制，落实好省负总责、市县抓落实使用的工作机制，确保责任层层落实，使扶贫资金用到最需要的地方。

在《条例》颁布之后，湖南省各地各部门积极组织学习和宣传工作。各级政府充分利用广播、电视、报纸、网络等媒介，采取专家座谈、法规解读、专题报道、资料发放等方式对《条例》的精神进行广泛宣传，使《条例》家喻户晓、人人皆知，进一步营造全社会关注贫困、参与扶贫的脱贫攻坚浓厚氛围。

在湖南省人大常委会的高度重视下，《条例》为依法扶贫、脱贫、治贫提供了坚强的法律保障，确保了精准扶贫、精准脱贫各项政策的落实到位，在扶贫开发工作中发挥了巨大的作用。[①]

资料来源：红网，http://hnsfpb.hunan.gov.cn/xxgk_71121/gzdt/fpyw/201709/t20170922_4579350.html

《湖南省农村扶贫开发条例》填补了湖南省农村扶贫开发立法空

① 脱贫攻坚 人大行动：从一部法规看湖南省人大如何用法治推进扶贫开发．红网．

白，确立了农村扶贫开发的法律地位，明确了各级政府、有关部门，以及社会、企业、个人的扶贫责任，规范了农村扶贫开发的对象、措施、项目、资金、监督考核和法律责任等内容，标志着湖南省农村扶贫开发走上法治化轨道，为加大农村扶贫开发力度，促进贫困地区经济社会发展，确保如期完成脱贫攻坚目标任务提供了强有力的法治保障。

《湖南省农村扶贫开发条例》的实施，是推进法治湖南建设和依法脱贫的重大举措，有利于进一步理顺工作思路、创新工作机制，更好地宣传动员群众，增强干部群众依法治贫、精准扶贫的积极性、主动性和创造性；有利于进一步引领和推进全省农村扶贫开发，引导社会力量支持和参与农村扶贫开发，为打赢脱贫攻坚战整合更多的资源、凝聚更大的力量[①]。

法制建设是搞好扶贫开发工作的基础和保障，推进扶贫开发法制建设，促进扶贫工作走上规范化、制度化的道路，既是提升扶贫工作边际效益的必然要求，也是实现到2020年消除贫困人口、全面建成小康社会的必由之路。

第三节　道德扶贫机制

“扶贫先治愚”，思想观念是进行扶贫社会实践的方向。现在在农村还普遍存在的落后愚昧的思想观念影响着扶贫开发的推进，还会在很大程度上造成返贫现象的发生。厉以宁认为，“市场和政府在扶贫工作中的力量都是有限的，在扶贫中还存在着第三种调节，那就是道德力量的调节，这是最容易被忽视又是最不应该被忽视的”[②]，加强贫困地区的思想道德建设，改变贫困群众的愚昧现状，是当前精准扶贫、精准脱贫工作中刻不容缓的任务。

---

① 陈金霞，高志轩 . 法治精神引领扶贫开发，法治方式打赢脱贫攻坚战 [N]. 河北日报 .2016-12-13（23）.

② 吕巍 . 道德调节——扶贫中不应忽视的力量 [N]. 人民政协报，2016-06-24（2）.

一、道德扶贫的动因分析

（一）在基层存在很多不道德的现象阻碍脱贫工作

曾有人在基层进行精准扶贫调查摸底工作时，发现了一些令人深思的现象：有些人生活过得不错，是当地的先富户，盖起了二三层的新楼房，然而，就在楼房旁边、后面，他们的父母却住在简陋、低矮、潮湿的小房里；还有一些地方农民受旧风俗习气的熏染，红白喜事大操大办；更有甚者，有的贫困者平时好吃懒做，甚至吃喝嫖赌、铺张浪费，戴上贫困帽就不愿摘下，养成了等待救济的坏毛病……这些人的道德贫困都成了实现全面脱贫、持续脱贫的拦路虎。

（二）精准扶贫工作中存在道德风险[①]

《国务院关于2017年度中央预算执行和其他财政收支的审计工作报告》显示，在精准扶贫资金使用和执行过程中，96个地区建档立卡数据不够完整、准确，个别村干部采取分户拆户等方式将亲属纳入建档立卡对象，出现了“帮亲不帮贫”的现象。50多万贫困户未按规定享受助学金、危房改造等补贴2.86亿元。一些地方扶贫工作注重形式主义，弄虚作假，违反中央八项规定，其中：37个县把10.92亿元投向企业、合作社和大户，但未与贫困户建立利益相关机制，13个县将3.21亿元产业扶贫等“造血”资金直接发放给贫困户，5个县将540多万元用于景观修建、外墙粉饰等；4个县在易地扶贫搬迁范围、建设标准等环节层层加码，形成资金缺口2.97亿元，原定任务也未完成；12个市县存在虚报脱贫数据等问题；12个市县扶贫工作中存在超标准接待问题，涉及金额1 700多万元。此外还存在骗取套取和挪用扶贫资金的现象。[②]

---

① 白维军．精准扶贫中的道德风险识别及防范[J]. 中国人力资源社会保障，2017（10）：55.

② 国务院关于2017年度中央预算执行和其他财政收支的审计工作报告，2017（4）.

二、道德扶贫的路径选择

（一）促进道德自律，树立道德激励[①]

道德自律是指任何一个社会成员必须遵守法律、道德规范，必须约束自己的行为，不做违背法律和违背道德规范的事情。一个人的习惯和行为往往是从童年开始在潜移默化的过程中长期形成的，家长、老师和整体社会环境都会对道德自律产生影响，因此促进道德自律的形成应该从孩童时期抓起，越早越好，帮助他们在成长过程中形成正确的价值观和道德导向，以社会道德来规范自己的行为。要做到这一点，就要大力发展社会主义先进文化，通过“纸质宣传册”“横幅标语”“道德讲堂”等媒介来宣传中华优秀传统文化，弘扬尊老爱幼、孝敬父母、勤俭节约的传统美德；通过成立村民议事会、红白理事会、禁毒禁赌会等群众组织，引导群众遏制陈规陋习，移风易俗，转变思想观念，养成良好的生活习惯；对于消极赡养老人、好逸恶劳不思进取的行为进行公开谴责和惩戒，同时帮助这类群众转变思想，通过一对一帮扶等形式唤起他们的孝心。

与道德自律不同，道德激励是指任何一个社会成员都应当用道德规范来鞭策自己，为公众做善事，帮助别人，更包括应当为国家、民族、人类贡献自己所能。完善道德扶贫机制不仅要帮助贫困户本身形成道德自律，政府还要从外部树立道德扶贫的榜样和典型，通过电视、广播、网络、报刊等形式进行大力宣传和表彰，形成道德激励，使道德同时从内外两方面发挥行为规范作用。

（二）加强党风党纪建设，预防道德风险

政府和社会扶贫机构要加强党风党纪建设，提高自身思想素质，从思想根源上摒除“懒政怠政”思维，全心全意地把扶贫视为自己的神圣使命，并以最大的热情和能力去完成工作，而不是抱着应付工作、

① 厉以宁．精准扶贫、社会流动和道德力量调节，主旨演讲，无链接．

完成任务、捞取好处的目的，出于私利将精准扶贫资源变为利己和化解上访纠纷的工具。

第四节　内生动力扶贫机制

一、内生动力的定义

内生动力本质上是人的主观能动性，对贫困主体而言，内生动力就是摆脱贫困、克服贫困的强大愿望，“外因是变化的条件，内因是变化的根据”①，只有群众本身具有强烈的脱贫内生动力，才能从根本上和长远解决贫困问题。进入21世纪以来，我国脱贫速度不断下降，其中贫困群体脱贫内生动力不足已成为精准扶贫工作中比较突出和普遍的问题。

当前，贫困户脱贫的内生动力不足主要表现在：一是“不愿”，部分贫困户在接受帮扶过程中产生了惰性心理，把贫困当成一种习惯，主观上希望贫困的帽子“只戴不摘”，行为上表现出“干部在干，贫困户在看”的现象；二是“不敢”，由于恶劣自然环境的制约和长时间贫困，贫困户主观上信心不足，不认为能够凭借自己的能力实现脱贫致富的目标；三是“不能”，由于自身能力的欠缺，对于脱贫致富，一些贫困户显得心有余而力不足；四是“不会”②，贫困户通常缺少创收的思维和技能，即使想要创造财富，也往往因为找不到切入点而使行动搁浅。

二、贫困农户内生动力不足的成因分析

（一）小农意识根深蒂固

长期的封建社会历史使人民骨子里有着根深蒂固的小农意识，表

① 毛泽东．毛泽东选集：第1卷[M]. 北京：人民出版社，1991.

② 武晓辉．激发贫困群众的脱贫内生动力[N]. 光明日报，2017（4）.

现为安土重迁、因循守旧、排斥变革。我国的农村贫困人口主要分布在中西部地区，这些地方交通不便、环境闭塞，当地群众缺乏与外界的沟通，因此他们始终保有固有的传统观念，而优越的自然环境又可以保证贫困户基本的生产生活资料，长期的贫困状态使他们养成了对贫困生活的适应和惯性，造成他们不思进取、脱贫致富动力不足的状态。

（二）贫困群众“能力贫困”

诺贝尔经济学奖得主阿马蒂亚·森认为贫困应该被定义为能力的缺乏而非收入的低下，他提出“贫困是穷人获得收入的能力与机会的丧失，而非仅仅是低收入。收入是获得能力的重要手段，而能力的提高可以使个人获得更多的收入”。根据森的理论，“收入贫困”只是贫困的外在表现，而造成贫困的真正内因是农户的“能力贫困”，即由于生存压力或者环境的限制，贫困户往往缺乏必需的受教育经历，导致他们综合素质不高、缺乏创造财富的一技之长，即使有心脱贫也无力达成目标。

（三）自然环境的制约

除了观念和能力等农民自身的因素，外在环境的限制往往也会抑制贫困户脱贫致富的内生动力。贫困农户广泛分布的中西部地区大多海拔较高、地形崎岖、土地贫瘠，不适合发展高回报率的大规模耕种和工业产业，人们主要依靠精耕细作和将林业作为主要的家庭收入来源。由于交通不便，与外界联系不畅通，市场化程度也受到很大的抑制，农民很大程度上只能自给自足，收获的农产品和丰富的资源很难变成等值的货币单位；而发展一些特色产业，如土特产养殖、旅游业开发，不仅缺少初始投入资本，而且短期内无法看到实效，这一系列的客观条件限制都会对农民参与到扶贫开发中的积极性产生负面影响。

三、提升农民内生动力的路径选择

（一）转变农民的思想观念

转变贫困户的观念，拔除其根深蒂固的贫困心理，激发群众脱贫致富的愿望是关键。首先政府要加强宣传和促进舆论引导，给予积极正面的激励，让群众从内心真正意识到自己是扶贫工作的主体，只有主体积极参与，才能从根本上战胜贫困；其次，要利用社会主义先进文化鼓舞士气，让贫困群众树立起不畏艰难、摆脱贫困的坚定信念；最后，要发挥榜样的力量，对脱贫先进个人进行表彰并大力宣传，将正能量传播开来，激励广大群众积极投入扶贫开发的工作中去。

（二）要大力发展教育，提升贫困户的脱贫能力

习总书记指出，“扶贫先扶志，扶贫必扶智，扶贫先治愚，教育扶贫是帮助摆脱精神贫困的治本之策，是防止贫困代际传递的固本之道，是实施精准扶贫的基础性工作”，各级党委和政府要坚持把教育放在优先发展的战略位置。

研究表明，我国农民受教育水平与家庭人均收入之间存在正相关关系。教育对认知能力和自我发展能力的提高有着直接的传导作用。教育通过提升贫困户的能力，不仅能够帮助贫困群众摆脱贫困，阻断贫困代际传递，还能给予贫困户持续发展的能力，减少他们对自然环境的依赖性和经济条件的脆弱性，防止发生脱贫后又重返贫困的现象。

大力发展教育，要坚持文化教育与职业教育并重的方针。发展文化教育就要为贫困人群构建完善的基础教育体系，普及学前教育、义务教育，发展高中特色教育，降低高等教育门槛，加大扶贫招生力度，为贫困学子提供更多的优质教育资源，争取实现“一人脱贫，一家脱贫”的目标，从根源上阻断贫困的代际传递；发展职业教育有着“授人以渔”的重要意义，通过财政支持鼓励贫困地区增加职业教育院校数量，扩大院校规模，加大招生力度，增强学生技能培训，让贫困户成为拥有一技之长的劳动者，全面提高贫困群众素质，变“输血”为“造血”。

（三）要改善贫困地区落后的自然条件和交通条件

市场和政府应该主动积极地帮助贫困地区探索出适合地方发展的特色经济和支柱产业，在有限的条件之内最大限度地发挥地区的优势，拓宽农民的致富之路；对于居住条件特别恶劣的贫困人口，政府应该加强社会保障，划拨财政资金帮助相关人员迁移住所，确保“兜底扶贫”；对于交通条件落后的地区，应把扶贫重点首先放在修路搭桥上来，只有交通条件得到了改善，地方经济才能真正获得发展的基础。

开展精准扶贫工作，根本上要发挥贫困户在扶贫开发中的主体作用，激发群众脱贫的内生动力，帮助贫困群体树立脱贫的信心和决心，提升贫困户的认知能力和自我发展能力，实现可持续性脱贫。

第五节 总　　结

党的十八大以来，党和国家高度重视扶贫工作，不断完善扶贫治理工作机制，形成了经济扶贫、法制扶贫、道德扶贫、内生动力扶贫的全方位多领域扶贫机制，促进了扶贫工作在全国范围内如火如荼地全面展开；随着扶贫工作的深入推进，党的十九大又提出“让贫困人口和贫困地区同全国一道进入全面小康社会是我们党的庄严承诺。要动员全党全社会力量，坚持精准扶贫、精准脱贫”，“重点攻克深度贫困地区脱贫任务，确保到2020年我国现行标准下农村贫困人口实现脱贫，贫困县全部摘帽，解决区域性整体贫困，做到脱真贫，真脱贫”。在一系列方针政策的指导下，我国的扶贫工作取得了举世瞩目的成就，但是由于我国贫困问题存在复杂性和固有局限性，农村贫困问题的缓解依然是全面建成小康社会的关键和难点[①]，扶贫机制仍需要得到进一步完善。

第一，要充分发挥市场主体的扶贫作用，因地制宜，促进扶贫地

① 杨亮承．扶贫治理的实践逻辑——场域视角下扶贫资源的传递与分配[D]．北京：中国农业大学，2016.

区的产业发展。一方面，市场化主体经过了市场的筛选，真正以市场规律为导向，能够敏感地把握市场动向，洞悉产业发展前景，为地方产业发展提供市场前沿的精准帮扶；另一方面，依托市场中企业的扶贫工作，能够获得充足的资金、技术、营销渠道和销售市场支持，“一条龙”的服务是政府主体难以提供的，市场主体的参与更能保证贫困地区产业持续良性发展。

第二，要继续大力推进扶贫法制建设，约束扶贫权力的滥用，严惩扶贫工作中出现的腐败问题。通过出台法律和解释性文件以及政策性法规使扶贫工作更加规范透明，也让扶贫腐败治理工作更加有据可查；同时，也要加大普法宣传力度，让民众知法、学法、守法、用法，学会用法律维护自己的权利，监督政府的行为。

第三，要加强教育扶贫，激发脱贫的内生动力。教育扶贫是实现全面脱贫的重要抓手和基本前提。相较于物质扶贫“解一时之难”而言，教育扶贫可增强贫困人口的自主脱贫能力，使知识文化与就业技能持久发力。[①] 国家的教育资源应该向贫困对象倾斜，增加贫困人口的受教育机会，促使贫困人口转换思想、努力学习技能，阻断贫困的代际传递，实现真正的全面持续脱贫。

① 李静．加强教育扶贫，提升自主发展能力[J]. 人民论坛，2018（16）：112-113.

第六章

中国扶贫政策体系

第一节 研究问题

一、问题提出

自 1978 年改革开放政策实施以来，中国的扶贫工作取得了巨大的成就。根据现行农村贫困标准（2010 年标准，按照 2010 年价格每人每年 2 300 元衡量），中国农村贫困人口由 1978 年的 7.7 亿人下降为 2017 年的 3 046 万人，贫困发生率由 97.5% 下降至 3.1%。[②]1978 年到 2017 年，我国农村贫困人口减少 7.4 亿人，年均减贫人口规模接近 1 900 万人；农村贫困发生率下降 94.4 个百分点，年均下降 2.4 个百分点（图 6-1）。[③]

在扶贫工作取得巨大成功的同时，中国也积累起了一系列宝贵的扶贫经验，发展并完善了立足于本国国情之上的五大扶贫政策体系，即分散式、系统化、精准化、深度和可持续扶贫政策体系。

感谢宋婉玲为本章做出的工作 .

② 中国国家统计局 . 国际地位显著提高 国际影响力明显增强——改革开放 40 年经济社会发展成就系列报告之十九 [EB/OL]. http://www.stats.gov.cn/ztjc/ztfx/ggkf40n/201809/t20180917_1623312.html.

③ 中国国家统计局 . 扶贫开发成就举世瞩目 脱贫攻坚取得决定性进展——改革开放 40 年经济社会发展成就系列报告之五 [EB/OL]. http://www.stats.gov.cn/ztjc/ztfx/ggkf40n/201809/t20180903_1620407.html.

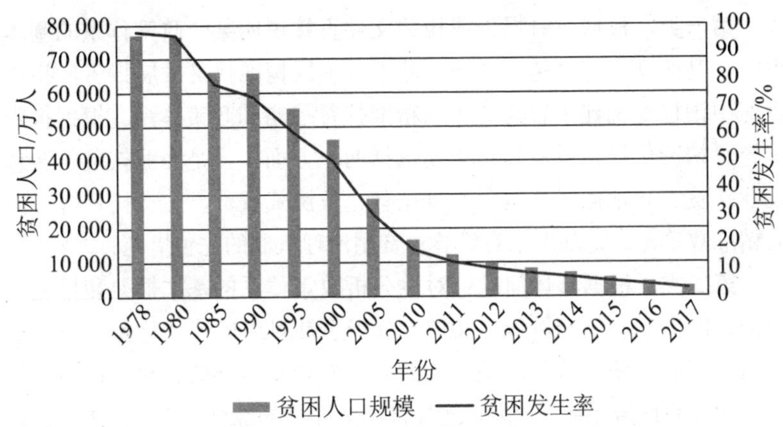

图 6-1　1978—2017 年中国农村贫困状况变化[①]

本章首先对中国扶贫政策体系领域现有研究成果进行综述，指出研究的重要价值和存在的不足；其次从理论角度分析五大扶贫政策体系，包括政策体系的构成、特点和作用等；最后从实践角度说明五大政策体系的应用和价值，包括不同政策体系在特定年代特定地区的深入开展及具体的数据和案例等。

二、研究现状

目前，国内学界对于中国扶贫政策体系的直接研究成果较少，理论研究的数量与研究问题的重要性之间不相匹配。受扶贫的实践性和政策的多元化等因素的影响，学者的研究焦点往往集中于某一单一的政策体系，一方面探究政策体系的具体内容，另一方面则强调其对扶贫攻坚特别是特定领域和地区扶贫工作的重要意义。

（一）以特定政策体系的具体内容为焦点的研究

以特定政策体系的具体内容为焦点的研究可分为三类。

① 中国国家统计局 . 扶贫开发成就举世瞩目 脱贫攻坚取得决定性进展——改革开放 40 年经济社会发展成就系列报告之五 [EB/OL]. http://www.stats.gov.cn/ztjc/ztfx/ggkf40n/201809/t20180903_1620407.html.

第一类，根据政府报告或相关文件直接说明某一政策体系的基本内容。马丽文、刘红涛（2016）基于《中国精准扶贫发展报告》指出目前中国已经构建了较为完善的精准扶贫战略和政策体系。根据报告内容，精准化扶贫政策体系主要包括两个方面：一是产业扶贫、转移就业扶贫、异地搬迁扶贫、教育扶贫、救济式扶贫、生态扶贫等方面的精准政策，二是基于已有经验对贫困治理机制的完善措施。

第二类，根据具体问题针对性分析政策体系的基本框架和措施。游俊、冷志明、丁建军等（2017）分析了针对中国连片特困区综合贫困问题采取系统化扶贫政策体系的必要性和基本框架。他们认为，从“人地关系地域系统”出发，连片特困区面临的综合贫困涉及人、业、地三个层面，因此需要针对性地根据这三个层面进行扶贫框架的设计和评价体系的制定，在总结当前扶贫经验的基础上统筹推进系统化扶贫，实现连片特困区的协同发展与全面减贫。

雷明（2018）指出，在贫困人口绝对数量下降的新历史时期，深度扶贫是脱贫攻坚的关键，需要认识和形式的共同深入。深度扶贫的扶贫对象为深度贫困，即一方面表现为“禀赋性贫困”问题严峻，另一方面表现为物质贫困和精神贫困突出。基于贫困对象及其特点的不同，深度扶贫需要不断完善扶贫机制设计，从而做到解决困难、提升能力、优化资源，实现精准和可持续脱贫。因此，在认识上，深度扶贫需不断深入对“精”“准”“可持续”“反贫困”“软实力扶贫”“思想扶贫”等概念的理解和认识；在方式上，深度扶贫需要由区域内在化深入为区域联动式，由单一式政策深入为综合式政策，由供给保障式深入为供给消费保障式，由就扶贫论扶贫式深入为区域可持续发展式，由行动扶贫深入为制度扶贫等。

在另一篇文章中，雷明（2018）强调，深度扶贫的首要任务是完善社会保障体系、建立健全公共服务体系。就根本上而言，激发扶贫对象即深度贫困群众自身的脱贫动力是实现深度扶贫的关键。因此，一方面需要构建有效和全程的参与机制，避免贫困对象以贫困为荣；另一方面需要明确政府底线，建立贫困对象的高层次目标。

丁军、陈标平（2010）通过分析脱贫人口反贫的原因指出了可持续扶贫的重要意义和基本内容。根据改革开放至2018年的脱贫与反贫困人口数据，我国农村返贫现象严峻。究其原因，在于扶贫主体素质、供体扶持和载体循环缺乏持续性，因而导致外部经济、社会环境和生态环节等方面出现严重问题。针对上述问题，需要建立健全主体、供体和载体相互促进和协调的可持续扶贫模式，包括提升扶贫主体素质，完善扶贫资金管理，加强基础设施和社会保障体系建设，保护贫困地区的自然资源和生态环境等。

第三类，根据特定扶贫模式分析政策体系下的某一具体政策。张琦、冯丹萌（2018）分析了可持续扶贫政策体系中绿色减贫的发展背景、理论创新和实践创新。经济发展与生态环境的突出矛盾、贫困与生态恶化的紧密联系和国际社会对绿色发展的关注是绿色减贫模式提出、发展的重要背景。理论上，2005年的“两山理论”、产业绿色化扶贫理论和绿色产业化扶贫理论以及绿色减贫评价机制等的创新为绿色减贫提供了理论指导；实践上，绿色减贫的主要方式包括生态补偿扶贫、新型能源扶贫、绿色农业扶贫、旅游扶贫等；特征上，绿色减贫的鲜明特点包括减贫内容的多维度、减贫机制的可持续和减贫方式的多元化。

（二）以政策体系对脱贫攻坚的意义为焦点的研究

以政策体系对脱贫攻坚的意义为焦点的研究可分为两类。

第一类，指出某一政策体系在经济社会发展过程中的重要作用。赵战（2018）强调了精准化扶贫政策体系的完善对建成全面小康社会的重要意义。他首先通过回顾官方的政策文件介绍了我国关于精准扶贫的顶层设计，在此基础上说明了精准扶贫政策体系在不同领域和层面的完善，包括社会力量动员、老区建设、科技扶贫、教育脱贫等，同时指出了体系建设层面政策落实和管理方面工作的加强。

第二类，通过现存问题说明运用相关政策体系的必要性。林培（2017）指出了系统化思维在推动脱贫攻坚进程、构建持续脱贫长效机制方面的重要意义和作用。基于苏北扶贫情况的调研，他强调，扶贫工作中出现的重走访慰问、轻脱贫规划，重产业扶贫、轻健康扶贫，以及形式主义突出三大问题严重影响了脱贫攻坚的效果。因此，在脱贫攻坚的关键期，需要充分运用系统化思维，避免短视思维和应景思维。

郝如玉（2006）强调了系统化扶贫在教育扶贫方面的重要性。她首先利用国内外研究数据说明了受教育程度对于贫富差距的显著影响，在此基础上指出了发展教育对于解决中国贫困问题的重要性。在教育经费有限的情况下，建立系统化教育扶贫体系，全面落实义务教育、高度重视职业教育、规范完善高等教育、推动支持社会力量办学，是解决贫困问题、缩小贫富差距的重要政策。

（三）具体案例

具体的案例研究进一步分析了特定时期、特定地区所采取的特定政策体系，说明了实践意义上不同政策体系特点、适用范围和内容的不同。

钟秋萍（2017）以省级贫困地区市河源市作为具体案例，探讨了分散贫困人口的精准化扶贫问题。相对集中贫困人口而言，分散贫困人口是指在省定相对贫困村外的贫困户。针对此类人口，尽管目前已有了产业帮扶、就业服务、社会保障、医疗保障等多方面的政策扶持，但由于扶贫经费和帮扶单位的缺乏、帮扶干部能力的低下以及村委会和贫困户认识的落后等，河源市针对分散贫困人口的扶贫攻坚工作仍面临较大困境。基于此，应该加强基层党建工作，发挥党员先锋模范带头作用，促进集体经济发展；加大村干部和党员队伍培训力度，运用经济理论提升带领贫困户脱贫致富的能力；选派优秀扶贫干部，积极出谋划策、推进扶贫项目建设；大力发展农民合作社，减少贫困的代际传播和周边传播。

崇室（2015）通过毕节市扶贫开发的变化说明了粗放式、分散式扶贫到精准式、整体式扶贫的转变，并具体分析了精准化扶贫的主要内容。精准化扶贫包括对象、思路、措施和力量精准。其中，对象精准要求通过房屋、粮食、劳动力和受教育程度等识别贫困对象；思路精准要求针对产业、技能、住房、社会保障等方面加强扶贫针对性和实效性；措施精准要求改善基本发展条件，强化重点产业支持，保障资金投入，推动集中连片推进；力量精准要求加强集团帮扶，建设扶贫队伍，深化驻村工作，引领社会参与。

傅帅雄（2018）探究了深度贫困地区扶贫开发的问题，并以凉山彝族自治州为例，在分析这一地区现有条件的情况下说明了深度扶贫和精准化扶贫的具体内容。目前，深度贫困地区面临生态环境脆弱、自然条件恶劣、资金和人才缺乏、基础公共设施与社会保障不足等问题。对于贫困人口最多、贫困面积最广和贫困程度最深的地区之一凉山彝族自治州而言，上述问题显得尤为突出。结合这一地区的历史条件、区位环境、自然资源和民族文化，需要加强基础设施建设，加快易地扶贫搬迁，引导思维模式转变，推动产业扶贫政策，增加教育资源投入，创造职业培训机会和就业岗位。

王继东（2015）以马边彝族自治县的“四位一体”扶贫模式作为可持续扶贫的新机制，说明了多方参与的可持续政策体系的主要内容。回顾马边彝族自治县的扶贫攻坚历史，早期的电力扶贫改善了贫困户的生活，同时为地区经济发展提供了基本要素保障；在此基础上，产业扶贫和教育扶贫推动了救助式扶贫到开发式扶贫的转变；最终，文化扶贫的引进构建起了马边彝族自治县“四位一体”的可持续扶贫机制。

综上所述，目前国内学界对于中国扶贫政策体系的研究特别是宏观意义上五大政策体系理论和现实意义的研究仍需进一步充实。中国是目前世界最受瞩目的发展中国家之一，同时，中国贫困问题的解决也是当今世界消除贫困的重要内容。中国扶贫政策体系对于整个世界而言具有极大的借鉴意义。鉴于已有的研究成果及其存在的不足，本章一方面将从理论视角分析中国扶贫政策体系的构建；另一方面将从实践视角，结合数据和案例，说明政策体系的具体运用。

第二节　中国扶贫政策体系

从改革开放以来特别是 20 世纪 80 年代至今，针对不同时期、不同地点的不同贫困问题，在脱贫攻坚的总目标下，在高举中国特色社会主义伟大旗帜，在坚持邓小平理论、“三个代表”重要思想、科学发展观、习近平新时代中国特色社会主义思想的背景下，中国形成了政府主导下的独具特色的扶贫政策体系。具体来说，中国的扶贫政策体系可分为五个部分：分散式扶贫政策体系、系统化扶贫政策体系、精准化扶贫政策体系、深度扶贫政策体系和可持续扶贫政策体系。这五大政策体系既体现了对于改革开放以来的扶贫政策与战略的继承性，又体现了实践基础上针对不同问题和特点的创新性。下文将从理论和实践两个层面说明五大扶贫政策体系的基本结构、不同特点、作用和具体运用。

一、分散式扶贫政策体系

分散式扶贫政策体系是针对分散贫困人口而制定的针对性政策体系。分散贫困人口，就定义而言，即指在省定相对贫困村外的贫困户。此类人口虽然相对数量较少，但由于分布的分散性，针对他们的脱贫攻坚工作往往更加具有挑战性。以山东省东营市为例，数据显示，东营市贫困发生率仅为 0.59%，因此绝对贫困人口数量较少；然而，在绝对贫困人口中，78% 分布在非省定扶贫工作重点村，其中绝对贫困人口在 3 人以下的村有 373 个。[①]分散式的分布不仅提高了扶贫攻坚工作的难度，也提升了进行相关扶贫工作的成本，因而也增加了对分散式扶贫政策体系的需要程度。

（一）体系构成

目前，分散式扶贫政策体系主要由产业帮扶为主的经济政策、就业服务和医疗保障为主的社会政策以及扶贫干部定点帮扶的政治政策等构成。其中，政治政策居于主导地位，经济与社会政策提供基本和必要保障。

在经济政策上，产业帮扶特别是光伏扶贫是目前分散式扶贫的重

① 国务院扶贫开发办公室领导小组．山东：“两建一推六保障”打响脱贫攻坚战 [EB/OL]. 2017-5-27，http://www.cpad.gov.cn/art/2017/5/27/art_5_63643.html.

要方式之一。在符合条件的地区，通过在分散贫困户屋顶或院落空地进行 3 千瓦至 5 千瓦的户用光伏发电建设或在村集体土地建设 100 千瓦至 300 千瓦的村级小型光伏电站，一方面为贫困人口提供了基本收入；另一方面也保障了地区和贫困户的基本用电需求，真正实现了产业扶贫。山西繁峙县北河会村建设了 20 户分散式光伏电站，每户贫困人口均可获得年均 3 000 元的收入。[①] 从财政安排来看，与中央扶贫资金的集中投入不同，地方政府根据地方特殊情况对非贫困县中分散式分布的贫困村与贫困人口进行资金扶持，进一步提升了资金的利用效率。

在社会政策上，政府针对分散人口的就业、医疗等问题分别给予了不同程度的支持。从就业服务来看，政府既根据贫困人口的意愿提供了针对性的技能培训，又根据企业用工的需求推动了转移就业，还帮助希望创业的家庭户进行基本的培训和资源提供。从医疗保障来看，一方面完善了大病保险政策，防止了贫困人口因病返贫；另一方面加强了贫困残疾人的康复扶贫，并通过康复服务、政府补贴、特殊岗位等方式逐步推进农村贫困重度残疾人家庭无障碍改造。此外，针对分散人口中极少数生存条件和发展条件均处于劣势的贫困户，政府以开发式移民和危房改造等方式改善其基本生活条件。

在政治政策上，基层政府和扶贫干部在针对分散人口的扶贫中扮演着重要角色。基层政府作为扶贫工作的领导者，制定和完善关于集体经济发展和特定贫困人口帮扶的基本政策；扶贫干部作为扶贫工作的实践者，在不断加强自身能力的同时，通过对贫困户的培训提升其脱贫致富能力。

（二）体系特点

针对分散式扶贫政策体系的形成过程与面临的主要问题，这一政策体系所具有的突出特点包括针对性强、区域性广、阶段性色彩强烈等。

第一，如前文所述，这一政策体系主要针对目前我国非贫困村范围内的分散贫困人口，因而具有较强针对性；第二，由于此类绝对贫

① 国务院扶贫开发领导小组办公室．山西：“一点一点给村里争取项目”[EB/OL]. 2017-12-25，http://www.cpad.gov.cn/art/2017/12/25/art_5_75641.html.

困人口并不集中于少部分贫困县、村，反而广泛分布于我国已实现脱贫的县、村，因而体现出人口少、范围广的特点；第三，分散式扶贫政策体系的完善和分散式贫困人口问题的突出是伴随着我国扶贫脱坚工作取得巨大成就后反而进一步凸显的，在大部分贫困人口实现脱贫后，极少数人的贫困问题反而越发严重，因而这一政策体系亦呈现出了阶段性色彩强烈的特点。

（三）体系作用

从体系作用来看，分散式扶贫政策体系从意识和能力两个方面帮助绝对贫困人口实现了脱贫。一方面，就意识而言，部分分散贫困人口缺乏脱贫致富意愿，强调依靠政府给予，而政治政策中扶贫干部的定点帮扶使其观念上的脱贫意识得以提升；另一方面，就能力而言，社会政策中的就业培训提升了贫困人口的脱贫致富能力，医疗保障政策减少了因病致贫与因病返贫的可能性。此外，通过光伏产业等产业政策的发展，贫困户的个人收入和集体经济均得到了发展和保障，贫困的代际传播问题和周边传播问题亦得以遏制。简言之，分散式扶贫政策体系通过对分散贫困人口的针对性政策，有效地发展了社会生产力，同时提高了贫困人口自我积累与自我发展的能力。

（四）案例说明：重庆市巫溪县分散式扶贫政策体系应用

案例：重庆：光伏扶贫让贫困户“坐地生财”

巫溪县位于重庆市东北部，地形以山地为主，立体地貌明显，气候属亚热带暖湿季风气候区，四季分明，年平均日照时间约 1 500 小时。截至 2014 年，巫溪县共有 150 个贫困村、2.5 万贫困户和 8.6 万贫困人口，贫困发生率为 21.2%。

根据国家规定，光伏扶贫的基本条件是海拔 3 000 米以下、年日照时间 1 200 小时以上，巫溪县完全符合这一标准。2015 年，巫溪县开始进行“户用光伏”和“集体光伏”结合的光伏扶贫。截至 2017 年

3 月，巫溪县共建设了 1 300 户家庭式电站和 125 座集体电站。其中，分散式户用光伏发电站一天可发电 10 度左右，按照每度电 1 元左右的价格，每户每年可增收 3 000 元，发电站可持续运行约 25 年，每户累计可增收 7 万元。

2015 年，重庆市首个“光伏扶贫示范村”设在巫溪县胜利乡洪仙村，巫溪县建档贫困户谭学才家通过市区两级扶贫办 1.6 万元补助和自筹 8 000 元成了村里第一个安装户用光伏发电站的家庭。他和老伴因为身体弱且有病在身，家里生活主要靠儿子一个人支撑，一座由 12 块太阳能电池板组成的 3 千瓦小型家庭式光伏电站可以帮助他们一天创收 10 多元钱。谭学才说：“这就是个清闲活儿，每天就算什么都不做，也有收入。”村里另一个安装家庭光伏电站的贫困户姜元付也说：“平日里根本不用怎么去维护，只要有太阳就有收入。”巫溪县胜利乡堑场村贫困户周道松早年因为外出打工遭遇机器事故丧失了劳动能力，同时面临巨大经济压力，分散式光伏电站的建设让他可以在家里“坐地生财”，只需要对太阳能电池板进行日常清扫和除尘即可每年净赚 3 000 元，极大减轻了贫困所带来的压力。胜利乡党委书记任娟总结说：“光伏扶贫是个新东西，它可以将太阳能这种天赐的资源变为收益，为村民的脱贫增收出力。特别是对于那些无劳力、无技术、无资金的贫困户而言，它是一条很好的脱贫路子。”

2016 年底，谭学才家通过分散式光伏发电已增收超过 5 000 元，实现了成功脱贫。自光伏扶贫项目实施以来，巫溪县已经建成 1 300 座分散式光伏发电站和 125 座集体发电站，实现了每户、每个集体发电站年收入分别增加约 3 000 元和 4 万元。截至 2016 年底，巫溪县贫困村数量由 150 个减少至 32 个，贫困户数量由 2.5 万减少至 0.4 万，贫困人口数量由 8.6 万减少至 1.1 万。

资料来源：《重庆日报》，2015 年 5 月 14 日；《重庆巫溪》2017 年 3 月 13 日（04）

根据这一案例可知，针对巫溪县的贫困特点特别是分散贫困人口的分布，这一地区采用了分散式扶贫政策体系，特别是以分散式光伏扶贫为主的经济政策和对应的政治与社会政策。从结果来看，巫溪县分散式扶贫政策体系的应用充分结合地区特点和贫困特点，通过扶贫干部积极推动下的光伏脱贫，贫困户脱贫意识与能力不断提高，贫困人口数量亦实现了大幅减少。

产业帮扶为主的经济政策是分散式扶贫政策体系的重要内容之一。对于与巫溪县自然地理条件类似且贫困人口较为分散的地区而言，以光伏扶贫为主的经济政策和基层扶贫干部帮扶的分散式扶贫政策体系为解决地区贫困问题提供了重要参考。

二、系统化扶贫政策体系

系统化扶贫政策体系是指针对具体区域所实施的一系列综合的、协调的扶贫政策。与分散性扶贫政策体系不同，这一政策体系针对某一区域的整体的贫困。贫困的成因不再聚焦于贫困户个人，更多的则是基于地区的资源条件等综合特点所导致的集中贫困。举例而言，《中国农村扶贫开发纲要（2011—2020 年）》中所提及的 14 个集中连片特困区（六盘山区、秦巴山区、武陵山区、乌蒙山区、滇桂黔石漠化区、滇西边境山区、大兴安岭南麓山区、燕山—太行山区、吕梁山区、大别山区、罗霄山区等区域的连片特困地区和已明确实施特殊政策的西藏、四省藏区、新疆南疆三地州）均是实施系统化扶贫政策体系的重要地区。整体性的贫困往往需要运用整体性的对策和综合性的手段加以解决。因此，针对整体性问题的出现，脱贫攻坚工作中的系统化思维和系统化政策体系显得尤为必要。

（一）体系构成

在体系结构上，系统化扶贫政策体系的构成强调政治、经济、文化、社会等政策多领域、多层次的不同程度的配合。各种政策在这一体系中均占据重要地位，作为体系的基石推进了整体的系统化。

从政治政策来看，系统化扶贫强调整村推进的扶贫政策。对于政府而言，在脱贫攻坚的关键时刻，需要充分运用系统化思维，避免短视思维和应景思维。因此，在建设社会主义新农村的同时，政府需要根据实际情况，制定符合需要的整村推进规划，以充分统筹资源，实现集体发展的整体脱贫。在具体实施过程中，可根据贫困村的集中程度进行整乡推进等规划，以实现资源效益的最大化。

从经济政策来看，基础设施建设的完善和产业的开发是系统化扶贫的重中之重。在基础设施的建设上，土地、河流、交通、水利、电力、网络等缺一不可。目前，我国贫困地区基础设施条件明显改善。截至2017年年末，我国贫困地区通电的自然村接近全覆盖，通电话、通有线电视信号、通宽带的自然村比重分别为98.5%、86.5%和71.0%（图6-2）。[①] 土地政治和河流治理保障了农业发展的基本需求；交通扶贫、水利扶贫、电力扶贫和网络扶贫作为脱贫攻坚的重要内容之一，亦发挥了资源、运输、能源、信息、旅游等方面的综合作用。在产业开发上，一方面根据市场需求和资源优势建设地区规模化支柱产业，实现统一规划下地区的专业化生产；另一方面增强产业链长度，通过建立一体化、一条龙的扶贫经济实体，推动群众共同脱贫致富。

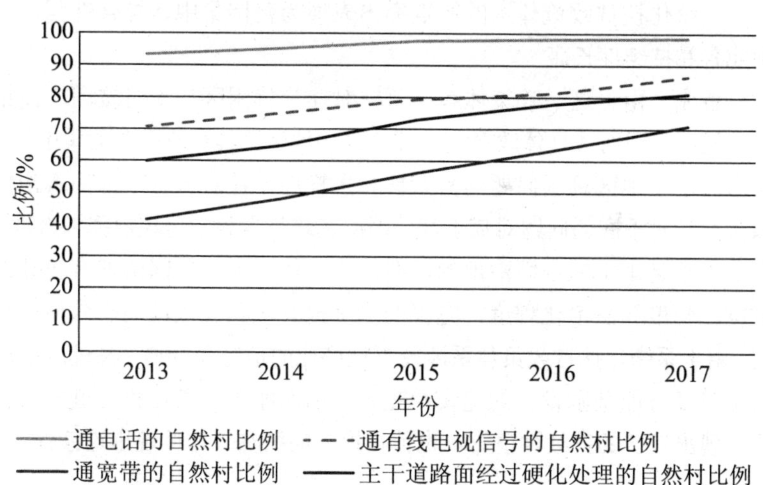

图6-2　2013—2017年贫困地区基础设施条件[①]

① 中国国家统计局．扶贫开发成就举世瞩目 脱贫攻坚取得决定性进展——改革开放40年经济社会发展成就系列报告之五．http://www.stats.gov.cn/ztjc/ztfx/ggkf40n/201809/t20180903_1620407.html.

从社会政策来看，政府需要加强公共卫生事业建设和综合保障制度。公共卫生领域，政府通过健全基层医疗卫生服务体系和加大疾病防控力度，提高了医疗救助保障水平，降低了贫困人口的因病致贫和因病返贫率。综合保障制度上，除医疗卫生保障，政府建立了以社会保险、社会救助、社会福利制度为主体，以社会帮扶、社工助力为辅助的综合保障体系。通过这一制度，即使无法依靠产业脱贫的因病致贫人口依然可以获得兜底保障。

从文化政策来看，系统化扶贫政策体系要求发展系统化的教育文化事业。一方面，加强学前教育、落实义务教育、重视职业教育和高等教育、关心特殊教育，并积极落实国家奖助学金政策，减免贫困家庭学费，以教育减少贫困的代际传播；另一方面，加强基层文化建设，保障贫困地区文化信息资源共享。

（二）体系特点

系统化扶贫政策体系的特点突出表现为范围集中、综合性强、制度完善和持续性长。

首先，由于这一政策体系主要针对连片特困区等绝对贫困人口集中的地区，因而其具体政策往往针对某一地区，具有范围上的集中性；其次，由于地区贫困问题的复杂性和多样性，针对贫困治理的政治体系需要针对不同的问题对症下药，因而在政策内容上呈现出强综合性；再次，正是由于综合性治理的需要，这一体系下的贫困治理有较高的制度化程度和法治化程度，完善的制度提升了相关政策的有效性；最后，由于系统化扶贫政策体系涉及支柱产业的培育和交通、水利、电力、网络等各方面基础设施的建设和完善，因而相关政策在执行过程中往往呈现出较长的持续性色彩，也使得地方的扶贫工作体现出连续性。

（三）体系作用

系统化扶贫政策体系通过促进地区的整体性发展，实现了贫困人口的脱贫，以较为完善的产业、机制和设施建设推动了绝对贫困人口的减少，同时一定程度上保证了脱贫的持续性。在系统化扶贫政策体系的指导下，地方政府以整村推进等方式实现了地区经济、社会的协调发展和全面进步，在此基础上促进了地区的共同脱贫，同时也避免了贫困的代际传播和周边传播。此外，完善的社会政策和文化政策也为贫困人口提供了基本保障，一方面提高了人口素质，另一方面减少了因病致贫、因病返贫等情况的发生。

（四）案例说明：四川省广元市系统化扶贫政策体系运用

案例：精准扶贫政策体系 让广元成功走出了一条特色扶贫之路

自2013年起，四川省广元市通过对部分区县的精准扶贫试点工作形成了全新的扶贫模式和系统工程，以系统化扶贫政策体系实现了“看真贫、扶真贫、真扶贫”。2015年，广元市贫困村数量相较2010年下降了277个、贫困人口减少了40.06万人，贫困发生率下降至10.08%。

1. 精确识别“扶持谁”

在工作方法上，广元市总结出了“五步两公示一公告”的方法，“五步”涵盖针对农户、村民、村、乡镇、县等各个级别的不同要求，“两公示”包括村、乡的公示，“一公告”指最终审定公告。具体而言，即农户自愿申请、民主评议确定、村级初审公示、乡镇审核公示、县级审定公告。在识别贫困户后，各个区县需要对贫困人口名单进行分类统计，实现村社有册、乡镇建簿、县区存档，并以乡镇为单位分类编号、归档管理。广元市精准扶贫对象家门口的明白卡，涵盖了贫困户的贫困状况、帮扶内容以及对口的帮扶单位和干部等。同时，利州区严格按照“五步两公示一公告”，确定了贫困户5 838户20 520人。

2. 精细规划“扶什么”

旺苍县普济镇的洪江村和三溪村是广元市运用系统化思维进行脱贫攻坚规划的重点。从资源条件看，洪江村和三溪村资源环境恶劣、基础设施条件落后、产业发展程度低，因此属于少见的特困村。结合系统化扶贫政策体系，广元市决定对这两个村采用长短期相结合的、省市县三级联动的方法实现脱贫攻坚。在具体的系统化政策实施上，广元市实施了易地扶贫搬迁，涵盖375户1 087名贫困人口；同时在洪江村和三溪村分别建设了饮水安全集中供水工程和节水型项目；实现安置21户五保户到普济镇敬老院；开展了总覆盖超过300人次的7次贫困农户技能培训。

3. 精准扶贫"怎么扶"

为了做到真扶贫、扶真贫，广元采取了"六个到户"措施，即政策宣传到户、项目落实到户、资金补助到户、干部帮扶到户、技术培训到户和检查验收到户。举例而言，资金补助到户指根据贫困户发展计划落实补助资金，如为帮助贫困户实现产业发展和增收，利州区给予了每个贫困户3 000元补助资金；干部帮扶到户强调党员干部提升自身能力、对帮扶户脱贫解困负全责，如开展剑阁县"万名党员干部结对帮扶万户贫困户大行动"等。

资料来源：人民网：四川频道，2014年7月25日

就广元市的系统化扶贫政策体系而言，其主要包括三个部分，即贫困户的精准识别、脱贫规划的系统制定、脱贫政策的系统落实。首先，针对贫困户的识别，广元市制定了明确的标准和具体的操作方式。在确定扶贫标准的基础上，一方面需要实现贫困户信息的明确，另一方面需要按照要求精准识别。其次，针对脱贫规划的具体内容，广元市运用系统化思维进行了制定，具体表现为根据地区实际情况对需要整体扶贫的村组进行了精细的规划。最后，针对扶贫政策的系统落实，广元市采用了"六个到户"的措施，实现了脱贫持续性的保障。

对于与广元市类似的贫困人口相对集中的地区而言，聚焦贫困人口，整合资源和资金以运用系统化扶贫政策体系是实现脱贫的重要方式之一。同时，为保障脱贫攻坚工作顺利实施，地区政府需要在系统规划的基础上，通过较为完善的政治、经济、社会等方面系统性的政策提升脱贫攻坚的有效性，同时以系统化的工作保证脱贫攻坚的持续性。

三、精准化扶贫政策体系

精准化扶贫政策体系是在精准扶贫基础上建立起来的一整套密切相关的政策和政策措施。精准扶贫，即针对不同贫困区域环境、不同贫困农户状况，运用科学有效的程序对扶贫对象实施精确识别、精确帮扶、精确管理的治贫方式。由于精准扶贫的概念提出较晚，因此精准化扶贫政策体系的形成也相对较晚。尽管如此，这一政策体系仍在我国目前的扶贫政策体系中占据重要地位。党的十八大以来，精准扶贫、精准脱贫成效显著，按每人每年 2 300 元（2010 年不变价）的农村贫困标准计算，2016 年农村贫困人口为 4 335 万人，比 2012 年减少 5 564 万人；贫困发生率下降到 4.5%，比 2012 年下降 5.7 个百分点。[①] 目前，这一政策体系的发展和建设亦已趋于完整和成熟。

（一）体系构成

精准化扶贫政策体系由两部分构成，一是针对精准扶贫的经济、文化、社会、生态等方面的精准政策，二是与精准扶贫相配套的保障机制和贫困治理体制机制相关的政策措施。[②]

经济方面的精准政策涵盖了产业扶贫、转移就业扶贫、异地搬迁扶贫和资产收益扶贫等内容。以产业扶贫为例，在具体的政策执行过程中，要求根据地方或贫困户个人的特殊特点，发展具有针对性和比较优势的产业。文化方面的精准政策强调教育扶贫的重要性，需要根据特定需求提高贫困人口的文化素质或进行职业技能培训。社会方面的精准政策主要指救济式扶贫，在短期内缓解贫困人口的生活困难，目前更多运用于因病或因残无法再实现脱贫的人口，以社会保障制度保障其基本生活需求。生态方面的精准政策即生态扶贫，强调扶贫开发与生态保护并举，通过加强贫困人口对生态保护、生态工程建设等

---

① 中国国家统计局 . 新理念引领新常态　新实践谱写新篇章——党的十八大以来我国经济社会发展成就辉煌 [EB/OL]. http://www.stats.gov.cn/tjsj/zxfb/201710/t20171010_1540653.html.

② 马丽文，刘红涛 . 我国已构建较完善的精准扶贫战略与政策体系 [J]. 中国扶贫，2016（20）：12.

工作的参与来实现脱贫。

配套的政策措施一定程度上可理解为政治政策为精准化扶贫政策体系提供的基础性条件。在精准扶贫配套机制上，一方面需要保证扶贫信息的精准性，即通过加强建档立卡工作，强化相关信息的精准与共享，真正提高精准识别质量；另一方面需要为精准扶贫工作提供力量支撑，包括金融政策、财政投入、土地政策以及人才和高科技政策等，在物质和精神上为精准扶贫的展开提供保障。在贫困治理体制机制上，贫困退出机制的健全和国家脱贫攻坚情况的普查是精准化扶贫的必备配套措施。因此，需要不断完善扶贫工作考核评估指标和贫困县验收指标，同时针对特定地区和特定人口制定符合实际的贫困县退出检查。在此基础上，保障扶贫攻坚政策的稳定性和有效性。

（二）体系特点

精准化扶贫政策体系的主要特点为精准性强、适用范围广、政策协调性高。

其中，精准性强即“对症下药”，具体包括对象精准、思路精准、措施精准和力量精准。精准化扶贫政策体系以特定的指标和精准的信息识别贫困对象，同时在思路上通过经济、文化、社会、生态等多方面的精准政策实现脱贫，在措施上以产业、就业、金融、教育等措施针对性推动区域经济发展和个人收入提高，在力量上加强精准扶贫的基本政治与经济保障。适用范围广指这一体系作为精准扶贫方式发展而来的政策体系，既可以应对区域性集中贫困，又可以应对分散式贫困，从根本上来说是根据不同地方、不同人口的特点采取因地制宜的脱贫政策。政策协调性高强调的是不同政策的共同配合以及完善的政策措施对政策实施的支持和保障。此外，在政策的具体实施过程中，中央与地方强调因地制宜而职能部门聚焦对症下药，二者的有机结合亦使得战略体系的协调性和科学性特点进一步加强。

（三）体系作用

精准化扶贫政策体系通过配套政策和政策措施的结合，有力地实现了贫困人口的精确识别、精确帮扶、精确管理。由于对“对症下药”的强调，这一政策体系在实施过程中格外注意对于地区特点和贫困对象特点的识别、了解和把握，因此可以通过体系下的多种政策因地制宜推动地区经济发展和脱贫致富。此外，由于其适用范围广和协调性高，目前这一政策体系已成为我国脱贫攻坚道路上使用最为广泛的政策体系。同时，这一政策体系对其他政策体系有着重要的借鉴意义，亦常常与其他政策体系配合使用。

（四）案例说明：电商扶贫——精准扶贫政策体系的新运用

案例：“互联网+”开辟精准扶贫新道路

从2015年起，贵州省投入了1亿元财政专项扶贫资金用于支持10个贫困县区发展电商，岑巩县便是其中之一。为进一步推动精准扶贫的开展，岑巩县积极建设电商服务站和乡村服务站。截至2017年5月，该县已建设覆盖1.5万贫困人口的50个村级电商服务站点，通过网络渠道销售的农特产品，销售额达到了1 000万元。

由于地形阻碍、交通不便和信息闭塞，甘肃省陇南市成了省内贫困程度最深的地区之一，2015年的贫困发生率仍然超过20%。另外，由于自然资源的丰富性，陇南市特色农产品丰富，包括油橄榄、核桃、食用菌等。针对这一问题，陇南市积极推动电商和相关加工、包装等产业的发展。截至2017年，该市电商扶贫试点贫困村网店数量超过了800家，成功实现了超过15万贫困人口的脱贫致富。

资料来源：新华社，2017年5月16日

湖南：电商成为精准扶贫“利器”

湖南省以电商扶贫作为精准化扶贫政策体系的重要落脚点。2016年以来，湖南省积极制定有关电商扶贫的工作意见与工作规划，提出以全省51个贫困县为重点区域，以全省8 000个贫困村为重点对象，打造具有市场竞争力的农产品和农村电商体系。

在资金上，湖南省2017年针对51个贫困县投入4 900万元进行电商扶贫，同时投入2 000万元专项扶贫资金用于贫困村村级电商服务站与电商扶贫示范网（微）店建设。在人才上，湖南省于2017年上半年共举办超过600个电商培训班，培训1.5万人次。在品牌上，湖南省高度重视“一县一品”全国知名网销品牌建设，联合快乐购、京东、苏宁云商等组建了湖南电商“一县一品”产业扶贫电商联盟。目前，湖南省的知名网销品牌包括桑植五道水大鲵、古丈悬崖蜂蜜、中方高山枇杷、江华瑶山雪梨等。在活动上，湖南省首创线上与线下相结合的“电商扶贫特产专区”系列展销活动，一方面在通程万惠、家润多、友阿、湖南苏宁、步步高等的电商扶贫特产实体专区推出优质农特产品，另一方面在“电商扶贫特产专区”线上频道展示贫困地区特产、旅游资源等，推介贫困地区优质产品与资源。

资料来源：《湖南日报》，2017年7月28日

上述案例说明了精准扶贫政策体系下新的扶贫方式即电商扶贫的运用及其有效性。案例显示，贵州省、甘肃省、湖南省等地均出台相关措施，积极利用电商扶贫的方式，同时根据地方资源和产业特色扶持相关产业发展，推动贫困户脱贫致富。在这一过程中，各贫困地区一方面结合自身资源优势推动特色农产品销售；另一方面通过打造电商平台提高产品销售量，推动了地区经济的发展。此外，湖南省的案例显示，在运用精准扶贫政策体系时，需要充分考虑资金、人才、品牌、活动等多种因素的精准配合，以实现扶贫效果的最大化。

从精准扶贫政策体系视角来看，电商扶贫与精准扶贫政策体系的结合堪称精准扶贫的新运用。以上地区的成功为云南省、四川省、湖南省、宁夏回族自治区和江西省等地的脱贫攻坚工作提供了重要启示。对于中西部地区而言，“互联网＋”为这一地区相关产业提供了广泛的平台，有利于扶贫资源的整合和扶贫工作的精准化。在未来的脱贫攻坚工作中，充分运用精准扶贫政策体系，结合区域特色，因地制宜地实现脱贫致富将是中西部地区的重要工作方向。

四、深度扶贫政策体系

深度扶贫政策体系是针对深度贫困地区的脱贫问题所建立的一系列扶贫模式与政策组合。目前，深度贫困地区主要指三区三州地区，即西藏、四省藏区、南疆三地州和四川凉山州、云南怒江州、甘肃临夏州等地区。由于基础条件的薄弱和致贫原因的复杂，这些地区经济发展严重滞后，在贫困问题上则突出表现为贫困发生率高、贫困程度深和脱贫难度大。党的十九大报告指出，“重点攻克深度贫困地区脱贫任务，确保到 2020 年我国现行标准下农村贫困人口实现脱贫。”[①]目前我国共有 334 个深度贫困县和 3 万个深度贫困村。截至 2017 年年底，在深度贫困地区，贫困发生率超过 18% 的县还有 110 个，贫困发生率超过 20% 的村还有 1.6 万多个；经各省认定的 334 个深度贫困县，贫困发生率为 11%，比全国贫困发生率高出 7.9%。[②]开展深度扶贫的需要使得关于扶贫的认识得到了进一步深入，同时也促进了深度扶贫政策体系的完善。

（一）体系构成

就体系构成而言，深度扶贫政策体系主要包括两方面内容：一是强调医疗保障和公共基础设施建设的社会政策，二是符合深度贫困地区需求的、创新性的扶贫方式。

从社会政策来看，医疗卫生保障和公共基础设施特别是公共服务体系是针对深度贫困地区贫困特点的重要内容。由于环境的恶劣和致贫原因的复杂，深度贫困地区贫困人口突出表现为因病、因残致贫人口多，文化素质低，劳动技能缺乏等特征。因此，完善的社会保障体系是这一地区实现“两不愁，三保障”的必然政策要求。

---

① 习近平．决胜全面建成小康社会 夺取新时代中国特色社会主义伟大胜利——在中国共产党第十九次全国代表大会上的报告．http://politics.people.com.cn/n1/2017/1028/c1001-29613514.html.

② 凤凰网财经．全国共确定 334 个深度贫困县 贫困发生率达 11%. 2018-03-07. https://finance.ifeng.com/a/20180307/16015630_0.shtml.

从扶贫方式来看，深度扶贫政策体系意味着扶贫方式的进一步“深入”，这种“深入”体现为五个方面：第一，强调区域联动式扶贫，即加强对东西协助和横向转移支付等扶贫方式的关注；第二，强调综合式扶贫，即在政治、经济、文化、社会和生态文明“五位一体”的基础上，推进产业扶贫、就业扶贫、资产扶贫、兜底扶贫、文化扶贫、精神扶贫、互联网扶贫、生态扶贫等多元的综合式扶贫；第三，强调供给消费保障式扶贫，即以农村的观光、购物、体验等消费式扶贫提高扶贫的针对性与实效性；第四，强调区域可持续发展式扶贫，即将扶贫政策、乡村振兴战略和区域可持续发展战略有机结合，增强扶贫政策与非扶贫政策的统筹协调性；第五，强调制度扶贫，即通过建立扶贫、扶智、扶志、扶制的长效机制，打造扶贫常态化、规范化的扶贫生态，加强扶贫的整体性、全局性和长期可持续性。[①]

（二）体系特点

深度扶贫政策体系的特点主要表现为适用范围相对集中、内容综合性强和政策深入程度高。

在范围上，这一政策体系针对的对象主要为深度贫困，因而适用范围主要集中于以三川三州为主的深度贫困地区。在内容上，区域联动扶贫、综合式扶贫等扶贫方式增强了体系的综合性色彩。同时，在政策选择上，既注重扶贫的有效性，又注重发展的持续性，因而体现了综合的政治色彩。在深入程度上，深度扶贫政策体系突出表现在认识深入的基础上，对于扶贫的不同领域、不同层次和不同重点的进一步深入，包括：第一，在重点上，针对精准扶贫“精”与“准”深入；第二，在层面上，由“精”与“准”向“可持续”深入；第三，在问题上，由“反贫”向“反贫困”深入；第四，在实力建设上，由硬实力扶贫向软实力扶贫深入；第五，在物质与思想的关系上，由物质扶贫向精神扶贫深入。[①]

---

① 雷明．深度扶贫：打赢脱贫攻坚战之关键 [J]. 中国社会科学报，2018（9）.

（三）体系作用

在体系作用上，深度扶贫政策体系作为实现可持续脱贫的重要政策体系，一方面可以解决深度贫困地区群众所面临的特殊困难，另一方面可以改善深度贫困地区的资源配置和发展条件，从而有效避免脱贫后的再度返贫现象。针对深度贫困地区的特殊问题如疾病、毒品等，这一体系以综合性、制度性的政策深入解决；针对地区恶劣的资源状况，这一体系以五位一体为出发点，解决地区交通、水利、互联网、环境等方面存在的问题，在促进地区发展的同时保护生态环境，既解决了现实困难，又提升了发展能力。因此，深度扶贫政策体系为可持续发展的实现发挥了重要作用。

（四）案例说明：广西河池市东兰县深度扶贫政策体系运用

案例：深度贫困县的扶贫攻坚之道

河池市东兰县为我国的深度贫困县，是著名的革命老区，位于广西西北部，红水河的上游，属于云贵高原的南部边缘。东兰县总面积为 2 415 平方公里，辖区内共有 14 个乡镇和 3 613 个自然屯，总人口达 30.79 万人。截至 2015 年年底，东兰县贫困村数量为 73 个，贫困户达到 1.72 万户、贫困人口为 6.64 万人。经过一年深度扶贫政策体系的运用，截至 2016 年年底，东兰县贫困村数量减少了 11 个，贫困人口数量减少了 1.88 万人。

在政治政策上，充分发挥基层党委领导作用和基层党员干部示范引领作用。东兰县盛禾富硒果蔬种植专业合作社党支部定期邀请片区的党建工作站进行工作指导并开展党员互评、社员评议党员等活动，激发了党员干事的活力。同时，通过合作社与片区行政村、广西特色作物研究院党支部的三方共建实现了党支部的不断壮大。在具体工作上，落到“四个落户”，即扶贫产业规划到户、扶贫政策送到户、结对帮扶准确到户和产业利益连接到户。从政治政策运用方面而言，东兰县成功实现了党委加强领导、党支部凝聚合力、基层党员深度帮扶。

1. “十大扶贫工程”

东兰县积极开展“十大扶贫工程”，总计投入5.91亿元，实现了4 633户18 844个贫困人口脱贫和11个贫困村脱贫摘帽。具体包括：产业扶贫、生态旅游扶贫、易地搬迁扶贫、智慧扶贫、转移就业扶贫、生态补偿扶贫、医疗救助扶贫、社保兜底扶贫、基础设施建设扶贫、小额信贷扶贫等工程。具体而言，在生态旅游方面，2015年东兰县接待游客共计111.9万人次，旅游项目覆盖贫困人口达16 610人，占全县贫困人口的25%。在异地搬迁方面，2016年东兰县共投资3.65亿元实施了13处易地搬迁扶贫工程，完成了1 155户5 012人的搬迁，其中建档立卡贫困户为1 047户4 538人。在智慧扶贫方面，针对建档立卡的贫困户学生，东兰县共落实资助资金5 833.58万元，资助学生达到了11.51万人次。

2. “三推进”

在特色产业上，按照“核桃抓管护、油茶抓扩种、板栗抓低改、水果抓示范、养殖抓基地”的工作思路，大力发展富硒米、东兰乌鸡等“十大百万”扶贫产业。在基础设施建设上，东兰县建立了县、乡、村三级基础设施项目库，统筹推进村屯道路建设项目、农村饮水安全巩固提升工程项目等，解决了11个脱贫村无公路、1 440个贫困户住房困难、4.58万人饮水不安全和1.01万人电能质量不稳定问题。在民生工程建设上，东兰县积极落实教育保障、医疗保障和住房保障，推动了“扶贫先扶智”的实现，减少了群众“因病致贫、因病返贫”的问题。

3. “六精准”

首先，按照地方经济发展和中央财政转移支付水平科学规划与明确了脱贫路线图、时间表。其次，根据标准，通过摸底精准划分贫困户和脱贫户，使保障扶贫资源真正用到贫困户身上。再次，细化扶贫工程的重点与难点，保障脱贫攻坚任务的精准和如期完成；在此基础上，充分发挥党员及基层干部的作用，及时解决贫困户难题；通过选配优秀扶贫干部推进扶贫工作，充分发挥党组织和基层党支部的带动作用。最后，根据建档立卡贫困户的实际情况，因地制宜、因人制宜施行精准化扶贫政策。

资料来源：东方网，2018 年 3 月 26 日

根据以上案例可知，东兰县在深度扶贫政策体系的应用方面主要包括“十大扶贫工程”的推进、“五个特色品牌”的创新开发，“三推进”“六精准”的实现等，做深、做透了小县大产业、小县大生态、小县大品牌的一系列文章。

深度扶贫政策体系强调综合式扶贫，在上述案例中具体表现为：在产业政策上，东兰县强调特色产业帮扶到户，将产业发展作为脱贫攻坚的动力和关键。一方面运用良好的气候条件加强多种特色作物的种植和特色养殖业的发展，另一方面加强了农投企业的带动和农业大户的示范带动。在生态旅游扶贫政策上，东兰县强调生态旅游的建设发展和“五个特色品牌”的创立。通过立足地区特色，这一地区做强打响了红色老区、绿色生态、金色铜鼓、银色长寿、黑色物产“五色品牌”特色。在易地搬迁扶贫政策上，东兰县强调改善贫困人口居住条件。由于脆弱的生态环境条件和贫困户分布条件，这一地区难以依靠常规扶贫脱贫途径实现脱贫，因此以县城和中心城镇周边安置两种方式解决整村搬迁和分散住户搬迁。新城基础设施完善、产业发展集聚效应高，实现了引导贫困群众就近进城务工、经商和创业。在智慧扶贫政策上，东兰县强调教育的改善和贫困户技能的提升。一方面以教育扶智为抓手，深入贯彻落实“7+1”教育精准扶贫政策体系；另一方面以技能培训作为东兰县提高贫困户劳动技能和就业能力的重要途径。

东兰县深度扶贫政策体系运用的启示主要包括三个方面：第一，以补短板为突破口，做好基础建设。由于深度贫困地区多处于自然条件恶劣、地理位置偏远、交通闭塞的山区，配套基础设施建设和完善基本公共服务是推进各项扶贫工程的基础和保障。第二，创新方式手段，利用科技平台提高脱贫效率。深度贫困地区以特色产业发展作为脱贫致富的主要手段。为进一步推动特色优势产业发展，深度贫困地

区一方面可以构建信息服务平台，帮助农户了解农业动态、市场状态等；另一方面可以搭建移动电商平台，通过打通农产品电子商务流通渠道扩大信息传递和地方名牌的打造。第三，重视人才作用，实现“内部提升”和“外部引进”的双管齐下。基于这一要求，深度贫困地区应积极完善乡村文化基础，通过多种途径提升当地群众的文化水平和发展能力；同时加大政策优惠和倾斜力度吸引外来人才，充分发挥人才资源在脱贫攻坚工作中的重要作用。

五、可持续扶贫政策体系

可持续扶贫政策体系强调扶贫效果的可持续性。作为科学发展观的基本要求之一，可持续发展是指既满足当代人的需求，又不损害后代人满足需要的能力的发展。将这一理论运用至扶贫领域即发展成了可持续扶贫政策体系，强调扶贫开发必须与资源保护、生态建设相结合，实现资源、人口和环境的良性循环，提高贫困地区可持续发展的能力。由于可持续扶贫是脱贫攻坚工作的最高要求，可持续扶贫政策体系亦与其他四个政策体系有着密不可分的关系，是其他政策体系中与扶贫持续性有关的政策的归纳、总结、升华和完善。

（一）体系构成

与可持续发展要求相适应，可持续扶贫政策体系涵盖了政治、经济、社会、文化和生态方面的相关政策，同时强调以国际交流和项目引进为主的对外政策在我国现阶段扶贫事业中的重要作用。

政治政策主要指科学规划的相关政策，政策强调中央和地方政府生态环境建设规划的合理性，通过统一开放和综合治理促进贫困地区经济、社会、生态的可持续发展。此外，在资源利用方面，政府加强对资源利用标准的制定和严格控制，保障资源利用的可持续性。经济政策主要强调扶贫资金的管理和基础设施的建设，即完善包括资金筹措和资金管理的财政机制以保障扶贫资金功效，同时通过农田、水利、交通、电力、网络等基础设施的建设提升贫困地区自我造血功能。社会政策涵盖综合保障政策和就业促进政策两方面，包括医疗卫生保障和就业补贴扶持等，同时强调社会力量的加入。文化政策强调贫困人口主体素质的提高，具体措施包括宣传教育、文化信息共享等基本政策。生态政策在可持续发展政策体系中占据重要地位，主要内容包括生态扶贫机制、能源和生态环境建设规划等。

与其他政策体系不同，对外政策是可持续扶贫政策体系的重要构成之一，要求通过国际交流合作，一方面吸收国际社会经验、理论与实践，创新扶贫机制与模式；另一方面加强扶贫领域项目的共同合作，结合国内外力量推动扶贫攻坚发展。

（二）体系特点

可持续扶贫政策体系具有适用范围广、持续性强、均衡性高等基本特点。

首先，这一政策体系聚焦可持续扶贫，符合可持续发展的基本要求和我国经济发展的基本目标，因而适用范围基本涵盖我国所有贫困地区与贫困人口，体现出极强的适用性。其次，在政策制定过程中，由于政策目标的长远性，政策内容亦突出体现持续性色彩，包括地区社会、经济、生态的综合发展和贫困人口素质的持续提高，即强调了贫困主体的可持续、载体的可持续和供体的可持续。最后，在政策实施过程中，不同政策相互协调、相互补充和相互促进，致力于五位一体的共同发展，体现出较强的均衡性和综合性。

（三）体系作用

可持续扶贫政策体系的作用包括两个方面：一是实现贫困人口的持续脱贫，二是保障贫困地区的持续发展。

从贫困人口来看，这一政策体系推动了人口素质的提升和脱贫意识的加强。根据“扶贫先扶智，治贫先治愚”的基本原则，通过教育和培训、文化宣传等方式提高了贫困人口的素质，以“扶智”的方式促进劳动力水平的提高和就业。同时，加强对脱贫光荣导向的宣传，培养贫困人口自力更生的意识，以“扶志”的方式提升贫困地区劳动力自我发展的能力和意识。在此基础上，实现扶贫主体的可持续性。

从贫困地区来看，这一政策体系促进了生态环境的开发、利用和保护。在根据地区生态特点因地制宜开发利用相关能源与资源以促进经济发展的同时，强调生态修复和生态保护，实现了脱贫攻坚与生态改善的双赢。

（四）案例说明：四川省马边彝族自治县可持续扶贫政策体系应用

案例：马边扶贫的“三把钥匙”——国网四川电力综合扶贫探索

四川省马边彝族自治县位于乐山市、宜宾市和凉山州的接合部，面积 2 283 平方公里，辖区内共有 20 个乡镇、9 个社区和 114 个村，总人口为 21.3 万人，其中农业人口占 90.02%。由于地理和历史因素，这一地区经济发展落后。目前，马边彝族自治县属于国家扶贫开发重点工作县、大小凉山综合扶贫开发县、乌蒙山片区区域扶贫开发县，中央纪委和省纪委、省投资促进局、省电力公司定点帮扶县，四川省扩权强县试点县。

国网四川省电力公司在马边地区脱贫致富中发挥了重要作用。自 2008 年起，马边地区通过实现理顺电网管理机制、推进电网基础建设、实施电网升级改造和提升电力服务水平改善了当地的生产、生活条件和经济发展条件。2018 年 12 月，总投资为 85 万元的春林村农网改造工程开工；2009 年年底，220 千伏的天宫庙输变电工程如期竣工；2011 年年初，烟峰 110 千伏输变电工程开工。在坚强电网的支撑下，马边 2014 年全年实现地区生产总值 29.87 亿元，比上年增长 9%。

在产业扶贫上，国网四川省电力公司聚焦种植业和养殖业，通过“公司＋基地＋专业合作社＋农户”的模式发展特色产业。以高石头村为例，该村通过发展蛋鸡养殖推进产业扶贫，养殖户每年收入可达到 2.36 万元。目前，高石头村已有 8 户村民养殖蛋鸡，6 户村民养殖生态猪，42 户村民加入核桃综合产业开发合作社。在教育扶贫上，三溪乡“国网爱心希望小学”建设、高石头村小学改造工程保障了当地基础教育水平，同时电工技能培训班也提升了当地居民的职业技能。

资料来源：四川日报，2015 年 7 月 28 日.

以上案例显示，马边地区依靠“电力、产业、教育、文化”四位一体的扶贫内容和“强基础，续动力，斩穷根”三位一体的扶贫模式，逐步完善了以提升可持续发展能力为目标的扶贫机制，体现了可持续扶贫政策体系的良好运用。一方面，电力基础设施的建设为马边地区扶贫工作奠定了基础要素；另一方面，产业扶贫和教育扶贫并举为马边地区“造血式”扶贫提供了保障。

四位一体的扶贫内容和三位一体的扶贫模式为马边地区构建了多方参与的可持续扶贫。马边彝族自治县可持续扶贫政策体系运用的启示是：对于贫困地区而言，可持续扶贫是贫困地区脱贫攻坚过程中的重要追求。为实现这一政策目标，需要充分结合当地特色，强调社会扶贫，将经济社会发展全局与当地群众长远发展相结合，将治穷与治愚相结合，从产业扶贫、劳务开发、智力帮扶等多方面促进贫困户的增收致富。

第三节　总　　结

回顾改革开放以来中国扶贫攻坚工作取得的巨大成就和积累的宝贵经验，可以看到，立足本国国情，结合不同贫困地区的特点，中国在不断推进脱贫攻坚工作的过程中，逐步形成了分散式扶贫政策体系、系统化扶贫政策体系、精准化扶贫政策体系、深度扶贫政策体系和可持续扶贫政策体系。

针对目前国内学界在中国扶贫政策体系研究上存在的理论研究数量较少、直接研究成果较少，及聚焦单一政策体系的内容、案例或意义的现状的问题，本章从宏观上对中国五大扶贫政策体系进行了介绍。

具体到主要内容来说，包括分散式、系统化、精准化、深度和可持续扶贫政策体系的构成、特点、作用和具体案例说明。

在体系构成上，各个政策体系均强调政治、经济、社会、文化等政策的配合。同时，不同政策体系中，具体政策的内容和重要性亦不相同。此外，与保障机制和贫困治理体制机制相关的国内外政策措施等亦是政策体系的重要内容；在体系特点上，不同的政策体系在应用范围、时效特征、持续时间、政策性质等方面均有其独特性；在体系作用上，实现贫困人口的脱贫是五大政策体系的基本作用和基本目标。就具体作用而言，分散式扶贫政策体系有利于提升分散式贫困人口的脱贫能力，减少贫困的代际传播；系统化扶贫政策体系有利于促进贫困地区协同发展；精准化扶贫政策体系有利于实现贫困人口的精确识别、精确帮扶、精确管理；深度扶贫政策体系以五位一体为出发点，强调解决深度贫困地区现实困难的同时，提升地区发展能力；可持续扶贫政策体系在促进地区可持续发展过程中发挥着不可替代的作用。

在案例说明方面，本章选取了重庆、四川、湖南、广西、甘肃等地区的具体案例，结合光伏扶贫、电商扶贫、电力综合扶贫等扶贫方式和不同地区的特定扶贫政策，分析了五大扶贫政策体系的内容和具体运用形式，同时也为其他地区政策体系的运用提供了借鉴和启示。

对于我国未来的脱贫攻坚工作而言，既要重视地区特性，因地制宜采用适合地区贫困特点的政策体系，如针对分散贫困人口的分散式扶贫政策体系、针对深度贫困地区的深度扶贫政策体系等，从而最大限度发挥特定扶贫政策体系的效用；又要强调地区的协调性，综合运用系统化扶贫政策体系、精准化扶贫政策体系与可持续扶贫政策体系等，实现脱贫的持续性与地区的可持续发展。

第七章

中国扶贫组织保障

第一节　组织保障的含义

一、组织及组织理论

关于组织的定义很多，且随着人类社会的发展，人们对组织的认识也在不断丰富和深化。目前，广义来说，组织是指由诸多要素按照一定方式相互联系起来的系统；从狭义上看，组织则包含着社会管理含义，指人们为了实现一定的目标，互相协作结合而成的社会集体或团体，如党团组织、工会组织、企业等，它是人类社会的基础。①

早期的古典组织理论形成于20世纪20年代，主要侧重于静态组织的研究，以泰勒的科学管理理论、法约尔的一般管理理论、韦伯的官僚制理论为代表，组织环境尚未成为其关注点。随着行为主义的兴起，以及工业社会发展带来的社会教育水平及人口素质的提高，组织规模和社会环境的不断变化，人们开始将目光扩散到组织的外部，系统论和控制论也给组织理论提供了新思路。20世纪30年代之后，现代组织要素理论开始出现并逐步成为主流，其关注组织的开放性和动态性，强调组织对外部环境的适应和组织内部结构的协调。社会学派和系统学派是其中两大流派。巴纳德是社会学派的代表，认为组织是

感谢马婕为本章做出的工作 .

① 许激 . 效率管理：现代管理理论的统一 [M]. 北京：经济管理出版社，2004.

有意识地协调两个或以上人的活动或力量的体系，社会各级组织都是一个协作的系统，也都是社会大协作系统的组成部分。系统学派以卡斯特和罗森茨韦克为代表，认为组织是由各子系统有机联系组成的系统，组织要素即组成组织系统的五个子系统，分别是目标与价值子系统、技术子系统、社会心理子系统、组织结构子系统和管理子系统，组织的任务之一就是在组织内各子系统、组织和外部环境间寻求最大的一致。①

组织要素是组织的最基本单位，是组织系统的不同部分，其相互影响，共同决定了组织的成员、结构、目的和特点。总体来说，组织主要由五项基本要素组成，即组织外部环境、组织内部环境、组织目的、管理主体和管理客体，这些基本要素相互联系、相互作用，共同构成了一个具备开放性、系统性、目的性、协作性和整体性的组织。②

二、组织保障及中国扶贫体系

组织保障，即通过一定的组织形式，为某项工作的开展提供支撑和保障。就中国扶贫工作而言，组织的外部环境主要包括世界、全国、地区等层级的社会经济发展情况，内部环境包括政府架构、各参与者的职能分工状态及相关政策。组织目的是能让更多人脱离贫困状态，管理主体主要为各级政府和相关机构，管理客体主要为贫困地区及人口。

1949 年中华人民共和国成立后，特别是自改革开放政策实行以来，中国政府在全国范围内实施了以解决贫困人口温饱问题为主要目标的有计划、有组织的大规模扶贫开发，安排专项资金，制定专门的优惠政策，对传统救济式扶贫进行彻底改革，确定了开发式扶贫方针。

---

① 弗莱蒙特 •E. 卡斯特 . 等 . 组织与管理：系统方法与权变方法 [M].4 版 . 北京：中国社会科学出版社，2000.

W.Richard Scott，等 . 组织理论：理性自然和开放系统 [M].4 版 . 北京：华夏出版社，2002.

引自：陈淑伟 . 开放系统组织研究的历史与理论 [M]. 济南：山东科学技术出版社，2007：146-149.

② 许激 . 效率管理：现代管理理论的统一 [M]. 北京：经济管理出版社，2004.

1986 年 6 月，为了更好地开展扶贫工作，国务院贫困地区经济开发领导小组（1993 年更名为国务院扶贫开发领导小组）正式成立，每年召开全国扶贫开发工作会议，专门负责组织、领导、协调、监督、检查贫困地区的扶贫开发工作，这标志着我国扶贫工作组织系统正式确立。各省、自治区、直辖市和地（市）、县级政府也成立了相应的组织机构，在统一部署下负责本地的扶贫开发工作[①,②]，各级扶贫办负责日常事务。中国扶贫机构的整体架构如图 7-1 所示。

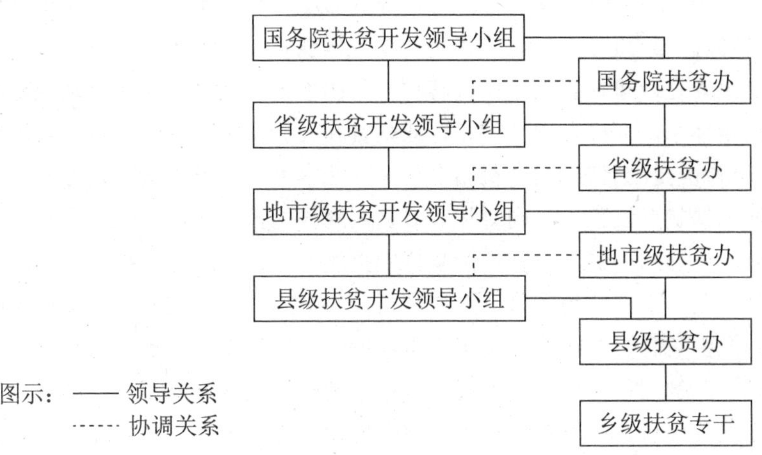

图 7-1 中国扶贫机构的整体架构

资料来源：国务院扶贫开发领导小组办公室网站 - 机构概况页

除此之外，贫困农村地区的基层组织也是中国扶贫工作组织保障的重要组成方面。基层群众自治制度是我国社会主义民主政治制度体系的基本内容之一，在这一制度下，城乡居民群众以相关法律法规政策为依据，在城乡基层党组织领导下，在居住地范围内，依托基层群众自治组织，直接行使民主选举、民主决策、民主管理和民主监督等权利，实行自我管理、自我服务、自我教育、自我监督。社区及村级

① 王朝明 . 中国农村 30 年开发式扶贫：政策实践与理论反思 [J]. 贵州财经学院学报，2008（6）：78-84.

② 国务院新闻办公室，《中国的农村扶贫开发》，2001 年 10 月，见国务院新闻办网站 . http://www.gov.cn/zhengce/2005-05/26/content_2615719.htm，2018-6-29.

组织建设的加强，极大地提高了人们在扶贫工作中的自我组织程度和参与热情，对扶贫工作的进展起到很大的促进作用。[①] 在中央、地方及基层政府之外，军队和武警部队、专业性机构（如大学、研究机构等）、企业和其他商业团体、各类社会组织（如各类慈善协会、工会、志愿者等）、共青团、妇联、科协、侨联等群众组织以及海外华人华侨等其他群体也开始逐步参与扶贫工作，相互协调合作，发挥着不可忽视的作用。

2011 年底，中共中央、国务院印发了《中国农村扶贫开发纲要（2011—2020 年）》，作为新时期我国扶贫工作的主要纲领性文件，提出要在政策体系上“完善有利于贫困地区、扶贫对象的扶贫战略和政策体系，发挥专项扶贫、行业扶贫和社会扶贫的综合效益，实现开发扶贫与社会保障的有机结合”，并在中央和地方两级财政方面逐步增加扶贫开发投入，同时加大对贫困地区的投资倾斜。在组织领导方面，“强化扶贫开发责任。坚持中央统筹、省负总责、县抓落实的管理体制，建立片为重点、工作到村、扶贫到户的工作机制，实行党政一把手负总责的扶贫开发工作责任制”，进一步强化各级扶贫机构及职能，贫困程度深的乡镇要有专门干部负责扶贫开发工作；同时，要强化各级扶贫开发领导小组的综合协调职能，使其能更好地研究制定政策措施，为扶贫工作提供更多指导，以更好地协调落实各项工作，并每年向国务院扶贫开发领导小组进行工作报告。在基层方面，“充分发挥贫困地区基层党组织的战斗堡垒作用，把扶贫开发与基层组织建设有机结合起来”，通过相关优惠政策鼓励、选派优秀人才到贫困村工作，“帮助建班子、带队伍、抓发展”，选好村级领导班子，强村富民，强基固本。[②]

2017 年 10 月 18 日，习近平总书记在党的十九大报告中指出，为了打赢脱贫攻坚战，我们要“动员全党全国全社会力量，坚持精准扶贫、精准脱贫，坚持中央统筹、省负总责、市县抓落实的工作机制，

---

① 国务院新闻办公室，《中国的农村扶贫开发》，2001 年 10 月，见国务院新闻办网站 . http://www.gov.cn/zhengce/2005-05/26/content_2615719.htm，2018-6-29.

② 中共中央、国务院，《中国农村扶贫开发纲要（2011—2020 年）》，新华社 2011-12-01，http://www.gov.cn/jrzg/2011-12/01/content_2008462.htm.

强化党政一把手负总责的责任制，坚持大扶贫格局，注重扶贫同扶志、扶智相结合，深入实施东西部扶贫协作，重点攻克深度贫困地区脱贫任务”。[①]

第二节 中国扶贫组织保障形式

中国扶贫工作的组织保障形式主要分为四种，即行政垂直式、部门横向式、交叉融合式、社会组织式。不过，这四种形式并非完全对立的关系，相反，在同一地区的不同阶段或是不同的案例之中，这几种组织保障形式往往交互出现甚至相互融合，体现着所在地区和时代的特点。

一、四种组织保障形式概述

（一）行政垂直式

行政垂直式是一种直线型的组织结构形式，在这种结构下，职权从高层（中央政府）向下传递，经过若干层次后达到组织底层（地方政府相关机构）。垂直管理事关中央与地方政府在行政权力方面的划分，它的加强也意味着中央政府（或相对高层级政府）对权力的集中行使，目的在于“通过对某些领域的行政事务的纵向直接控制，摆脱地方保护和干预，维护法制统一和政令畅通，加强行政执法的权威性、统一性”[②]，避免政出多头可能导致的利益冲突；同时，垂直管理也有利于人力资源、资金、设备等资源的配置，并确保各项目、环节间的协调，发挥我国“集中力量办大事”的优势。从秦代到现在的两千多年来，

① 习近平 . 决胜全面建成小康社会 夺取新时代中国特色社会主义伟大胜利——在中国共产党第十九次全国代表大会上的报告，新华网，2017-10-27，http://www.xinhuanet.com/politics/19cpcnc/2017-10/27/c_1121867529.htm.

② 金亮新 . 我国政府垂直管理制度探讨 [J]. 理论与改革，2008（1）：137-140.

中国一直都是一个实行中央集权制度的“大一统”国家，政府（尤其是中央政府）的权威较强，行政垂直式这一组织保障形式在我国有着较长时间的历史，也有着广泛的群众基础。经济分权与垂直的政治管理体制紧密结合的中国式分权治理模式是我国政府治理结构的核心特征①。

在我国的扶贫工作中，政府处于中心地位，实行分级负责、以省为主的行政领导扶贫工作责任制。如上文所述，我国自1986年开始实施全国范围内的扶贫开发工作系统（国务院扶贫开发领导小组——省级扶贫开发领导小组——地市级扶贫开发领导小组——县级扶贫开发领导小组，及其领导的各级扶贫办/扶贫专干），实行从中央到地方的垂直管理，这是行政垂直式组织保障的核心体现之一。为了让扶贫项目更贴近实际需求，近年来，基层政府的作用越发加强——在国务院扶贫办印发的《关于完善县级脱贫攻坚项目库建设的指导意见》中，提出要建立完善与贫困县涉农资金统筹整合使用和资金项目审批权限下放相适应的项目管理制度，编制和建立脱贫攻坚项目库（项目库纳入全国扶贫开发信息系统管理），由县级政府承担项目库建设主体责任，实行村申报、乡审核、县审定，并根据项目进展和实际效果及时更新，市级扶贫办进行督促和跟踪指导，开展必要的能力建设。②

（二）部门横向式

在我国，政府依据不同的业务、职能将政府机构划分为若干部门，每个部门各自管理不同性质的业务内容。但是，诸如扶贫开发、环境保护等复杂、艰巨的任务，并无法靠单一的政府部门、组织或机构有效解决，而需要在“局中人”的协调下，通过政府部门间、政府间甚至政府与社会机构之间的横向合作才有可能得到有效治理。部门间合作本质上是一种互动过程，是部门之间的正式协调活动。这里所说的（政府）部门（横向）合作，不仅包含中央政府各部门间的合作，也包括

---

① 钱振伟. 覆盖城乡居民社会保障管理体制研究：基于对部分市（州）县实践的调查[M]. 北京：经济科学出版社，2011：69.

② 国开办[2018]11号，关于完善扶贫资金项目公告公示制度的指导意见，2018-04-25，www.cpad.gov.cn/art/2018/4/25/art_343_921.html.

地方政府内部同级部门间或不同地方政府的相同部门之间的合作。部门横向合作并非易事，其面临着各种各样的难题，归结起来主要有三类：一是对某些工作，各部门抢着管，以扩大自身职权；二是多头监管体制引发的某些真空地带——能彻底解决问题的各项权限分散在多个不同的部门，每个部门在试图解决问题时都存在难以管理的困境；这也引发了第三类问题，即各部门互相推诿扯皮，以“不归我管”为借口不承担相关职责。[①] 此外，即使存在协调机构，在实际工作中也需要面对临时性协调机构过多及运作不规范（甚至影响正常部门行使职能）、跨部门协调配合机制不健全等挑战。这还仅仅是同政府内各部门横向合作时面临的问题，涉及不同地方政府之间的合作时，更是障碍重重：经过长时间的地方分权改革，目前地方政府已成为相对独立的利益主体，各地方政府均以追求本地区利益最大化为主要目标，导致了地方保护主义的问题；此外，两个地方政府之间的横向合作，也可能会导致它们形成对第三方地方政府的排斥，通过“加强对无合作关系的地方政府的贸易壁垒以及制定带有歧视性的地方区域规划等”，形成“团体”地方保护主义，影响区域和全国范围的整体发展[②]。近年来各地的“高铁争夺战”和愈演愈烈的“企业争夺战”“人才争夺战”都是很好的例子。

扶贫是一项综合性工作，与很多部门有着密切联系：在资金安排、使用和监管方面，需要保持与财政部 / 厅 / 局的联系；在产业扶贫方面，不同的产业往往涉及不同的部门，如特色种养中与农业部门的联系、乡村旅游中与旅游部门的联系等；在基本生活保障方面，社保部门、住建部门、交通部门、教育部门等也是重要的合作伙伴……随着扶贫工作中创新性和创造性的加强，扶贫涉及的部门可能还会增多。为了实现各部门有效合作，国务院设置了国务院扶贫开发领导小组作为其议事协调机构之一（单设办事机构），赋予其相对较高的权威。各级扶贫开发领导小组在很大程度上可以扮演有权威性的“局中人”角色，作为倡导者、支撑者和协调者，推动各部门在扶贫开发方面更好地合

① 刘新萍 . 政府横向部门间合作的逻辑研究 [D]. 上海：复旦大学，2013：2-4.

② 龙朝双，王小增 . 准公共经济组织角色下我国地方政府横向合作关系探析 [J]. 湖北社会科学，2005（10）：28-30.

作。尤其是其成员往往来自多个部门，或具有不同部门的工作经验：以国务院扶贫开发工作领导小组为例，目前领导小组由国务院副总理胡春华任组长，成员包括“国务院办公厅、中央军委政治工作部、中央农办、发展改革委、民政部、财政部、农业部、人民银行、中央组织部、中央宣传部、中央统战部、中央直属机关工委、中央国家机关工委、外交部、教育部、科技部、工业和信息化部、国家民委、人力资源和社会保障部、国土资源部、环境保护部、住房城乡建设部、交通运输部、水利部、商务部、文化部、卫生计生委、国资委、新闻出版广电总局、统计局、林业局、旅游局、国研室、银监会、证监会、保监会、能源局、中国铁路总公司、农业银行、供销合作总社、全国总工会、共青团中央、全国妇联、中国残联、全国工商联等有关部门的负责同志”[①]；在省级及以下，领导小组成员数量往往只有三五名，小组主任由省、市或各级相应党委、政府主要领导等高级别领导担任，小组成员普遍具备丰富的政府工作经验，这一组织一直延续到县一级——以贵州省黔南布依族苗族自治州长顺县为例，该县就成立了“以县长为组长、分管副县长和县四家班子联系扶贫的领导为副组长、县相关部门和有关乡镇负责人为成员的扶贫开发工作领导小组”[②]。

（三）交叉融合式

目前，交叉融合多见于高校学科人才培养体系之中，指在高校打破传统思维、改变创新理念模式的基础上，通过突破学科壁垒、开设跨学科课程、组建跨学科平台等方式促进学科交叉交融，培养具有较高综合素质、能够分析研究解决复杂问题的综合性人才的培养方式。在其他领域，虽然没有人才教育体系中提得频繁，但交叉融合的思路早已深入其中。其与部门横向式的原因类似，即如今很多问题都是综合性、跨学科的，单靠某一科的专业知识并无法彻底解决，甚至会加

① 国务院扶贫开发领导小组办公室网站 - 机构职能页，http://www.cpad.gov.cn/col/col282/index.html，2018-07-12。

② 张琦，王建民 . 产业扶贫模式与少数民族社区发展 [M]. 北京：民族出版社，2013：107-109.

剧这些问题。要真正解决这些问题，不仅需要推动各独立部门之间的横向合作，还需要我们将各个独立的问题联系起来，从多个角度探索复杂问题的产生原因、发展过程及可能的解决方式。建立交叉融合式的组织保障模式，目的之一就在于用综合、多角度的视角去看待目前国家和社会发展中存在的障碍和问题，促进多学科资源的紧密结合，推动创新创造性想法及模式的产生和实践，以更好地解决一些"顽固"的综合性问题。

在扶贫工作中，《"十三五"脱贫攻坚规划》要遵循的关键原则之一，就是"坚持统筹推进改革创新，将脱贫攻坚与经济社会发展各领域工作相衔接，与新型工业化、信息化、城镇化、农业现代化相统筹"，将扶贫与国家众多重点工作进行交叉融合。如在城镇化方面提出"推动脱贫攻坚与新型城镇化发展相融合"，依托贫困地区的优势（如特色农产品、农事景观、人文景观、风俗文化、气候及地理环境等资源），打造"一批休闲旅游、商贸物流、现代制造、教育科技、传统文化、美丽宜居小镇"，并在这一过程中"结合中小城市、小城镇发展进程，加快户籍制度改革，有序推动农业转移人口市民化，统筹规划贫困地区城乡基础设施网络"，在水电路气等基础设施、公共服务等各方面推行城乡统一布局和建设，逐步实现制度并轨、标准统一。这一思路也体现在其各个扶贫开发模式之中，如在产业扶贫中提出要"促进产业融合发展，深度挖掘农业多种功能，培育壮大新产业、新业态，推进农业与旅游、文化、健康养老等产业深度融合，加快形成农村一二三产业融合发展的现代产业体系"。仅在农业发展一块，也提出要将农业种 / 养殖、农产品加工、农产品物流（流通及物流冷链基础设施）、农业品牌战略等结合起来，以推动贫困农村地区的发展。①在这一过程中，扶贫开发领导小组就承担着类似于高校学科交叉融合中心的角色，将三大产业、财政、金融、就业、社会保障、卫生、教育、城镇化、环保等众多元素交叉融入其中，以更积极的态度调动多个学科的相关资源，在针对贫困地区实行开发式扶贫（给予专项资金，出

① 国务院."十三五"脱贫攻坚规划，2016-12，见 http://www.cpad.gov.cn/art/2016/12/4/art_343_261.html 2018-07-18。

台优惠措施，以基础设施建设和特色产业培育等方式，增加其自我持续发展的“造血能力”）和救济式扶贫的同时，注重国家和社会的可持续发展，并随着社会各方联系的日益紧密而发挥越来越重要的作用。

（四）社会组织式

社会组织，广义来说包括除了党政机关、企事业单位外的社会中介性组织，狭义来说指在各级民政部门登记的社会团体、民办非企业和基金会等[①]。相关研究显示，从注册性质上看，扶贫相关的社会组织大致可分为6类，占比如图7-2所示；从关注群体上看，儿童、残障人士、老人和妇女是其重点关注对象，如图7-3所示。[②]

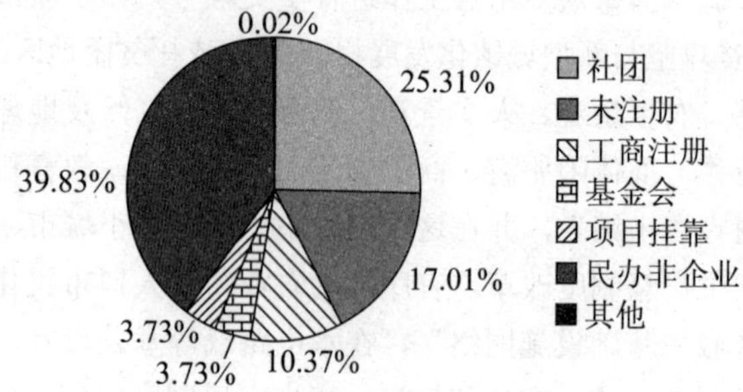

图 7-2　各注册性质扶贫相关社会组织的占比情况

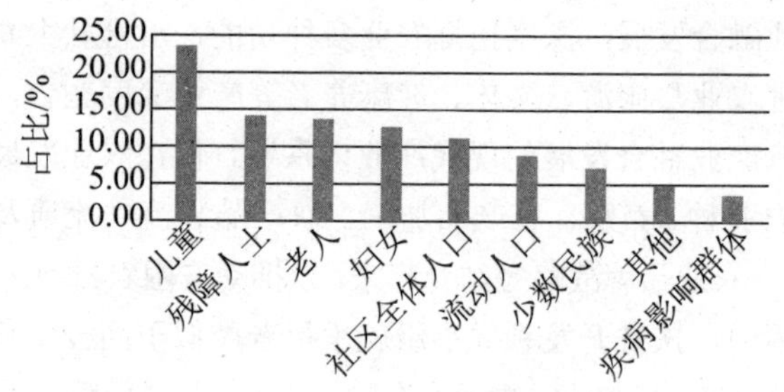

图 7-3　以各群体为重点服务对象的社会组织的占比情况

① 白杨．民族地区扶贫政府与社会组织合作关系研究 [D]，呼和浩特：内蒙古大学，2011：6-7.

② 李爱玲，《中国社会组织扶贫现状、类型及趋势》，2015-08-26，http://www.chinadevelopmentbrief.org.cn/news-17932.html，2018-08-12.

对很多复杂的综合性问题，仅仅依靠政府及相关部门单一主体的力量，很多时候并不足以解决——这不仅体现在可以调动的资源方面，也体现在政府这一主体的工作思路和工作模式的局限性上；市场和社会这两大主体的适当参与，可以在很多方面弥补政府在某些工作中的不足，从而推动问题的解决；当然，这二者本身也有自己的问题，因此政府、市场、社会三大主体应该进行合作，以满足任何一个单一主体都无法满足的全体公民对公共物品的需求。政府失灵理论、福利多元主义、参与式发展理论都是社会组织式保障（尤其是针对某些公共事业）的理论基础。政府失灵理论认为，虽然政府是市场失灵的最佳弥补者，但在这一过程中也会有政府失灵情况出现（如因政府“趋中性”即倾向于满足中间部分人的需求，导致部分人的需求无法得到实质满足；政府效率、职责边界及科层制造成的交易成本）；社会组织是对两者双失灵的弥补，可以作为公共物品的提供者之一，弥补政府无法满足的公民需求。福利多元主义认为一个社会的福利应该由多个主体提供，而不应由政府垄断，强调政府权力分散化与福利市场化 / 民营化；社会组织可以有效弥补政府福利供应的不足，将社会力量纳入社会福利供应方，在减轻政府财政负担的同时，降低人民对政府福利的依赖。参与式发展是在赋权，将参与权和决策权进行再分配以增加社区和弱势群体（如妇女和穷人）的发声和影响，而非由传统掌握公共权力的政府部门一手垄断。[①]

在我国的扶贫工作中，组织和动员社会力量投入扶贫开发工作一直被作为一项重要的扶贫举措，通过组织动员企业参加对口扶贫，鼓励东部相对发达地区支持中西部贫困地区，动员社会资源以各种公益形式参加扶贫——如“希望工程”“幸福工程”“康复扶贫工程”“博爱工程”等活动，使贫困地区得到了更多支持以改善自己的社会经济发展条件。据估计，“八七扶贫攻坚计划”和“十五计划”（2001—2005）期间，社会扶贫动员的资金总额达 1 137 亿元，占总扶贫投资

① 赵佳佳 . 当代中国社会组织扶贫研究 [D]. 长春：吉林大学，2017：51-57.

的28%[①]。2006年2月，6家非政府组织通过中国扶贫基金会被委托组织的招标形式参加了江西试点的村级扶贫规划工作，利用国务院和江西省扶贫办提供的1 100万元财政扶贫资金，在江西22个重点贫困村实施村级扶贫规划项目，这是社会组织首次系统、直接参与国家扶贫开发规划的标志；2017年1月9日，国务院扶贫开发领导小组办公室又宣布通过竞标形式将宁夏扶贫与环境改造中心等5家非政府组织纳入参与政府扶贫项目的非政府组织范围。此外，我国的国际合作伙伴也对社会组织参与扶贫工作给予大量支持，如亚洲开发银行提供了100万美元、新加坡金鹰国际集团提供近8万美元（通过中国扶贫基金会），以支持非政府组织参与村级扶贫规划试点项目的设计和示范推广工作。[②]在贫困地区极大需求无法得到满足的背景下，中央及地方各级政府极力倡导社会组织参与扶贫。从1994年的《八七扶贫攻坚计划》明确提出"充分发挥中国扶贫基金会和其他各类民间扶贫团体的作用"以来，国务院颁布的多项文件都强调了这一问题，如2014年的《关于创新机制扎实推进农村扶贫开发工作的意见》强调的"鼓励引导各类企业、社会组织和个人以多种方式参与扶贫开发……每五年以国务院扶贫开发领导小组名义进行一次社会扶贫表彰"，并在同年又印发了《关于进一步动员社会各方面力量参与扶贫开发的意见》，指出政府部门应加强对社会扶贫组织的信息及业务支持，鼓励其参与扶贫资源动员、配置和使用，降低其注册门槛，帮助其加强自身能力建设和管理水平，打造社会扶贫公益品牌……截至2016年，共有26个政策、法律文件提及社会组织参与扶贫，如表7-1所示。[③]

① 王朝明. 中国农村30年开发式扶贫：政策实践与理论反思[J]. 贵州财经大学学报，2008（6）：78-84.

② 韩洁，《中国首次选择11家非政府组织参与政府农村扶贫》，新华社北京2017-01-19电，http://www.gov.cn/jrzg/2007-01/19/content_501731.htm，2018-7-20.

③ 赵佳佳. 当代中国社会组织扶贫研究[D]. 长春：吉林大学，2017：70-75.

表 7-1　涉及社会组织扶贫的重要政策和法律一览表（不含救灾与灾后重建）

序号	年份	文　件
1	1989	社会团体登记管理条例
2	1994	国家八七扶贫攻坚计划
3	1998	社会团体登记管理条例
4	1998	民办非企业单位登记管理暂行条例
5	2001	中国农村扶贫开发纲要（2001—2010 年）
6	2004	基金会管理条例
7	2004	关于进一步加强扶助贫困残疾人工作意见的通知
8	2004	关于进一步加强红十字工作的意见
9	2011	中国农村扶贫开发纲要（2011—2020 年）
10	2012	农村残疾人扶贫开发纲要（2011—2020 年）
11	2014	关于创新机制扎实推进农村扶贫开发工作的意见
12	2014	发达省（市）对口支援四川云南甘肃省藏区经济社会发展工作方案
13	2014	关于进一步动员社会各方面力量参与扶贫开发的意见
14	2014	国务院关于进一步促进慈善事业健康发展的指导意见
15	2014	国家贫困地区儿童发展规划（2014—2020 年）
16	2015	国务院关于加快推进残疾人小康进程的意见
17	2015	关于进一步完善医疗救助制度全面开展重特大疾病医疗救助工作的意见
18	2016	中共中央关于制定国民经济和社会发展第十三个五年规划的建议
19	2016	中共中央关于打赢脱贫攻坚战的决定
20	2016	关于加大脱贫攻坚力度支持革命老区开发建设的指导意见
21	2016	中华人民共和国慈善法
22	2016	国务院关于加强农村留守儿童关爱保护工作的意见
23	2016	国务院关于进一步健全特困人员救助供养制度的意见
24	2016	国务院关于加强困境儿童保障工作的意见
25	2016	“十三五”加快残疾人小康进程规划纲要
26	2016	“十三五”脱贫攻坚规划

资料来源：赵佳佳．当代中国社会组织扶贫研究，第 75 页

社会组织本身的经济实力和慈善文化也不断加强，参加扶贫工作的社会组织类型、数量及其参与方式也有了较大发展，同时借鉴国际先进经验进行适应本国环境的模式创新。当代中国社会组织扶贫的活动领域主要包括基础设施建设（如中国扶贫基金会的“贫困农户自立工程”与中国妇女发展基金会的“母亲水窖”项目）、教育扶贫（如“希望工程”“春蕾计划”“爱心包裹项目”“筑巢行动”）、健康扶贫（如“母亲健康快车”“中国西部妇幼计划”“希望医院”“中国民促会防残康复试点项目”等）、产业扶贫（如中国国际民间组织合作促进会争取的国际民间组织的扶贫项目，在1987—1997年帮助山东蒙阴县争取到无偿援助项目34个，总投资2 690.38万元；中国光彩事业促进会联合发起的“万企帮万村”精准扶贫行动和“双百双促”行动等）、金融扶贫（如中国扶贫基金会下属的中和农信为以贫困妇女为主的贫困农户提供小额贷款，并为其提供金融知识普及教育和理财咨询，以及所需的农业技术培训和信息技术培训等）、救灾扶贫（物资捐款、行动救援、灾后重建）这六大领域，通过筹款工具模式、项目运行模式、组织资助模式和政府购买模式参与扶贫工作，取得了很多成绩。但由于我国扶贫工作依然处于政府主导局面，社会组织参与扶贫工作的相关立法依然相对滞后、管理体制僵化、体制相对松散，且社会组织数量众多、良莠不齐，其独立性不足、公信力缺失、资源动员能力有限、扶贫专业水平欠缺等内部制约，也一定程度上限制了其发挥建设性的作用。

二、案例分析

案例：小金县社区发展案例

小金县位于四川省西北部，阿坝藏族羌族自治州南端，是嘉绒藏族主要聚居区。小金县是非常典型的“老少边穷地区”，自然条件恶劣，有丰富的自然资源，但因区位、交通、气候等因素制约而并未得到充分开发利用，经济基础不足，技术、管理水平较低，信息相对闭塞，加之自然灾害影响（如汶川地震），贫困问题非常突出。小金县在 1989 年被确定为省定贫困县，2002 年被列为国家扶贫开发工作重点县，2008 年被国务院确定为“5 • 12”汶川特大地震重灾县，2012 年被确定为国家新一轮扶贫开发工作重点县。小金县现有贫困村 88 个，贫困户 2 952 户，贫困人口 10 578 名。①

小金县政府并不满足于作为一个边远贫困县，依赖国家资金和社会捐助存活的现状，而是在县级扶贫开发工作领导小组和县级扶贫办的指导下，开展了一系列扶贫、脱贫活动。在产业布局方面，小金县全面推进特色农业、旅游业等产业的发展，目前已基本形成以四姑娘山镇旅游、达维镇玫瑰、双柏乡核桃、沃日镇苹果、美沃乡甜樱桃、新桥乡牦牛标准化养殖等产业为主体，其他产业齐头并进的产业发展格局；此外，小金县政府注重引入新领域、新技术，着力于“国家级电子商务进农村综合示范项目”建设，大力培育农产品电商交易平台，通过“电商＋合作社＋农户”或“电商＋农户”模式，建设电子产业园，充分发挥第三方交易平台优势，为当地农产品企业、专合组织和贫困户提供便捷高效的销售渠道（电商直销也提升了小金县特色农产品的知名度和溢价率，如小金苹果通过电商销售的溢价率就达到 87%），依托电商产业和“触电企业”辐射带动贫困人口从业。

同时，小金县政府从多方面入手处理贫困问题。在健康扶贫方面，落实贫困人口“十免四补助”政策，探索建立 1+1+1（一名县医院和中藏医院医生＋一个乡镇 / 村医生团队＋一个家庭）模式，实现贫困人口家庭医生签约服务全覆盖，并由县财政设立“医疗救助基金”和“健康阿妈基金”，向需要救助的人群发放救助基金；在基础设施方面，注重水利设施建设（如村饮水安全工程，和以小农水、蓄水窑、高效节水设施为经脉，池、渠配套＋蓄、引、节、灌结合的灌溉体系，建立项目需求台账，落实专人抓项目）和道路建设（实施乡村道

① 中国阿坝州门户网站 . 朱学昌介绍小金县贫困现状，2016-12-06，http://www.abazhou.gov.cn/hdjl/zxft/syft/lvsegongye_33011/ftzy/201612/t20161206_1222406.html，2018-07-20.

路“联网提升”工程，2014年以来累计投入资金近20亿元进行数十公里乡道和近500公里村道的改造，以及600余公里组道、920公里农村道路安保、608公里联户路的新建，同时改造新建了危桥、生产便桥40座；目前，全县通乡油路通达率、数据库内村道硬化率、县乡村道路安保设施覆盖率均达100%[①]）等各方面基础设施水平的提升。在教育扶贫方面，注重办学条件改善（2012年以来建成教育基础设施项目25个，教学条件不断完善，并通过县域义务教育均衡发展高质量通过国家督导评估）、师资素质的提升（如依托新津县对口帮扶，抓好“校本研修”“十抓一促”和“一培四展”工作）和惠民政策落实（如全面落实两免一补、营养改善、教育助学等教育惠民政策，并有效利用社会各界的教育扶贫资金对需要的学生进行帮助）。此外，小金县政府也积极提升社会保障网络，完善城乡低保动态管理机制（定期清理城乡低保户数据，并规范低保金社会化管理发放工作，应保尽保）、残疾人帮扶机制（扶持城乡残疾人灵活就业，对残疾儿童的康复治疗费用进行支持，实行重度残疾人护理制度等），完善城乡困难群众临时救助制度（出台《小金县城乡特殊困难群众救助资金管理办法》，以扩大救助范围、标准并提升管理规范程度），推广多元助力养老（建设社会福利中心和照料中心协助五保老人供养，发放老年智能手机给失能/独具空巢老人以推动“互联网+养老”，探索“联户养老”模式以安置相关贫困群众，以公益性岗位进行老人照顾工作）……此外，由于其贫困问题的长期性和艰巨性，小金县也有一些对口支援地区，如在汶川地震后，小金县成为江西省的对口援助地区，江西省在2008年内就向小金县捐助了价值超过2亿元的救灾物资，并在小金县启动了37个恢复重建项目，总投资超过10亿元；在重建之外，江西省还根据小金县的特色优势，并发挥自己的技术、人才优势，在旅游、农产品生产加工和产业配套方面加强合作，恢复了长征两河口会址、招商开发了夹金山长征文化体验区等文化旅游资源，

① 小金县政府信息公开工作办公室，2018-4-19，http://www.xiaojin.gov.cn/xjyw/zwdt/201804/t20180419_1351233.html，2018-7-20.

协同开发花岗岩、大理石等矿产资源，合作建设农畜产品（如油菜籽榨油）、林木业等加工项目，也极大地改善了小金县的硬件设施；此外，倡导江西省企业开展小金县劳工招募活动，并在工资、社会保障方面做出一定要求，以达到异地转移就业对小金县人民生活的改善效果①。小金县也是成都市下辖的新津县的对口帮扶县，在《新津县对口帮扶小金县专项2018年度实施方案》中，新津县政府表示将从教育保障、产业发展（助力小金县“金牦牛、金旅游、金玫瑰、金苹果”四金产业发展）、就业帮扶（转移就业及技能培训）、干部人才帮扶（新选派28名干部到小金县开展对口帮扶）、社会力量帮扶、基础设施帮扶（4个地质灾害点的治理）及其他项目七大方面展开，致力于使小金县在该年度内完成脱贫摘帽32个贫困村、552户贫困户、1 909名贫困人口脱贫攻坚目标任务②；小金县还是浙江省绍兴市对口帮扶单位和交通运输部定点扶贫地。此外，小金县还积极与省内帮扶单位联系开展合作，如邀请帮扶单位四川核工业技师学院的上属公司中国核工业二三建设有限公司、东方核电工程公司来到小金县开展“一帮一”技能培训促就业工作和“一帮一”就业扶贫专场招聘会，数十名求职者与公司达成就业意向，并将在广元市四川核工业技师学院培训两个月后到公司就业上岗③。小金县扶贫办在贯彻上级扶贫部门决定的前提下，积极主动地与对口帮扶地区及单位联系合作，以获取发展亟须的资金、技术、人才等各项资源和先进的发展理念及模式，同时积极与本地财政、社保、教育、卫生、水利、交通、农业、商务等部

---

① 彭学明，《把小金县当做江西第一百个县来建设》，载《当代江西》2008年第8期，第18-19页，获取于 http://xueshu.baidu.com/s?wd=paperuri%3A%289c4731af45895317683d9bbf3d48f32a%29&filter=sc_long_sign&tn=SE_xueshusource_2kduw22v&sc_vurl=http%3A%2F%2Fwww.doc88.com%2Fp-9082850930236.html&ie=utf-8&sc_us=3078607023386559376，2018-7-20。

② 冉倩婷．对口帮扶小金县，新津今年将助力其“四金”产业发展，四川在线消息 2018-01-16，获取于 https://baijiahao.baidu.com/s?id=1589753906552583081&wfr=spider&for=pc，2018-07-20。

③ 小金县人民政府网站．小金县专业技能培训＋定向岗位就业 助力精准脱贫，2018-05-18，获取于 http://www.xiaojin.gov.cn/xjyw/zwdt/201805/t20180518_1355075.html，2018-07-20。

门通力合作，推动了扶贫事业的整体发展。

小金县扶贫办的思路远不止于此，其还积极探索并不断创新各种扶贫方式，将社会组织等主体的力量纳入本地区的扶贫开发工作之中。2009 年，在实施整村推进项目中，小金县政府提出将产业扶贫资金重点用于建立社区互助基金。在社区基金项目的实施过程中，农户 / 社区内部自我决策、自主管理、自主运作。但小金县政府对社区基金这一相对新鲜事物在理念、技术、模式等方面存在一定的理解和经验、能力不足限制，因此，政府邀请了成都蜀光社区发展能力建设中心这一非政府组织加入进来，委托其在社区互助基金项目推行过程中提供技术支持和能力建设服务，通过专业机构的帮助以协助、克服项目初期县内面临的人力资源匮乏、专业能力不足等问题[①]；在产业发展方面，小金县也邀请台湾农技、民宿专家和企业运营、品牌打造、旅游产业的专家到本县开展了多次农旅产业融合提升指导培训，以提升产业发展水平。慈善组织及其援助活动也是小金县扶贫开发工作的重要力量，全国红军小学建设工程理事会等机构援建的红军小学、中华慈善总会与宝洁公司开展的烛光工程助教活动，以及“百企帮百村”“栋梁工程”“助爱关爱行动”“博爱送万家”“人大代表在行动”“我为脱贫攻坚做件事”等活动的大力开展，都为小金县带来了一定规模的社会善款及捐助物资。在中央、省市扶贫开发领导小组的支持、指导和协调下，小金县扶贫办积极开展政府部门间的横向合作，并将多学科、多方面的因素融合到扶贫事业之中，动员企业和社会组织力量加入，极大促进了扶贫开发事业的进展。统计数据显示，小金县地区生产总值在近年取得了极大增长，如图 7-4 所示[②]。

① 唐新，韩伟 . 非政府组织参与政府扶贫：过程、成效及问题——以小金县社区发展基金为例 [J]. 四川师范大学学报 (社会科学版)，2013：69-73.

② 小金县 2017 年国民经济和社会发展统计公报，2018-07-25，http://www.xiaojin.gov.cn/xjyw/gsgg/201807/t20180725_1362959.html，2018-08-12.

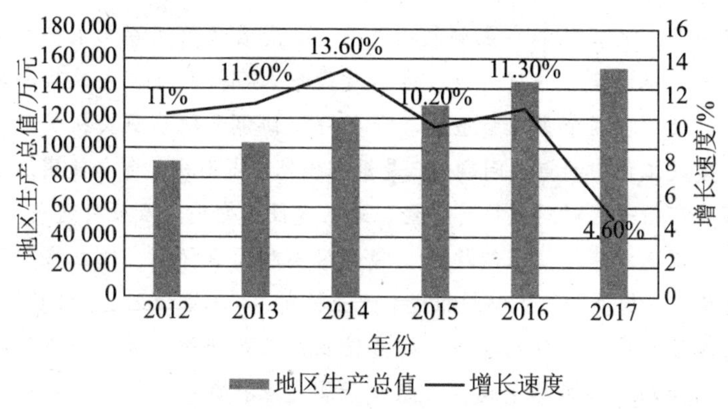

图 7-4　2012—2017 年小金县地区生产总值及增速

资料来源：小金县人民政府扶贫专页，http://www.xiaojin.gov.cn/xjyw/jzfpzc/

小金县的扶贫工作给我们三点启示：一是拓宽扶贫思路，积极推动部门横向合作，如与本地财政、社保、教育、卫生、水利、交通、农业、商务等部门合作，在健康、基础设施、弱势群体帮扶（如残疾人、特困户）等方面积极推进工作；积极主动与对口帮扶地区及单位联系合作，以获取发展亟须的资金、技术、人才等各项资源支持。在产业布局方面，对各部门工作进行交叉融合，全面推进特色农业、旅游业等产业的发展，同时关注新领域、新技术，大力培育农产品电商交易平台，利用电商平台的营销、辐射功效，带动贫困人口脱贫。二是根据行政垂直式优势，积极贯彻落实上级扶贫部门决定，着力于“国家级电子商务进农村综合示范项目”等国家重点项目，吸引资金和政策支持，寻求发展。三是利用社会组织，积极引入民间组织、企业等，发挥其智力、技术、资金、组织安排方面的优势，协调共进。

案例：建始县扶贫开发案例

建始县位于鄂西南山区北部，隶属恩施土家族苗族自治州。建始县资源丰富，是全国 141 个重点产煤县之一，其无烟煤储量占湖北省总储量的 32%，但同时，建始县却又是湖北 26 个国家扶贫工作重点县之一。

建始县的扶贫开发工作由建始县扶贫开发领导小组和扶贫开发办

公室指导，其工作职责主要包括九项：一是贯彻落实湖北省相关决定和条例，拟订全县扶贫开发、老区建设中长期规划及相关政策和具体措施，组织实施和监督检查；二是指导、协调和推动解决扶贫开发与老区建设工作中的重大问题；三是根据国家、省州扶贫资金使用规定，与有关部门一起对财政扶贫资金、老区建设资金使用及项目进行考察、论证、筛选、审定、跟踪检查、督办落实和项目评估，建立扶贫开发项目库；四是负责组织整村推进、产业扶贫、“雨露计划”、扶贫搬迁、老区建设等重点工作的实施和检查验收；五是组织动员全社会开展扶贫济困活动，指导各党政机关组织开展定点扶贫；六是负责农村贫困劳动力转移技能、农业实用技术培训的“雨露计划”，参与实施贫困地区人才扶贫计划；七是负责全县贫困状况监测和统计分析，组织贫困人口建档立卡工作，确保扶贫开发政策与农村低保等其他制度的衔接；八是承担县扶贫开发领导小组、县扶持革命老区建设委员会的日常工作；九是为龙头企业提供服务[①]。扶贫领导小组的资金主要来自中央，财政扶贫专项资金在其中占到极大比例；与之相比，省级扶贫项目资金额则相对较少，如图 7-5 所示。[②]

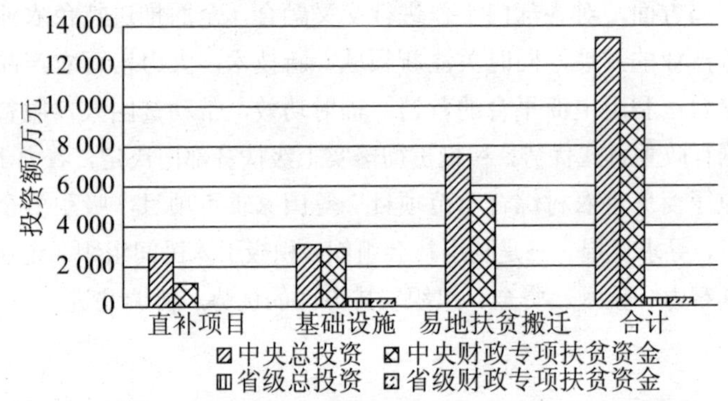

图 7-5　建始县 2018 年中央 / 省级财政专项扶贫资金备案项目投资额

① 建始县扶贫开发办公室百度百科词条，见 https://baike.baidu.com/item/%E5%BB%BA%E5%A7%8B%E5%8E%BF%E6%89%B6%E8%B4%AB%E5%BC%80%E5%8F%91%E5%8A%9E%E5%85%AC%E5%AE%A4/2606260，获取于 2018-7-20。

② 《建始县 2018 年中央及省财政专项扶贫资金项目公示》，2018-07-30，http://s.weizili.com/uploadfile/2018/0730/20180730050038765.pdf，2018-8-12。

在扶贫工作中，建始县同样注重产业扶贫，着力落实帮扶责任全覆盖、产业发展全覆盖、新型农业经营主体带动全覆盖、农业技术服务全覆盖四大方面工作。在这一过程中，各级干部在中央和省市党委和政府的号召下，在县扶贫办、县委县政府的统筹安排下，纷纷进村开展驻村帮扶（29 个工作队常年驻村帮扶，61 个“第一书记”到村任职，7 112 名干部与贫困户对接结“穷亲”）；县乡农技人员围绕贫困村主导产业深入田间地头调研，并在此基础上组织贫困群众开展实用技术培训，解决技术难题（2016 年，全县共组织各类农业实用技术培训 500 多场次，培训超过 2 万人次）；企业也投入其中，腾龙电子、宏峰鞋业、腾飞沙石料等企业在高坪镇青里坝村招商引资政策及宣传下进村建厂，业州镇当阳村也创造条件扶持返乡农民工创业，建起当阳工艺厂，吸纳贫困户进入厂内任职做工；农业各经营主体也在依托各村资源优势前提下，实行一村一品产业布局，构成“121+X”产业发展模式，与政府合作推动扶贫开发事业的进展。2016 年全县 92 个重点贫困村培育出了 150 家农民专业合作社，成立了 92 个金融精准扶贫工作站，有 36 家企业与 45 个贫困村建立帮扶联系，有 31 个重点贫困村与农业企业实现了产业对接，全县近 180 家新型农业经营主体与贫困户建立了利益联结，“包干”9 000 余贫困户脱贫，如鑫地源公司大奥的“公司 + 专业合作社 + 基层供销社 + 家庭农场 + 基地（农户）+ 产业扶贫”的复合型经营体系等。①

同时，扶贫办还与其他政府部门进行合作推动各方面扶贫工作进展。如在教育扶贫方面，扶贫办与县教育局、人社局、文体局、财政局等相关单位共商教育脱贫工作，在县精准扶贫指挥部文件的指导下明确教育脱贫的目标和任务，对各阶段教育扶贫工作提出具体要求，并着力落实各阶段资助政策（如农村义务教育阶段寄宿贫困生生活补助、义务教育阶段非寄宿生建档立卡、贫困学生生活补助、营养改善计划、大学生新生泛海项目等），大力改善办学条件，开展学校标准化建设，提升农村学校教师素质；同时，建始县也注重职业培训，融

① 建始扶贫网，产业扶贫 催生脱贫攻坚，（2017-11-01），http://s.weizili.com/index.php?m=content&c=index&a=show&catid=16&id=89，[2018-07-20]。

合本地农业局、劳动局、扶贫办、职校各项资源，以及华中农业大学、中南财大等结对帮扶单位的高等教育资源，以推动教育扶贫事业的整体发展。在健康扶贫方面，为贯彻落实党中央、国务院脱贫攻坚战略决策部署和《湖北省深度贫困地区脱贫攻坚工作实施意见》，建始县也出台了《建始县健康扶贫资金结算办法》，确保健康扶贫对象在符合医保政策的前提下能报销绝大部分住院医疗费用，建立完善人社、财政、卫计、民政、保险等多部门互联互通的健康扶贫信息共享系统和业务协作机制，在全县定点医疗机构设立了健康扶贫综合服务窗口，在县域内医保定点医疗机构住院就医时实施先诊疗，出院时在健康扶贫结算窗口“一站式”结算。[①]

同时，为了更好地动员全社会力量参与建始县的扶贫开发工作，2013 年 10 月，建始县扶贫开发协会应运而生，它是湖北省首次成立的县级扶贫开发协会，具有宣传引导会员参与扶贫、开展调研以掌握扶贫动态并向政府建言献策等职能，标志着建始县扶贫工作由政府单一扶贫迈向社会参与扶贫的“三位一体”（专项扶贫、行业扶贫、社会扶贫）工作新格局。[②]建始县扶贫开发协会着重于基础设施建设、教育扶贫、产业扶贫和慈善事业：在基础设施建设扶贫中，协会引入新加坡连援组织为本县 3 个贫困村捐资以实现人畜安全饮水解困工程，并通过“扶贫搬迁援助计划”“慈善安居房援建活动”等，协助贫困户住房及安置问题的解决；在教育扶贫方面，协会建立教育扶贫基金，并开展“扶贫助学、放飞梦想”“温暖工程”“光明工程”等项目为教育事业募集资金与各类资源，以更好地资助贫困家庭学子，帮助学校改善教学条件和基础；在产业扶贫方面，协会积极支持本县特色优势产业项目，为这些项目提供技术和资金支持，根据因企制宜、因村制宜的原则，推广“公司＋专业合作社＋基地＋农户”的产业发展模式，在互帮互促中实现互利双赢——猕猴桃、甜柿、景阳鸡等多个特色产

① 建始扶贫网，《“健康扶贫资金结算办法”为贫困户就医兜底》，2018-1-12，http://s.weizili.com/index.php?m=content&c=index&a=show&catid=16&id=170，2018-7-20。

② 何平. 建始县扶贫开发协会成立 [EB/OL]，湖北省扶贫办新闻，（2013-10-21）[2018-07-20]. http://www.hbfp.gov.cn/zwdt/dfkx/11449.htm，

业的建立，都离不开协会的努力。扶贫开发协会的努力，以及其精准化的瞄准机制和多渠道的筹款机制，的确在一些方面取得了一定成效，如对贫困人口自我发展能力提升和贫困地区产业可持续发展的推动，并营造了社会共同关注和参与扶贫事业的良好氛围。

不过，社会组织参与扶贫工作的法律机制尚不完善，与政府的关系并不对等（往往成为政府的“附属品”，被政府“领导”而非“指导”或“平等”关系），协会本身由于历史较短，发展也不够成熟，以及因此带来的社会认同度不足等问题，都在一定程度上限制了其影响力。对此并不能在一朝一夕解决，需要在工作中一步步去发现问题、明确问题，并探索可能的解决方法。同时，尽管建始县扶贫开发协会仍是一个“官方性质”较重的社会组织，但作为湖北省首次成立的县级扶贫开发协会（湖北省其他市县并没有这样的社会组织与社会扶贫载体/平台），它具有的里程碑式意义依然值得我们击掌而赞。

资料来源：建始扶贫网，http://s.xfzckj.com

建始县的扶贫工作经验告诉我们，应充分利用行政垂直式的优势，贯彻落实国家、省市在扶贫工作方面的决定和安排，如建始县扶贫开发领导小组和扶贫开发办公室根据上级指导与资金支持，制定其九项工作职责，促进全县工作开展。同时，应积极利用部门横向式和交叉融合式优势，与其他政府部门、帮扶部门进行合作，推动各方面扶贫工作进展，如教育、职业培训、医疗、产业发展等。此外，利用社会组织式纳入非营利组织和企业的活力和专业性，借助第三方专业机构的力量推动扶贫事业进一步发展，如设立建始县扶贫开发协会，引入新加坡连援组织等专业机构等。

第三节　总结及建议

自中华人民共和国成立以来，打赢脱贫攻坚战就是我国政府的重点工作之一。1986 年国务院贫困地区经济开发领导小组成立以来，我国扶贫工作组织系统得以正式确立，各省、自治区、直辖市和地（市）、县级政府成立相应的组织机构，并由各级扶贫办负责日常事务。

目前，中国扶贫工作的组织保障形式主要有四类，即行政垂直式、部门横向式、交叉融合式、社会组织式。正如上文所述，这四种组织保障形式除具有各自的优点之外，也都面临着各种问题。在扶贫工作中，行政垂直式即实行从中央到地方的垂直管理，政府处于中心地位。这一形式有利于消除地方保护和干预、维护法制统一和政令畅通，并更有力地调配各项资源，集中力量办大事；但同时却极有可能因各级官僚传导机制导致工作效率低、反应速度慢，甚至扼制地方政府、社会组织的工作积极性和创新性。部门横向式是扶贫开发这类复杂、艰巨任务的必然要求，指通过政府部门间、政府间甚至政府与社会机构之间的横向合作（主要是各级、各地、各职能政府部门间），解决扶贫工作涉及的各方面问题。这一形式有助于发挥各部门的长处，以解决相关方面问题；但也面临着不少难题，如各部门“抢职权”“都不管”，推诿扯皮，以及临时性协调机构过多及运作不规范、协调机构机制不健全等问题，涉及各地方政府间的合作时，则还有地方保护主义或团体地方保护主义的问题，影响区域和全国范围内的整体发展。交叉融合式即综合、多视角地看待问题，促进多学科资源的紧密结合，推动创新创造性想法及模式的产生和实践，以更好地解决一些综合性、跨学科的问题；但在实践过程中，将扶贫与经济社会发展各领域工作如产业化、城镇化、环保、信息化等元素交叉融入其中，要求极高的规划、治理和协调水平，有时则超出了地方政府的能力。此外，多元素交叉融合也可能导致问题的复杂化，或由别的工作占去原本属于扶贫开发工作的相关资金等其他资源。社会组织式有利于组织和动员社会力量投入扶贫开发工作，随着我国社会组织自身经济实力的增加、慈善文化的不断加强，其类型、数量及参与方式有了较大发展，并借鉴国际先进经验进行适应本国环境的模式创新，可以有效解决由于政府资金能力 / 精力不足、某方面专业知识缺失等方面限制，贫困地区极大需求无法得到满足的问题；但是，我国扶贫工作依然是政府主导，社会组织参与扶贫的立法相对滞后、管理体制僵化、体制相对松散，多主体共同参与的扶贫机制尚未完全成立，且社会组织数量众多、良莠不齐，也面临人力资源匮乏、独立性不足、公信力缺失、资源动员能力有限、扶贫专业水平欠缺、注册难度大等内部制约。

面对这些问题，在保持警觉的同时，我们不应过分消极，而应以积极的心态探索解决问题的方案。在结合上述分析的基础上，本章提出三条建议。

（1）综合利用四大扶贫组织保障形式，而不拘泥于一种，与时俱进，积极创新。

上文虽然分别介绍了扶贫组织保障的四种形式（行政垂直式、部门横向式、交叉融合式、社会组织式），但在实际扶贫工作中，这四种形式并不是独立、隔断的，相反，它们往往交互出现甚至相互融合。因此，在具体工作中，我们应保持开放的心态，选择合适的组织保障形式并根据现实需要加以创新，扬长避短。

（2）政府要着力创造社会组织扶贫的支持性环境，搭建跨区域、多部门、多主体相互合作的支持性平台。

虽然社会扶贫屡次出现在政府扶贫工作相关文件之中——截至2016年，共有24项政策、法律文件提及社会组织参与扶贫，如2014年的《关于创新机制扎实推进农村扶贫开发工作的意见》和《关于进一步动员社会各方面力量参与扶贫开发的意见》，但我们仍可以发现，在现有政策框架内，社会组织只被看作一种补充，政府依旧是扶贫主导力量，社会组织在扶贫工作中的重要性和贡献常常被轻视。因此，政府应坚持鼓励社会力量参与扶贫工作的方针，进一步认识到社会组织的重要性及巨大的潜力，着力创造社会组织扶贫的支持性环境，推动多主体参与扶贫。在这一基础上，综合各主体的优劣势，搭建跨区域、多部门、多主体相互合作的支持性平台，促进经验及资源共享（尤其是人力资源），从而提升各主体的各项工作能力。

（3）从长远角度出发，改变急功近利的心态，逐步建立、完善扶贫工作考核机制，并及时根据考核结果进行调整，增加扶贫工作的可持续性。

目前，很多政府官员依旧将扶贫作为其政绩的来源，而非提升当地社会生活水平及可持续性发展的事业，因此，其在扶贫工作中往往急功近利，追求短期指标的提升，却忽视了这种做法的不可持续性。如盲目引进各类经济作物及工业工厂，却忽视了市场变化、本地自有优势及生态环境保护，从而导致产品滞销、农民疲于奔命或生态环境恶化问题。扶贫是一项长期的事业，我们要注重短期的效果，但不能过于急功近利，而应在综合各方意见尤其是专业性意见的前提下，深入多维扶贫的不同层面，制定扶贫工作考核机制并根据时代发展进行更新，及时根据短期、中期、长期考核结果进行工作重心及方式的调整，增加中长期项目资助，增加扶贫工作的可持续性。

第八章

中国扶贫工作机制

经过岁月的沉淀和时间的检验，我国的扶贫机制在具体的扶贫实践中不断得到完善和发展。从尝试到成熟，我国扶贫工作机制在不同的历史阶段有着独特的地位和作用，不仅仅是历史的回忆，更是机制创新的借鉴，因此对于中国扶贫工作机制的脉络进行梳理是非常有意义的。

本章分为五个小节，分别介绍了自上而下与自下而上、菜单式与订单式、学后干与干中学、政府主导与市场主导、供给侧与需求侧五个方面的工作机制，并横向剖析了每对对等机制，比较它们在不同历史时期发挥的作用和总结的经验，结合具体的案例描述和分析，梳理中国在扶贫历程中政策的关注重点和延伸方向。

第一节　自上而下、自下而上

扶贫政策的优化设计一直是政府层面和学术界积极探索与致力解决的问题，在生产力发展、社会环境变革的同时，也促进扶贫模式不断适应社会环境并不断地进行调整，从以政府为主导的区域性开发模式（“自上而下”机制）向以自我规划为主的基层社区扶贫模式（“自下而上”机制）转变（J.Labonne，R.S.Chase，2011），扶贫模式也逐步从早期的直接“输血式”扶贫向刺激区域内生性发展的“造血式”

感谢桑琦为本章做出的工作.

扶贫过渡。

在扶贫机制的框架下讨论“自上而下”和“自下而上”，更多的讨论是关于方向性的表达问题，是政策在设计和执行过程中的基本思路问题。这两种思路既可以用在政策的设计阶段，也可以落脚在政策的执行阶段，甚至可以落脚在执行过程中的某个具体环节，如精准扶贫中扶贫对象及其需求的识别。

一、政策执行具体环节——识别机制

精准扶贫作为实现小康社会的重要战略举措，是社会各个阶层共同推动扶贫政策的重点，也是各级政府制定扶贫政策过程中的要点。而贫困对象的识别机制作为精准扶贫政策的起点，更是有着重要的战略意义。在我国的扶贫体制中，扶贫对象的识别和界定主要分为以政府为主导的纵向识别机制和以群众为主体的横向识别机制。

以政府为主导的自上而下的扶贫对象识别机制采用自上而下的模式选择，意味着政府在扶贫资源调配中占据主导地位，由政府出面，充分发挥宏观调控的作用，政府在政策制定、项目制定、执行调整等方面有着绝对的领导力，使得资源通过有效路径到达贫困群体的手中，体现了政府的统一领导力，这也是我国长期以来在扶贫对象识别机制中主要使用的识别方式。这种自上而下的识别机制，通过统计部门的规模测算，以及政府的相关部门根据地方的经济发展水平、人口结构、地理环境、文化环境和社会福利保障水平来划定贫困人口，从省级到基层，自上而下逐级分解贫困指标。

由此可以看出，自上而下的贫困识别机制一定程度上保证了决策的科学性，为政策设计的有效性提供了保障。尽管如此，“自上而下”工作机制往往也存在着诸如政府调控失灵等原因而带来的资源调配错位、扶贫精准度和效率降低等问题（阎坤，于树一，2008）。这种设计的缺陷在于：一是自上而下的识别工作的专业性和技术性要求较高，而在以村为单位的村委会的基层干部可能没有经过专业的培训，导致此方面的工作难以胜任，或者评估的效果欠佳，会影响扶贫下一个阶段工作的有序进行。二是自上而下的指标分配过程中，由于环境因素的干扰，信息的层级传递会出现信息失真的可能。信息不对称，导致上层的政策设计和基层的实际情况不相匹配，进一步影响在实际意义上符合标准的对象纳入扶贫对象中的精准程度。同时，由此会导致贫困对象名额分配问题：如果出现了名额分配过量，则容易产生潜在的扶贫对象通过非正式的渠道获取扶贫资源纳入扶贫体系的现象；如果出现名额分配不足，则容易引起部分潜在对象的不满，挑战基层治理的稳定性。三是我国贫困人口的规模较大，自上而下识别机制对于指标的设计，需要进行大规模的调研和抽样测量，需要耗费大量的人力、物力，成本较高，周期较长，缺乏灵活性和机动性。

自下而上的模式选择，通过农户自愿申请、民主评议等自下而上的识别机制，能提高贫困识别的群众参与度和监督效果，较好地保障贫困识别的真实性。这种机制更加强调贫困主体的参与性和积极性，将贫困人口纳入扶贫项目的选择和设计，以及具体的扶贫项目实施过程中，并根据实际需求情况进行及时的调整和改进，有效地提升了扶贫项目运行的灵活性和精准性。

同样，这种模式也存在一些问题，如 A.Park 和 S.Wang 认为，“自下而上”的模式虽然在效率提升和内生性发展方面有很大的优势，但也存在诸如基层情况复杂、协调成本较高，可能会被社会中的非贫困阶层截取中间利益等不足。首先，农村地区基层情况较为复杂，由农户自愿申请、民主评议，在提高群众参与度和保证公正性方面有着独有的优势，同时，潜在对象对于纳入标准的理解程度不同，需求各异并期望表达和得到满足，这个过程中，需要基层干部在潜在纳入对象中协调关系，并将需求表达与上级沟通协调，作为沟通者在上级和基层之间传递信息、开展对话，因此协调所需的时间、人力成本较高。其次，受经济结构和地理环境等诸多因素的影响，农村地区的差序格局更加鲜明，人情社会在这里淋漓尽现，这也体现在自下而上的贫困对象识别中的民主评议环节。在此种情况下，民主就变成小部分人的民主，有些人就可以凭借依附于强大的家族关系或其他的社会关系网络，进入扶贫对象的识别体系。再次，也需要考虑到人作为执行主体的行为和动机的多样性。政策是条框分明的，但人的行为却是灵活的，经过理性选择，人们通常会选择最大限度地实现自己的利益，而部分没有坚定立场的基层干部可能会在灵活的、自主性较高的自下而上的识别机制中寻觅灰色地带，从而出现不负责任的行为。

这两种扶贫对象识别机制各有优势和缺陷，目前我们积极探讨的是两种方向机制的融合、相互促进和补充。我国目前政策制定和学术研究的方向越来越重视两者的有机结合，并积极建立基于地方特色的动态的贫困对象识别机制。在习近平精准扶贫思想指导下，我国正在逐步形成和完善自上而下（指标规模控制、分级负责、逐级分解）与自下而上（村民民主评议）相结合的精准识别机制，对国际减贫瞄准方法的完善具有积极的意义。①

例如，贾俊雪、秦聪、刘勇政（2017）的研究重视两者的有机结合，利用“倾向得分匹配双差分法”，在一个相对统一的分析框架下，探究这两种扶贫模式对扶贫项目的效果影响差异，通过实验构造了融合“自上而下”和“自下而上”两种机制的整合模式。他们的研究指出，农村发展扶贫项目通过融合这两种扶贫机制，能够提高扶贫的精准度和效率，带来有效的政策调整。

安徽省黄山市徽州区扶贫办形成了符合当地实际情况的对象识别机制，为积极建构精准扶贫对象识别的动态机制提供了很好的范式，具体见以下案例。

案例：徽州区精准扶贫对象识别

1. 关于徽州区贫困村情况说明

徽州区贫困村建档立卡工作已于2014年底完成，共计12个行政村建档立卡为贫困村。其中罗田村、坑上村、东山村、容溪村已于2016年出列，石岗村、竦塘村、石川村、张村村、篁村村、山口村、

① 黄承伟. 深刻领会习近平精准扶贫思想 坚决打赢脱贫攻坚战. 人民网，2017-08-23，http://dangjian.people.com.cn/n1/2017/0823/c412885-29489835.html.

呈阳村、新田村于2017年出列。

2. 贫困户识别程序

（1）农户申请。

（2）村民代表大会民主评议。

（3）村委会和驻村工作队核实。

（4）村委会进行第一次公示。

（5）乡镇人民政府审核。

（6）乡镇人民政府进行第二次公示。

（7）区扶贫办复审，并协调有关部门进行比对。

（8）经扶贫开发领导小组同意进行公告。

3. 贫困户识别标准

贫困标准为人均2 300元（2010年不变价，参见表8-1），随着消费价格指数等相关因素的变化，国家确定2017年为年人均纯收入3 300元，并综合考虑“两不愁、三保障”（不愁吃，不愁穿、住房、教育、医疗有保障）。

表8-1 徽州区贫困户及贫困村识别标准

贫困户	贫困村
家庭年人均纯收低于2 300元（2010年不变价）	“高—低—无”——总控
2014年2 736元	行政村贫困发生率高于全县平均水平
2015年2 855元	2013年全村农民人均纯收低于全县平均水平
2016年2 952元（安徽2016年标准为3 100元）	行政村无集体经济收入
2017年3 300元	行政村总数的30%以内

4. 贫困户识别流程简图

识别程序为“两评议两公示一比对一公告”，开展到村到户的贫困状况调查和建档立卡工作，包括农户申请、群众评议、入户调查、公示公告、抽查检验、信息录入等内容。

具体流程为：根据国家公布的扶贫标准，村民先填申请表，首先由村民小组召开户主会进行比选，再由村“两委”召开村、组干部和村民代表会议进行比选，并张榜公示；根据公示意见，再次召开村民代表会议进行比选，并再次公示；并通过县级数据比对（返回核实），对疑似对象返回乡镇、村级重新核实。如无异议，则确定为贫困户（图 8-1）。

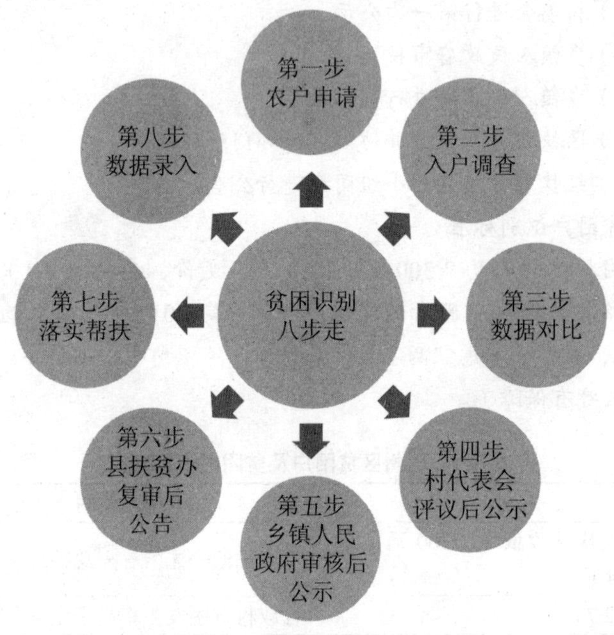

图 8-1　贫困户识别流程简图

资料来源：徽州区扶贫办，2018-06-29，http://gksd.ahhz.gov.cn/PilotTopics/show/1080313.html

在以上案例中，徽州区将自上而下和自下而上两种机制进行融合，把上层标准和基层民意相结合，既保证了识别政策的科学性和执行力，也提高了贫困识别的群众参与度和监督效果。尽管在自下而上的多层级信息传递的过程中可能会出现信息有效性的降低，但是不同层级的调查审批的设计却是十分必要的，如果没有逐级审批的设计，对接基层的上级部门，不熟悉的工作环境，反而会减低工作效率。尽管在具体的执行中会出现一些不可控制的因素，但徽州区精准扶贫对象识别的流程设计仍不失为一种积极的探索和尝试。

二、扶贫执行整体模式

相对于政策设计和制定来说，政策执行是政策制定到运行的末期阶段，同时也是连接政策目标和效果的中间桥梁，是通过实际行动将政策目标付诸实践的过程，对于扶贫的整体绩效来说是极为关键的环节。普瑞斯曼与维尔达夫斯基（Pressman，Wildavsky）是自上而下执行模式的典型代表者，在其1973年出版的《执行》一书中，对政策执行的定义进行了叙述：实现、成就、完成、制造、完工。汉姆和希尔（Ham，Hill）对自上而下的执行模式提出了批评，其出发点在于政策执行者不可能是甘愿任人驱使的机器，他们有自己的想法，想法的存在有可能影响政策目标的实现。因此，出现了由下而上的模式。之后，两种执行模式的弊端不断被提及，于是出现了二者整合演进的趋势，赛恩（Thain）以及斯春格与威廉姆森（Stringer，Williamson）等的相关研究都显示出演进观点的适宜性。[①]

（一）自上而下模式与理性模式

从我国的扶贫历程来看，20世纪80年代之前基本沿用的都是自上而下的扶贫模式，它是在科层制框架下，建立起上下级之间的信息传递关系，是决策与服从的关系。自上而下的模式也称为“理性模式”，主要强调的是上层对于决策的设计是基于国家层面的科学调查和分析。理性模式将政策的制定和执行分开，各自独立开展工作，前者是决定政策要实现的目标，后者是通过执行政策来实现制定的目标。尽管理性模式是依靠国家强大的经济和政治力量，能最大限度地整合和集中扶贫资源，为政策的执行提供完整的物质资料和制度设计，保证扶贫绩效，但扶贫资源以及资源的使用权和控制权的过度集中限制了市场机制的进入，很难保证资源得到最优的配置，很有可能在政府调配失

① 向德平，高飞．政策执行模式对于扶贫绩效的影响——以1980年代以来中国扶贫模式的变化为例[J]. 华中师范大学学报，2013，52（6）：12-17.

灵时资源得不到合理的配置。所以理性模式的缺陷越来越受到关注，无论是政策层面还是学术层面，都在积极寻找解决路径。

（二）自下而上模式——后理性模式

从我国扶贫发展的历程来看，进入20世纪90年代以后，我国的扶贫模式逐渐向激发贫困人群的内生性发展能力和提升可行性能力方向转型。可行性能力，不仅指人们能够满足基本的需求，而且有能力来选择自己的生活方式[①]。因此在这个阶段，除了上层设计的直接外部支持，扶贫更加注重帮扶对象的内在能力的提升，在参与整个扶贫计划的执行过程中，帮扶对象能够将外部支持经过自己的实践和认知的加工转化成为自己内在能力的提升，这也是参与式扶贫的要义。这种自下而上的扶贫模式能够激发帮扶对象的创造性和积极性，尊重他们作为主人公的主体性地位，让他们参与到扶贫项目的选择、执行和监督的环节上来。这种模式的组织形式与自上而下执行政策所强调的理性模式相反，因而有人称为后理性模式[②]。

自下而上的模式与自上而下的模式不同，在这种模式之下，扶贫项目设计的上层决策者不再是完全脱离下层的政策执行，而是在总体框架不变的情况下给出了一个灵活区间。政策的执行者在逐级逐层接收到任务的时候，在遵循决策的基本原则基础上，能够根据地方的实际情况来增减或者重新构建一个更加适应当地社会环境的执行体系，充分运用自由空间并发挥基层和帮助对象的创造性，共同来完成扶贫项目的预期目标。

自下而上的政策执行模式为具体的制定者提供了一个相对自由的空间，同时，这个相对自由的空间也会成为藏污纳垢的场所。由于自下而上的政策执行者与帮扶对象的关系紧密，并且具有双重身份，如果其在政策执行者社会角色和人情社会的人缘角色之间不能及时切换，将某种角色进行不恰当的带入，则对于扶贫政策的帮扶主体来说是不

---

① 哈特利·迪安．社会政策学十讲 [M]. 上海：上海人民出版社，2009.

② 向德平，高飞．政策执行模式对于扶贫绩效的影响——以1980年代以来中国扶贫模式的变化为例 [J]. 华中师范大学学报，52（6）：12-17.

公允的，对于整体的扶贫项目效益来说是很危险的。

（三）整合型模式——合作式扶贫

经过不同模式的探讨和整合，政策制定者在不断的摸索和尝试中，结合多样化的致贫因素的分析，明确了因地制宜、多元协同主体、多方位举措的方式介入贫困治理。因此进入新世纪，我国的扶贫政策的执行倾向于两种模式的整合，即“自下而上”和“自上而下”在不同的侧重点上有所结合，既能满足政策执行过程中的灵活运用，最大限度地满足贫困主体的个性化帮扶需要，同时也能保障政策在落地时的规范性，有利于高效地整合和链接资源，提高扶贫的精准程度和质效。

扶贫政策执行模式形成结合两者的整合模式，经历了从以政府为行动主体的“开发式扶贫”到以提升扶贫对象内生性发展的“参与式扶贫”再到兼顾效率与个性化需求满足的“合作式扶贫”，这段治理历程随着时间不断变化和发展。

三、小结

每种模式都经历着变革与发展，随着时间的推移，最终被时代造就，被时代选择。为了避免自上而下政策执行的科层制以及自下而上政策执行模式的高成本等弊端，我国在当下的扶贫实践中越来越重视这两种模式的整合，逐渐发展成为合作式扶贫模式，强调其他社会组织和社会力量的加入，并取得了很好的成效。

值得关注的是，经过上述一系列的治理实践，尤其是在整合性的扶贫政策执行实践中，政府在上层设计阶段以及具体操作层面逐渐从贫困主体需求的普适性满足逐渐向因地制宜的个性化需求满足的方向转变，并且更加关注扶贫力量的多方参与，积极鼓励市场和社会组织等力量的共同参与。

当然，自上而下与自下而上以及整合型的模式都不是绝对区别的，不同的模式都有其自身效用发挥最大的适用条件，都有其独特的优势和无法避免的缺陷，并且在一定的条件下是可以互相连接的，并非完全独立的。无论是还在发展的“自上而下”“自下而上”的执行模式，还是更为灵活的整合模式，它们可能在具体的治理实践中是同时出现、交汇贯通，共同发挥机制作用的。在这里我们讨论的是时间主体的问题，也就是在某些时段其中的某一种模式占据主导地位，发挥更为关键的作用。

第二节　菜单式与订单式

在大力推进产业扶贫的背景下，菜单式与订单式扶贫的模式选择是众多学者关注的要点，从目前的研究现状来看，相关的研究主要集中在两种模式的优势和不足研究与适用性研究两个方面。

1. 优势和不足分析方面

“菜单式”扶贫模式就是政府制定菜单，由贫困户点菜、帮扶部门提供配菜、政府埋单的扶贫方式（许雪亚，2017）。许雪亚通过内蒙古自治区兴安盟产业扶贫的案例研究，分析了“菜单式”扶贫在提高贫困人口参与度上显有成效，激励贫困户从“要我脱贫”转变为“我要脱贫”，而且实现了项目安排、资金使用、扶贫措施和扶贫成效的精准。

刘建斌、常建国（2016）则进一步阐释“菜单式”扶贫，要害在于精准。在精确定位之外，进行扶贫资源的精准管理、扶贫责任人精准管理，严格落实责任制，不脱贫不脱钩。只有根据贫困群体的实际需求和资源供给方的实际情况对存在的问题进行具体分析，才能制定出有意义的“帮扶大餐”。

刘鹏程（2017）通过对达茂旗进行实地走访发现，订单式扶贫模式更加适用于有劳动能力的贫闲户，而扶贫的难点往往集中在老弱病残的贫困户，这就可能会造成扶贫资源与贫困人口能力无法衔接和有效利用的问题。

2. 适用性分析方面

许锋华、盘彦镟（2017）在文章中提出，考虑到连片特困地区的特殊性、人才需求的急迫性以及职业教育的“地域性”，需要建构一种以反贫困为目标的职业教育定向人才培养模式，也就是连片特困地区的职业学校为促进区域经济社会发展和实现脱贫致富的需要，而专门为本区域和条件艰苦的行业企业有针对性地培养和输送人才的模式。

一、订单式扶贫

（一）概念

订单式扶贫，是指以政府为行动主体，连接市场与贫困对象，弥补以市场为主体的调控而带来的信息不对称等缺陷，使扶贫产业和市场需求无缝对接的一种产销模式。订单式扶贫重点解决的是市场上部分供需不平衡的问题，同时也能够直接有效地解决贫困人口的就业问题。

（二）优势

1. 产业与需求无缝对接

订单式扶贫是一个双向的资源链接过程，政府会集中一些市场上的产业需求，而相对应的也会匹配扶贫对象的能力和特征，政府在“下订单”时需要考量用人单位的用人要求，同时也需要考量贫困户的就业能力和意愿，尽可能地在两者之间达到平衡。这样一来就降低了市场主体的招聘成本，也为贫困户的就业之路清除了障碍，通过达到这种平衡，节约信息传递的成本，从而实现扶贫产业与需求的无缝对接。

2. 灵活就业

在订单式产业扶贫的模式下，尤其是在扶贫产业对接技术性相对较强的需求时，政府的相关用人机构可以根据用人单位所下订单组织贫困户进行岗前培训，根据贫困户的实际情况为他们提供更加个性化的就业培训服务。“人社局根据贫困户所下的订单，为其寻找相应的创业就业机会”，铜川新区人社局局长任文军如是说。因此，“订单式”扶贫模式不但能够保证用人单位找到更加满意的员工，更能杜绝贫困户盲目创业就业，保证贫困户科学创业、稳定就业。

案例："订单式"精准扶贫服务，全面激发内生动力

结合"扶贫先扶志，扶贫必扶智"的扶贫思路，寿增村推行了在激发群众内身动力进行经济和精神双扶贫的前提下发动多方力量，建立"缺啥补啥"和"能干啥帮他干啥"的订单式帮扶增收和扶贫公益基金兜底的扶贫新方式。目前，通过贫困群众"点单"、政府"制单"、帮扶单位"订单"的方式，寿增村签订川芎鸡养殖、技术培训、文化及土地流转等各类订单9个，募集企业扶贫公益基金23 000元，贫困户由"被动输血"变"主动造血"，从而激发了贫困群众的内生动力。

在寿增村"第一书记"山东的民情日记本上写着这样一段话："累点苦点不要紧，能够'扶真贫，断穷根'才是我追求的。老百姓那纯朴真挚的笑容，就是我不断前行的动力。"

资料来源：东北新闻网，2018-03-07

在以上案例中，寿增村建立"缺啥补啥"和"能干啥帮他干啥"的订单式帮扶增收和扶贫公益基金兜底的扶贫新方式，根据农户的实际需求制定"订单"，通过贫困群众"点单"、政府"制单"、帮扶单位"订单"的方式，充分发挥了地方优势并激发农户摆脱贫困的动力。寿增村制定"订单"，不仅与市场资源无缝连接，由"被动输血"变"主动造血"，同时也促进了村民的灵活就业，达到了更加精准和高效的帮扶效果。

二、菜单式扶贫

（一）概念

菜单式扶贫，是指由政府根据贫困地区的地理环境、人口结构、经济结构以及其区域文化等方面，为贫困户提供一系列的产业选择模式（制定菜单），由贫困户根据自身的实际情况进行选择（点菜），再由帮扶部门提供必要的物资、信息、技术、政策优惠和支持等资源（提供配菜），最后由政府借助市场力量的介入来实现产能输出（政府埋单）。因此可以看出，菜单式扶贫最主要的特点是以贫困户的需

求为导向的，而非绝对的市场导向，因此此模式牢牢地把握住了精准扶贫的内涵之一——需求识别的精准，定位精准。除此之外，菜单式扶贫相对于之前大水漫灌式的扶贫模式，能够更加灵活高效地配置扶贫资源。

（二）特征

1. 政府的角色定位：服务的提供者

“菜单”的前期制作应该以政府为主导，建立一个完善的、科学的信息选择的机制来供贫困人口选择，这种由政府利用强大的智库团队作出的模式选择设计应该是完善的、可持续的，但是政府的定位仅限于服务的提供者，而不是最终的决策者。

2. 贫困群体拥有主动选择权

政府作为服务的提供者和平台的链接者，将项目的选择权交到帮扶对象的手中，让他们拥有自主权，对政府提供的项目进行选择之后，在实践中进行评估和监督，最后得出经验，修正决策。在这个循环过程中，不断趋近项目设计与目标执行的期待值。

3. 良性互动

帮扶对象与政府之间不再是单向传递信息的单一模式，从“菜单”制作、“选菜”、“配菜”到最后的“埋单”，基层的政策执行代理人和帮助对象在整个流程中需要进行充分的对话和讨论，需要在不断实践中修改“菜单”，形成“精品”，最后推广，形成良性的互动模式。相较于以往的直接式扶贫，菜单式扶贫模式注重改变信息传递方向单一性的问题，更加强调“交互式”的沟通和互动概念，由此能够在执行者与帮扶者之间形成一个相对平等的对话框架，从而赋予贫困群体选择和改变的权利，而非被动接受，在个性化菜单服务中实现个人能力的提升和知识技能的成长。

（三）优势

1. 发挥参与者的优势，提升内生性发展的能力

此种模式可以最大限度地激发贫困户自主脱贫的内生动力。菜单

式扶贫提高了贫困户的参与度，使之从“要我脱贫”逐渐转变为“我要脱贫”，从而实现项目安排、资金使用各方面的精准，最终达到扶贫措施的精准和扶贫成效的提升。

2. 需求导向性，更加精准和高效

菜单式扶贫注重个性化需求的满足，结合各个最小扶贫单位的社会发展指标并考虑扶贫对象的现实需求，与贫困主体进行有效沟通，从而为治理方案的形成奠定基础，因而能更加精准地提高扶贫政策执行的效果。

在实际的操作层面，也就是制定“菜单”时，我们的工作人员会走进贫困户家中，切身感受、反复沟通、详细调查，准确地找到各家各户致贫的根源，而不是例行检查，需要明确来访的目标和期望达到的效果，才能以此为依据确定贫困对象的需求，为一户一方、对症下药打好基础。①

3. 解决供需脱节的问题

供需脱节是扶贫实践中面临的重大难题，在以往的经验中，由于信息传递过程中的失真，有时候国家提供的扶贫资源和政策并不是贫困群体真正需要的，或者不能在预期的时间内起到较为明显的减贫效果，从而导致政策执行的中断与扶贫主客体信息丧失。而菜单式的扶贫模式，在一定程度上能够为解决扶贫治理中供需脱节的问题提供新思路。

在具体的操作层面，上级单位在制定“菜单”时加大力度去基层调研，采集民意，并结合科学技术手段，拟合一个在最大程度上，满足供需双方的整合“菜单”和方案，并在供需之间提供交互沟通的桥梁，不断对“菜单”进行改进，着力改善供需脱节的问题。

（四）路径优化

综合不同地方特色的产业扶贫实践，菜单式扶贫在以下几个方面需要进行改进。

---

① 刘建斌，常建国. 菜单式扶贫，要害在“精准”[N]. 人民日报，2016-08-25（5）.

1. 丰富“菜单”内容

在为贫困群体制定“菜单”的过程中，要充分考虑当地的地理环境和人文环境，从优势视角出发，发掘并放大地区及扶助对象的优势，然后聚焦优势，将其作为“菜单”上优先选择的“菜品”，并从中研发出更多的延伸产品，扩宽销路，丰富“菜单”的内容和形式，让贫困群体有更丰富的选择。

2. 提供获取“菜单”更加多元、便捷的途径

在“菜单”获取的渠道上，应该考虑到“菜单”受众的文化背景和水平、获取便捷程度等，以提供更加适宜的获取渠道。不仅仅是通过政策的公示，还要通过走访的形式，听取受众对于“菜单”的选择和建议，并且要做到及时调整。在一些网络环境较好，接受度较高的地区，也可以通过建立公众号等相关的网络信息平台进行“菜单”内容的发布，这种网络发布可以有效链接市场需求和扶贫客体的能力。

3. 提升良性沟通的能力

“菜单”的制作，需要基层扶贫的工作人员通过评估和实地调研进行初步的设计，但是在执行之前，需要和扶助对象不断进行沟通，力求实现双方的满意，达到良性沟通的效果，而不应该是形式主义的简单座谈。坚持实事求是的原则，坚持把群众的利益放在第一位，才能使沟通变得更有意义和取得更大效益。

案例：政府量身定制产业“菜单”，贫困户按需“点菜”增收脱贫

——南丰打好组合拳，丰富产业“扶贫餐”

“政府指的这条路，真是适合我啊！”南丰县桑田镇根竹村贫困户付光辉笑呵呵地说。付光辉口中的“路”就是镇村干部在了解他家情况后，为他开出的扶贫产业“菜单”——养殖湖鸭。养殖一年下来，付光辉至少增收了 7 000 元。“没想到靠着这不起眼的水塘，生活也可以越过越好。”付光辉感慨道。

在南丰，特色产业改写了众多像付光辉这样的贫困户的命运。近年来，该县将产业扶贫作为打赢脱贫攻坚战役的主抓手，立足地方资

源禀赋、产业特色、贫困户需求等实际，在产业项目筛选、资金筹措、经营管理等方面绘制好产业扶贫“菜单”，着力使产业“扶贫大餐”既丰富又营养，并出台一系列优惠政策，确保贫困群众能吃上产业“扶贫餐”。贫困户根据自身的能力“点菜”“下单”，便可以寻找最有效路径增加收入脱贫致富。至 2016 年末，全县共脱贫 6 849 人，未脱贫人口从 12 177 人减至 5 328 人，贫困发生率从 4.4% 下降至 1.6%。2017 年预计还将脱贫 1 690 人。

1. 主导产业 + 特色产业，既有“主菜”，又有“配菜”，拓宽贫困户致富门路

南丰是中国蜜橘之乡，种植南丰蜜橘 70 万亩。全县 3 850 户贫困户基本种植了南丰蜜橘。为发挥南丰蜜橘在扶贫开发中的主导产业地位，该县不断加强技术支撑，每年分批次组织县农业局、蜜橘产业局以及乡镇农技服务站等技术人员深入田间地头，开展培训讲座、技术指导，免费发放化肥和农药等，以帮助贫困户提高蜜橘品质和产量。同时，发挥县、乡党员干部挂点帮扶作用，在蜜橘采收季节组织广大党员干部帮助困难群众采摘、销售蜜橘，保障贫困户的固定收入来源。此外，根据镇、村以及贫困户的具体情况，该县还因地制宜，积极引导农民和贫困户发展甲鱼、白莲、烟叶、槟榔芋、茶树菇、湖鸭、肉鸽等特色农业产业。如今，全县甲鱼养殖面积达 2.1 万亩，白莲、槟榔芋种植面积突破 2 万亩，烟叶种植面积逾 8 000 亩，逐步形成了一乡一业、一村一品的产业扶贫大格局。农业特色产业的做大做强，拓宽了贫困户的增收渠道，斩断了贫困群众的“穷根”。省级贫困村——紫霄镇西溪村地理、气候等条件非常适合烟叶种植，在镇党委、镇政府的引导扶持下，2016 年该村 106 户贫困户发展烟叶种植面积 1 029 亩，创收 322.4 万元，户均增收达 8 000 多元。目前，全县蜜橘产业年产值超 100 亿元，甲鱼产业年产值超 8 亿元，仅这两大农业产业集群便辐射带动 20 多万农民、2 000 多户贫困户致富奔小康。

2. 个体 + 合作社，既有“自助”，也有“套餐”，满足贫困户多种经营需求

南丰县太和镇下洋村村民陆胖子是一名建档立卡贫困户，妻子患病，每年光医药费就要花去2万多元，家中还有一个尚在读书的孩子。为增加收入，他发展了多种产业，种了300多棵橘树，还将1亩水田改种了白莲，同时，与该镇42户贫困户一道加入甲鱼养殖专业合作社。甲鱼养殖采取公司化运作模式，在养殖技术和甲鱼蛋销售方面提供全程服务，每户保底500元收益，另外参与合作社分红，还可以务工赚钱。“除了分红，每天做事还有140元钱，收入增加了不少”，陆胖子对目前的收入很满意。农业产业各具特色，有的需要精耕细作，有的需要规模化生产……针对不同产业，该县按需分类引导，让农户多条腿走路，既给个体“单兵作战”搭建产业平台，又鼓励贫困户通过投工投劳、土地流转、资金资产等入股，参与“公司＋基地＋贫困户”“合作社＋基地＋贫困户”“企业＋贫困户”等多种经营方式，让产业扶贫不仅激发个体的主观能动性，也充分发挥专业合作社及农业产业化龙头企业的集约化、现代化优势，提高抗御市场风险能力。截至2017年8月，该县共注册建立1 100多个专业合作社，累计对接贫困群众7 500余人。

3. 产业直补＋贴息贷款，既有“代金券”，也有“挂账单”，支撑扶贫产业有序发展

“早听说槟榔芋效益不错，没想到还真好。”南丰县太源乡陈家村贫困户陈女仔介绍说，在县统战部挂点干部李杰的帮扶下，2017年他种了3亩槟榔芋，全部以1.6元每斤的价格预订出去了，同时还领到了3 000元的产业补贴资金，3亩地的年收入上万元。为解决贫困户在发展产业中遇到的“本钱”困难，该县充分释放政策红利，在产业扶贫领域开展直补到户和信贷通模式。对贫困户新增南丰蜜橘、白莲等种植项目和甲鱼、鸡、鸭等养殖项目达到一定规模的，经申报、验收合格后给予适当的资金补助，每项上限补助为3 000元，每户年度最高补助6 000元。2016年以来，南丰县共发放产业直补金190余万元。针对一些有劳动能力和职业技能，想创业的贫困户，该县出台了“产业扶贫信贷通”实施方案，为贫困户提供免抵押、免担保、50%贴息贷款。2017年年初，傅坊乡田坨村的朱定量、甘水根、黄炳严等6户建档立卡贫困户，通过“信贷通”贷款18万元，合伙建起了800平方米茶树菇种植基地，有菇筒10万筒，基地每月能产菇2 600斤，除去正常开支，目前基地已经创收24万元，6户贫困户全部实现脱贫。据统计，至2017年9月初，该县共发放精准扶贫贷款1 109万元，覆盖贫困户654户。

资料来源：《老区建设》，2017年第21期

在上述案例，即南丰县的扶贫实践中，政府结合南丰县的地理特征、社会经济发展等相关特征，在与村民进行良性沟通的基础上，制定出内容丰富的“菜单”，为贫困群体提供更加多元的产业项目选择。南丰县产业扶贫“菜单”是多层级的，不仅有区域主打的“蜜橘产业”，作为“主菜”满足广大贫困群体的普遍需求，也有因地制宜、发展副业的“配菜”，从而满足个性化需求。值得关注的是，在菜单式的扶贫模式下，南丰县政府还积极鼓励贫困户加入合作社，拓宽个人脱贫的有效路径；通过土地流转、劳动投入等多种形式与合作社、企业达成互惠的合作，不仅充分发挥了贫困对象的主观能动性，同时也提升了个体户在面临竞争激烈的市场时抵御风险的能力；政府对贫困产业进行直接补贴、贷款补贴等资金扶持项目，解决了贫困群体没有“启动资金”的问题，致力于致贫源头的问题解决。

南丰县一系列的菜单式扶贫举措产生了良好的减贫效果，也为其他地区的产业扶贫菜单制定与选择提供了适宜的范本和新的思路。

三、小结

“菜单式”扶贫模式为我们提供了“政府制定菜单、由贫困户点菜、帮扶部门提供配菜、政府埋单”的扶贫方式与思路，在提高贫困人口参与度上卓有成效，可以激励贫困户内生性的自我发展和价值实现，进而提高项目安排、资金使用、扶贫措施的精准。订单式扶贫重点解决的是市场上部分供需不平衡的问题，并且在解决贫困人口的就业方面有很大的优势。无论是“菜单式”还是“订单式”，都要根据贫困群体的实际需求和资源供给方的实际情况，对存在的问题进行系统的、

具体的分析，才能制定出有意义的“帮扶菜单”或“帮扶订单”。

第三节　学后干与干中学

在扶贫机制的框架下研究“学后干”和“干中学”两种学习模式，主要探讨的是在扶贫政策的制定和执行中，是先进行经验的积累和相关知识的武装，再将其运用到具体的扶贫实践中去，还是在具体的实地调研和相关服务的提供过程中不断地积累经验，增加自身的知识总量，并从中获取一手资料和更加贴近实际的行动指南。

一、学后干

（一）概念

“学后干”模式更倾向于学习经验的事前获取，也就是先总结和整理出适用的经验和模型，在行动之前，做到心中有数，才能有目的、有计划地去做事情，做到有的放矢。

在扶贫实践中，“学后干”是扶贫初期主要的行动方式。在扶贫机制没有得到完善的初期阶段，扶贫相关的很多政策都在尝试运行阶段，很多政策的执行也处于开始阶段，没有积累太多的经验可供参考，因此在行动之前了解相关的技术知识和环境背景是非常必要的，所以“学后干”是符合实际的学习方式。

（二）特点

一是“学后干”能够更加精准地投放精力，节省行动中的多方成本。先获取相关的知识和经验，能够在后续的行动中精准发力，提高办事效率。

二是“学后干”可能会忽视行动过程中的变换，无法及时给出灵活机动的应对策略，也难以通过不断变化的条件和因素形成对策来调整后续的行动，在一定程度上缺乏必要的灵活性和能动性。

（三）展望

随着扶贫行动大规模的开展，并取得了初步成效，“学后干”的思维学习模式可能需要加入更多的元素，来随时调整和应对在扶贫行动中出现的问题和变化。在当下的扶贫实践中，“学后干”和“干中学”需要根据基层扶贫实践的具体情况来进行“配比”与结合，不断地尝试新的学习路径和模式。

二、干中学

（一）概念

所谓“干中学”，就是在实践中学。它所提倡的就是实践精神。

“干中学”的概念最早是由经济学家阿罗提出的，从人力资源的角度来看，它是指人们通过学习而获得知识。知识的不断积累能够促进技术进步，并且人类的技术进步是知识的产物、学习的结果。学习过程同时又是一个不断总结经验的过程，经验来自行动，来自实践，最终经验积累的成果会不断地体现于技术进步之上。[①]

其更加广泛的经济学的含义主要是指古典经济增长模型中的一个概念，是技术内生化增长模型的主要内容。通过“干中学”与“学中干”，加速创新与积累的过程，这是新经济增长模式的一个主要特点。[②]

（二）特点

其一，行动第一。扶贫机制中的“干中学”不只体现在具体政

① 徐月宾，刘凤芹 . 中国农村反贫困政策的反思 [J]. 中国社会科学，2007（3）：12-13.

② 智库 . 百科，https://wiki.mbalib.com/wiki.

策执行和落地的环节之中，而是贯穿于扶贫机制从形成到实践到修正的整个过程，因为无论是前期的调研工作、中期的执行环节还是最后的监督和评估程序，都需要我们从具体的实践中及时获取最真实可靠的数据和相关信息。所以行动是第一位的，只要真正开始行动起来才能发现问题、解决问题，而单方面的借鉴经验和第二手资料而获得的认知可能是有偏颇的。同时也要注意到，认知和学习的最终目标是在实践中运用，在工作的过程中寻找差距并获得解决问题的钥匙。

其二，开放和反思。“干中学”并没有割裂实践和经验学习的关系，这种实践精神不仅要求让人们将想法付诸行动，也要求人们在行动中有所反思和交流。它鼓励在行动中形成可以产生碰撞的多元想法，不是没有目的和反思的“埋头苦干”，而是有内核、有灵魂的行动派。在与扶贫有关的实践活动中，不同的层级、部门需要积极开展沟通，形成开放的思维，并不断地反思自身的行动是否产生了不良的影响，共同致力于扶贫机制的发展与完善。

其三，他山之石。我们在实践时也应该积极向身边优秀的群体和个体学习，在汲取优秀经验的基础之上，结合自身的特点和优势，形成兼具规范性和创新性的行为模式。在扶贫实践中也是如此，经济发展和地理环境要素较为相近的地区，可以互相借鉴对方在进行具体政策的制定和执行时总结的相关经验，并结合本地区的独特性，边学边干，运用到本区的扶贫实践中去。

其四，敢于检讨。经验和教训的积累同时也是下一次成功的基石，我们需要意识并重视其价值和指导意义，以排除和规避风险。在扶贫行动中，由于作为政策代理人的执行者有着“现实人”的局限性，会出现一些不符合预期的行动结果，但是，“不符合预期”的行动结果也是一种资源，为下一次的扶贫行动提供了样本，可以帮助下一次的行动者总结经验和教训，提高政策在执行过程中的有效性。

案例：盐津县动员部署易地扶贫搬迁摸底调查精准识别工作

12月9日上午，盐津县召开全县深入开展易地扶贫搬迁摸底调查精准识别动员暨培训会，着力解决“为什么”“干什么”“怎么办”等问题。

会议强调，“要坚持先学后干、有的放矢”，要锁定“学习贯彻党的十九大精神”，“易地扶贫搬迁摸底调查”，“督促、推动10个全覆盖，特别是今年出列的村强化动态管理，确保验收过关”三大目标任务，紧紧围绕“易地扶贫搬迁背景和意义”“搬迁条件”“安置方式”“安置房建设或购置”“住房补助和奖励政策”“旧房拆除和土地复垦”“搬迁后续保障”等问题，一点一点地学懂弄通、一条一条地梳理清楚，确保学到位、讲到位，把工作做到群众心坎上，确保摸底调查成功、准确、质量高。紧紧围绕“干中学”，把具体工作中的变化及应对方法转化为经验，为后续工作的开展做好准备。

资料来源：盐津县委宣传部，2017年12月9日

从上面的案例可以看到，云南省昭通市盐津县在易地扶贫搬迁摸底调查精准识别的具体扶贫实践中，将“学后干”和“干中学”这两种模式有效地结合，而不是将两者对立起来，既保证了行动时目的的明确性，也保证了在实际情况与政策不匹配情况下的积极灵活的应对和调整，展现了两种模式结合时发挥的优势。

三、小结

在实际的政策制定与执行时，“学后干”和“干中学”两种学习模式在不同地区的具体环境中各有侧重，也可能在同一个事件发展的不同阶段综合运用两种学习模式，从而达到最优的效果。在当下的扶贫实践中，“学后干”和“干中学”需要根据基层扶贫实践的具体情况来进行“配比”与结合，应不断对这两种学习方式进入深入的了解和探讨，不断地尝试新的学习路径和模式，充分利用和发挥两者的优势，保证行动过程中有清晰的目标，同时也能在实现目标时根据具体的实际情况进行灵活调整。

第四节 政府主导与市场主导

一、必要性

（一）政府主导扶贫模式

从世界各国的经验来看，政府是消除贫困的主体①。我国是社会主义国家，党和政府具有强大的政治优势和资源动员能力，是我国扶贫取得成功的关键②。在学术界也有大量的实证研究表明，政府的积极投入确实具有显著的减贫效果。

政府主导的扶贫模式是中国减少贫困的根本保证。“集中力量办大事”是政府在扶贫实践中的优势。减贫已经被列入国家现代化建设战略体系中，是我国进行经济发展以及经济发展成果共享的重要战略部署，因此政府的力量是绝对的，政府力量与市场力量的平衡是保持扶贫机制有效运行的重点。政府在扶贫机制中不仅主导上层设计与政策制定、扶贫资源的组织与配置，同时也负责具体项目的运行与实施，并在其中扮演着重要角色。

（二）市场机制下的扶贫模式

扶贫机制中的市场机制是在以政府主导的体系中重要的补充机制，是实现扶贫目标的重要杠杆。市场机制的引入，改变了单一的政府救济的直接式扶贫模式，为扶贫机制的整体运行注入了活力。一是能够使减贫路径更加开放和多元，有效地减少了单一的政府主导扶贫机制下贫困群体形成的依赖性，通过相对弱化的市场竞争机制，将市场需求和扶贫产业中贫困群体的可行性能力结合起来，让符合客观条件、有劳动能力的扶贫客体意识到自己在市场竞争中是可以生存下去的，

---

① 联合国计划开发署 . 千年发展目标报告（2015 年）.

② 文建龙 . 改革开放以来中国共产党的扶贫实践 [J]. 大庆师范学院学报，2016，36（1）：26-31.

自己是有能力养活自己的，从而达到扶志的根本目的。二是强化了在价值交换基础之下的平等观念。在市场机制的介入下，有劳动能力的贫困群体不是一味地接受来自政府和社会的接济，而是通过自身的劳动，在市场机制中通过交换劳动产品来获取经济利益，体现了扶贫主体与接受扶贫政策优惠的客体之间的价值平等和观念上的平等。市场机制从优势视角看待和发掘贫困群体的潜能，从“授之以鱼”逐渐转变为“授之以渔”。

二、文献回顾

扶贫机制中政府和市场的关系决定了扶贫项目的性质及适用特征，因此在精准扶贫的大背景下，两者的协调关系是保证扶贫政策落到实处、发挥效用的重点。目前学术界的相关研究主要集中在扶贫中政府角色（界定、转型、路径）和政府引入市场机制的效用等方面。

在政府角色转型方面，莫光辉、陈正文（2017）认为政府在扶贫工作中应该向引导者、协调者、多元主体者的角色转型，强调积极调整权责、更新干部队伍的扶贫观、扩展脱贫攻坚的社会力量、强化政府脱贫绩效考核、改革脱贫攻坚监督管理体系、注重脱贫绩效的可持续性是脱贫攻坚进程中的政府角色转型路径选择。

在引入市场机制方面，大量文献表明，扶贫进程中引入市场机制的确会提高扶贫的精准度和效率，但是也存在一些市场力量被误用、滥用的情况。对此，宫留记（2016）提出了构建政府主导下的市场化扶贫新思路：通过制定“扶贫法”划分政治和市场的边界，对市场机制进入扶贫进程进行顶层设计。邹新艳、徐家良（2018）则进一步表明，市场机制引入发展后期，社会组织作为市场运作的活力因子，公开募捐、项目运作、政府购买服务等社会组织扶贫模式已不能适应当前推进贫困乡村脱贫攻坚工作的需要，创新社会组织扶贫模式刻不容缓。

三、优势与不足

（一）以政府为主导的扶贫模式

政府主导开展扶贫工作，具有快速整合大量资源的优势，能够保证扶贫政策的执行效率。这种模式虽然在资源整合方面有独到的优势，但是项目设计的决策权、资金的分配和使用权形成高度集中的趋势，很难实现资源的最优配置。

从时间历程的视角来看，我国的经济、政治和文化等社会环境在不断地变化，单一的政府主导在方方面面的实践中已经不合时宜，并不断地显露出问题和缺陷。例如在资金使用的环节上，监督体系尚未健全，缺少第三方的监督与管理；政府主导推动政策执行过程中，由于利益最大化选择倾向以及制度滋生的灰色地带，很有可能出现基层政府之间的共谋行为，从而加大行政系统与基层贫困主体的裂痕，不利于扶贫治理的开展和质效提升。

（二）以市场为主导的扶贫模式

市场模式的加入则更适应精准扶贫的要求，有以下几个方面的优势：一是市场机制能够调动市场积极力量，同时在专业力量、专业组织的集合上更加灵活有效；因此能够借助专业的社会组织来提升扶贫产业设计的质与效。二是市场机制的竞争机制能够诱发处于该模式之下主体的内生性发展动力，这种自生的想法和愿望是个人能力和扶贫政策可持续发展的重要推动力；三是在政府之外的环境下，可以设置第三方的制定建议和评估监督等相关组织，加强第三方的监管，能够保证扶贫政策的执行效果。

但是此模式也存在一些不足，如市场主体的利益关系方面，如果市场方在扶贫产业中得到高于预期或者持平的利益，会形成长期合作，如果市场方没有达到预期效益的话，很容易出现中途退出或者短期合作；不利于贫困群体积极性的调动，甚至会伤害贫困群体刚刚形成的自我实现价值体系。

四、解决路径——构建政府主导下市场化扶贫的新模式

（一）政府与社会资本合作模式

政府与社会资本合作又称 PPP（public-private-partnership），即公私合作模式，指的是在基础设施、公共工程与公共服务领域由政府与非政府主体合作共赢式的供给机制①。详见下述案例——政企合力。

（二）政府购买服务与评估

政府购买服务是指政府向社会组织购买公共服务，通过公开招标的方式，将服务计划交托给专业从事该领域活动的社会组织来完成，并根据选定的组织机构的服务完成的质量和效果来支付相应的报酬。

案例：政企合力整体脱贫攻坚的典范——恒大精准扶贫模式

《扶贫蓝皮书中国扶贫开发报告 2017》以《政企合力整体脱贫攻坚的典范》为题，详细介绍了恒大帮扶大方的背景、主要做法和阶段性进展、政企合作的帮扶机制。报告指出，恒大一改过去的局部式、间接式、单一式社会帮扶为整县式、参与式、立体式、滴管式社会帮扶，投入人力、物力、财力参与扶贫全过程，并通过市场化手段盘活了农村的存量资源。恒大以企业自身的资源、渠道优势，引入更多社会力量参与扶贫，特别是引入上下游龙头企业，化解了产业扶贫中的市场风险和自然风险，帮助贫困户持续增收、稳定脱贫，从而“创造了高质量的扶贫效率”，是“国内甚至国际上公益领域中的一个创举”。

蓝皮书还指出，在恒大结对帮扶毕节的实践中，充分发挥党委、政府的政治优势和制度优势，以及企业管理优势、决策执行效率高的

① 宫留记．政府主导下市场化机制的构建与创新模式研究——基于精准扶贫视角 [D]. 开封：河南大学，2016.

优势，通过政企联席会议的方式，确保政府与企业各司其职、优势互补、高效协作，“在扶贫领域创新性地实现了政府与企业的合作”。

记者了解到，从 2015 年 12 月 1 日开始，恒大结对帮扶贵州省毕节市大方县，三年无偿投入 30 亿元，预计通过产业扶贫、搬迁扶贫、教育扶贫和就业扶贫等一揽子综合措施，到 2018 年底实现大方县 18 万贫困人口全部稳定脱贫。截至 2017 年 12 月，大方县 103 个重点扶贫项目全部竣工，其中 50 个新农村、11 所小学、13 所幼儿园、1 个民族风情小镇（奢香古镇）以及完全中学、职业技术学院、慈善医院、敬老院、儿童福利院相继投入使用，330 万平方米的蔬菜、肉牛、中药材和经果林基地等产业扶贫项目已投入生产，并引进 43 家上下游龙头企业。各项精准扶贫措施已覆盖大方县全部 18 万贫困人口，帮助大方县 12.73 万人实现初步脱贫。恒大集团的具体扶贫措施及成果见表 8-2。

表 8-2　恒大集团“六个一批”帮扶情况

产业扶贫	蔬菜基地 91 个，蔬菜大棚 10 223 个，10.6 万亩，户均 2.5 亩，人均增收 4 100 元
	肉牛基地 287 个，肉牛 15 209 头，18 万支种牛冻精，改良土牛 1.8 万头，户均 3 头，人均收入 4 000 元
	中药材及经果林基地 30 个，共 11 万亩，人均收入 5 500 元
易地搬迁	50 个恒大新村和 1 个民族风情小镇——奢香古镇，安置 3 500 户 14 000 人
教育扶贫	11 所小学、13 所幼儿园、1 所完全中学和 1 所职业技术学院；培训 340 名老师及管理干部；奖励 200 名山区优秀老师，资助 300 名贫困家庭优秀学生
就业扶贫	培训 16 500 人，吸纳就业 13 331 人，就业人员年人均工资 4.2 万元
创业扶贫	3 亿元创业基金，计划帮助 3 万人脱贫致富。已扶持创业户 13 302 户，发放资金 5 290 万元
保障扶贫	1 所慈善医院、1 所养老院、1 所儿童福利院已竣工交付；为 14 140 名特困人群每人购买一份固定收益的商业保险；恒大集团员工“一助一”帮扶全县农村留守儿童、困境儿童和孤儿 4 993 人

资料来源：恒大大方扶贫管理公司提供

从 2017 年 5 月 3 日开始，恒大再无偿投入 80 亿元，一共投入 110 亿元扶贫资金。这 80 亿元追加的帮扶资金的投向是：产业扶贫 55 亿元，易地搬迁扶贫 25 亿元，具体分配计划见图 8-2。并进一步承担毕节市其他 6 县 3 区的帮扶工作，确保到 2020 年帮扶毕节全市现有 92.43 万贫困人口全部稳定脱贫。目前，已捐赠到位 40 亿元。

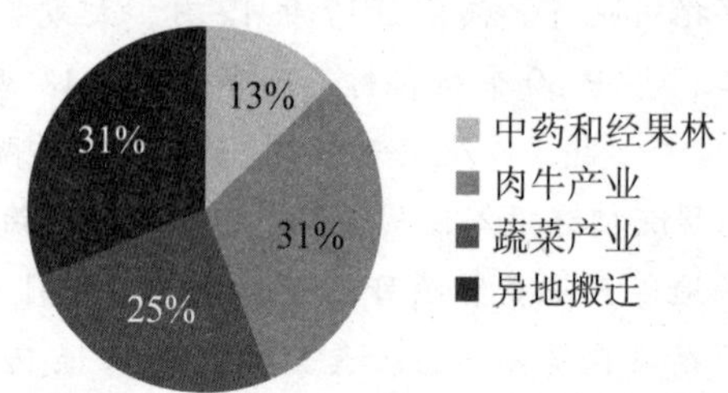

图 8-2　恒大整体帮扶毕节 80 亿元资金计划投向

值得一提的是，在 28 日举办的人民日报社“第五届民生发展论坛”上，恒大精准扶贫贵州毕节成功获评“2017 年度中国民生示范工程”。评审专家表示，恒大扶贫“方案精准、措施精准、用人精准”，成功探索了可复制、可借鉴的“恒大贵州大方扶贫模式”，其“龙头企业 + 合作社 + 贫困户 + 基地”产业扶贫模式，实现了“供、产、销”一体化经营，确保了贫困户持续增收、稳定脱贫。

资料来源：《中国扶贫开发报告 2017》，中华网，2017 年 12 月 28 日

从上述案例可以发现，恒大帮扶大方县在扶贫领域创新性地实现了政府与企业的合作，其扶贫效果远远好于目前以政府为主体的扶贫模式，实现了贫困户、合作企业、大方县以及恒大自身的多赢，为稳定脱贫和可持续发展作出了科学的机制设计和长远的制度安排[①]。根据对恒大整县帮扶的效果、机制以及创新性的分析可知，其构建了可以复制和推广的恒大模式，这充分体现了政府与市场两种机制结合的优越性。

① 《中国扶贫开发报告（2017）》，扶贫蓝皮书.

五、小结

以政府为主导的扶贫模式具有快速整合大量资源的优势，能够保证扶贫政策的执行效率。而市场模式最大的优势在于能够灵活和高效地调动与集合专业力量和组织，刺激竞争意识和内生性发展，并接受第三方的监督与管理。如何将两种模式的优势结合起来，弥补单一模式的不足，是扶贫实践中着力解决的问题。政府与社会资本的合作正是对两种模式优势融合的尝试，政企合作开发扶贫，也是我们长期以来积极探索的多元扶贫主体的扶贫思路。在这个过程中，政府与市场力量的和谐共生、宏观调控与市场配置的互补配合是达到最优扶贫效果的关键因素。

第五节　供给侧与需求侧

供给侧结构性改革是新经济形势下，应对我国经济发展新常态而作出的重大改革。正如 2015 年 11 月 10 日习近平总书记在中央财经领导小组第十一次会议上所提出的，我们需要在适度扩大总需求的同时，着力加强供给侧结构性改革，着力提高供给体系质量和效率，增强经济持续增长动力。①

精准扶贫工作的有效推进，要建立在需求侧与供给侧改革的基础上。有效识别贫困人口和贫困区域对扶贫资源的需求，是需求侧改革的基本内容；提高扶贫资源供给的质量与效率，是供给侧改革的基本方向。

一、文献回顾

精准扶贫是我国新时期背景下扶贫政策和理论模式的创新与突破，而加快扶贫供给侧结构性改革正是我国全面提高扶贫质量的重要举措，

① 习近平 . 从生产领域加强优质供给 [N]. 经济参考报，2016- 01-27（3）.

目前国内的相关研究主要有理论、策略分析以及案例研究两个方向。

理论、策略分析方面，刘彦随、曹智（2017）在文章中从供需的视角，总结了目前攻坚扶贫的过程中存在的扶贫供给侧问题，系统构建了精准扶贫供给侧结构体系，并相应提出了改革策略。研究表明，精准扶贫供给侧结构改革应基于因贫施策、因地制宜、因时而异、因势利导的原则，优化供给侧资源的调控和配置，力图解决扶贫开发过程中供需不平衡、不匹配甚至错位的问题。王思铁（2018）基于目前我国扶贫存在的扶贫精准度急需提高，过分重视扩大需求的扶贫现状，提出了要从“投入侧”入手，改变扶贫理念，着力增加扶贫有效供给，将钱花在刀刃上，并分析了“供给侧”改革对于激发群众首创精神及内生式脱贫精神的积极影响。张明皓、豆书龙（2017）分析了农业供给侧改革与精准扶贫供给侧改革的内在逻辑关联性，致力于构建两者的衔接机制，也为政府为主体实施制度和政策的“整体性治理”提供优化路径。

案例研究方面，莫任珍（2018）基于毕节市“一市五金多套餐”扶贫机制的相关调研，在实地调研质效收验的基础之上，总结了问需式精准扶贫模式在供需层面可以借鉴的改革策略，为当下精准扶贫政策优化和实施路径提供了新思路。

综上，无论是理论分析还是实证研究，都是主要关注“供给侧”和“需求侧”与“扶”和“贫”的协调统一关系，是精准扶贫纵深方向发展的动力，也在扶贫政策的发展方向上起到导向作用。然而不足的是，在改革策略的效用方面，对于供需是否协调统一，没有考虑相关的评估机制，在运行的过程中尚未有明显有效的评判标准。

二、扶贫供给侧结构改革

（一）背景

在 2015 年 11 月 10 日召开的中央财经领导小组第十一次会议上，习近平总书记强调：“在适度扩大总需求的同时，着力加强供给侧结构性改革，着力提高供给体系质量和效率。”[①]扶贫的“扶”与“贫”在某种程度上说就是“供给”与“需求”的关系，而在这两者之间，供给质量的好坏直接影响了需求是否得到满足以及满足的程度。

扶贫供给侧改革，意在从扶贫的资源提供侧改革，通过提高资源配置的有效性和优化投入结构等方案，增强有效的供给，从而实现扶贫的预期目标。

（二）策略

扶贫资源供给质量和效率的提高，具体可以从以下两个方面着手。

一是通过公共物品与服务的供给，增加贫困者的初始资源禀赋，提高财富创造和再创造的能力。对于贫困人口来说，基础教育供给、婴幼儿营养健康改善、职业技能培训等是弥补初始资源禀赋稀缺的主要途径。对于贫困区域来说，应在遵循可持续性的原则下，优化公共基础设施投资结构，使之与贫困区域的发展环境相匹配，充分发挥其作为“社会先行资本”的功能。[②]

二是推进分配制度改革，促进收入分配的相对公平。政府还富于民和让利于民、切实提高中低收入劳动者报酬、调节过高收入、扩大中等收入群体等，都有助于最大限度地降低收入分配不公对于减贫的负面影响。最后，以社会福利与基本社会保障制度、公共政策体系为屏障，确保贫困人口能够维持最低水平的生活标准。

三、扶贫需求侧改革

需求的有效识别包括两个层次的内容。第一层次需求识别的关键在于需求表达机制（自下而上的需求表达）与需求调研机制（自上而下的需求调研）的建立。需求表达机制更多的是针对以贫困人口为单位的个体需求方，主要由申请、审查、评议等环节组成。需求调研机

① 白彦锋，王建保. 美国金融危机治理与我国房地产市场供给侧改革 [J]. 地方财政研究，2016（7）：24-31.

② 朱松梅，李炜. 精准扶贫的经济学解读 [N]. 光明日报，2017（4）.

制由供给方主导，更多的是针对以贫困区域、群体等为单位的需求方，对产业、自然资源、区位优劣势、基础设施现状等进行分析。第二层次需求识别的关键在于保持动态性，即贫困的考核机制与退出机制的建立，便于将新的贫困者纳入，同时使脱离贫困状态的非贫困者退出，进而推进扶贫资源的优化配置。

案例：恒大：扶贫供给侧改革先行者

人们普遍认为，既属重要民生工程也属重要经济活动的扶贫工作，与供给侧改革有着十分密切的关系。所谓扶贫供给侧改革，就是指从扶贫投入侧入手，通过优化扶贫投入结构、增强有效供给来提高扶贫质量，进而推进精准扶贫、精准脱贫，其核心在于进一步提高扶贫的针对性、实效性。

2015 年年底，恒大计划三年投入 30 亿元结对帮扶毕节大方，从扶贫投入的结构方面，以五大实实在在的综合措施、一套清晰的三年计划确保当地稳定脱贫，成为中国扶贫史上精准扶贫、精准脱贫的一次全新探索。

扶贫的“扶”与“贫”，从一定意义上说，就是“供给”与“需求”的关系；贫困老百姓最“需”与最“求”的是扶贫投入侧改革最需要优先考虑的。

恒大为了打赢这场硬仗，采取五大实际措施覆盖贫困老百姓的脱贫需求，并实施“造血”与“输血”相结合的扶贫模式。传统扶贫主要依仗“输血”，当地的产业并没有得到扶持，无法形成可持续的脱贫效果。同样地，如果仅仅强调“造血”，前期必要的保障就无法确保，“血”造出来之前可能计划就被迫夭折，扶贫效果同样会大打折扣。

因此，恒大此番“造血”与“输血”并举，无异于扶贫领域的一次“供给侧改革”——淘汰过往落后的扶贫方式，帮扶贫困地区有效脱贫，称其树立新时期扶贫里程碑并不为过。

27 日首批开工援建的 40 个重点工程项目中，就涵盖了“造血”与“输血”并举的意味，以大幅提升特困群体的社会保障水平。同时鉴于大方县农牧业资源丰富，却缺少产业开发门路和技术的情况，恒大“量身定做”产业扶贫措施，计划投入12亿元建设1 000处农牧业产业化基地。这些因地制宜的产业扶贫，成为大方县贫困人口全面稳定脱贫、社会经济和人民生活可持续发展的有力推动器。

扶贫要先扶智，恒大为贫困乡村和困难家庭科学发展、长远发展谋思路，通过职业技能培训，对大方贫困群众进行“再教育”，帮助他们增强专业技能的本领，目前已吸纳3 105名贫困家庭的青壮年劳动力到恒大及其合作企业就业，即将实现一人就业、全家脱贫。未来三年内，恒大将使培训并吸纳就业的总人数达到3万人，实现吸纳就业扶贫。

不仅如此，恒大在此次首批援建工程开工前，就已将首批10亿元扶贫资金捐赠到位，设立担保总额10亿元的产业扶贫专项贷款担保基金，并为全县14 140名特困群众购买商业保险。春节前夕，还向大方5.8万贫困户发放共1 160万元过节费，精准“造血”与“输血”并行持续。

当下，脱贫攻坚已经到了啃硬骨头、攻城拔寨的冲刺阶段。恒大在精准施策上出实招、在精准推进上下实功、在精准落地上见实效，将扶贫帮扶的每项政策措施都落到实处，“精准扶贫先行者”这个称呼当之无愧。

我们有理由相信，恒大以“但愿苍生俱饱暖”的情怀、契合扶贫供给侧改革的举措、踏踏实实为民造福的精准落实，必将在中国扶贫史上留下不可磨灭的一笔。

资料来源：新华网财经，2016年3月1日

在政企合力致力于扶贫治理有效路径的实现方面，恒大作为示范者和领军者，在这场攻坚战之中起到重要的先行者作用。在恒大的扶贫计划中，资源投入侧的改革是恒大集中力量进行改革的重点，将贫困群体的需求作为扶贫资源供给侧改革优先考虑的首要方面。恒大在对毕节大方县的扶贫实践中，充分考虑到当地产业的实际情况，制定了基本覆盖贫困群体普遍需求的“五大措施”，不再采用传统单一的“直接式”扶贫，而是采用“直接式”与“间接式”并举的模式，保证了扶贫资源供给方面结构的优化，使资源能够得到充分、有效利用。

恒大集团在扶贫供给侧改革中，不仅注重扶贫初期原始资源的有效供给，同时也注重提高贫困人群财富再创造的能力，如为贫困群众提供适宜的劳动技术培训，为有劳动能力的群众提供必备的就业技能等相关方面的培训，提供一些相关的就业知识及信息等。

从上述案例可以看出，加快扶贫供给侧改革是当下扶贫实践越来越重要的侧重点，并在不断的改进与具体操作中取得了一定的成效和积极的反馈，这是我们今后扶贫路上的指路标。

四、小结

总体来说，从需求侧扶贫，着眼点在于消费需求，也就是“贫困户缺什么政府就补给什么”，如贫困户缺房子，政府就提供房子；贫困户缺粮食，政府就提供粮食。也可以称为“输血型”扶贫。在这样的模式之下，贫困户很容易产生依赖性，陷入贫困的循环。

与需求侧扶贫不同，供给侧扶贫是帮助贫困户发展生产，立足于“造血”。例如政府链接资源，帮助贫困农民引入扶贫企业，通过规模经营增加农民的资产性收入；通过投资农村基础设施，推动农民的资产升值等。

但是，主张扶贫从供给侧发力，并非意味着不考虑“需求”，希望达到的效果是“需”与“供”的统一和平衡。例如年老人或者因身体缺陷而丧失劳动能力的人，我们需要从需求侧予以补助。但需要注意的是，对那些有劳动能力而放弃劳动机会和退出竞争不劳动的人，政府应该作出基本的甄别和评估，只能为其提供基本生活保障，而非与丧失劳动能力的群体看齐，切不可顾此失彼，造成新的不公平。

第九章

中国扶贫能力建设

能力建设的概念是以对发展援助批判的形式出现的。发展援助认为低收入是导致贫困的主要原因，应以增加收入的方式解决贫困问题，因而主流的扶贫政策多以增加各类救济、补贴的形式出现，从而导致各种重短期收效、轻长期效果，重经济扶持、轻能力建设的实践。在20世纪80年代后出现的“援助疲倦”，特别是援助效果不尽如人意，成为我国扶贫发展的转折点。

随着国外先进扶贫理论的引进和我国扶贫经验的积累，人们逐渐认识到贫困不仅包含经济贫困，还包含社会成员想要完成某些功能性活动的“机会”缺失。仅以收入高低看待农村贫困问题，流于表面，极易导致帮扶脱贫后再返贫。而扶贫是要把发展建立在本土资源、所有权和领导力之上，强调弱势群体与主流社会建立联系的重要性，使原来的“援助”模式向“较少依赖”再到“自助”进行转变。

20世纪90年代以来，我国不断优化扶贫战略和政策，及时调整扶贫目标，扶贫工作已卓有成效：中国农村居民的生存和温饱问题基本得到解决，贫困人口的生产生活环境得以改善，精神文化建设逐步发展，贫困地区基础设施不断完善，生态恶化初步遏制。

与此同时，我国扶贫事业的内在发展力也随着扶贫开发建设得以提升，表现在贫困人口收入提高能力、生活水平改善能力和综合素质提升能力等各方面能力的提升，而这些能力的提升依赖我国对于贫困

感谢赖玮为本章做出的工作 .

地区基础设施、公共服务、财政体系、金融体系、信息化、市场、人力资源的现代化建设。本章即从这七个方面阐述我国扶贫能力建设。

第一节　基础设施建设

广义的基础设施包括交通、供水供电、商业、绿化、文化教育、卫生事业等市政公用设施和公共服务设施等。① 本节仅讨论经济基础设施，即“永久性的工程构筑、设备、设施和它们所提供的为居民所用和用于经济生产的服务”，主要包括交通运输、电力设施和供水。②

中华人民共和国成立伊始，百废待兴，我国各行业生产水平低下，物资匮乏，交通运输受阻，人民生活困苦，社会经济形势严峻。为了恢复和发展国民经济，中央强调交通、水利和农业作为恢复工作中的重点。此时，基础设施建设仅作为经济建设的附加。再加上很长一段时间，我国主要以援助式扶贫为主，因此人们没有意识到基础设施建设在扶贫事业中的重要性。

自改革开放以来，我国总结自身和国际经验，吸收国际扶贫先进理论，摒弃援助式扶贫，将基础设施建设作为开发式扶贫的途径和保障，纳入扶贫事业。《国家八七扶贫攻坚计划（1994—2000年）》（以下简称《扶贫攻坚计划》）和《中国农村扶贫开发纲要（2001—2010年）》（以下简称《纲要（2001—2010年）》）两份文件都提出增加基础设施建设投入。最新的扶贫指导文件《中国农村扶贫开发纲要（2011—2020年）》（以下简称《纲要（2011—2020年）》）中更是细化基础设施建设条目，明确贫困地区扶贫任务中贫困群众交通、用电和饮水的具体目标。

---

① https://baike.baidu.com/item/基础设施/3831695?fr=aladdin.

② 世界银行. 1994年世界发展报告：为发展提供基础设施[R]. 北京：中国财政经济出版社，1994.

一、交通运输

自改革开放以来，我国一直注重交通运输发展，并编制发展规划，吸引多元投融资，创新体制变革，不断加快交通基础设施建设。1978年，我国铁路营业里程仅5万多公里，公路通车里程89万公里，民用航空航线长度14.9万公里，内河通航里程13.6万公里。而到了2016年，除内河航道里程维持不变外，其他交通运输线路长度翻了几番，其中铁路营业里程达到12.4万公里，公路里程469.63万公里，定期航班航线里程634.81万公里（表9-1）。[①]我国交通基础设施建设高速发展，现城市轨道、高速公路铁路、航空等交通设施规模已位居世界前列，交通大国的地位名副其实。

表9-1　我国运输线路长度变化　　　　万公里

年　份	铁路营业里程	公路里程	内河航道里程	定期航班航线里程
1978	5.17	89.02	13.60	14.89
1994	5.90	111.78	11.02	104.56
2001	7.01	169.80	12.15	155.36
2011	9.32	410.64	12.46	349.06
2016	12.40	469.63	13.10	634.81

资料来源：国家统计局《中国统计年鉴2017》

同时，农村公路的建设也取得了很大成就。截至2017年年底，全国农村公路里程400.92万公里，其中县道55.07万公里、乡道115.77万公里、村道230.08万公里。全国通公路的乡（镇）占全国乡（镇）总数的99.99%，其中通硬化路面的乡（镇）占全国乡（镇）总数的99.39%；通公路的建制村占全国建制村总数的99.98%，其中通硬化路面的建制村占全国建制村总数的98.35%。[②]“十二五”期间，全国新增5000个建制村通公路，近900个乡镇和8万个建制村通硬化路，全国新改建农村公路超过100万公里，通车总里程约395万公里，基

① 国家统计局．中国统计年鉴2017，2017.

② 中华人民共和国交通运输部．2017年交通运输行业发展统计公报．

本实现所有乡镇通公路和东中部地区建制村通硬化路、西部地区建制村通硬化路比例约 80% 的目标；全国乡镇、建制村通客运班车率超过 99% 和 93.2%。[①]

余下不通公路的乡镇村，几乎都在中、西部及边疆等发展滞后地区，公路交通是当地最主要的运输方式。农村公路是农村经济发展的大动脉之一，全面建设农村公路迫在眉睫。

根据规划，到 2020 年，我国将实现贫困地区国家高速公路主线基本贯通，具备条件的县城通二级及以上公路，集中连片特困地区基本形成“外通内联、通村畅乡、班车到村、安全便捷”的交通运输网络，交通运输基本公共服务的主要指标接近全国平均水平[②]，以助力区域经济发展。

交通运输基础设施是贫困地区与外界互通的直接体现，完善的交通基础设施可以增强贫困地区与外界的物资交换和往来联络，便于扶贫政策切实实施。交通基础设施投资过程中创造大量就业岗位，提供了更多的就业机会，也为农村劳动力外出务工创造了良好条件；交通运输网络覆盖的增加，可以显著改善交通的可达性，增强区域间的相互联系；再者，完善的交通基础设施可以直接降低运输成本，增加产品利润，提高农村生产力。

二、电力

1998 年以来，我国不断推动农村电力建设，进行了大规模农村电网建设与改造，累计完成投资约 3 800 亿元，基本改变了农村电力设施落后的状况。然而，仍有部分地区因为地理环境恶劣，导致电力工程推进困难，仍未通电，截至 2012 年年底，全国还有 273 万无电人口，主要分布在新疆、西藏、四川、青海等省（区）偏远贫困地区，

① 邹蕴涵. 我国农村基础设施建设现状及存在的主要问题 [J]. 财经界（学术版），2018（1）：3-5.

② 交通运输部：2017 年第十二次例行新闻发布会 [EB/OL]. http://www.mot.gov.cn/2017wangshangzhibo/2017twelve/.

涉及 40 个地市、240 多个县、1 500 多个乡镇、8 000 多个行政村。[①]

2013 年，国家能源局制定了《全面解决无电人口用电问题 3 年行动计划（2013—2015 年）》（以下简称“三年行动计划”），提出到 2015 年年底通过电网延伸和可再生能源供电工程建设，解决最后 273 万无电人口用电问题。2015 年 12 月，随着青海省最后 3.98 万无电人口通电，国家能源局制定的三年行动计划得到落实，我国全面解决了无电人口用电问题。[②,③] 当月，国家能源局又印发《国家能源局关于加快贫困地区能源开发建设推进脱贫攻坚的实施意见》，提出贫困地区能源建设的基本方针，以帮助解决贫困人口能源使用问题。

2016 年，国家发展和改革委员会、国家能源局启动实施第二轮农村电网改造升级工程，加快提高农村电网供电可靠性和供电能力，以满足农村用电需求，保障农村经济社会快速发展，为同步进入小康社会创造有利条件。[④]

电力是保障现代社会生产生活的基础条件，它包含一般劳动所无法替代的功能，不仅丰富了人们的日常工作和生活，而且能在生产活动中有效节省劳动力。因此，合理开发利用能源，提高能源建设水平，对于改善民生和当地经济发展具有重要作用。

三、供水

改革开放以来，国家重视农村供水，针对农村饮水困难问题出台多项政策，并开展农村水利工程项目。1994 年，解决农村人畜饮水困

---

① 国家能源局 . 全国全面解决无电人口用电问题任务圆满完成 [EB/OL]. http://www.nea.gov.cn/2015-12/24/c_134948340.htm.

② 中国已全面解决无电人口用电问题 [EB/OL]. http://power.in-en.com/html/power-2250215.shtml.

③ 我国农村基础设施建设现状及存在的主要问题 [EB/OL]. http://www.sic.gov.cn/News/455/8535.htm.

④ 国务院办公厅转发国家发展改革委《关于“十三五”期间实施新一轮农村电网改造升级工程意见的通知》[EB/OL]. http://www.gov.cn/zhengce/content/2016-02/22/content_5044629.htm.

难被纳入《扶贫攻坚计划》。截至2004年年底，全国共解决了2.97亿人的饮水困难问题，按照1984年制定的饮水困难标准，基本结束了我国农村饮水困难的历史。[①] 随着贫困地区饮水困难基本解决，国家将饮水问题的重点转向饮水安全，2011年发布的《纲要（2011—2020年）》，提出解决贫困地区人畜饮水安全问题。2012年至2016年，水利扶贫累计解决贫困地区1.1亿农村人口饮水安全问题，农村自来水普及率和集中式供水覆盖率分别提高到70%和75%；2016年启动实施的农村小水电扶贫工程，直接与当地建档立卡贫困户利益挂钩，已使2万多贫困人口直接受益。[②]《纲要（2011—2020年）》还提出“到2020年，农村饮水安全保障程度和自来水普及率进一步提高”的主要任务。

在贫困地区兴建水利工程，为人民生产生活提供安全用水保障，解决了贫困群众日常饮水问题，可以减轻其劳动强度，提高了受益地区人民群众生活质量，解放和发展了生产力，使他们可以集中精力进行农业和农副产品生产，从而推动农村地区发展和脱贫致富进程。

基础设施建设的发展，为贫困地区带来诸多益处：贫困人口生活成本降低，生活质量提高，生产力发展，就业机会增加。这对于促进贫困地区经济增长、增加贫困群众收入，实现良性减贫，提升我国扶贫能力，具有重要意义。

第二节　公共服务建设

随着我国扶贫事业的发展，依托丰富的扶贫经验，扶贫理论不断完善，国家对扶贫公共服务的重视逐渐增加，从单一改变教育文化卫生落后状况到强调扶贫事业中科技文化素质、教育卫生事业发展，再到2017年下发的《“十三五”推进基本公共服务均等化规划》中，将

① 中华人民共和国水利部．2004年水利统计公报．

② 五年来贫困地区中央水利投资2 266亿元，新华网，2017年10月，http://news.xinhuanet.com/politics/2017-10/10/c_129718265.htm.

教育、就业、社会保险、医疗卫生、社会服务、住房保障、文化体育等方面列为基本公共服务，以基本公共服务清单为核心，开展公共服务项目，推进公共服务均等化。[①]我国扶贫事业越来越重视基本公共服务的建设。

一、公共教育

20 世纪 80 年代以前，我国公共教育普遍存在教育发展落后、农村受教育率低、文盲数量多的状况。从 80 年代开始，我国开始重视公共教育，这一阶段主要侧重于消除文盲方面，随着 1986 年《中华人民共和国义务教育法》、1988 年《扫除文盲工作条例》和 1995 年《中华人民共和国教育法》的颁布和实施，国家开始加大基础教育投入，使我国的文盲率大大降低。1994 年发布的《扶贫攻坚计划》要求“基本普及初等教育、积极扫除青壮年文盲”的同时，“开展成人职业技术教育和培训，使大多数青壮年劳动力掌握一到两门实用技术”。1996 年，《中华人民共和国职业教育法》开始实施，提出农村职业教育建设。我国义务教育的逐渐普及使得文盲不断减少。截至 2000 年，我国文盲数量由 1982 年的 22 996 万人下降至 8 699 万人，文盲率则由 22.8% 降至 9.08%。[②]2003 年，《国务院关于进一步加强农村教育工作的决定》提出扶持农村幼儿教育。《纲要（2001—2010 年）》和《纲要（2011—2020 年）》也都提出学前教育的发展规划。

我国公共教育建设从普及义务教育、扫除文盲逐步发展到推动学前教育和成人教育，同时，引导校企合作和高效对口支援，通过针对性的职业培训，加强贫困群众就业保障。

当前，政府以基础教育扶贫为主，同时结合幼儿教育、职业教育等多种模式。教育从根本上阻断了贫穷的代际间传递，是贫困人口脱贫不返贫的基本保证。

---

① 中华人民共和国国务院《关于印发“十三五”推进基本公共服务均等化规划的通知》.

② 国家统计局 . 2000 年第五次人口普查数据 .

二、文化体育

1993 年 12 月，文化扶贫委员会成立，以建设图书室、提供图书视频资源等方式进行文化扶贫。进入 21 世纪，国家更加重视文化建设，2008 年 12 月，中国扶贫开发协会启动“文化扶贫工程”，成立宣传教育委员会，专门负责文化扶贫工作，组织实施包括村落文化建设、公益文化场馆建设、文化资源开发、文化扶贫交流与合作等多项文化扶贫项目。①

2015 年以来，我国扶贫开发工作进入新的阶段，精准扶贫上升为国家战略，文化建设也按照精准扶贫要求，以期实现跨越式发展。“十三五”时期，国家加大政策倾斜力度，重点部署贫困地区的文化发展，并增加资金投入。各级地方政府也积极配合，增购文体设备，建立基层文化服务中心，构建文化服务体系，以促进贫困地区文化产业发展。

国家体育总局 2006 年在全国范围内正式启动农民体育健身工程，推动农村体育组织建设、体育活动站（点）建设，广泛开展农村体育活动，构建农村体育服务体系。②2009 年国务院下发《全民健身条例》，提出“加大对农村地区和城市社区等基层公共体育设施建设的投入”。2017 年 12 月，农业部、国家体育总局下发《关于进一步加强农民体育工作的指导意见》，“着力推动全民健身持续向农民覆盖和倾斜，不断提高农民群众的身体素质”。

近些年，在全民健身的大背景下，体育建设以扶贫工程的方式，通过引进体育赛事、发展体育产业、援建基础设施、开展大众健身等助力脱贫，在贫困地区构建“体育＋”或“＋体育”的发展模式，营造精准扶贫、体育助力的良好局面。体育扶贫工程的总体目标为，到 2020 年，实现贫困地区体育基础设施和健身公共服务体系基本完善。③

---

① 《新华每日电讯》，2008 年 12 月 23 日 .

② 国家体育总局：关于印发《关于实施农民体育健身工程的意见》的通知 .

③ 体育总局、国务院扶贫办联合印发关于体育扶贫工程的实施意见 [EB/OL]. http://www.sohu.com/a/244440253_505662.

通过在贫困地区安排举办各类体育赛事和全民健身活动，带动和扩大各类消费，既强身健体、丰富文化生活，又提高了农民收入，使贫困人口得以脱贫致富。

贫困地区的文化体育建设，利于贫困群众增强体质，丰富精神生活，焕新精神面貌，提高科学文化素质，为贫困地区的经济发展增添活力，是贫困人口脱贫的重要动力和保障，也为我国扶贫事业的推进提升效能。

三、公共卫生与基本医疗服务

20 世纪 90 年代，我国已开始进行医疗卫生建设。1992 年下发的《关于加强农村卫生工作若干意见的通知》和 1994 年的《扶贫攻坚计划》中都强调进一步完善贫困地区的农村医疗服务。这一阶段，我国医疗卫生的工作重心在于改善当地医疗条件和卫生环境，医疗服务建设主要表现在建设农村卫生院（室）及构建贫困地区三级医疗预防保健网。

随着经济的发展和人们生活质量的改善，公众对医疗服务的需求不断增长。在此背景下，2007 年 10 月，中共十七大报告中明确提出实现“覆盖城乡居民的公共卫生服务体系、医疗服务体系、医疗保障体系、药品供应保障体系”。2009 年颁布的《中共中央、国务院关于深化医药卫生体制改革的意见》明确我国实现“人人享有基本医疗服务”的目标。此后，基本医疗服务的建设很快贯彻到扶贫领域，我国致力于基本医疗保障网构建，保障农民不因病致贫、返贫。

2011 年 12 月，国务院下发的《纲要（2011—2020 年）》，明确提出“进一步健全贫困地区基层医疗卫生服务体系，改善医疗与康复服务设施条件”，使贫困群众享受均等的医疗服务。2016 年 6 月下发的《关于实施健康扶贫工程的指导意见》，提出综合施策，提高贫困地区医疗水平，完善资源配置，以期保障贫困群众及时有效治疗疾病，贫困地区实现基本医疗服务全覆盖。

贫困地区的基本医疗卫生服务均等化水平可以通过一系列的具体

指标来衡量，主要可分为经费投入、资源条件、居民健康水平三大类，包括每千人拥有的医疗机构数、每千人拥有的病床数、每千人拥有的卫生技术人员数、婴儿死亡率、孕产妇死亡率和居民人均寿命共六个具体指标。[①]

随着改革的深入，我国农村医疗水平不断提升。我国农村每千人口卫生技术人员数从 1980 年的 1.81 增长到 2016 年的 4.04；每千人口医疗卫生机构床位数从 2008 年的 2.20 增长到 2016 年的 3.91。[②③] 然而数据显示[④]，大多数贫困地区的医疗卫生服务水平仍低于农村总体水平（图 9-1、图 9-2），仍需政府大力扶持，提高全国贫困地区医疗机构整体服务能力。

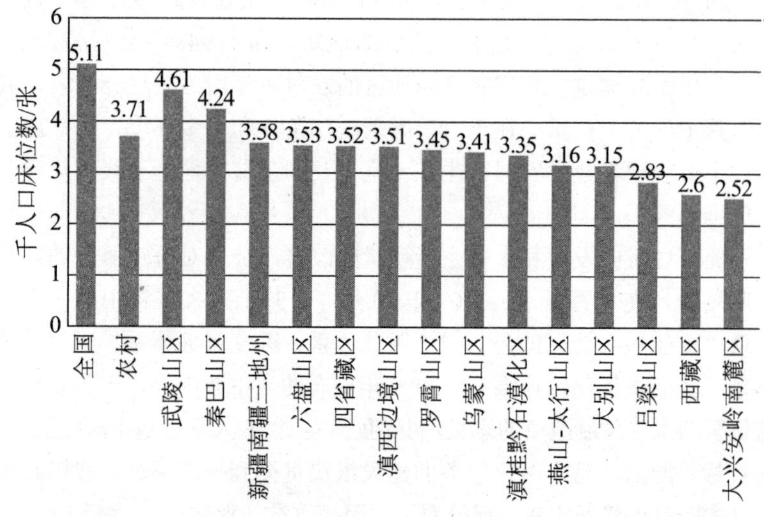

图 9-1　集中连片贫困地区等医疗机构千人口床位数（2015 年）

① 郭渐强，罗能艳 . 贫困地区推进基本医疗卫生服务均等化面临的困境与出路 [J]. 行政与法，2018（03）：51-57.

② 国家统计局 . 2017 中国统计年鉴 .

③ 中华人民共和国卫生部 . 2013 中国卫生统计年鉴 .

④ 谢富香，隋梦云，朱兆芳，等 . 我国集中连片贫困地区医疗机构资源配置现状 [J]. 昆明医科大学学报，2018，39（3）：49-54.

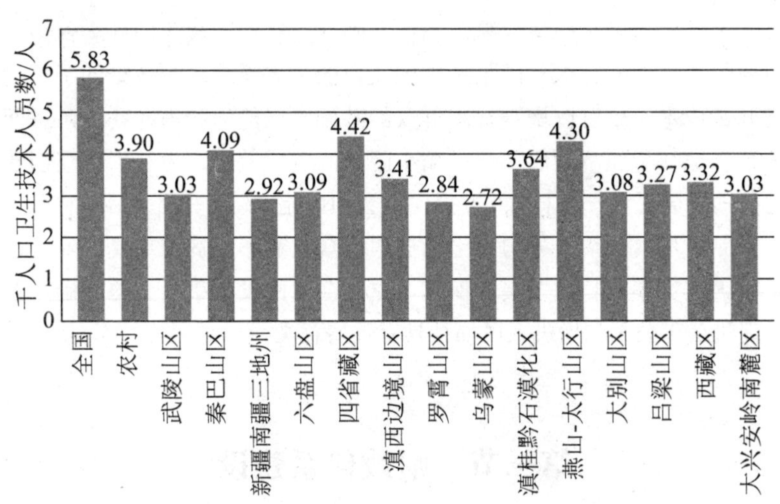

图 9-2　集中连片贫困地区等医疗机构卫生技术人员配置情况（2015 年）

四、社会保障

随着我国经济体制改革和农村经济的发展，农村社会保障体系和制度不断完善。1992 年，我国正式推行农村社会养老保险制度 。2002 年 10 月，《中共中央、国务院关于进一步加强农村卫生工作的决定》明确指出要“逐步建立以大病统筹为主的新型农村合作医疗制度”，至 2010 年，新农合医疗制度全面推行。20 世纪 90 年代末，农村开始选择试点实行最低生活保障制度，至 2007 年 7 月全面推进。

通过十几年的不断完善，目前，我国农村社会保障项目主要包括农民养老保险、农村合作医疗和农村最低生活保障制度，初步具备了社会保障体系包含的项目类别。①

基本公共服务和具有针对性的社会保障服务可以为贫困人口提供基础保障，提高贫困人口的可行能力，帮助贫困人口摆脱所处困境，提升贫困人口的幸福指数。用于减少贫困家庭支出的公共服务，如教

① 胡颖 . 构建和完善中国农村社会保障制度的几点构想 [J]. 活力，2011（6）：131.

育、医疗、养老等服务保障，和旨在降低致贫返贫风险的社会保险、农业保险等保障体系，满足了贫困人口的基本需求，有效降低了其日常开销成本；更可以增强贫困群众的基础发展能力和内在动力，进而改善当地社会经济发展环境，缩小区域间发展差距，为贫困群众创建良好的发展平台，为未来发展提供机会和可能，改善贫困落后的状况。

促进基本公共服务均等化是贫困群众脱贫不返贫的重要保障，也是我国扶贫事业长足发展的保障，更是全面建设小康社会的基础，对于促进公正公平、增进人民福祉具有重要意义。

第三节　财政体系建设

20 世纪 80 年代，我国的扶贫工作开始规模化进行。1980 年中央专设扶贫资金，1984 年发布《关于尽快改变贫困地区落后面貌的通知》，划定了 18 个重点扶持贫困地区，并开展“以工代赈”，农村贫困问题得到大幅度缓解。此后，国家相继制定并实施一揽子扶贫开发计划和政策，投入财政资金用于扶贫，同时对其审计制度和使用管理方式进行严格规定；实行财政优惠政策；不断创新和发展财政扶贫机制。同时，公共财政预算优先安排扶贫支出，加大政策扶持和执行力度。

一、财政资金扶贫

自我国开展扶贫工作以来，各级政府不断增加财政扶贫投入，从 1980 年设立发展资金当年支出的 5 亿元，增加至 2017 年的 1 400 亿元（其中中央财政安排补助地方专项扶贫资金 860.95 亿元）[①]，年均增长 10% 以上，累计投入超过 4 000 亿元。财政扶贫资金向国家级贫困县和各省自行确定的扶贫开发重点县倾斜。目前，中央财政专项扶贫

① 2017 年中央和地方财政专项扶贫资金规模超过 1400 亿元 [EB/OL]. http://www.xinhuanet.com//politics/2017-05/27/c_1121050023.htm.

资金主要分为发展资金、少数民族发展资金、以工代赈资金、国有贫困农场扶贫资金、国有贫困林场扶贫资金、“三西”资金六个使用方向，通过财政转移支付、贷款贴息等方式支持贫困人口发展特色优势产业、改善贫困人口基本生产生活条件、提高贫困人口就业和生产能力等。[①]

同时，国家相继出台相关政策和规定，完善扶贫资金管理制度，监管地方“不乱花一分救穷的钱”。在开展扶贫资金常态化监管的同时，推进扶贫资金专项检查，通过专项扶贫资金绩效评价、扶贫开发工作成效考核等各类考核评价结果，切实强化资金监管。

案例：泰安市财政局助推脱贫攻坚

为进一步做好财政扶贫工作，泰安市财政局按照集体议事、会议决定的原则，统筹协调和指导财政支持扶贫开发工作，为财政扶贫工作的顺利开展奠定了基础。

泰安市财政部门积极优化支出结构，适当压减其他专项资金，大幅增加专项扶贫资金。2016 年，市级预算安排专项扶贫资金 2 550 万元，是上年度的 5.1 倍。加大对上争取力度，积极对接省财政厅支持打赢脱贫攻坚战的 45 条意见，把特色产业发展扶贫基金、小额贷款扶贫担保基金、公益事业扶贫基金和易地扶贫搬迁地方政府债券等扶贫开发资金作为财政对上争取的重点工作。1—9 月，共争取上级扶贫资金转移支付 9 391 万元。同时，统筹整合行业扶贫资金，泰安市积极配合行业主管部门，对除据实结算的普惠性资金以外的其他涉农资金，按照市委、市政府要求安排不低于 20% 的比例用于扶贫脱贫。1—9 月，共整合到位行业扶贫资金 97 283 万元，用于全市精准扶贫工作；参照中央和省级资金范围，市财政部门报请市政府，确定将农业产业化专项资金等 18 项财政涉农资金纳入市级统筹整合范围，支持脱贫攻坚。

同时，财政部门建立财政扶贫资金支出进度月报制度，并对县（市、

---

① 加大财政扶贫投入力度支持打赢脱贫攻坚战 [EB/OL]. http://theory.people.com.cn/n1/2016/0912/c40531-28708650.html##s6.

区）扶贫支出进度进行了专项督导，有效促进了扶贫支出进度。加快扶贫资金分配进度，按照《中华人民共和国预算法》要求，对安排市本级的专项扶贫资金通过部门预算及时批复下达。切实加快市本级项目实施进度和资金支出进度，指导督促全市各级财政部门根据扶贫实施方案和项目实施进度及时拨付资金，确保资金早到位、项目早见效。新泰市放城镇郗家峪村利用扶贫资金规划建设香椿芽保鲜加工厂，吸收有劳动能力的贫困户从事香椿的种植、加工、销售，直接带动51户贫困户73人受益，实现稳定脱贫。

泰安市还健全扶贫专项资金和项目管理制度，明确责任分工，细化业务流程。财政局联合市扶贫办等相关部门下发《关于做好2016年度财政专项扶贫资金项目实施监管工作的意见》，配合市扶贫办召开了2016年度财政专项扶贫资金项目实施监管工作会，对2016年度各级财政专项扶贫资金投向、项目实施作出安排。全面推行扶贫资金项目公告公示制，充分发挥社会监督的作用，构建常态化、多元化的监督检查机制，开展财政惠农资金专项检查，对财政扶贫资金使用管理中出现的违法违规行为严厉查处，保障扶贫资金安全有效使用。

资料来源：《大众日报》，2016年12月6日

泰安市围绕财政扶贫资金，采取多项措施，主要从优化扶贫资金结构、创新扶贫资金方式和加强扶贫资金管理三方面展开：首先，积极对接上级政策，争取更多资金支持本市扶贫开发，并统筹整合中央、省级、市级扶贫资金，集中资源，捆绑使用；其次，创新扶贫资金分配制度方式，提高资金发放效率，增强扶贫效益；最后，加强财政扶贫资金监管，将扶贫资金管理全面纳入制度的“笼子”。

财政扶贫资金是我国扶贫工作的有力保障，确保扶贫资金安全有效运行，对于我国扶贫攻坚的长足发展具有重要意义。

二、税收优惠

我国政府还出台并实施一系列税收优惠政策，给予农业和涉农产

业减、免税收等优惠，对于实施或承担贫困地区基础设施建设的相关企业、贫困地区小微企业和涉农金融机构实行税收优惠政策和补贴优惠政策，减少或免除涉农金融机构的监管费用，支持贫困地区涉农项目，促进产业发展和基础设施建设，让贫困群众在纳税方面享受低税率的利好措施，激励农业生产经营及相关产业建设，推动农村经济发展。

三、筹措机制创新

我国坚持扶贫体制机制改革和创新，优化财政投入，广开渠道筹措扶贫资金。从2006年开始，我国在贫困村建立互助资金组织，按照“民有、民用、民管、民享、周转使用、滚动发展”的方式支持村民发展生产，有效缓解了贫困农户发展资金短缺。[①] 互助资金组织是我国扶贫资金使用管理机制的创新，这一创新机制延长了财政扶贫资金的使用周期，提升了贫困人口的自我发展能力和产业组织化程度。

近年来，为了解决贫困地区基层权责不匹配、项目安排和资金使用缺乏自主权等问题，中央财政逐步推进贫困县涉农资金整合试点，探索并完善财政涉农资金的供给机制，通过“加大增量、盘活存量”资金，将一部分涉农资金的审批和配置权限下放到脱贫攻坚一线，并加速资金预算执行，为贫困地区基层整合利用援助资金提供保障。同时加强资金监管，有效推动资金整合试点的顺利运行。通过统筹整合使用财政涉农资金，我国形成了“多个渠道引水、一个龙头放水”的扶贫投入新格局，为贫困县贯彻落实精准扶贫基本方略，推动脱贫攻坚事业创造有利条件。

扶贫事业需要公共财政的支持。政府是颁布扶贫政策的主体，在扶贫事业中起着核心作用。财政体系扶贫，从制度和政策上保证了资金供给，对于脱贫能力的提高、地区贫困的解决具有重要意义。

---

① 国务院扶贫办、财政部．关于进一步做好贫困村互助资金试点工作的指导意见．

第四节　金融体系建设

一、信贷扶贫

我国金融扶贫体系的建立始于20世纪80年代，最初仅开展扶贫贴息贷款。1993年7月，我国制定实施《中华人民共和国农业法》，首次系统地规定了农村信贷扶贫、农业保险扶贫的措施与制度[①]。1994年3月，国务院颁布《扶贫攻坚计划》，强调发展扶贫贷款、贴息贷款，并给予信贷优惠政策；同年，中国农业发展银行成立，我国农村政策性金融独立出来，与商业性金融实现有机分离。

随着扶贫事业的推进，2001年下发的《纲要（2001—2010年）》，提出继续增加扶贫贷款，大力支持助力贫困群众增加收入的企业项目，并推广小额信贷，扶贫到户，支持其发展生产。2006年，中国银监会下调了农村金融的准入门槛，允许适度发展村镇银行、小额贷款公司等小微金融机构，农村扶贫金融组织得到极大丰富。

二、多种金融组织方式扶贫

2011年，国务院下发《纲要（2011—2020年）》，全面开启我国金融扶贫体系的建设："继续完善国家扶贫贴息贷款政策；积极推动贫困地区金融产品和服务方式创新，鼓励开展小额信用贷款，引导民间借贷规范发展，努力满足扶贫对象发展生产的资金需求，尽快实现贫困地区金融机构空白乡镇的金融服务全覆盖，多方面拓宽贫困地区融资渠道；积极发展农村保险事业，鼓励保险机构在贫困地区建立基层服务网点，完善中央财政农业保险保费补贴政策；加强贫困地区农村信用体系建设。"

---

① 谭正航．我国农村金融扶贫法律制度的变迁、检视与创新[J]. 理论导刊，2016（6）：20-24.

2014年“精准扶贫”思想的提出进一步促进了金融体系的完善，扶贫金融调控与监管政策得到强化，金融扶贫的内容也进一步深化，将贫困地区基础设施建设、产业结构升级、生态建设等作为金融扶贫的重点，信贷、保险、资本市场扶贫等多元化的扶贫形式协同推进。

金融扶贫体系的建立是扶贫开发事业的有机组成部分，政府运用信贷、保险、基金等金融组织方式，向扶贫产业注资，支持贫困人口发展和项目建设，以此带动其他潜在的生产要素（如土地、劳动力、技术和管理等）加入贫困地区生产发展，激发贫困群众的脱贫动力，促进贫困地区可持续发展，实现稳定脱贫。

案例：国开行贵州省分行精准支持定点扶贫县发展

国家开发银行以“增强国力、改善民生”为使命，一直高度重视服务脱贫攻坚事业，积极支持贵州精准扶贫。2012年，务川、正安、道真被确定为国家开发银行定点扶贫县。国开行贵州省分行按照总行部署，以提高定点扶贫县自我发展能力为目标，坚持融资融智融商多策并举，有力助推三县相继实现县级减贫摘帽。

为了激发贫困地区农民脱贫致富的内生动力，利用山区特色优势实现绿色发展，国开行贵州省分行与省扶贫办等部门紧密合作，进一步完善“四台一会”工作机制，重点打造正安白茶、道真中药材、务川羊业三个地域优势产品。依托“开行小额农贷”，支持特色产业发展到村。目前已累计向务正道三县发放贷款4.6亿元，惠及19个农业合作社、38个中小企业，带动3万农民走上脱贫致富道路。总行还引荐和支持竞争力强、社会效益好的多家企业和具有发展前景的产业到务正道三县进行项目建设和合作。

扶贫重在扶智。国开行贵州省分行强化对建档立卡贫困生的贷款支持，通过助学贷款扶真贫，已向务正道三县累计发放生源地助学贷款2.14亿元，惠及17 756名学生。在务正道三县启动的“彩烛工程”

公益项目，已组织当地县乡小学校长及老师750人次参加西部地区培训公益项目，提升当地基础教育者水平。

在融资支持务正道三县经济社会发展的同时，国开行总分行积极组织资金，已向三县累计捐赠扶贫资金2 197万元，重点支持农村道路、饮水安全、防洪工程和学校建设等项目，社会效益显著，对改善当地民生发挥了积极作用。

三年多来，国开行贵州省分行累计为务川、正安、道真三县提供资金175.75亿元，其中发放表内人民币贷款64.83亿元。还向包括三县在内的66个贫困县派驻由工作经验丰富业务骨干担任的金融扶贫专员，进一步帮助地方做好项目策划和融资服务工作。

下一步，国开行贵州省分行将继续加大对务川、正安、道真三个定点扶贫县的支持力度，按照易地搬迁扶贫搬迁到省、基础设施建设扶贫到县、产业扶贫到村、教育扶贫到人的精准扶贫工作思路，推进三县经济社会全面发展。同时，将把务正道三县的探索实践在全省贫困地区复制推广，助推贵州脱贫攻坚、同步小康。

资料来源：《贵州日报》，2016年10月16日

国开行贵州分行作为政策性和开发性金融机构，依托国家信用，以市场化方式服务国家扶贫战略，投放大额资金助力地方发展①；充分发挥开发性金融的综合服务优势，与各级政府机关密切合作，推动三县重点项目建设和优势特色产业发展，逐步形成“大小项目搭配、中长短期资金配合、社会力量参与”的金融扶贫新格局，为贫困地区和贫困人口创造了良性、可持续的脱贫条件和环境；同时，金融机构将服务对象直接对准贫困农户和涉农产业，积极实施多层次精准扶贫，实现有效减贫。②

① http://www.cdb.com.cn/xwzx/gdpl/201603/t20160318_2894.html.

② 刘克崮，沈炳熙，刘张君，等. 中国农村扶贫金融体系建设研究——基于甘黔贵金融扶贫案例 [J]. 财政科学，2016（1）：84-97.

第五节 信息化建设

一、信息基础设施建设

我国农村信息化建设始于20世纪70年代末80年代初，利用计算机数据库服务农业生产。1996年首次明确提出农村信息化建设。而信息化扶贫的思想萌芽更晚，《扶贫攻坚计划》和《纲要（2001—2010年）》中只是明确了贫困地区邮政、电话、广播电视等通信设施建设的规划。2011年下发的《纲要（2011—2020年）》中明确指出要在贫困地区“普及信息服务，优先实施重点县村村通有线电视、电话、互联网工程。加快农村邮政网络建设，推进电信网、广电网、互联网三网融合”。这一阶段的信息化建设大多为基础设施建设，旨在加强贫困地区与外界联系，并将信息化与涉农产业结合，借此提高贫困群众生产力。

二、“互联网＋”扶贫

互联网的高速发展促使信息成为促进社会发展的重要力量；随着“精准扶贫”战略的提出，人们意识到信息化建设对于扶贫工作发展的重要性。2014年4月下发的《扶贫开发建档立卡工作方案》（以下简称《方案》），是我国首次将扶贫工作与信息化档案结合，是我国信息化扶贫的初次尝试。2016年8月下发的《国家信息化发展战略纲要》，明确指出“以信息化驱动现代化”，利用扶贫大数据，“构建网络扶贫信息服务体系，加快贫困地区互联网建设”。

同时，我国将信息化与贫困地区经济发展相结合，创造出“互联网＋扶贫”工作模式。2016年习近平提出要让互联网助力脱贫攻坚，依靠互联网平台搭建脱贫大市场，推进精准扶贫脱贫的顺利实施。随后下发的《网络扶贫行动计划》和《“十三五”脱贫攻坚规划》中，也都强调要依靠“互联网＋扶贫”助推脱贫攻坚。2016年开通的中国社会扶贫网，依托国家建档立卡大数据资源，运用互联网新技术和新模式，构建五大功能平台，为贫困人口和社会爱心人士、爱心企业的连接搭建网络服务平台。[①]同年 11 月《关于促进电商精准扶贫的指导意见》完成对电商扶贫工作的整体规划，提出“引导和鼓励第三方电商企业建立电商服务平台，促进贫困地区商品流通，不断提升贫困人口利用电商创业、就业能力，拓宽贫困地区特色优质农副产品销售渠道和贫困人口增收脱贫渠道，让互联网发展成果惠及更多的贫困地区和贫困人口”。2017 年，我国农村网络零售额首破万亿元大关，达到 12 448.8 亿元人民币，同比增长 39.1%（图 9-3）。农村网店达到 985.6 万家，较 2016 年增加了 169.3 万家，同比增长 20.7%，带动就业人数超过 2 800 万人。其中，我国 832 个国家级贫困县实现网络零售额 1 207.9 亿元，同比增长 52.1%，高出农村增速 13 个百分点。[②]

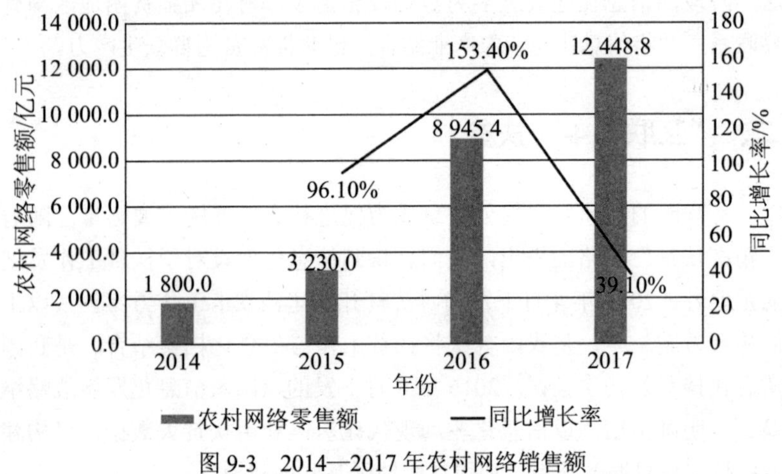

图 9-3　2014—2017 年农村网络销售额

资料来源：中国商务部《中国电子商务报告 2017》

① 新闻办就“互联网 +”社会扶贫情况举行发布会 [EB/OL]. http://www.gov.cn/xinwen/2017-07/05/content_5208131.htm.

② 商务部召开例行新闻发布会 [EB/OL].（2018-01-25）. http://www.mofcom.gov.cn/xwfbh/20180125.shtml.

对于贫困地区来说，推动信息化建设的益处体现在方方面面：农村信息网络基础设施的建设极大地丰富了贫困群众的精神文化世界，拓宽了农户与外界沟通的渠道，让贫困人口了解更多就业信息和创业项目，与外界信息交互的同时转变观念，脱贫致富；涉农产业信息化建设则提高生产效率，解放生产力，降低农产品成本，提高居民收入，创造就业，带动经济增长；扶贫工作信息化建设，政府利用精准扶贫大数据管理，从宏观上把握我国贫困人口脱贫状况，有助于我国扶贫事业发展能力的提升。

案例：云南：信息化建设助力教育精准扶贫

云南省通过加快“三通两平台”建设，持续推进教育精准扶贫管理系统和数据建设应用，教育信息化建设为师生们带来了实实在在的“红利”。在云平台实现教师备课、学生预习，“同步互动课堂”跨越地域的限制，让边远贫困地区的孩子可以接受优秀教师上课。

2017 年，云南省规划建设云南教育专网，在 73% 的学校接入互联网的基础上，按照“云网端融合、四全两有”的应用要求，组织教育专网方案的规划设计，整合资源及相关标准的制定工作，重点规划贫困地区边远学校和教学点的网络接入建设。在原来多媒体教学设备覆盖率 65% 的基础之上，组织实施“全面改薄”中小学信息化设备项目，完成两个批次 3.6 亿元资金的设备采购任务，推进优质教育资源在农村中小学的班班通。组织实施全国“一师一优课、一课一名师”活动，为 31 万名中小学教师建设网络学习空间，加快教师网络学习空间建设和名师工作室建设，推进网络教研和教育资源共享。加快实现“宽带网络校校通、优质资源班班通、网络学习空间人人通”的“三通”建设。

截至 2018 年 1 月，云南省通过加快部署教育精准扶贫系统，实现学前学籍、中小学学籍、中职学籍数据和学生资助信息数据（学前、义教、普高部分）入库，并与建档立卡扶贫大数据进行了数据清洗和比对工作，为教育精准扶贫全过程跟踪、管理提供数据支撑服务。将高等教育学生数据纳入扶贫数据清洗范围，扩大教育精准扶贫数据清洗和分析范围；将各教育阶段学生考试、招生、报名、录取信息纳入教育扶贫数据库体系，形成完备的教育精准扶贫数据链条，真正做到精准识别、精准施策，为教育管理提供精准数据支撑。

资料来源：《云南日报》，2018 年 1 月 4 日

“治贫先治愚，扶贫先扶智”，教育扶贫是改变贫困地区落后状况的根本手段之一，云南省将信息化建设引入教育扶贫中，强强联手，拓宽学习渠道，提高教育质量，建立教育信息统计数据库，为精准识别提供数据支撑。贫困是以数据为导向和衡量标准的，信息化技术的快速发展使贫困的定位更为准确，借助互联网，人们也可以了解更多外部信息，享受更多资源，拓展沟通途径。发挥信息化建设特别是“互联网 +”“大数据”在助推脱贫攻坚中的重要作用，对于精准扶贫、精准脱贫工作向前推进大有裨益。①

第六节 市场培育

长期以来，我国的扶贫工作以“政府主导型”的扶贫治理为主，主流扶贫政策多以政府牵头为主，推进农业产业化经营，而较少重视市场的作用。进入 21 世纪，我国贫困问题得到极大缓解，但随着扶贫工作的深入，我国扶贫又出现了新问题。首先，贫困不仅表现为经济收入低下和生活状况艰难，还表现为文化、精神等可持续发展能力低下；其次，我国贫困人口分布分散，针对贫困人口集中分布的综合性政策实施受阻；最后，脱贫后返贫现象高发，2000 年以来，我国农村返贫率通常在 20% 以上，有些年份甚至达到 60% 以上，其中 2009 年贫困人口中就有 62% 为返贫人口②。这些现象表明我国贫困人口内在

① 信息化建设助力“精准扶贫”[EB/OL]. http://www.qhnews.com/newscenter/system/2016/08/06/012081904.shtml.

② 返贫，比贫困更可怕 [EB/OL]. http://www.thepaper.cn/newsDetail_forward_1575602.

脱贫动力不足，参与性不强，很难抵御风险。我国扶贫事业自上而下的固化模式，亟待改革创新。

一、市场机制引入

近年来，在我国社会主义市场经济体制逐步完善、政府职能转型的背景下，人们充分认识到市场在国民经济发展中的重要作用。确立市场主体、培育市场体系、完善市场机制的理念也被引入扶贫工作。2011 年《纲要（2011—2020 年）》中提出产业扶贫，利用当地生态资源，调整产业结构，推动农业、林业和旅游业的发展。

二、产业扶持

随着“精准扶贫”战略的提出，我国更加重视扶贫工作的精准性和可持续性，而市场的分散决策机制符合精准扶贫的内在要求。2016 年国务院下发《“十三五”脱贫攻坚规划》，将产业发展脱贫作为重点，提出“立足贫困地区资源禀赋，以市场为导向，充分发挥农民合作组织、龙头企业等市场主体作用，建立健全产业到户到人的精准扶持机制”。通过发展当地特色产品，建成特色产业，鼓励贫困户参与经营，促进收入增加。互联网的高速发展和我国电子商务的崛起也为产业扶贫助力，“互联网 +”与贫困地区传统农林产业及新兴的旅游业、服务业等产业结合，取得了前所未有的成效。

脱贫的根本在于产业，只有在贫困地区形成可持续发展的产业才能解决贫困问题，并且要把贫困户加入这个产业链里面，加入市场主体中，按照市场规律，推动贫困户和企业或大户联合。政府则引入市场机制和更多市场力量参与扶贫，制定利好政策，完善市场经济制度，为企业和民间力量提供更多的资源，培育利于企业发展的市场环境。让企业以市场为主体，根据市场需求，推动当地特色产品产业的发展，为当地经济持续发展提供原动力。

案例：阿里巴巴集团的扶贫布局

2018年上半年，国家级贫困县在阿里巴巴平台网络销售额超过260亿元。其中，53个贫困县网络销售额超过1亿元。

阿里集团公益的布局有两条主线：一是“新零售”，通过新零售将公益与商业深度融合；二是“造鱼塘”，不仅扶贫，还要改善社会生态。

“新零售”依靠市场，利用大数据为贫困地区做产业规划，根据市场需要有条件地发展特色产业，同时，打破公益与商业的边界，一方面依靠市场扶贫，帮贫困户卖东西；另一方面把扶贫当作开拓市场的一种方式，制造新的增长点。

目前，阿里在淘宝平台开设专门的“兴农扶贫”频道，2018年1月以来，“兴农扶贫”频道覆盖8个省141个县，包含51个贫困县，接入商品701款。以元阳红米为例，自2017年起，农村淘宝联合元阳县政府一起推出“1+1000”电商精准扶贫计划，旨在通过提升红米的品牌价值，带动当地农户脱贫。随后，通过引入电商、物流、供应链管理等合作伙伴，以及依托淘乡甜直供直销新链路，元阳红米在大润发、盒马、三江超市、银泰、天猫超市等实现多渠道销售。目前，“元阳红米官方旗舰店”全渠道月均销售突破百万元，截至2018年6月，共带动销售1 000多万元。

阿里巴巴集团还创造了一套表达其公益理念的话语体系：扶贫是“授人以鱼”，脱贫是“授人以渔”，致富是“给大家造鱼塘”。这套理论源自知名学者资中筠。早在2006年，资中筠就在《财富的归宿》一书中介绍了美国现代公益的做法：从“授人以鱼”到“授人以渔”到“改变渔业生态”。后来，业界普遍将之称为公益的1.0～3.0版本。也就是说，1.0版本是“授人以鱼”，你太困难了我给你捐点钱，解你燃眉之急；2.0版本是“授人以渔”，我教你个技能，让你可以自己养活自己；3.0版本是“改变渔业生态”，你找不到工作，我帮你创造就业环境。

阿里集团“造鱼塘”就是要挖掘产业纵深，建立产业合作机制，建立商品质量标准，建立品牌，建立扩大化、多元化的市场渠道，创造当地经济元素和支柱产业，立体化地使整个脱贫长治久安。电商脱贫战略实施半年以来，阿里在全国范围内首批打造10个电商脱贫样板县，包括云南元阳、新疆巴楚等。阿里计划利用其电商平台的优势，通过“订单农业”的模式，破解农业产业扶贫中常见的“销路困境”。

资料来源：搜狐网，《阿里扶贫模式浮出水面：“市场的机会就是脱贫的机会”》，2018年7月17日

阿里集团将扶贫与业务发展相结合，“新零售”与“造鱼塘”齐头并进。建立特色品牌，向贫困人口输出管理工艺、管理流程，提高农产品品质管控标准，创新销售形式与销售途径，实现贫困地区优质农产品线上线下渠道同步联动，同时依托平台力量，将商户、消费者纳入阿里经济体，带动公众力量共同参与脱贫攻坚。

阿里巴巴的产业扶贫是公司与贫困地区深度合作，以市场为导向，带领贫困户生产适应市场的畅销产品，企业利益和贫困户利益是被牢牢捆绑在一起的，二者互惠共利。在这一过程中，贫困人口通过企业直接对接市场需求，并依托企业经销打造品牌，提升产品知名度和竞争力，增强了产业抵御风险能力，脱贫自然就有了长效性。

第七节　人力资源培育

一、脱贫主体培育

我国农村人力资源数量庞大，但普遍受教育程度偏低，文化程度以小学和初中为主，文盲和半文盲的比重很大，同时，在接受过教育的劳动力中，接受过职业教育、掌握专业技能的人很少，其对行业发展方向的认识更是模糊。《扶贫攻坚计划》和《纲要（2001—2010年）》中，都提出提高农民素质，普及初等教育，做好扫盲工作，加强成人教育和职业教育，重视农民科技文化素质培训。

虽然我国很早就提出农村教育的重要性，但长期以来并未做到教

育与扶贫的直接联系，人力资源开发机制不健全、教育培训投入不足。

2011 年发布的《纲要（2011—2020 年）》中，强调通过劳动预备制培训、实用技术培训和补贴促进就业。自“精准扶贫”提出以来，农村人力资源建设得到发展。2016 年下发的《“十三五”脱贫攻坚规划》中，列专章细化转移就业脱贫，部署六项“就业扶贫”专项行动。此后，一系列关于就业扶贫工作的规划政策相继出台，就业扶贫工作得到细化，加速农村人力资源转化为实际生产力。在现有人力资源前提下，通过培训、引导、帮扶，增强农村人口的综合素质，提高人力资源质量，构建开发新机制。

二、扶贫队伍建设

在扶贫主体人力资源建设的同时，参与扶贫工作人员的人力资源建设也得到重视，《纲要（2011—2020 年）》中明确指出培训贫困地区干部和人才，加强扶贫队伍建设；《“十三五”脱贫攻坚规划》中提出“进一步发挥社会工作专业人才和志愿者的扶贫作用”，实施一系列行动计划，鼓励专业人才服务于贫困地区；同时要求充实加强各级扶贫开发工作力量，通过挂职锻炼、驻村帮扶、教育培训、人才支持计划等激励政策，并坚持严格管理，提升基层扶贫攻坚力量，提高干部素质能力，建设素质高、能力强、作风硬的扶贫团队。

人力资源建设作为扶贫可持续发展能力建设的重要组成部分，对国家扶贫事业的成功起着决定性作用。以人力资源建设扶贫从而提升农民自我发展能力，是实现“精准扶贫”战略目标的关键。不断创新农村人力资源开发机制，加大教育投入，提高农村教育水平，引导和培训贫困人口就业，同时鼓励优秀人才和社会力量参与农村人力资源开发，提升农民文化知识及技术水平，尤其是涉农产业急需的科技知识，增强农民就业、创业能力，把人口劣势转化为资源优势，形成教育、培训和发展的良性互动机制，是加快贫困人口脱贫步伐、改善“脱贫—返贫”恶性循环的有效途径，对于我国整体扶贫能力的提升大有裨益。

案例：陕西省平利县开展技能培训助力脱贫攻坚

长期以来，受国家重点生态功能区限制开发的影响，以及水源地保护和交通瓶颈的制约，作为秦巴山区连片扶贫重点县和生态保护县，陕西省平利县工业发展基础薄弱，县域经济总量小，农民增收脱贫路子窄。如何实现搬迁群众稳定就业增收、贫困群众脱贫致富，成为平利县必须要解决的问题。

近年来，平利县从强化技能培训入手，从消除贫困劳动力精神贫困着力，从“要我脱贫”转化成“我要脱贫”“我能脱贫”，使贫困劳动力积极投身到转移就业、发展产业、创办家业的致富大潮之中。

思想是解决所有问题的先导，平利县把贫困劳动力的思想引导教育放在培训工作首位，解决精神贫困问题，摒除贫困劳动力“等、靠、要”思想。平利县人社局开展培训课程，坚持技能扶贫与精神扶贫紧密结合，实行“志、智”双扶，每期培训开设 3 天教育引导课，从思想上引导贫困劳动力改变。

广佛镇秋河村的贫困户潘世维，2017 年 10 月参加了平利县举办的电商创业培训班。培训过程中，培训老师把“幸福是奋斗出来的”作为培训班班训，来鼓励每名培训学员。潘世维的学习动力被激发了，培训之后，他成功开办电商店铺，主营鲜竹笋、干竹笋、腊肉、野生蜂蜜等特产。2018 年 4 月，他将店铺从线上扩展到线下，现在月销售总额两万元以上，成为该县脱贫致富的一个典型。

为确保每个贫困户中至少一人掌握一项就业技能，每户至少有一人实现稳定就业，平利县从 2017 年开始加大贫困劳动力就业技能培训力度，当年实现脱贫村在家贫困劳动力就业技能培训全覆盖。2018 年，该县培训未脱贫贫困劳动力 2 032 人。

平利县积极探索就业技能培训精准“八个一”模式，即每个贫困村都有一个帮扶部门（党支部）、一站（创培驿站）、一人（创业致富带头人）、一室（乡土人才工作室）、一团（技术指导团）、一地（村实训基地）、一社（就业单位：社区工厂或合作社）、一证（技能培训合格证），确保户户有技能，家家能脱贫。不少贫困户在培训后找到了适合自己创业就业、发展产业的脱贫路子，开始积极生活、积极就业。

八仙镇松树庙村贫困户杨飞就是其中的典型。杨飞先天右手残疾，在平利县“八个一”模式的精准帮扶下，他掌握了电商销售技能，开起自己的微店和淘宝店铺。目前，他的生意做得很是红火，月销售额已逾万元，他因此成为残疾人致富的一个代表。

近两年来，平利县还结合市场就业技能需求和产业发展实际，依托合作社、产业基地、示范园区等社区工厂，根据产业发展需求，培训实用技术，专业有缝纫、电子装接、毛绒玩具、手工艺品、园林修剪等。在培训过程中，培训师将理论与实操相结合，带领学生进入合作社、产业基地、示范园区现场演练。

资料来源：《中国劳动保障报》，2018 年 9 月 27 日

从强化技能培训到“志、智”双扶，从消除精神贫困到激发内生动力，平利县在人力资源建设上实现了由表及里、由促生到内生的深刻转化，实现了“搬得出、稳得住、有业就、能致富”的目标，激发了农村人力资源的内生动力，提高了农村贫困地区自我建设和可持续发展能力①，走出了一条符合平利县发展实际的技能培训助力脱贫攻坚新模式。

第八节　总　　结

中国扶贫事业取得今天的辉煌成就，与扶贫能力的提升密切相关。改革开放以来，中国扶贫理论的逐步发展和扶贫经验的长期积累，使党和国家领导人认识到不断推动扶贫能力的建设是扶贫攻坚的工作基础和内在要求。中国施行的扶贫方针政策，也针对性地覆盖基础设施、

① 秦浩．精准扶贫莫忽视农村人力资源开发 [N]. 中国县域经济报，2017-09-14（3）.

公共服务、财政、金融、信息化、市场、人力资源等各方面的发展建设。党的十八大以来，习近平总书记高度重视扶贫开发，提出一系列扶贫新思想[①]，更加注重脱贫实效和持久性。

扶贫能力建设，包括帮扶对象自身脱贫能力、扶贫实施者工作能力和扶贫工作长足发展能力，仍是新时期扶贫开发的核心要求，对于提高贫困人口素质、推动地区可持续发展、增强脱贫内生动力、保障扶贫事业持续发展具有重要意义。

---

① 要加强助推脱贫攻坚的能力建设 [EB/OL]. http://www.sohu.com/a/120036708_181108.

第十章 中国扶贫实现路径

第一节 输血救济

一、输血救济的概念

输血救济扶贫是指直接针对低收入和低生活水平的贫困者，向其提供基本的生活补助，满足其最低限度的生活需要，扶贫对象具体包括失去劳动能力的、遭受意外苦难的人和社会弱者，给予的补助包括基本的营养、卫生、教育和生活保障。输血是一种比喻，指代的是直接由财政拨发的各类扶贫款，用以帮助贫困户的生活，主要目的是解决贫困户温饱问题的烦恼，保障与维持社会弱者的最低生活所需。输血救济扶贫作为消除贫困各种方式中的重要部分，对在短期内改变贫困者的物质生活状况有着不可取代的作用。

输血救济扶贫的主体是政府，遵循最简单的实现路径，缺少什么资源就给予什么帮助，通过衣物、粮食、药品等物质来补贴贫困户的基本生活。这是一种政府一元化主体的扶贫模式，扶贫的主体是政府，是通过中央政府的转移支付实现的，在性质上属于一种道义性与公益性的行为，贫困户和贫困地区得到政府的财政补贴，在改善基本生活的同时可以利用资源发展经济。这充分体现了社会主义制度的优越性，有利于缓解贫困人口的生存危机，以及保持社会的稳定。

感谢赖玮为本章做出的工作.

二、输血救济的实现路径

如图 10-1 所示，输血救济式扶贫有三个实现路径：一是由中央政府转移支付给地方政府及有关部门，各部门直接运用财政资金购买贫困者所需生活生产资料，包括生活所需衣物，生产所需育种、肥料等，提供给贫困农户家庭；二是授权中国农业银行向贫困农户提供低利率的小额信用贷款，政府利用财政资金予以贴息；三是政府出台相关优惠政策支持救济式扶贫，该政策主要体现在财政资金的支农补贴，如向贫困农户提供农业生产补助、农业政策咨询等。①

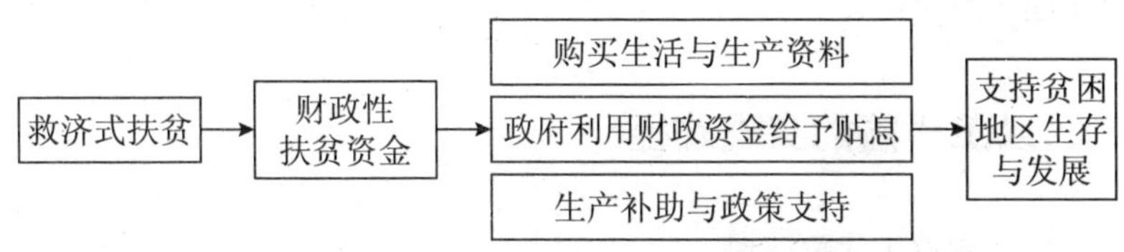

图 10-1　输血救济式扶贫财政资金投入示意图

第二节　以工代赈

一、以工代赈的概念

以工代赈属于救济方式的一种，主要包含两层含义：一是接受救济地区的贫困户需要参加特定工程建设活动付出一定劳动；二是通过做工换得维持生计的物质资源或者金钱。从短期来看，此种救济可以使贫困地区的人民直接受益，通过劳动得到现实利益，满足自己的温饱问题和最基本的生活需要，解决当前最为迫切的生存问题；从长期来看，有利于贫困地区未来的长远发展，授人以鱼不如授人以渔，通过在贫困地区建设基础设施与大型工程，召集当地群众参与劳动建设，

① 龚晓宽 . 中国农村扶贫模式创新研究 [D]. 成都：四川大学，2016.

可以使贫困户获得一定技能并改善当地的经济发展条件。

以工代赈与其他救济方式相比，有其存在的特殊性：一是投入基础设施与大型工程的资金是由国家无偿拨付的，但是贫困户并不能直接受益，而是需要用自己的劳动去换取相应的报酬，要求救济对象必须参加相应的工程建设；二是相较于过去的外部直接输入资源的方式，以工代赈使贫困地区在国家的帮助下，主要依靠自身的力量，自力更生地进行经济开发，属于一种扶贫工作的改革。以工代赈工程有利于改善农村的基础设施条件。以工代赈项目有利于工程建成后的运行管理，有利于巩固脱贫成果，有利于去产能，是推动新农村建设和全面建设小康社会的根本需要。

二、以工代赈的实现路径

1. 编制以工代赈计划

以工代赈计划是实施以工代赈的基本依据，是根据国家与地方五年规划同步编制实施的。规划主要包括项目的背景、要求、目标、资金筹措、建设任务以及保障措施等，纳入了国民经济发展规划，是由各级发展改革部门编写而成，分为中央财政预算计划和投资计划两类。

2. 建立项目库并实施项目管理

地方发展改革部门应当依据以工代赈建设规划建立项目库，做好项目储备。以工代赈工程按照基本建设程序实行项目管理。

3. 以工代赈专项资金管理

中央预算内资金按《财政专项扶贫资金管理办法》（财农〔2011〕412 号）的规定管理，项目管理费要严格按照有关规定专款专用。

4. 设置专门组织进行项目管理

一是应当健全以工代赈管理机构，提高干部队伍业务水平和工作能力；二是应当建立健全以工代赈约束机制，使工作人员按章办事，廉洁自律；三是应当建立健全以工代赈激励机制，表彰奖励有突出贡献的单位和个人。

5. 健全监督检查工作机制与建立监管平台

一是国家发改委建立健全监督检查工作机制建设监管平台，接受举报并开展稽查；二是地方发改委建立健全以工代赈计划执行和项目建设监测机制，以及以工代赈检查制度；三是以工代赈项目应当实行公告公示制度，主动接受社会监督、群众监督和舆论监督。

三、以贵州省为例

案例：贵州省以工代赈成功案例

贵州实行扶贫有很多优势条件，首先，从大背景来看，在国家对中西部地区加大扶贫力度，实施以工代赈扶贫政策下，还有党对扶贫工作的大力支持，而且贵州省省委与党政领导对本省的扶贫工作高度重视，加大了对落后地区的开发建设，刺激了全省人民群众投身扶贫工作参与建设工作的热情与积极性；其次，改革开放后国家整体的经济情况有了很大的改善，有了加大扶贫力度实施扶贫工作的条件，社会主义市场经济体制逐步确立给贵州省的发展带来了巨大的契机；再次，贵州本身有着良好的资源储备，为扶贫工作的开展创造了有利条件，贵州省所具有的已探明矿产资源、森林资源、水力资源与林特产品等，为以工代赈提供了可行的路线措施，可以在已有资源的基础上打造贵州省的支柱产业；最后，贵州已有了扶贫工作的基础，自 1984 年开展以工代赈扶贫工作以来，贵州省政府把扶贫工作列入重点工作内容，通过各种扶贫方式初步解决了农民温饱问题，并逐步开展了开发工作，其中山区开发是重点工作范围，前期扶贫工作取得的重大成绩和积累的工作经验为以工代赈扶贫的开展奠定了一定基础。因此，可以说贵州的扶贫工作有着有利的发展基础、有利的发展机遇和有利的资源条件 。

资料来源：高珊珊 . 贵州省贫困地区以工代赈促进农民增收问题研究 [D]. 重庆：西南农业大学，2004.

表 10-1 展示出贵州 1997 年至 2001 年的农民人均纯收入状况，可以看出贵州农民的收入不仅绝对值偏低，而且增长非常缓慢，这说明贵州需要实施以工代赈来提高农民的收入。下面是贵州实施以工代赈的具体措施：

表 10-1　1997—2001 年贵州农民人均纯收入增长情况

项目 \ 年份	1997	1998	1999	2000	2001
纯收入额 / 元	1 298.54	1 334.46	1 363.07	1 374.16	1 411.73
比上年增长 /%	1.71	2.77	2.14	0.81	2.73

资料来源：贵州省统计局 . 贵州统计年鉴 [J]. 北京：中国统计出版社，2002.

首先，编制出统一规划，然后按照编制的规划分步骤实施。规划主要分为三级，一级规划负责总揽整个省份的以工代赈工作，集中力量编制扶贫开发的科学决策，宏观指导全省的决策；二级规划统揽各个地方的开发工作，主要包括县级、市级、林区与小流域区；三级规划对于设计的规划需要作出科学选择，以及谨慎安排以工代赈项目，将其编入年度的以工代赈计划，按照轻重缓急分步实施。

其次，要根据当地特殊的地理历史条件，在因地制宜的前提下，有重点地进行开发，还需要加大以工代赈的投入力度。以工代赈的重点项目主要包括农田建设、经济林建设、饮水工程建设，以及通信和交通等基础设施建设，将小片区与小流域地区作为基本单元，要进行综合治理并配套投入，有机结合单项工程建设与小片区的综合开发，以工代赈的主要扶贫对象要转向片区综合开发治理。在“开发与治理并重”的原则指导下，通过以工代赈的投入与建设为当地培育长期的经济增长点，使当地不仅成功稳定脱贫，还可以得到开发治理与长期持续发展。

再次，对国家投入的资金，要做到统筹安排，将资金集中到一起发挥作用。贫困地区的山区、林区、饮水以及交通通信等模块都需要扶助，所以以工代赈的重点方向也是开展这些方面的基础设施建设。国家投入的以工代赈财政资金要与省内其他各个渠道的资金汇聚在一起，进行统筹安排，才能发挥出更大的功效。在资金的使用过程中，要加强对各个项目的资金审核与监督，发挥好地方政府的主体性作用，安排好各部门的工作，最大化地利用好扶贫资金。

最后，在当地以工代赈工程项目的选择上，需要综合考虑长期项目和短期项目的安排，根据当地的实际发展情况与现实的发展条件，合理安排长期项目与短期项目的比重和开发时间的长短。短期项目投资少但见效快，适合在以工代赈初期发挥经济效益显著的优势，短期的开发建设项目可以在前期解决贫困户的温饱问题，并为长期项目创造发展条件；长期项目投资大且见效慢，但是能在长时间内改善当地的生存发展条件，提升当地的投资环境，具有非常好的社会与生态效益。基础先行建设项目和开发性项目合理结合，可以最大化地发挥以工代赈政策的作用。

表 10-2 贵州省十年以工代赈投资效益情况表

项目名称	投资合计 / 万元	效　益
全省合计	286 055.4	—
一、交通建设	73 562	修建县乡公路 8 919 公里，其中乡村公路 1 601 公里，新建桥梁 701 座 22 574 米
二、基本农田建设	65 907	完成坡改梯及中低产田土改造 303 万亩
三、水利建设	90 747.4	—
1. 农田水利	51 758	新增灌溉面积 53 万亩，恢复及改善灌溉面积 52 万亩
2. 人畜饮水	26 511	解决 220 万人和 130 万头牲畜饮水问题
3. 农村电力	12 478.4	建设小水电装机 10.13 千瓦，架设各类输电线路 2 100 公里
四、片区综合开发	21 358	山水林田路，片区综合开发面积 2 400 平方公里，使 21 万人解决温饱问题
五、水毁商业网点恢复	6 121	修复基层水毁网点 434 个，面积 25.6 万平方米
六、绿色工程	21 574	建成药、桑、茶和经果林 54 万亩，发展养殖业 88 971 个单位，养鱼 1 626 亩
七、农村通信	6 816	完成 178 个乡镇政府电话建设

以工代赈是国家为加快贫困地区解决脱贫问题而采取的一项特殊举措，是一项重要的扶贫政策。贵州省从1984年年底开始到1995年止（期间国家投资中断了两年）共实施了七个批次的以工代赈：第一批粮、棉、布以工代赈；第二批中低档工业品以工代赈；第三批工业品以工代赈；第四批粮食以工代赈；第五批江河治理和恢复水毁工程以工代赈；第六批、第七批以工代赈。从1996年开始，以现金投入方式代替了物资赈济方式，涉及的建设内容从最初的县乡公路、人畜饮水工程逐步拓宽到包括交通、水电、基本农田建设、农村电话、绿色工程、商业网点恢复和片区综合开发等方面。从1993年到2003年年底，国家累计投入贵州省以工代赈资金18.77亿元，省、地、县配套资金9.84亿元。全省合计投资28.61亿元，通过以工代赈计划的实施，在贵州省贫困地区建设了一大批改善群众基本生产条件和生活条件的项目，加强和改善了贵州省农村基础设施，对贵州省农村贫困地区的经济发展和群众脱贫致富起到了巨大的推动作用。[①]

第三节　以县为中心

一、以县为中心的概念

贫困县，或者称为国定贫困县，是一种中国特有的制度名称，是国家在扶贫工作中为帮助贫困地区脱贫设定的标准，对于满足标准的县级行政区，给予一定的财政扶持并采取合理措施帮助其脱离贫困。它并非字面意义的最贫困的县，而是可以享受国家财政政策的，属于国务院扶贫办认可名单上的县级行政区。在美国俄亥俄州扶贫模式启发下，我国开始确立以县为中心的扶贫方式，把县作为扶贫的基本单元，通过投入资源并开展建设工程来提高贫困县的收入水平，改善贫困县群众的生活状况，将重点贫困县作为重点对象具有区域性的特征。

① 贵州省以工代赈十年成果汇编，黔南年鉴编辑部，2003：13-73.

自 1986 年开始，我国逐步推行以县为基本单位的扶贫开发模式，以农民人均收入作为评估标准，在集中连片贫困区选取了 273 个贫困县，实施区域开发扶贫战略，通过提供各类财政扶贫资金，集中投入并分批实施，在贫困县开展了基础设施建设，发展了社会公益事业，有效改善了当地群众的生活水平。[①]

图 10-2 所示为我国 2016 年确定的 592 个国家扶贫工作重点县的分布情况。

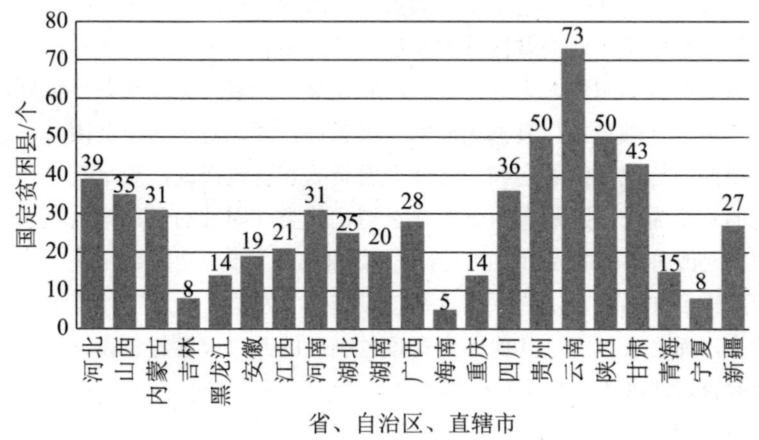

图 10-2　我国 2016 年确定的 592 个国家扶贫工作重点县的分布情况

资料来源：国务院扶贫开发办公室．中国扶贫开发年鉴（2016）[M]. 北京：中国财政经济出版社，2017.

二、以县为中心的实现路径

（一）根据致贫原因对贫困县进行分类

根据致贫原因可将贫困县分为四大类：一是发展条件缺乏型，此类贫困县主要致贫点在于当地缺乏可持续发展的条件，农民自身的发

① 国务院扶贫开发办公室．中国扶贫开发年鉴（2016）[M]. 北京：中国财政经济出版社，2017.

展条件也有限，维持生计非常艰难，受制于低水平发展条件，但也并未到达需要异地搬迁安置的地步，所以，针对此类农户，应当采取教育培训、工程建设与财政支持的综合手段，以改善当地贫乏的发展条件；二是生计途径缺乏型，此类贫困县相较上一种具备了一定的发展条件，基础设施建设不存在问题，物质资本也不贫乏，地理自然环境脆弱性也很低，主要是贫困户缺乏谋生途径，因此需要进行资金援助以及进行职业培训和教育培训，使农民能够掌握更适应当地环境的有效谋生方式，在维持基本生计的前提下改善自己的生存条件；三是金融资本缺乏型，此类贫困县的发展主要受限于当地的低收入水平，没有原始的资本积累，无法得到生产和发展，一般自然地理条件良好，有一定的基础设施，具备相应的发展条件，因此对于这类贫困县，最主要的措施就是给予它们一定的金融贷款和财政援助，满足其生产发展的资金需求；四是人力资本缺乏型，此类贫困县的最大难点在于当地缺乏改善条件的人口，主要劳动力数量偏低且流入外地的情况严重，因此需要在当地以工代赈建设基础设施并且发展产业以留住流失的劳动力，而且可以引进其他人力资本过剩区的人口来参与建设，对其进行教育培训以适应当地发展的需求。①

（二）具体脱贫措施

1. 加强基础设施建设

贫困县脱贫的关键就在于改善当地的基础设施状况，消除阻碍经济发展的障碍物。首先是农村生活性基础设施的建设，包括道路、通信、电力、水利等基础生活保障设施，针对各个贫困县不同的重点需要，分轻重缓急安排基础设施建设；其次是贫困县生产性基础设施的建设，主要是农田基础设施建设与农田水利设施建设，针对贫困县农田水利落后的情况，要加大农业区的节水设施改造与水利工程的建设，大力开展河堤治理工程建设，以及修复老化失修、因灾损毁的设施，

① 刘艳华，徐勇 . 中国农村多维贫困地理识别及类型划分 [J]. 地理学报，2015，70（6）：993-1007.

并且要投入一定力量改造中低产田，努力建设高标准农田；再次需要加强贫困区的生态设施建设，在建设其他生产与生活性设施的同时，不能忽视对贫困区生态环境的保护，以免因小失大，要平衡发展与保护的关系问题，农村自然保护区建设、天然林资源保护、湿地建设等都必须放在重点工作中；最后还需要重视贫困县社会发展基础设施的建设、农村的义务教育制度的完善，以及农村医疗卫生事业的建设。

2. 做到扶贫先扶智，促进贫困县教育事业的发展

贫困县无法脱贫的一个重要阻碍，在于贫困县的人均教育水平过低，无法支撑起当地的经济发展要求，所以我们需要做到把提升农村劳动力的文化水平放在重要位置，推动贫困县的教育事业发展。首先必须要做到的是完善义务教育制度的落实状况，使贫困县的每个孩子都能保证完成义务教育，并需要将义务教育年限从 9 年改革至 12 年，使贫困县的教育层次提高到高中；其次要加强对贫困县学生的教育补助，减少出现因家庭条件被动失学的状况，保证贫困县适龄学生都能完成义务教育，成为贫困县发展的人才储备；最后，政府要加大对于贫困县的教育投入，改善当地的教育基础设施，优化教育资源的配置状况，从基础设施方面保障贫困县学生的受教育权利。

3. 发展贫困县特色产业，实现产业脱贫

产业脱贫是贫困县脱贫的重要途径，通过发掘自己的产业优势，培植新的经济增长力量，发挥自己特有的竞争优势，是一种依靠自身力量的可持续发展之路，因此我们需要高度重视产业脱贫之路，为贫困县创造更多的发展机会和更好的发展条件。首先需要因地制宜，发掘自身的资源优势所在，农特产品、森林资源、矿产资源等都是值得发展的产业，应找到自身相较于其他地域的比较优势，并将优势放大为发展产业，发展具有地方性特色的扶贫产业，为脱贫奠基，为致富铺路；其次需要引导贫困县适应市场机制，既要生产出市场需要的产品，将产业市场化，能够适应市场的变化，也要利用好市场机制为自己招商引资，扩大自己的产业发展链条；最后政府要为贫困县的产业发展提供政策性保障，为贫困县提供技术发展与产业运营指导，帮助贫困县引进发展资金与先进技术。

4. 引进先进人才与社会力量完成脱贫

一是完善人才引进机制，拓展引进人才的渠道，提供各种优惠政策去引入先进人才，同时还需要为留住人才改善当地的环境，以满足脱贫对人才的需求。二是引进社会力量参与扶贫。扶贫工作虽由政府主导，但是如有社会力量作为补充，就可以取得更好的扶贫效果。因此应鼓励企业参与扶贫，去贫困地区创业，使其利用自身的资金、技术、人才与管理的优势，补足贫困县发展的短板。政府需要给企业提供一定的优惠政策，改善贫困县当地的招商环境，吸引更多的企业进行投资，进行开发式的扶贫。除了企业，还可以动员个人和社会组织的力量，使整个社会广泛参与到扶贫工作中，形成一种社会合力的效果，完成贫困县脱贫的艰巨任务，帮助农民脱贫致富。

5. 利用金融脱贫的模式，为脱贫创造条件

首先需要完善金融扶贫的机制，改善农村的金融环境，支持与鼓励金融机构向贫困区提供信贷产品，加大对农村的信贷投入，优先满足农村的信贷需求，创建农村信用评估体系，将贫困户纳入信用体系中，通过信用体系衡量是否贷款，同时加强对于贫困户的知识宣传，使之了解信用违约风险；其次需要完善金融扶贫配套组织体系，金融机构需要适当增加面向贫困区的服务网点，完善农村金融的配套服务；最后需要针对贫困区发展特点，提供特殊的金融产品与金融服务，以便更好地满足当地的发展需要。

三、以安徽省潜山县为例

案例：特色产业舞龙头，对症扶贫阔步走

潜山县位于大别山东南麓，属国家扶贫开发工作重点县。由于该县山区面积较大，地形地貌复杂，自然条件恶劣，基础薄弱，农民收入增长缓慢，贫困人口数量较大。2004 年全县人均收入 668 元以下的绝对贫困人口 3.75 万人，人均收入 668 ～ 924 元的低收入人口 6.38 万人，并且有相当一部分人口在温饱线上挣扎。而且贫困人口居住分散，

扶贫开发成本高。该县人均收入924元以下的贫困人口还有10.13万人，且多分布在自然条件极为恶劣的深山区和自然灾害频发区，居住分散，缺乏基本的生产生活条件，短时间内还很难摆脱贫困，改善这部分人口的生产生活条件，解决其温饱问题需要付出的扶贫开发成本较大。

近年来，潜山县根据不断变化的新形势和扶贫开发面临的新情况，在国家扶贫开发方针政策的指引下，创新扶贫开发方式，探索实施符合贫困地区实际的"六大产业对症扶贫模式"，即根据当地不同的资源禀赋，采取不同的扶贫措施；根据不同地势的土质地貌，实行不同的产业扶贫，扶贫项目和资金向真正需要扶持的贫困户重点倾斜。这种扶贫模式的特点在于突出以人为本的扶贫理念，重视贫困人口的脱贫问题，使不同环境、不同特点的贫困户合理地享受到政府和社会给予的扶贫资源，从而使脱贫致富步伐更坚实、更协调。[①]

潜山县能够摆脱贫困得到发展，与其发展自己的特色产业是分不开的，其中主要包括五大部分。一是因地制宜，立足资源禀赋和产业特色，打造特色经济板块。二是扶贫项目跟着特色产业走，该县2009年成立了茶叶、瓜蒌、油茶、食用菌、畜禽、蚕桑六大特色产业指挥部，强化具体措施，安排千万元资金，扶持产业基地规模发展、龙头企业培育和农产品品牌建设。三是为确保扶贫工作取得成效，该县建立了政府主导、部门联动、定期考核、民主监管为一体的长效机制，推动扶贫开发健康有序发展。四是抓基地建设，注重规模化和标准化，在基地建设中充分发挥大户带动作用，走"公司或专业合作社+基地+农户"之路，实施连片开发、规模化发展。截至2014年，全县已有50亩以上规模化基地4处，5亩以上生产大户20余家。五是抓龙头企业发展，注重品牌建设。全县六大产业已有龙头企业40家，其中省级龙头企业5家，市级15家。产业扶贫是帮助贫困户脱贫的突破口，是确保贫困户脱贫的重要途径，也是确保贫困户脱贫不返贫的最有效方法，能有效整合土地资源，搞规模经济。它打破了长期以来扶贫政策对农户的"平均化"扶持，既让不同程度的贫困对象合理享受到国家

① 徐建平.特色产业舞龙头，对症扶贫阔步走[M]，潜山县扶贫办编，2014（4）.

给予的扶贫资源，破解了“扶贫到户”难题，又发挥了当地资源优势，实现了低碳扶贫和可持续扶贫的结合，创新了扶贫政策对贫困对象的“瞄准”机制，有效避免了“脱靶”现象，体现了科学发展观的本质要求，是新时期扶贫开发工作的生动实践。

第四节　整村推进

一、整村推进的概念

总体而言，整村推进包括四层含义：第一，在参与式规划的基础上，在整个村庄推广。规划是前提和基础，因此，扶贫工作首先需要根据具体情况，分析贫困成因，制定村级扶贫计划；第二，集中资金，分阶段解决贫困村的贫困问题，由于贫困村有很多问题导致贫困，因此有必要在一到两年内优先考虑重点村的大规模支持，改变过去分散使用扶贫资金的做法；第三，全面发展，不仅要发展自然资源，还要倡导劳动力培训和人力资源开发，不仅要建设基础设施，还要建设支柱产业，比过去个别扶贫项目的实施更具综合效益；第四，可持续发展，整村推广的实施，尽可能促进了贫困人口的参与，建立了贫困村和贫困人口的自发组织，可以提升其自我发展能力，希望在项目实施后形成可持续发展机制。

二、整村推进的实现路径

（一）整村推进规划的制定与实施基本要求

首先，制定和实施规划的整个过程，完全是民主的过程。实施民主决策，计划的内容、实施管理的程序和方法，以及与计划相关的制度组织都是公开的。参与规划和实施管理的每个单位，都应充分理解制定和实施计划的整个过程和环节。其次，通过培训、交流与检查等科学方式，提高执行管理人员和项目主管的工作能力和管理水平，通过各种管理制度、管理方法规范和制度化各项工作，努力确保规划的科学性，而且需要考虑到当地的经济、社会和文化特点，符合当地的发展需要。再次，扶贫部门、业务主管部门、技术支持部门和广大农民应参与各方面的管理，贫困村群众和基层干部既是规划者，也是规划的直接受益者，应赋予他们充分发表意见，选择扶贫项目和实施计划的权利。最后，整村推进扶贫开发计划是通过村庄全面扶贫开发，实现各项目的扶贫目标，每个子项目都围绕实现总体目标实施，是整个扶贫计划的组成部分，项目的选择不仅应关注经济效益，还应关注社会效益，不仅要改变贫困地区的基础设施建设，还要提高贫困人口的自我发展能力。在实施规划和实现规划目标后，需要建立一个长期机制，以便在规划和实施管理过程中推动贫困村庄的持续发展。要探索建立长期稳定的管理组织，建立有利于可持续发展的健全管理体系。

（二）整村推进规划的制定与实施步骤

一是收集与整理贫困村基本资料。采用实地考察、关键人物访谈等参与式方法，来获取目标村庄的基本资料。这些基本资料是规划的基本素材，可以在一定程度上反映贫困村的基本状况，应主要了解目标村庄的经济发展程度、社会发展状况、自然地理状况，人口与资源等发展情况，以及教育情况、卫生发展程度、村级组织等内容。

二是对农户进行基本分类。不同的贫困程度，标志着各个村民自身所具备的初始条件不同，因此也有着不同的发展需求。农户共有救济户、特困户、贫困户和一般户四种类型，按照收入水平和取得收入的能力来进行划分，征求村民代表的意见，综合出每个类别的共有特征，由规划人员向大家解释分类意义。在上述四类的基础上，又由村民代表对本组农户进行分类，将各组的分类汇总成全村的分类。

三是分析贫困问题。系统分析贫困农户所面临的贫困问题，规划人员与贫困农民代表对贫困的问题和原因进行探讨，罗列出导致贫困的各种问题，对造成贫困问题的各种原因进行分类，然后将问题的因果关系进行归纳，从而形成解决问题的分析计划。

四是形成扶贫开发项目。在找出贫困的原因后，需要讨论如何解决问题，解决问题成为扶贫开发的项目内容。通过对扶贫问题的分析，可以整理出直接导致贫困的第一层因素，形成村级扶贫开发的主要领域，后续应该通过总结致贫原因中的底层成因，形成村级扶贫计划的项目内容，继续总结各个领域的内容，形成村级扶贫规划的项目内容。

五是发展项目的可行性分析。在总结扶贫开发地区的领域和项目后，有必要在当地技术人员的帮助下，进一步筛选和分析农民提出的方案。利用优缺点法的分析工具，根据村庄资源、技术、资金和实施能力的实际情况，分析扶贫开发的具体方案。最后从经济、社会、技术和生态等方面审视该项目的可行性，经济可行性意味着参与活动的成本应在农民和国家能够承受的范围内，以及能产生更大的经济效益；社会可行性意味着项目利益方面的分配会两极分化，能得到社会各阶层的普遍支持；技术可行性是指从事项目的技术要求属于农民素质和县乡技术人员的能力范围；生态可行性指不涉及资源和环境的破坏，以及对下游村庄的负面影响。[①]

六是确定项目的支持方面。村委会参加研讨会，讨论这些项目发展需要得到什么方面的支持，包括财政、技术和政策支持。由于这个过程涉及未来村级扶贫开发工作的具体规划，需要广泛征求各类农民的意见，并获得县乡扶贫部门和技术人员的参与，使计划更能符合实际需要。

七是项目实施设计。对于许多基础设施项目需要进行设计，设计过程应以参与方式进行，具体方法是举办技术研讨会，邀请专业的技术人员，了解农民的需求及他们所具有的技能和掌握的技术，并了解项目建设所涉及的具体细节。

（三）整村推进成效

2016年，贫困地区农村居民人均可支配收入8 452元，名义水平

① 杨军．“整村推进”扶贫模式的问题与对策研究 [J]. 重庆工商大学学报（西部论坛），2006（6）：15-20.

是 2012 年的 1.6 倍；扣除价格因素，实际水平是 2012 年的 1.5 倍。贫困地区农村居民人均收入连续保持两位数增长，2013—2016 年人均可支配收入名义增速分别是 16.6%、12.7%、11.7% 和 10.4%（图 10-3），年均名义增长 12.8%，扣除价格因素，年均实际增长 10.7%。

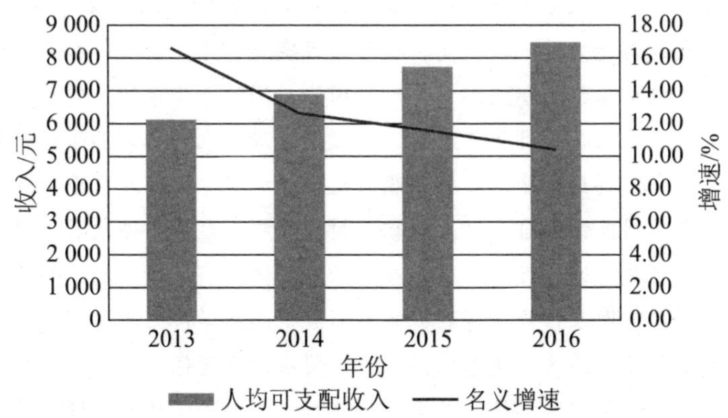

图 10-3　2013—2016 年贫困地区农村居民收入增长情况

资料来源：徐鑫，马倩 . 全国篇 党的十八大以来全国农村减贫情况 . 中国农村贫困监测报告，中国统计出版社，2017，10-21，统计年鉴 .

三、以宽城满族自治县北杖子村为例

案例：以扶贫开发整村推进为平台建设新农村——宽城满族自治县北杖子村

宽城满族自治县化皮乡北杖子村距县城 15 公里，全村共 13 个自然村，22 个村民组，531 户，1 918 口人。全村总面积 22 738.8 亩，其中耕地面积 862 亩，人均耕地不足 0.5 亩。由于受历史、交通、地理、自然等多种因素的制约，基础设施条件差，经济发展落后，2004 年农民人均纯收入仅 728 元。为扭转贫困落后面貌，村两委班子抓住被确定为河北省第二批整村推进扶贫开发工作重点村这一机遇，借助帮扶部门的外力支持，促进扶贫开发工作整体推进，2005 年共争取各类扶持资金 123

多万元，其中财政扶贫资金 9 万元，社会扶贫资金 1 万元，各职能部门投资 104 万元，群众自筹资金 9 万元，实施了以增加群众收入为核心，以基础设施建设、社会公益事业发展、改善贫困群众生产生活条件为重点的工程项目 7 个，在扶贫开发整村推进工作中迈出了新的一步。

经过一年的扶贫工作，全村各项事业有了长足发展，干群关系密切，带领群众致富能力进一步提高，扶贫项目实施公平、公正、公开，党员群众参与扶贫工作的积极性、主动性增强，通过干部包组、党员包户、群众上项目以及跑项目脱贫致富的积极性浓厚。农村各方面事业得到同步发展，人民群众生产生活条件明显改善，电视、电话入户率达到 80% 以上，多数村民饮上自来水，村容、村貌和群众就医条件改善，校园环境改善并实现了远程教育；群众业余活动、休闲有场所，人民精神面貌明显改变，贫困人口素质得到提高，形成崇尚科学、崇尚文明的社会主义新风尚；群众的法制观念增强，能够用法律武器保护自己，缓解了矛盾升级，减少了刑事案件的发生，为整村推进创造了良好环境条件。总之，整村推进作为新时期扶贫开发的主要措施，为该村落实科学发展观创造了有利条件，为建成社会主义新农村提供了良好平台。①

宽城满族自治县北杖子村在实行参与式整村推进的过程中，主要通过三个途径来完成脱贫项目：一是突出重点，合理规划，确保整村推进工作顺利开展。村两委班子立足本村实际，把整村推进和新农村建设相对接，科学合理地规划。围绕增加农民收入，对全村 531 户共 1 918 口人进行分类排队，把贫困人口建档立卡，突出水、电、路等基础性、公共性、公益性的项目，集中力量改善贫困人口的生产生活条件；以发展规模养殖和林果业为重点开发项目，推动种植产业，提高贫困人口经济收入；二是以产业扶贫为切入点，推动农民收入增长，通过改土兴水、通电通路、改造生产设施等措施，夯实贫困人口的脱贫工作基础。2005 年到位各项扶贫资金 123 多万元，实施基础设施项目 5 个；投资 20 多万元，落实移动机站建设公益性项目 1 个；投资 4 万元，实施扶贫开发细胞工程项目，落实周转棚项目户 20 户；三是协调社会

① 国务院扶贫开发领导小组办公室编 . 扶贫开发整村推进百例精选（上册）[M]. 北京：中国财政经济出版社，2007：3-6.

力量，确保项目实施。该村与县扶贫办和驻村帮扶单位县国税局建立了定期联系制度，做到每个项目实施前做好规划、论证，实施中请有关部门指导，实施后申请相关部门检查验收，不但加快项目实施的进度，提高项目施工的质量，而且加强了部门间的联系，促进社会各部门和有关人士对北杖子扶贫开发整村推进工作的重视和支持。①

第五节　片区扶贫

一、片区扶贫的概念

在《中国农村扶贫开发纲要（2011—2020 年）》中提出“连片特困区”概念，并将“集中连片特困区”作为新阶段扶贫攻坚的主战场。具体划分是按照“集中连片、突出重点、全国统筹、区划完整”的原则，以 2007—2009 年 3 年的人均县域国内生产总值、县域农民人均纯收入、人均县域财政一般预算收入等与贫困程度高度相关的指标为基本依据，同时兼顾革命老区、边疆地区、民族地区具体情况，从而划分出 11 个集中连片特困地区，再加上已明确实施特殊扶持政策的西藏、四省藏区、新疆南疆三地州，总共 14 个片区、680 个县，作为新阶段扶贫攻坚的主战场。②

二、片区扶贫的实现路径

我国集中连片特困地区呈现“小集中，大分散”的分布特点，且数量较多。全国共划分 11 个集中连片特困地区，加上已明确实施特殊

① 国务院扶贫开发领导小组办公室编．扶贫开发整村推进百例精选（上册）[M]．北京：中国财政经济出版社，2007：3-6.

② 沈茂英．“连片特困区”扶贫问题研究综述与研究重点展望 [J]. 四川林勘设计，2015（1）：1-7.

扶持政策的西藏、四省藏区、新疆南疆三地州，共 14 个片区。[①]

由于各个片区分散在全国各处，自然地理条件和历史发展状况相差很大，风土人情也各有不同，因此无法适应同一套发展模式，而是应当根据当地的实际情况，因地制宜，找到最适合自身的一条发展道路，达到扶贫最大化的效果。在多年实践中，各地也逐渐找到了能够推动自身发展的道路，形成符合自身实际状况的发展模式，极大程度缓解了片区内的贫困程度，如产业扶贫模式、旅游扶贫模式、生态扶贫模式等（表 10-3），这些具有典型性和代表性的扶贫模式也形成了独特的片区扶贫路径，总结出来就是因地制宜，使用符合自身实际情况的发展模式。

表 10-3　贫困片区分布与扶贫路径比较

分　区	省、自治区、直辖市	扶贫路径
六盘山区	陕西、甘肃、青海、宁夏	旅游扶贫、水利扶贫
秦巴山区	河南、湖北、重庆、四川、陕西、甘肃	产业扶贫、旅游扶贫、易地搬迁扶贫
武陵山区	湖北、湖南、重庆、贵州	旅游扶贫、产业扶贫、金融扶贫
乌蒙山区	四川、贵州、云南	产业扶贫、金融扶贫
滇桂黔石漠化区	广西、贵州、云南	旅游扶贫、生态扶贫、易地搬迁扶贫
滇西边境山区	云南	教育扶贫、生态扶贫、产业扶贫
大兴安岭南麓山区	内蒙古、吉林、黑龙江	产业扶贫、绿色减贫
燕山 - 太行山区	河北、山西、内蒙古	产业扶贫、教育扶贫、生态扶贫
吕梁山区	山西、陕西	生态扶贫、产业扶贫
大别山区	安徽、河南、湖北	产业扶贫、易地搬迁扶贫
罗霄山区	江西、湖南	生态扶贫、产业扶贫
西藏区	西藏	教育扶贫、旅游扶贫
四省藏区	云南、四川、青海、甘肃	易地搬迁扶贫、旅游扶贫
新疆南疆三地州	新疆	教育扶贫、旅游扶贫、产业扶贫

资料来源：国务院扶贫办网站，《国务院扶贫办公布全国连片特困地区分县名单》，2012 年 6 月 .

① 程联涛 . 我国贫困地区区域特征及扶贫对策 [J]. 贵州社会科学，2014（10）：114-117.

（一）旅游扶贫模式——六盘山区

旅游扶贫是指在经济欠发达、旅游资源丰富的地区，通过发展旅游业促进当地经济发展，增加贫困地区的人均收入。六盘山区大部分位于宁夏回族自治区，地理位置偏僻，生态系统脆弱，自然环境恶劣，自然资源匮乏，不仅整个区域贫困问题严重，而且具体到个人的贫困问题也非常严重，是经济贫困与文化教育贫困的综合贫困模式。但是六盘山区拥有丰富的旅游资源，适合开发当地的地文类、水文类以及气候生物类景观资源，大力发展整个区域的旅游业（表 10-4）。

表 10-4　六盘山旅游区自然旅游资源类型与分布

自然旅游资源类型	主要景区及分布
地文类景观	六盘山白垩纪地层剖面；海原大地震遗迹；西吉火石寨；扫竹林及固原须弥山；丹霞地貌；黄土梁卯沟壑地貌景观；六盘山、南华山等山地构造景观等
水文类景观	清水河、泾河、葫芦河、祖历河及其支流，溪水、瀑布、峡谷众多的堰塞湖（地震湖）、水库、温泉（六盘山东山坡）、泾河泉华、荷花苑、老龙潭等
气候生物类景观	大漠落日、山间日出、避暑消夏气候；多彩云雾；灾害性天气；山地森林、灌区、草甸；干草原、荒漠草原、沙质草原等植被景观；植物园、植物标本室；草原牧群（羊群、驼群、牛群等）；珍稀动物养殖等

资料来源：杨雪燕，金海龙 . 六盘山旅游扶贫开发试验区的开发对策探讨 [J]. 干旱区资源与环境，2004，18（3）：121-124.

首先需要筹集足够的前期发展资金。旅游业需要大量的前期投入，才能得到以后的发展。六盘山区主要有三个资金渠道：一是来自政府的旅游开发基金和专项扶贫资金，专用于旅游扶贫项目的开发、当地的基础设施建设，以及旅游景点的开发与保护；二是通过招商引资吸引外部的企业进行投资，利用企业投入的大量资金进行开发，使企业加入旅游资源的开发过程中；三是吸收当地居民的闲散资金，进行小规模的投资，如旅游纪念品商店、餐饮服务的经营之类。其次是打造具有特色的旅游项目，提供优质的旅游服务，逐步建立起旅游业链条。六盘山区有丰富的旅游资源，应分类设计旅游线路，有针对性地面向游客提供服务，如对自然地理景观有兴趣的可以专门去参观相关项目，对水文感兴趣的可以选择水文旅游路线。此外，还必须加强当地的旅游基础设施建设，为游客提供更好的服务。最后，需要让当地贫困居民参与到旅游业的建设中，分享旅游业带来的巨大收益，从而摆脱贫困。在发展旅游业的同时，不能忘记开发的目的是使贫困人口脱贫，使当地的经济得到发展。贫困居民应直接参与到旅游业的开发中来，获得就业创业机会，得到稳定的收入来源。政府在进行旅游项目开发时，应大量雇用当地贫困居民，而且应该加强贫困居民的职业技能培训，对他们进行旅游管理知识的普及。

（二）产业扶贫模式——吕梁山区

产业扶贫是以市场为导向，利用当地的优势自然资源，发展特色产业，引导当地贫困居民脱贫致富的一种扶贫模式。吕梁山区位于我国山西省和陕西省，气候适宜，自然资源丰富，污染少，产地环境好，农村劳动力充足，适合开展产业扶贫的模式。吕梁山区根据自身的实际情况，开发了九大产业（表 10-5），包括农业、工业和旅游业三大部分，有效改善了当地的产业结构，推动了经济的发展和效益的提升，大大提高了当地居民的人均收入，改变了以往的贫困状态，使全体农民温饱问题得到了解决，同时有了更多产业收入。

表 10-5　吕梁山区特色产业基地布局

序号	基地名称	包括县区
1	肉羊、白绒山羊产业基地	横山、子洲
2	绿色蔬菜基地	横山、米脂、吴堡、绥德、清涧、子洲
3	山地苹果基地	米脂、绥德、子洲、清涧
4	马铃薯、小杂粮产业基地	横山、米脂、吴堡、绥德、清涧、子洲、佳县
5	红枣基地	佳县、吴堡、清涧、绥德
6	油用牡丹基地	佳县、绥德、米脂
7	渔业基地	横山

续表

序号	基地名称	包括县区
8	光伏产业基地	横山、绥德、米脂、佳县、吴堡、清涧、子洲
9	乡村旅游	围绕王宿里千年枣群生态保护区、东渡纪念馆、“木头峪古民居”等景区，与古镇、古文化村建设，重点发展农业生态旅游、红色旅游及乡村旅游

资料来源：陕西集中连片特困地区特色产业精准扶贫规划（2016—2020年），2016年12月

（三）生态扶贫模式——秦巴山区

1. 退耕还林模式

适用于退耕还林扶贫方式的秦巴山区区域主要分为三个部分：一是与耕地价值相比生态价值更为重要的地区，此类地区粮食产量很低而且不稳定，主要位于湖库、江河源头附近；二是水土流失严重的地区，需要采用退耕还林的模式；三是石漠化的地区，以及盐碱化的区域，还有受风沙侵蚀，土地沙化的地区，这些地区都应该集中安排退耕还林。在实施退耕还林时，需要注意两点：一是需要政府财政的大力支持，需要争取到国家的政策优惠，通过财政拨款和直接购买的方式帮助当地林业产业的发展，提高退耕还林的经济效益；二是应该大力发展与林业有关的产业链，推动当地的林业产业发展。退耕还林后当地的耕地减少，为了保证农民的收入提升，应在保护生态环境的条件下发展林业产业经济，从而优化当地的产业结构，提高贫困户的收入。从退耕还林的成效来看，不管是经济方面还是生态方面，秦巴山区都有非常明显的进步。

2. 生态移民模式

首先从生态移民的必要性来看，秦巴山区特殊的地理位置与自然地理条件决定了其大部分区域不适合定居，该地区海拔高，多山地丘陵，缺少适宜定居的平地，降雨量大，夏季频发暴雨，植被覆盖率低，河流多，山体沟壑深，容易发生滑坡、泥石流、山洪等自然灾害，严重威胁到居民的安全。出于居民安全的角度考虑以及涉及当地的生态保护问题，

应当进行生态型移民。因此，在选择生态移民区域的时候，要充分考虑到当地的自然地理环境因素，将易受自然灾害威胁区域的居民进行有计划的迁移，尤其是滑坡、泥石流多发的山区，河岸两旁以及湖库边易受洪涝侵害的区域，应当作为重点关注的对象，在早期进行易地搬迁移民。在生态移民的过程中，应注意以下问题：一是考虑到生态环境保护的问题，对迁出地应当妥善解决由于迁居造成的生态破坏问题，还应当在居民迁出后对原有的生态问题进行治理，迁入地的生态环境保护也需要引起重视，尽力降低由于迁居引起的生态问题，以可持续发展的思想解决迁入和迁出地的生态环境保护问题；二是在进行生态移民的时候，需要考虑到迁居人民的未来生计问题，在迁入地进行基础设施建设和产业结构调整，创造更多的就业机会和岗位，实现经济的发展和人民收入的提高，同时也有利于城镇化的完成。

3. 生态经济模式

一是发展生态农业。生态农业是指生产生态农产品的过程中，使用的原料需要符合生态标准，如果使用了附加原料，需要注明使用比例。秦巴山区由于地形原因，耕地较为分散，难以开展大规模的农业，但是河道两岸土地肥沃，适宜开垦，可以发展生态型的集约型农业，生产高附加值的生态农产品，在开发时除了要保证产品的生态性，根据可持续的发展原则，还必须注意对环境的保护。此外，资源集约型农业可以以家庭为单位开展，当地由于自然地理原因，人口居住较为分散，以家庭为单位可以高效利用当地的农业资源，更有利于发展集约型的生态农业。在发展生态农业的时候，不能完全参考其他地区的发展经验，而是应该全面考察当地的环境特征，找到适合自己的路径，符合自身的经济环境承受能力。发展生态农业需要达到保护环境和发展经济的平衡，既要创造经济收益，帮助当地居民摆脱贫困，又要在发展的过程中注意对环境的保护。

二是发展生态工业。工业产业的发展对于脱贫而言意义重大，可以创造很多就业岗位以及实现经济增长。秦巴山区由于自然地理条件拥有丰富的矿产资源，但是由于开采时技术不达标，使用的设备不过关，使得对于环境的污染十分严重，不利于整个地区的长远发展，因此，需要在当地大力开展生态工业。生态工业的开展需要注意两个方面：第一是降低开采对环境的污染破坏程度，需要政府给予财政拨款进行专项环境治理，提高开采的技术水平，引进技术水平高的企业，给予一定的优惠政策，并使用符合生态要求的生产设备，建设保护环境的基础设施，如污水处理设备、垃圾收容器与填埋场等；第二是构建生态工业产业链，形成回收、再利用的产业生产模式，最大化利用资源，降低污染程度，又能提高生态工业产品的附加值，创造更高的经济效益。

（四）片区扶贫成效

2016 年集中连片特困地区农村居民人均可支配收入 8 348 元，扣除价格因素，实际水平达到 2012 年的 1.5 倍，年均实际增长 10.5%。分片区看，从 2013 年到 2018 年，年均实际增速在 11% 以上的有 4 个片区，分别是四省藏区 12.8%，滇西边境山区 11.8%，南疆三地州 11.6%，乌蒙山区 11.5%；年均实际增速在 10% ～ 11% 的有 7 个片区，分别是六盘山区 10.9%，秦巴山区 10.9%，滇桂黔石漠化区 10.8%，西藏区 10.6%，罗霄山区 10.5%，武陵山区 10.2%，大别山区 10.1%（图 10-3）。

第六节　精准扶贫

一、精准扶贫的概念

精准扶贫是指针对不同贫困区域环境、不同贫困农户状况，运用科学有效程序对扶贫对象实施精确识别、精确帮扶、精确管理的治贫方式。精准扶贫战略思想的精髓在于“精准”二字，其目的是扶持真正贫困的人，真正扶持到贫困的人。它具有以下三个特征：一是目标明确。以往的粗放扶贫以行政单元作为扶贫对象，单元内的所有居民无论贫富，都可享受扶贫政策。精准扶贫的扶贫对象则具体明确到村、户乃至人。二是措施针对性。精准扶贫需要深入调研造成贫困的原因，如地理环境恶劣、自然灾害频发、文化水平低等因素，对不同的贫困个体指定专属脱贫方案，以提升脱贫效果。三是考核精细化。精准扶贫政策改变了组织对脱贫成效考核的标准，由曾经的对整体水平考核转变为对贫困个体生活水平的考察，使得脱贫政策能够真正落实下去，真正提高贫困人口的生活水平。[①]

二、精准扶贫的实现路径

（一）精准识别扶贫对象

精准扶贫，首先要解决好扶持谁的问题，准确识别帮扶对象。划定14个集中连片特困区使得区域扶贫成为党和国家扶贫工作的重点。要瞄准区域整体，将资金和政策短期内施行整体扶贫。“没有贫困地区农村的小康，就没有我们全面的小康。扶贫开发，首先是识别贫困主体对象。当前扶贫开发主体主要集中在自然环境恶劣、基础设施落后、公共服务缺口大的连片集中特困地区；深度贫困县、贫困村；无业可扶、无力脱贫、文化水平极低、缺乏技能的贫困人口。精准扶贫必先精准识贫，习近平指出，要把贫困人口、贫困程度、致贫原因等搞清楚，因户施策。”[②]

（二）精准安排扶贫项目

精准扶贫，需要解决好怎么扶的问题，需要准确安排扶贫项目。一是扶贫项目不搞形式主义；二是扶贫项目的安排不能破坏生态环境；三是加强对贫困地区产业的开发，结合“输血式”扶贫与“造血式”扶贫。“扶贫开发要紧扣发展，立足资源、市场、人文旅游等优势，因地制宜

---

① 王晓晨．精准扶贫——中国脱贫新思路 [J]. 农村经济与科技，2018，29（17）：123-125.

② 中共中央文献研究室．习近平关于社会主义经济建设论述摘编 [M]. 北京：中央文献出版社，2017：216.

找准路子。”[①] 精准安排基础设施项目，精准制定产业扶持发展规划，生态环境优质、旅游资源丰富的地区发展乡村特色旅游，在贫困地区建立扶贫产业示范园，引导和扶持贫困群体发展生态农业产业。

（三）精准落实扶贫措施

精准扶贫，需要思考如何脱贫的问题，准确落实扶贫措施。“我们坚持分类施策，因人因地施策，因贫困原因施策，通过扶持生产和就业发展一批，通过易地搬迁安置一批，通过生态保护脱贫一批，通过教育脱贫一批，通过低保政策兜底一批。施行分批分类的措施，按照贫困户的具体情况，对症下药开‘良方’才能拔掉‘穷根’。”[①] 第一，扶持生产和就业发展一批。“贫困地区完全可以依靠自身的努力、政策、长处、优势在特定的领域‘先飞’，以弥补贫困带来的劣势。”第二，易地搬迁安置一批。第三，生态保护脱贫一批。生态环境脆弱需要修复，可以结合生态环境的保护和治理，完成脱贫目标。例如，少数民族藏区、滇桂黔石漠化地区可以通过生态保护脱贫。第四，教育脱贫一批。发展教育阻断贫困代际传递，改善贫困地区教学条件，加强贫困地区教师队伍的建设，探索建立贫困地区基础教育、学前教育的公共服务体系。第五，低保政策兜底一批。提高农村低保标准，发挥低保线兜底作用，对受灾贫困户给予帮助，加强低保与养老保险、五保等社会救助制度衔接。

（四）精准派驻扶贫干部

精准扶贫，需要派遣好扶贫干部，找到合适的负责人。“农村富不富，关键看支部”，习近平强调因村派人要精准，旨在突出扶贫开发工作农村基层的重要性。选派优秀干部担任“第一书记”，夯实农村基层，对于改变农村贫困面貌，带领贫困群众脱贫致富，尤为重要。习近平指出，“落实扶贫开发工作机制，做到分工明确、责任清晰，任务到人”。[②]

---

① 中共中央文献研究室．习近平关于社会主义经济建设论述摘编 [M]. 北京：中央文献出版社，2017：216.

② 中共中央文献研究室．习近平关于社会主义经济建设论述摘编 [M]. 北京：中央文献出版社，2017：216.

（五）精准衡量脱贫成效

精准扶贫，需要精准衡量脱贫成效，解决“怎么退”的问题。一是制定脱贫时间表，有序退出，制定相应的退出机制、严格的退出程序和退出标准。二是留出缓冲期，巩固脱贫成绩，对刚脱贫的贫困村施行动态管理，进一步培育和巩固自我发展能力，防止出现返贫情况。三是建立年度脱贫攻坚报告和督查制度，实行严格评估，按照摘帽标准进行验收评估和成效考核，建立第三方评估机制。四是对贫困户要实现逐户销号，脱贫到人，制定退出管理机制。

三、以湖北省恩施州为例

案例：恩施州精准扶贫成功

恩施州位于湖北省西南部，东连荆楚，南接潇湘，西临渝黔，北靠神农架，占地面积2.4万平方公里，辖恩施、利川两市和建始、巴东、宣恩、来凤、咸丰、鹤峰六县。恩施州总人口数达403万，除汉族外，还有28个少数民族在此居住，是湖北省唯一的少数民族自治州。恩施州位于武陵山连片特困地区，贫困人口数量大，贫困程度深，返贫现象严重；底子薄，自然环境条件差，气候难测多变，地形复杂多样，贫困顽疾扎根，扶贫任务艰巨；差距大，经济基础较薄弱，经济总量占比小，人均收入水平低，财政收入比重小，产业结构层次低，是湖北省扶贫工作开展的主要战场，在该州范围内的八个县市，都属于国家扶贫开发的重点区域，全州拥有88个乡镇办事处，2 453个行政村，其中有39个重点老区乡镇，1 888个贫困村。近年来，国家在恩施州投入的财政扶贫资金超过了10亿元，再加上全州始终将脱贫攻坚作为首要政治任务和头等大事来抓，贫困状况得到了一定程度的改善。在过去的五年中，2013年减贫14.3万人，2014年减贫15.8万人，2015年减贫26.4万人，2016年减贫26.2万人，农村贫困发生率由31.3%

下降到 13%，全州还留存贫困人口 40 多万。[①]

为认真贯彻落实国家关于打赢扶贫攻坚战的总体要求，恩施州印发了精准扶贫“五个一批”工作指导意见，并在全州自上而下大力推行扶贫计划。

一是发展生产脱贫一批，坚持区域化布局、规模化发展、标准化建设、品牌化经营、贫困户特惠、差异化补助的发展路径，大力调整贫困村产业结构，培植壮大特色产业，推进一二三产业融合发展，促进创业就业，实现全州 729 个贫困村和 96 万有劳动能力的贫困人口精准脱贫、稳定脱贫。[②]各层级政府积极进行实地调查研究，结合不同地区特点开展“一村一业”“一县一品”的扶贫定位，明确恩施州各贫困地区主导特色产业，在贫困村建立村级合作社与乡村金融互惠合作社，并引入对口衔接企业 500 家。

二是易地搬迁脱贫一批，坚持群众自愿、积极稳妥的方针，对居住在“一方水土养不起一方人”地方的建档立卡贫困人口实施易地搬迁，重点实施全州 7.44 万户 23.7 万建档立卡贫困人口易地扶贫搬迁，实现搬迁农户搬得出、稳得住、能发展、可致富，与全州人民同步迈入小康社会。至 2017 年共计搬迁 10 万人，占全省计划指标的 14%，分配房子入住贫困人员共计 2.7 万户，有利于实现地区整体脱贫，便于政府统一帮扶、达到精准扶贫预期效果。

三是生态补偿脱贫一批，通过落实生态公益林补偿政策，实施退耕还林工程，开展生态治理，发展绿色产业，加强生态保护等措施，让全州涉及生态补偿的贫困人员收入明显增加，生产生活条件明显改善，与全州人民同步迈入小康社会。鉴于该地区属于长江中上游生态防护林带，有着重要的生态环境保护地位，因此恩施专门设立护林员岗位，让贫困人员转移成为护林员，并对贫困地区进行生态保护林补偿，

---

① 郭耿轩 . 武陵山区连片特困地区产业精准扶贫创新案例研究——以湖北恩施土家族苗族自治州为例 [J]. 重庆科技学院学报（社会科学版），2018（5）：42-45.

② 恩施州扶贫办 . 关于印发恩施州精准扶贫“五个一批”工作指导意见的通知 [Z].2017.

2017 年度共计实现退耕还林 26 万亩。

四是教育脱贫一批，通过助学帮扶，实现“三个确保”，到 2019 年，全州教育水平基本达到小康标准：确保义务教育阶段学生不因贫困、学困等原因失学；确保留守儿童不因亲情缺失、精神贫困等原因厌学；确保考上大学的贫困学生不因学费、生活费等问题上不起学。设置专门的教育财政资金 12 亿元，计划新建中小学校舍项目 1 000 个。教育扶贫是精准扶贫的重要步骤，能够有效切断贫困代际传播。

五是社会保障脱贫一批，将全州完全或部分丧失劳动能力的贫困家庭和其他符合低保条件的贫困家庭全部纳入农村低保，实行按标施保，保证其实际收入水平逐步达到或超过当年脱贫标准。恩施州实现了对全州 20 万低保户和 1.7 万五保户的全面覆盖，并制定了最低生活保障、基本医疗救护、临时帮扶等实施办法，提高了社会保障的标准，进一步完善了社会保障体系。社会保障的全方位覆盖是保障贫困人员的基本生活的需要，也是精准扶贫兜底一批的必然要求。

第七节　深度扶贫

一、深度扶贫的概念

深度贫困地区是指由于环境条件恶劣，以及基础设施薄弱，造成的地区区域经济和社会发展缓慢，当地居民对身体健康、居住条件、知识获取，以及人身安全等方面的基本需求得不到满足，而且这是一种普遍的生活状态。实际上，资源短缺和恶劣环境造成的深度贫困往往是多维贫困长期积累和沉淀的结果，这体现在该地区集体福利的长期大规模缺失，以及该地区落后的发展模式和偏小的经济总量，也与资源和环境压力大、综合竞争力弱密切相关。这种表现是整个村庄的大部分地区处于贫困、代际贫困和绝对贫困的复杂贫困状态，甚至是贫困村、贫困乡镇、贫困县等，以及贫困区比普通地区分散得多，个体的致贫原因更加复杂，摆脱贫困更加困难艰巨。

《中国农村扶贫开发纲要（2011—2020 年）》将六盘山区等 11 个连片特困地区及中央已实施特殊扶持政策的西藏、四省藏区和新疆南疆共 14 个片区确定为深度贫困地区，这些片区不仅是全国扶贫对象最多、贫困发生率最高、扶贫工作难度最大的地区，也是扶贫攻坚的主战场。具体情况详见表 10-6。[①]

表 10-6　深度贫困地区的类型与特点

类　型	分布区域	贫困表现	贫困发生率
连片深度贫困地区	三区（西藏，四省藏区，南疆四地州），三州（凉山州，怒江州，临江州）	生存环境恶劣，致贫原因复杂，基础设施与公共服务缺口大	20% 左右
深度贫困县	分布在 14 个省区	县均贫困人口 3 万人	23% 左右
建档立卡贫困村	12.8 万个	基础设施和公共服务严重滞后，村两委班子能力普遍不强，村集体经济弱，无人管事、无人干事、无钱办事现象突出	60% 左右

资料来源：习近平 . 在深度贫困地区脱贫攻坚座谈会上的讲话 [J]. 求是 .2017（9）

二、深度扶贫的实现路径

鉴于贫困地区的深度贫困，自我积累和自我发展能力差，特别是经济、社会、文化和环境落后的状况尚未发生根本性的变化，目前，扶贫必须适应贫困类型的趋势，开展新的路径选择。积极构建更加完善的反贫困体系和灵活运用“一揽子”战略，打破区域发展的瓶颈，坚持“区域发展促进扶贫开发，扶贫开发促进区域发展”的基本思路，坚持反贫困与财富创造和财富再分配机制同步增长的战略，准确把握贫困背后缺乏权利、机遇和能力背后的制度因素，为深度扶贫方式的

① 牛胜强 . 多维视角下深度贫困地区脱贫攻坚困境及战略路径选择 [J]. 理论月刊，2017（12）：146-150，176.

变革奠定坚实的基础区域。[①]

首先，要突破传统的扶贫开发和区域经济发展模式。坚持实现长远利益最大化，综合效应最大化，通过区域发展促进扶贫发展，促进扶贫开发，促进区域经济发展，实现贫困地区经济发展。一是加快建设一批能够辐射贫困地区的国家高速公路、水利枢纽、信息基础设施等重大项目，打破区域发展的瓶颈。二是大力发展贫困地区的科技、教育、文化、卫生等社会公用事业，大力提高贫困地区农村基本公共服务能力，充分发挥重大基础设施建设作用。三是突破资源认识的局限，拓宽资源认识空间，牢固树立“绿水青山金山银山”的新资源理念，创新生态扶贫手段，坚持生态环境的保护和恢复。综合措施，通过建设和恢复良好的生态环境，探索旅游、文化等资源优势，最终实现生态经济效益的同步增长。

其次，坚持多管齐下，灵活运用“一揽子”扶贫战略，建设特色扶贫与惠农扶贫的扶贫项目，增加产业扶贫与社会扶贫互相支持的多种有机融合方式，构成一种新模式。扶贫不仅是政府的责任，也是社会建设的有机组成部分。在发挥政府主导作用的同时，必须注重促进扶贫模式创新，让更多的组织和个人可以直接参与扶贫。从现实来看，政府领导在扶贫领域应规范政府的政策制定，设定有效目标，合理分配资源，组织系统评估，将人力资源和项目开发纳入专业社会组织，减轻资源不足和政府负担过重的问题，弥补扶贫过程中人力和财力投入不足的问题。

再次，需要抓住机遇，推进基层组织和社会建设，实现基层扶贫开发能力和社会治理能力的提升。目前，政府正在推动全社会的力量，投入大量的人力、物力、行政资源和机构资源，以争取消除贫困。加强基层组织和社会建设，实现基层的扶贫能力提升和农村团结与包容性增强，不断提高共建共享的社会治理能力，不仅可以合理配置和管理社会资源，还可以促进贫困地区脱贫活力和内生动力。加强扶贫组

① 雷明，深度扶贫关键在“深”[J]. 人民论坛，2018（7）.

织体系和团队建设，提高扶贫开发组织的领导水平。一是加强和改进干部教育培训工作，突出提高知识水平和理论素养，转变思想观念和思维方式，增强工作技能和实践能力，真正提高各级干部的素质和能力，促进扶贫工作不断前进发展。二是加强农村基层组织党风廉政建设和专业理论知识培训，不断提高农村基层党组织的创造力、凝聚力和战斗力。三是完善扶贫监督检查评估体系建设。扶贫和监督不能全面进行，也不能分散处置，必须确保根据新情况和新任务实施扶贫政策和措施，并确保阶段的目标如期进行。评估工作要注重实际，追求长远影响，通过评估实现发展，通过评估推进改革，切实提高扶贫开发组织的领导水平和扶贫效果。

最后，在重新思考贫困内涵的基础上，结合经济、社会与环境的背景来丰富扶贫工作的内涵，考虑通过知识教育和心理培训来提高贫困人口的知识储备，使之拥有积极的生活态度，采取有效措施促进其对整体新政策的实施和新生产方法的接受度，使得各扶贫主体之间建立良好心理联系和良性心理互动，反过来刺激穷人追求和建立更美好生活的能力。同时，需要高度重视贫困地区的优生优育问题，达到有效切断贫困的代际传递的目的，消除智力和先天性疾病造成的贫困因素。与时俱进，丰富贫困标准的内涵，赋予民生更加丰富的生活意义，科学认定和及时提高农村贫困标准。中国目前的农村贫困标准逐渐暴露出扶贫实践中的诸多缺陷和不足，科学认定和及时提高农村贫困标准，不仅是保障贫困群体发展权利的基本条件，也是全面建设小康社会的必然要求。消除市场竞争和不平衡发展战略造成的不平等，是维护社会公正的必然选择，是国家重新分配社会整体利益，促进公民尊严、权利和机会平等的必然要求。因此，及时丰富贫困标准的内涵，科学地识别和有效提高农村贫困标准，不仅能够推动农村扶贫事业发展，而且可以使更多的弱势群体公平地享受经济社会发展成果，促进社会更加公平和谐。

三、以凉山州为例

案例：凉山州深度扶贫

凉山州处于四川西南部，北起大渡河，南至金沙江，东至云南，西邻甘孜州。全州面积6.04万平方公里，截至2016年总人口515万，其中彝族300万，占总人口的52.5%，是我国最大的彝族聚居区，下辖16县1市。凉山州地理环境复杂多样，境内深谷、平原、高山、盆地、丘陵相互交错，由于海拔高低悬殊，构成了特殊的地形地貌，区域内断陷盆地、断裂谷、断块山众多，平均海拔超过1 500米，造成农业生产基础薄弱，交通闭塞，生态环境恶劣，地震、泥石流等自然灾害多发。1993年凉山彝族自治州绝对贫困人口达260余万人，占农业人口总数的63.63%，其中彝族等少数民族贫困人口为134余万人，少数民族贫困人口占少数民族总人口的78.8%；全州17个县市中国家贫困县就有10个，省贫困县1个，州贫困县1个，贫困县所占比例达70%以上，在这12个贫困县中，农村儿童入学率仅64.8%，农村青壮年半文盲比例高达70%。随着国家精准扶贫战略的实施，凉山彝族自治州在扶贫方面取得了显著成效。2012年至2016年，凉山彝族自治州农村居民人均可支配收入从5 673元增加到10 368元，年均增长12.8%，五年累计减贫人口为51.82万，贫困发生率也从25.6%下降到12%。[①] 如表10-7所示。

表10-7　凉山州贫困人口减少状况[②]

年　份	投入资金 / 亿元	减贫人数 / 万人
2012	11.6	11.1
2013	12.92	9.04
2014	16.34	9.7
2015	21.11	10.6
2016	28.43	11.38

① 何荣修．凉山州的贫困与反贫困[J]. 天府新论，2000（1）：78-82.

② 凉山州统计局．凉山州国民经济和社会发展统计公报[R].2012-2016.

通过表 10-7 可以发现，凉山州根据当地特殊情况，采取了三个方面的措施开展深度扶贫，对减少当地的贫困人口起了非常大的作用。

一是利用产业扶贫加大扶贫力度，带动贫困人口增加收入、减少贫困。凉山彝族自治州拥有独特的旅游文化，生态农业、水电和矿产资源，这些潜在的优势资源转化为实际的经济资源。凉山彝族自治州实施的精准扶贫战略，是积极引进外部技术和资金，扩大地方特色农产品规模，支持农产品深加工，增加产品附加值，发展基础农业。加强农产品现代物流建设，减少农产品运输损失，降低总成本。政府增加了对当地农产品销售的支持，融合了政府、科研机构、企业和其他资源。凉山彝族自治州有自己独特的民族文化，具有较高的旅游开发价值，如毕摩文化、特色饮食文化和丰富的火炬节文化。在凉山彝族自治州开展精品旅游项目，进一步扩大知名度，树立品牌形象，吸引更多游客，并在此基础上，逐步推动全球旅游业发展，带动更多当地居民赚取收入。

二是开展异地搬迁工作。凉山彝族自治州约 60% 的贫困人口生活在深山区、高山山区、石漠化地区等生态环境恶劣的地区，这属于没有基本发展条件的区域，因此，通过扶贫搬迁，改善当地人民的生活条件和发展环境，减少贫困发生率，科学选择，统一规划，优先考虑生产生活条件的困难，以及农村居民搬迁意愿，实施迁地扶贫和搬迁，帮助解决拆迁户户籍、学校教育、医疗等社会保障问题。重新安置人员的后续生产工作也是工作重点，要充分考虑当地彝族的原始知识水平、生产方式和习俗，并根据当地情况为被拆迁人员提供就业和生产援助，包括提供家禽养殖设施、农业技术指导和其他相关的就业技能培训。

三是正确认识凉山州彝族同胞的传统习惯，重新设计出符合当地发展状况的扶贫模式。要考虑居住在山区的彝族由于历史环境造成的与外界的长期脱节，当他们接触到新的文明和新的价值观时，会有一个逐渐接受和消化的过程，不能盲目地批评，重视宣传教育的重要性，有必要从思维方式和行为规范中更加积极地引导，从思想层面转变其内在模式，使其形成积极向上的价值观，并在该地区逐步形成自我提升的风气。加大教育投入，大力发展汉彝基础双语教育，为凉山彝族自治州的可持续发展提供人才保障。如果要彻底改变凉山彝族自治州的贫困落后面貌，消除凉山的贫困代际传承，教育是解决问题的根本途径，政府应继续加大对该地区教育的投入，继续增加贫困乡镇的教师人数，特别是双语教师的安置。要充分考虑和照顾贫困山区教师的实际生活条件，确保教师工资水平的稳步提升，以及稳定教师的队伍和提高其素质。同时应对贫困山区的教师职业培训和儿童入学政策给予支持与倾斜。

第八节　可持续扶贫

一、可持续扶贫的概念

可持续扶贫战略克服了过去各种扶贫战略的不足。根据可持续扶贫的内涵[①]，在分析中国可持续扶贫时，应理解为：一是使贫困人口能够满足生活需要。二是贫困人口可以独立改善自身生活条件。三是贫困人口的扶贫不会削弱他人或后代发展所需的外部条件。可持续减贫的目的是，使贫困家庭能够在自力更生的基础上，走上良性发展的道路。可持续扶贫不仅需要丰富扶贫目标的知识和文化储备、还需要扶贫来应对外部环境的各类问题，它是对扶贫理论与实践的总结，结合过去各种扶贫策略的优势，克服了自身的不足。

二、可持续扶贫的实现路径

（1）“扶贫先扶智”，提升贫困户的人力资本价值。

为了从根本上解决扶贫问题，实现可持续扶贫，应当采用教育扶

① 雷明 . 路径选择——脱贫的关键 [J]. 决策科学，2006（7）：7-8.

贫的方法，实现贫困主体素质的可持续发展，做到“扶贫先扶智”，提升贫困户的人力资本价值。一是加大教育经费的投入，对农村贫困地区多投入教育资源。加强教学基础设施的建设，改善学生的学习环境和教师的教学条件，对教师进行培训，不断提高农村教师素质。应加强基础教育与职业教育的共同发展，为贫困劳动者开展职业教育以及技术培训，提升其职业技能和专业技能。二是引导贫困地区群众自我投资，加强人力资本的积累。在贫困地区进行宣传教育工作，改变贫困户依赖帮助的思想，培养其竞争意识，树立教育效益最大化的理念，以及鼓励贫困农民参与教育活动与职业培训，并提供就业和创业的优惠措施与资金和技术支持。

（2）贫困地区资源的可持续利用与发展，是抑制返贫和实现减贫的重要保障。

应该继续在贫困地区建设基础设施，发展农村贫困地区公共事业，建立和完善教育、医疗和养老等保障体系。一是扩大扶贫资金融资渠道，完善资金管理，确保充分利用扶贫资金，彻底改变过度依赖政府财政拨款的传统融资方式，建立多渠道筹资机制，实现社会组织和个人参与。二是推动基础设施建设，促进贫困地区经济发展。既要开展大规模的农业综合开发，改善基本农业生产条件，提高农业综合发展能力，进行产业化经营，又要通过财政拨款和扶贫贷款，动员贫困地区人民参与贫困地区的农田、水利、电力、通信等基础设施建设。三是建立健全农村贫困地区的教育体系、医疗体系以及养老体系等社会保障制度，全面发展农村公共事业。

（3）可持续发展的扶贫需要实现贫困地区生活环境的保护，保障载体的可持续发展。

坚持全面发展，坚持可持续发展的农业、循环农业与生态农业，加强生态环境保护，打破贫困的恶性循环，脱离区域贫困陷阱。一是确立以人为本的整体发展方向，控制人口增长，提高劳动力素质，缓解资源和生态环境的压力，使人口变化适应经济社会的变化和发展，达到自然与社会的和谐发展。二是统一规划，系统开发和综合管理。通过实施可持续扶贫模式，在扶贫过程中提高经济和环境效益，促进贫困地区经济与社会的协调发展,建设可持续性的贫困区域发展模式。三是保障资源的可持续利用，加强对资源和环境的行政管理，制定资源利用标准。要根据资源承载力和环境容量来规定资源利用的方向、方式和限度，加强自然资源管理，将资源开发利用与保护管理相结合。

第十一章
以县为中心的扶贫

第一节　成　　就

2018年6月至8月，国务院扶贫办委托第三方评估机构分两批开展专项评估检查。结果显示，125个县符合脱贫摘帽条件。经国务院扶贫开发领导小组审核同意，分别于8月初和9月底由省级政府批准脱贫摘帽。内地贫困县脱贫摘帽进入加速期。截至2018年前7个月，全国有公开报道的正式宣布脱贫的县市区至少已有35个，超过去年一整年脱贫摘帽贫困县的总数。而从各地方政府年初提出的目标来看，2018年有超过40个贫困县拟摘掉“穷帽子”。

追溯至2017年，《中国扶贫开发报告（2017）》指出，在2016年我国共有28个贫困县经过合法的程序，经过申请、内部审核、国家专项评估检查，由所在省政府正式批准退出贫困县。这既是1986年国家设定贫困县31年来历史上第一次实现贫困县数量净减少，也是实现贫困县全部摘帽目标的良好起步，为今后几年贫困县退出树立了标杆，做出了示范。在“八七”扶贫攻坚计划时期，中央政府曾经通过政策调整，让东部地区的贫困县不再享受国家扶贫优惠政策，由各省自己负责，实际上属于政策性的贫困县调整，但这些贫困县从国家贫困县退出后多数由各省接管扶持，且未经过像现在这样的严格合法程序正式宣布退出。28个县市区中，江西省井冈山市、河南省兰考县率先于2017年2月宣布退出，另外26个县市区，包括河北省望都县、海兴县、南皮县，江西省吉安县，河南省滑县，重庆市万州区、黔江区、丰都县、武隆区、秀山土家族苗族自治县，四川省南部县、广安区，贵州省赤水市，西藏自治区城关区、亚东县、卡若区、巴宜区、乃东区，青海省河南蒙古族自治县、同德县、都兰县，新疆维吾尔自治区巴里坤哈萨克自治县、民丰县、察布查尔锡伯自治县、托里县、青河县，于 2017 年 11 月初由各省区市政府宣布退出。[①]

经县级提出、市级初审、省级核查和公示等程序，再通过第三方评估机构专项评估检查，2017 年第二批申请退出的 85 个贫困县符合脱贫摘帽条件，河北省平山县、贵州省桐梓县、云南省罗平县、西藏自治区林周县、陕西省延长县、甘肃省两当县、青海省刚察县、宁夏回族自治区盐池县、新疆维吾尔自治区尼克勒县等 9 省区 85 个贫困县实现脱贫摘帽。至此，2017 年申请退出的中西部 20 个省区市 125 个贫困县全部脱贫，累计已有 153 个县正式脱贫摘帽，现有国定贫困县数量由 832 个减少为 679 个。[②]

按照国家《关于建立贫困退出机制的意见》及《贫困县退出专项评估检查实施办法（试行）》提出的标准，贫困发生率降至 2% 以下（西部地区 3% 以下）、脱贫人口错退率低于 2%、贫困人口漏评率低于 2%、群众认可度高于 90% 的贫困县可以申请退出。按照此标准，目前除了已经脱贫摘帽的 153 个贫困县外，按照各地脱贫攻坚规划及政府工作报告提出的脱贫目标。2020 年底之前，各地国定贫困县将陆续实现脱贫摘帽。[③]

“粗放扶贫”到“以县为中心的扶贫”的治理范式演变，不仅表明国家反贫困治理能力的日臻成熟，而且深刻体现出国家对贫困治理的细化与聚焦。回顾以县为中心的扶贫实践，农村贫困治理已演化为各级党委、政府高度重视的政治任务，各贫困县通过重点突出专项扶贫、着力强化行业扶贫、巩固完善社会扶贫、建立片区扶贫工作机制等措

---

① 中国社会科学院《中国扶贫开发报告（2017）》.

② 又有 85 个贫困县脱贫 [EB/OL]，人民网，http://finance.people.com.cn/n1/2018/1017/c1004-30346131.html.

③ 康彦华，豆小强，张明春，等.“后脱贫时代”国定贫困县金融扶贫政策延展策略研究 [J]. 福建金融管理干部学院学报，2018（3）：32-41.

施进行针对性扶贫开发，“兰考经验”“井冈山模式”等脱贫案例验证了精准扶贫战略对贫困痼疾的回应力。[①] 同时，在作为脱贫攻坚主战场的中西部地区，许多贫困县举全县之力备战脱贫摘帽，对农村贫困治理的重视程度前所未有。[②]

首先，在以县为中心的脱贫攻坚实践中，地方政府通过组合和叠加相关的保障，为扶贫对象提供了更充分和全面的关照。多数贫困县采取了低保兜底的扶贫策略，保障贫困户的基本生活水平；在健康扶贫、教育扶贫以及扶贫对象住房安全保障方面，政府为扶贫对象提供了全覆盖、高标准且贫困户不付费或很少付费的保障。此外，还通过农业保险、贷款保险等服务，为扶贫对象减轻自然风险和市场风险可能产生的损失。

其次，中国实行的精准扶贫，客观上赋予了扶贫对象全过程参与和自己相关的扶贫活动的权利。从对象认定、致贫原因分析到项目实施、接受帮扶、退出认可等，扶贫对象都能够发挥一定的作用。此外，由于如期脱贫被作为有关部门的政治任务，扶贫对象作为整体事实上也对国家和地区的扶贫政策调整产生了影响。

最后，在精准扶贫中，通过改善社区基础设施和公共服务，改善获得资金、土地（住房）使用的机会等，中国扶贫对象的财产可获得性及其回报都有所提高。

第二节　经　　验

一、核准家底、精准定位

为了提高扶贫资金利用效率，让贫困户真正受益，需要进行精准定位，并在精准定位的基础上因人而异，找到精准的致贫原因，从而

① “精准扶贫精准脱贫跟踪调查研究”课题组．精准产业扶贫是精准脱贫的核心动力 [N]. 社会科学报，2018-01-18（2）.

② 王刚，白浩然．脱贫锦标赛：地方贫困治理的一个分析框架 [J]. 公共管理学报，2018，15（1）：108-121，158-159.

精准帮扶。

由于在文化、自然资源、基础设施和社会服务等方面，居住在一定范围内的居民有更多共同点，便于进行综合性的扶贫开发[①]，因此在扶贫工作开展前期，应当每户入户考察核实，划出每人的具体负责工作范围，一一对应完成任务，以分片包干形式划分负责范围。在各个负责范围中，通过群众评议、入户调查、公告公示、抽查检验、信息录入等，完成建档立卡工作；同时建立贫困户的信息网络系统，动态管理，实现扶贫对象有进有出、扶贫信息真实可靠。入户核实家底并根据各户情况制定扶贫策略是精准扶贫最重要的核心问题。

财政扶贫资金的治理涉及财政扶贫资金的投入、管理、分配、拨付和使用等各个方面，财政扶贫资金只有在这几个方面都做到科学、合理、公平和公正，才能有效地提高其扶贫效率。从资金治理的角度来看，国内大部分研究比较一致的观点是项目和资金管理问题也是我国政府扶贫过程中的薄弱环节，成为影响扶贫效果的重要因素[②]。因此，在核准家底、信息完备的基础上，应针对扶贫对象具体情况选择扶贫方式，做到因地制宜、扬长避短，精准扶贫措施和资源配置。

案例：以四川省北川羌族自治县为例

北川羌族自治县位于四川盆地西北部，面积 2 867.83 平方公里（国土详细面积 2 869.18 平方公里），距绵阳市区 42 公里，距省会成都 160 公里，是中国唯一一个羌族自治县。2016 年总人口 24 万人（其中羌族 8.5 万人，占全县总人口的 36%，占全国羌族人口近三分之一）。2016 年，实现地区生产总值 43.89 亿元。

在脱贫攻坚实践中，北川县着力提高项目精准度，完善县级领导联系重点项目机制和重点项目考核办法，明确任务书、时间表、路

① 汪三贵，PARK，A，CHAUDHURI S，& DATT G. 中国新时期农村扶贫与村级贫困瞄准 [J]. 管理世界，2007（1）：56-64.

② 李小云，唐丽霞，张雪梅 . 我国财政扶贫资金投入机制分析 [J]. 农业经济问题，2007（10）：77-82，112.

线图和责任人，实行县级领导定期会商制度，研究解决项目推进存在的困难和问题，梳理、包装清溪谷漂流等投资500万元以上的项目113个，加快推进产业发展、村组道路、农田水利等62个在建扶贫项目。

同时，北川县政府因地制宜、大力增收，整合地方债券转贷资金、产业发展基金等5 000万元，推广股权量化、托管经营等创新模式，大力发展林下土鸡、花魔芋等特色产业，打造36个乡村旅游扶贫重点村，安排专项资金1 000万元为贫困群众提供1 380个公益性岗位，开展贫困人口技能培训1 500人次，劳务输出1 200人。

资料来源：北川羌族自治县人民政府网站，http://www.beichuan.gov.cn/

在北川县脱贫攻坚的实践中，强调了“政府主导扶贫、企业帮助扶贫”的扶贫模式。政府大力推行“工作到村、帮扶到户”的结对帮扶制度，帮扶工作用脑用情，尊重贫困户意愿，听取贫困户呼声，有针对性地制定脱贫计划；企业积极吸纳民营企业参与精准扶贫，在对贫困户进行物质慰问、精神鼓励的同时，帮助贫困群众建立脱贫长效机制，为贫困群众提供培训、就业等终身受益的帮助，搭建民营企业参与扶贫开发服务平台，推动社会扶贫资源供给与扶贫需求有效对接，实现社会扶贫与精准扶贫有效结合。政府和企业的联动大大提高了扶贫的精准性。

同时，北川县也通过整合项目资金、加快项目实施、强化项目监管等途径着力破解资金投入分散、项目实施缓慢、针对性不强等问题，从而落实精准定位的要求。

二、促进转移就业

可以搭建多种转移就业平台，促进贫困劳动力尤其是农村贫困劳动力最大可能地转移就业。同时，增强保障力度，应提供就业援助托底安置，按照总量可控的原则，开发多样性的公益岗位对通过市场无法解决就业问题的人员进行托底安置，并给予经济补贴，解决贫困劳动力人口的增收问题。转移就业是扶贫的重要方式之一，努力消除零转移就业家庭是最终目标，政府部门应当保障每户至少有一人就业，确保有就业意愿的贫困人口可以找到工作。针对接受转移就业人员的企业，政府也当给予一些政策优惠，积极鼓励企业吸纳贫困人口，促进贫困人口转移就业和就近就业，并为跨地区就业的转移就业人员提供交通补贴。

三、积极鼓励创新创业

在精准就业过程中，方案方法应首要考虑当地优质资源的有效利用，如乡村特色旅游、高山种植、农业养殖等创新创业项目，对有能力且有意愿创业的贫困人口提供支持，如资金贷款、政策优惠，并为他们提供全方位的指导。

当地政府应当重点探索并建立贫困户的收益机制，重视造血式扶贫。中国的金融服务尤其是针对贫困农户的金融服务极端匮乏，长期以来，资金投入不足导致贫困地区发展动力不足，生产水平停滞不前。根据世界银行的观点，小额信贷可以成为缓解贫困的一个有效手段，其基本思路是通过为贫困农户提供有效的资金来源，弥补他们资金投入的不足，使贫困地区和贫困农户获得更多的发展机遇[①]。因此，地方政府不仅要采取综合性扶持措施，更要具备长远眼光，避免扶贫对象返贫。如重视农村金融机构发展，开放精准有效的资金融通渠道，为农村创业不断输血。

同时还要降低创业成本和风险，鼓励扶贫对象积极加入创新创业，如对创业贫困人口给予创业担保贷款，对积极吸纳贫困人口的企业实行优惠政策，积极落实好公益性岗位，进行交通补贴、社保补贴、岗位补贴等经济补贴。

---

① 林万龙，杨丛丛．贫困农户能有效利用扶贫型小额信贷服务吗？——对四川省仪陇县贫困村互助资金试点的案例分析 [J]. 中国农村经济，2012（2）：35-45.

四、智志双扶、精神扶贫

在帮扶过程中，不具备就业意愿的贫困人口也应当进行精神帮扶，开展就业动员大会，大力实施职业培训，结合当地的产业发展规划，对贫困人员实施分类培训，不断提高贫困人员的就业能力和农业实用技术水平。入户帮扶，积极鼓励贫困人口就业意愿，帮助其转变就业观念，树立正确的就业观，激发内生动力，调动劳动就业积极性。

案例：以重庆市石柱土家族自治县为例

石柱土家族自治县（简称石柱县）位于长江上游地区、重庆东部，长江南岸、三峡库区腹心。截至 2015 年 10 月 10 日，石柱县面积 3 012 平方公里，辖 3 个街道、16 个镇、14 个乡，户籍总人口 547871 人，常住人口 39.91 万人。以土家族为主，另有汉族、苗族、独龙族等民族，共 29 个民族，是集少数民族自治县、三峡库区淹没县、国家扶贫工作重点县于一体的特殊县份。

石柱县就业扶贫卓有成效：全县 62 118 位贫困人口中，贫困劳动力 33 955 人，已就业 22 952 人，占比 68%，未就业 11 003 人，占比 32%（图 11-1）。未就业贫困人口中有就业意愿的 1 741 人，占比 15.8%。

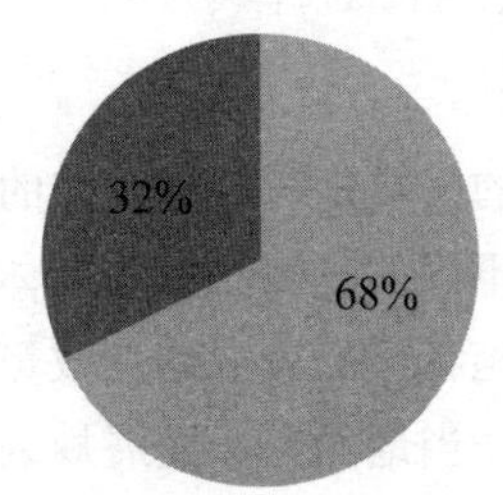

■已就业 ■未就业

图 11-1　全县贫困劳动力就业比重

从就业技能培训完成情况来看，全县符合培训条件的贫困群众 42 378 人中，至少参加 1 次技能培训的有 21 299 人（占比 50.26%），未参加培训的贫困人群中 8 376 人有培训意愿（占比 39.74%）。从“零转移”就业家庭来看，381 户家庭中有就业意愿的 565 名贫困劳动力中，507 人通过就业帮扶实现就业，每户至少 1 人。

同时，就业技能培训也因地制宜、因人而异。在全面掌握不同贫困人口家庭背景、受教育程度、年龄的基础上，结合各地区的不同风土人情及自然风景，制定不同的发展战略。重庆石柱县乡村旅游类培训中，以大黄水旅游区为代表，县城近郊贫困群众为主要培训人员。在农业技能培训中，高山区域开展烤烟、高山果蔬等特色种植技能培训，低山区域开展瓜果蔬菜、家禽养殖培训。在农业培训方面，石柱县也有所创新，充分结合培训群众的意愿与知识背景，突出特色工种，如辣椒标准化生产技术、黄连标准化生产技术。此外，针对无就业意愿的贫困劳动力人群开展“精神补钙”，也称为“智志双扶”，通过培训的贫困劳动力将获得结业证书。

在全县涉农财政整合资金中，专设就业扶贫专项资金，四年累计投入 1 853.46 万元，完成 58 439 位农村贫困人员扶志扶智自主培训。扶贫资金方面，也明确对吸纳贫困劳动力的企业，按照一般贫困劳动力 2 500 元每人每年、重点贫困人口 3 000 元每人每年的标准进行扶持。针对选择自主创业的贫困人口，石柱县政府给予 5 000 元的一次性补助。

资料来源：重庆市石柱县人民政府官网，中国石柱网，http://www.zgsz.gov.cn/Class/node_2765.htm

石柱县以县为中心的扶贫是对扶贫工作的新尝试，强调了对扶贫对象的就业帮扶，针对不同的贫困状态与个体的能力强弱，在精准脱贫过程中扬长避短；实施积极的就业创业政策，积极鼓励创新创业；推广职业技能培训，结合当地的产业发展规划，对贫困人员实施分类培训，不断提高贫困人员的就业能力和农业实用技术水平；对创业贫困人口给予创业担保贷款，对积极吸纳贫困人口的企业实行优惠政策，积极落实好公益性岗位，以及交通补贴、社保补贴、岗位补贴等经济补贴。

但另一方面，石柱县的扶贫工作中仍然存在一些挑战：外地转移就业困难，虽然政府部门收集了很多外地就业的岗位信息并出台了相应的优惠政策，但许多贫困人员仍然更倾向于就近就业，外出务工人员更倾向于去发达地区如珠三角或长三角地区就业，很少愿意去其他地区；创业缺乏规划性，急需脱贫的贫困人口盲目创业，缺乏长远计划，创业成功率较低；融资困难，由于贫困人口的财产较少，缺乏可抵押贷款的房屋或担保人，难以实现创业融资，这给有积极就业意愿的贫困人口带来了很大阻碍；未就业人群“眼高手低”，贫困人口在就业市场上由于自身能力欠缺竞争力较低，但是急于脱贫脱困，会造成“眼高手低”的现象。

五、动态管理社保信息

有关贫困的论述中，传统贫困被表达为收入贫困。然而，肇始于社会剧烈转型、经济中高速增长、贫富分化加深等一连串新常态的结构性积弊，贫困认知视角趋于全景化，囊括收入、生存必需品、卫生健康、教育住房等显性物象及平等参与、人格尊严、社会排斥、发展机会等隐性质象，伴生出一种普适性的贫困类型即“支出型贫困”。收入型贫困让位于支出型贫困，因此需及时调整现行贫困标准，对于扶贫对象信息也就必须持守一种动态管理的治贫理念。[①]

针对贫困人口的医疗保险和养老保险实施动态管理，建立信息共享机制，定期进行信息交互，确保系统内个人的信息一致。根据扶贫反馈的信息及时更新，实施动态管理，定期督查，有利于提高工作效率，提高针对性。

① 王琳瑛，左停，李蔚，等．动态管理：贫困转型和贫困识别的现实反思与展望[J]. 江苏农业科学，2018，46（17）：340-345.

案例：以云南省陇川县为例

陇川县是德宏州唯一的国家级扶贫开发工作县，全县有 4 个贫困乡镇，26 个贫困村，46 个贫困村民小组。检查资料显示：2016 年陇川县有建档立卡贫困户 5 562 户 21 729 人，贫困发生率为 13.60%；截至 2017 年 6 月，全县有建档立卡户 4 404 户 16 955 人，贫困发生率为 11.17%。

陇川县委、县政府将精准扶贫工作视为改善边境地区各民族群众生产生活条件、提高各民族群众生活水平的契机，广泛动员和组织干部群众深入扶贫对象动态调整工作。通过村组开展贫情分析（以村小组为单位）、实地调查、信息数据复核、与县指挥部举证分析等工作，并根据抽样调查结果进行分析和相关数据计算。陇川县在此次考评中的 6 个单项指标值评估结果分别如下。

（1）错评率：本次抽样入户调查建档立卡户 16 户、返贫户 16 户、新纳入户 32 户，共计 64 户，错评 0 户，错评率为 0；（2）漏评率：本次抽样入户调查一般户 32 户，漏评 0 户，漏评率为 0；（3）错退率：本次抽样入户调查 2014—2016 年脱贫户 17 户、剔除户 17 户，共计 34 户，错退 0 户，错退率为 0；（4）两错一漏率：测算为 0；（5）重点帮扶户达标率：本次抽样入户调查 2017 年预脱贫户 33 户，全部可以本年度实现脱贫，预脱贫达标率为 100%；（6）因村因户帮扶满意度：本次入户调查 163 户，有效问卷 163 份，调查人口 711 人，群众对政府扶贫措施和效果满意度为 100%、对驻村工作队满意度 100%、对帮扶责任人满意度 100%，因村因户帮扶满意度 100%。群众综合满意度为 98.17%（表 11-1）。

表 11-1　建档立卡户考评指标

评估指标	错评率		漏评率	错退率		两错一漏率	重点帮扶户达标率	因村因户帮扶满意度	
明细	建档立卡户	16 户	—	脱贫户	17 户	—	—	入户调查	163 户
	返贫户	16 户	—			—	—		
	新纳入户	32 户	—	剔除户	17 户	—	—	有效问卷	163 份
合计	64 户		32 户	34 户		—	33 户	711 人	
评估结果	0		0	0		0	100%	98.17%	

综合以上 6 项指标值，陇川县此次贫困对象动态管理工作未发现错评、漏评和错退情况，考核结果评定为合格。

资料来源：张丽斌 . 陇川县贫困对象动态管理工作质量考评调查报告 [J]. 经贸实践，2018（11）：295，297

为进一步强化责任落实，提高扶贫开发质量和效益，陇川县特开展了本次动态管理工作调查活动。全县各级、各部门强化责任担当，做实做细工作，对建档立卡贫困人口进行了再识别、再精准；实事求是，严格“两不愁、三保障”这一标准，严格程序、压实责任，切实解决了漏评、错评和错退的问题。

然而，在开展本次贫困对象动态管理工作过程中发现存在一些问题：农户信息档案管理的“动态性”体现不够，各级尤其是县与乡之间无论是纸质材料还是电子数据，都还存在“上粗下细”的不足，即县里的部分有关数据材料较为笼统，不如乡镇细致，乡镇掌握的农户信息和数据不如村委会详细等；农户台账数据“动态性”更新缓慢，实施贫困对象动态管理的根本基础就是要精确掌握农村常住人口基本情况，做到各户档案台账齐备，并且确保相关数据实时更新；数据信息采集精准度不够，在开展实地调查、数据信息采集过程中发现，部分贫困家庭在报实际收入与明白卡明细有所出入，导致在计算家庭人均收入时有误差，甚至影响评定结果；录入系统工作存在进度与准确度困难。

六、跟踪服务不可忽视

扶贫应当坚持结果导向，充分发挥政策力量，最大限度地调动市场力量，确保有就业意愿的受训人员经过培训后可以实现就业，促进稳定就业、增收致富。对此，政府应当大力扶持企业增加岗位，吸纳贫困劳动力。重视招聘会的召开，也针对就业困难、劳动力低下的群体提供公益性岗位，进行就业托底安置。为提高脱贫攻坚工作效率，可以成立自查小组和核查小组，并对各小组的工作范围进行划分，全覆盖自查，填写脱贫工作进展报告表。及时更新各贫困户经济状况，动态划分贫困户与临界户。

七、在农村推行“三变”改革

推行“三变”改革，通过“资源变资产、资金变股金、农民变股东”的“三变模式”极大地增强农村集体经济实力，拓宽农民增收致富渠道。让公司带动农村、农民、土地的有效发展，变成以乡下的产业为主，第二产业和第三产业为产业链，开展乡下产业的市场，从而深度调整产业结构，推进产业转型，因地制宜发展特色农业，转变传统的农业结构，适应市场经济需求。

案例：以贵州省六盘水市为例

六盘水，贵州省下辖市，位于贵州西部乌蒙山区。地处滇、黔两省结合部，长江、珠江上游分水岭，南盘江、北盘江流域两岸。截至2016年年末，全市国土面积9 965平方公里，辖2个区、1个县级市、1个县，常住人口290.7万。六盘水市根据国家易地扶贫的相关政策，结合区域经济社会发展特点，紧紧围绕和全国同步建成小康社会的目标，探索开展了农村“三变”改革。

1. 资源变资产：激活资源要素红利

为了全面盘活村级集体资源、资产和资金，六盘水市党委政府在坚持“农民土地集体所有性质不改变、耕地红线不突破、农民权益不受损”的前提下，加强对区域资源的统筹配置、区域发展的统筹领导，采取土地、资金入股的方式，集中投入企业、合作社等，让农户成为股东，建立企业与农民的利益协调机制。

钟山区大河镇将辖区内两个村的党组织和村委会进行整合，组建联村合作社，与六盘水市的上市公司进行合作。联村合作社与该公司协商，村集体以荒山 139.6 亩折价 490 万元入股，每亩每年保底分红 1 300 元；村集体出资 200 万元、村民筹资 310 万元，共计 510 万元，购入公司证券，公司股份以每年不低于 15% 的利润保底分红给村集体和村民，仅此项每年可分红 76.5 万元。

精准扶贫中，此类“村企联建”的模式较好形成了村企协作一体化发展新格局，盘活了集体资源，壮大了集体经济。

2. 资金变股金：分散资金集聚增值

精准扶贫离不开资金的大量投入，资金以少聚多实现增效增收，是开展易地扶贫工作的关键。资金变股金，就是把分散的资金整合起来，变成一种可以量化到以村组为单位的集体资金，涉及利益分配的重新调整，既是难点，也是重点。

钟山区借助六盘水市农村商业银行增资扩股的计划，以钟山区惠农农业发展有限公司等作为发起人，投入财政结转扶贫项目资金约 750 万元，为农村“无业可扶、无力脱贫”的“两无”贫困人员和城市中的贫困人员购买原始股份 440 万股。按 15% 的收益计算，钟山区这 440 万股每年将产生收益 110 万元以上，其中农村“两无”贫困人员每年人均可分红约 3 000 元，城市贫困居民每年人均可分红约 900 元。这种金融扶贫模式，突破了过去扶贫资金“撒胡椒面”的使用模式，把贫困户分散的项目补助款“变”为股金集中入股农村商业银行，实现了资金向金融资本的转变，最大限度地实现了资金的保值增值。

3. 农民变股民：意识身份转变促发展

农民变股民，不仅仅在于身份的变化，更重要的是农民思想意识和思维方式的转变，突出表现为从耕种土地的小农意识转变为参与商品经济的市场竞争意识。

盘州淤泥乡岩博村以“以债转股、村民持股，市场运作、保本付息，村企合一、共同富裕”模式，筹集资金7 000万余元成立生态农业公司，企业与村民参股分红，保本付息。公司兴办了特色养殖、火腿加工厂、休闲山庄等村办企业，村民以土地、现金入股到公司后既是生产者、劳动者，又是企业所有者、管理者。农民变股民，客观上转变了农民长期从事土地耕种的简单就业结构，引导农民以劳动力入股，增强了农民改革的意识，助推了“三变”改革进程。

资料来源：黄海偌，贵州省易地扶贫搬迁实践的调查与思考——以六盘水市“三变”改革为例 [J]. 经济研究导刊，2018（14）：21-22

贵州省六盘水市通过将农村集体资源性资产和经营性资产作价入股，将财政投入农村的生产发展类和扶持类资金，在不改变使用性质和用途的前提下量化为村集体经济组织或农民的股金，将农民的承包土地经营权、住房财产权以及资金、实物、技术、劳动力等生产要素入股农业产业化龙头企业、农村合作社等新型农业经营主体，促进农业增效、农民增收、农村繁荣，走出了一条山区农村经济社会发展的精准扶贫新道路。

由于目前农村实行家庭联产承包到户，土地资源、水利资源等被分散到各村各户，这种模式已经不适应现代农业的发展需求，“三变改革”有利于将这些分散的资源聚集起来，走规模化、组织化和市场化的发展道路。在此基础上，动员农村移民，在自愿前提下，把土地、资金和技术参股到经营主体当中，既参与、又监督，这就是“三变”改革的基本思路。但不可避免的是，“三变”改革在易地扶贫中依然存在隐性风险和问题。

一是亏损风险。农业尚未完全摆脱靠天吃饭的情况，依然面临自然和市场双重风险。村集体和农民作为参与市场竞争的生产经营实体，市场风险如影随形，村集体和农民入股的相关资产权益介入市场的程度越深，资产亏损的风险也必然越大。

二是权益保障风险。农民维护自身合法权益的能力普遍偏低，而且维护权益的途径和方式也较为简单，由于专业技能和专业知识的局限，在资产运营中，生产经营的知情权、参与决策权等难以保障。

三是发展特色产业与市场需求的风险。“公司＋农户”的模式的确为村民解决了与市场脱节的矛盾，但是在六盘水市各县（区）的实践中，“一村一品”的特色产业在山地特色经济中的规模效益尚未充分体现。

第三节　问　　题

在经济增长对扶贫的自动拉动作用减弱的大背景之下，如何通过一系列的干预制度和方法设计，在较短时期内实现贫困人口较大规模的减少，是迄今为止国际反贫困理论和实践中尚未解决的问题。其主要原因有以下几点：一是在资本主义市场经济条件下，贫困的减少，取决于经济增长的方式和性质以及穷人利用经济增长所创造出来的机会的能力；二是一旦市场经济创造的机会减少或消失，贫困减少只能通过福利制度等再分配制度和政策的作用来实现。然而，通过再分配制度和政策减贫，第一，容易形成受益者的福利依赖；第二，除了消费的作用以外不能产生积极的经济影响；第三，用于再分配的资金如果规模过大，支持再分配解决贫困的方案则很难被社会接受，因此短期内难以依靠再分配方式解决大规模贫困人口的脱贫。

到2020年完成所有585个贫困县退出，贫困县工作任重而道远。从国家确定的贫困县退出标准来看，贫困县退出实际上要求在扶贫对象识别、扶贫项目和计划安排、帮扶安排和实施等环节都不能出现超出容忍度的差错，退出的条件非常严格。即使在所有环节都不出现超出容忍度的差错，想要使扶贫对象中存在不愿脱贫思想的人在受访时不违心作出逆向选择，也难以管控。除了达到贫困县退出的贫困发生率水平存在的现实困难以外，完成所有贫困县退出的程序似乎也是一个不轻松的任务。首先，是如何减轻贫困县扶贫开发领导小组对申请退出的畏难情绪和紧张心理，使贫困县退出能够有序稳步推进，而不致将太多的县留到最后一年退出。据了解，2017 年最初准备申请退出的县中最终正式申请 2016 年退出的只有 1/3，不少贫困县担心一旦申请退出，在评估考核时通不过会被动，因此多选择保守的策略，将申请退出的时间往后推延。这种谨慎负责任的做法无可厚非，但是太多的贫困县达到退出条件后仍选择等待，会出现最后两年贫困县扎堆退出的情况，加大退出审核评估的工作难度。

其次，为了提高退出评估审核的成功率，不少贫困县选择在提交退出申请前邀请第三方机构，主要是潜在的可能参加国家第三方评估的高校和研究机构，参照国家贫困县退出的指标、程序和方法先进行一次预评估，以期发现问题，力争申请一次通过。但是这种做法会导致过度评估，不仅浪费了资源，也容易增加扶贫对象对评估访谈的抵触情绪，最后损害退出评估的质量。

虽然经过两年的试验和摸索，第三方评估已经总结出了一些比较成熟的抽样、访谈和质量控制的经验，但是主要由大学生（或研究生）组成的访谈成员面临时间短、环境不熟甚至语言不通等方方面面的约束，且评估需求在今后几年井喷式增长，各地随着对第三方评估方法和程序了解的增加应对能力也会增强。

最后，脱贫攻坚过程中应当谨防疲劳综合征和假脱贫道德风险。自 2013 年底开始启动精准扶贫、2015 年底正式开始打响脱贫攻坚战，按计划到 2020 年底结束，脱贫攻坚行动时间跨度长、工作任务重、社会压力大，对于各级党政领导、专业扶贫部门、帮扶部门的广大工作人员和扶贫对象来说，都是一场持久战。长期高负荷、高压下工作，其间部分人就会出现扶贫工作疲劳综合征，在精神和身体上产生厌倦、抵触、逃避进而敷衍的状态，将影响到脱贫攻坚的质量和任务完成的效率。另外，随着越来越多的县级地区进入脱贫考核验收期，难免会有少数地区会根据观察和了解到的考核验收制度和方法中存在的漏洞，找出应对的办法，敷衍通过考核验收，导致出现假脱贫。对于脱贫攻坚过程中可能出现的疲劳综合征和道德风险，需要未雨绸缪，探索和总结出应对扶贫工作疲劳综合征和道德风险的有效政策和方法，以保证实现预期的脱真贫、真脱贫。

第四节　对　　策

一、稳脱贫，建立增收渠道

贫困县“摘帽”以后仍然有一定比例的贫困人口，还要继续扶持，财政支持政策、脱贫攻坚的责任、考核办法、约束机制、贫困县领导班子的稳定等政策原则上保持不变，尤其是工作队的队员及帮扶责任人都不可以立马调换，需要继续稳定一段时间，使其把职责之内的工作继续做完。

帮扶政策不仅在贫困县“摘帽”以后不可以变，而且贫困户脱贫以后也要继续支持一段时间，保证能够做到稳定脱贫，建立起通过自己的劳动稳定增收的一些渠道和办法。这样才能不仅脱贫摘帽，更能真正意义上地提高贫困人口的生活水平，真正地为他们谋福祉。

二、加强和改善生态扶贫

深刻领会和认真落实习近平总书记关于脱贫攻坚的重要指示精神，坚决执行党中央、国务院的决策部署，牢固树立和践行绿水青山就是金山银山的理念，把精准扶贫、精准脱贫作为基本方略，坚持扶贫开发与生态保护并重，采取超常规举措，通过实施重大生态工程建设、加大生态补偿力度、大力发展生态产业、创新生态扶贫方式等，切实加大对贫困地区、贫困人口的支持力度，推动贫困地区扶贫开发与生态保护相协调、脱贫致富与可持续发展相促进，使贫困人口从生态保护与修复中得到更多实惠，实现脱贫攻坚与生态文明建设“双赢”。

预计到2020年，贫困人口通过参与生态保护、生态修复工程建设和发展生态产业，收入水平明显提升，生产生活条件明显改善。贫困地区生态环境有效改善，生态产品供给能力增强，生态保护补偿水平与经济社会发展状况相适应，可持续发展能力进一步提升。对此，提出以下几点具体建议。

一是完善生态补偿政策和标准，增加受影响贫困人群的收入。根据具体扶贫县的自然环境，因地制宜调整生态补偿范围，适度调高生态公益林、风景名胜区的补偿，取消部分耕地面积补偿，统筹资金。有关生态补偿资金的分配和使用，按照责、权、利相统一的原则，每年由地方负责统筹安排。补偿资金用于维护生态环境、发展生态经济、补偿集体经济组织成员等。生态补偿资金的使用方案需报上级批准，或通过会议讨论后实施，使用方案和使用结果应当公开公示。

二是确定保护性利用的边界和形式，提高扶贫对象的受益水平。国际上的通用做法是，对包括生态保护区在内的重要生态功能区和生态脆弱区进行保护性利用。对这些区域在严格和合理保护的前提下，适当开展科学考察、观光旅游和生态产品的生产与采集，既可以增加区域内居民的收入，也有利于生态系统的研究和保护。该建议的前提是保护该县的生态环境、合理利用自然地理优势，是以不影响生态系统的稳定和质量为先决条件的，需要在政策和管理上确定保护性利用的边界和可能的形式、强度。同时，要采取诸如资产收益扶贫、征收生态保护费等形式，提高在保护性利用中扶贫对象的受益水平。

三是探索通过以工代赈形式开展生态扶贫。扶贫县有生态脆弱区的，需要通过加强生态工程建设和生态保护来改善其生态稳定性和生态系统质量。我国在多年的实践和探索中已找到了多种适合不同环境条件的生态脆弱区生态工程治理和建设的有效办法，如水土保持、小流域治理、沙漠治理、生态防护林建设等。为了保障当地生态安全和改善环境，扶贫小组需要在生态工程建设方面采取积极、有效的干预行动。尤其是近十年来我国的单位生态工程建设投资不断增加，但是投资所增加的就业却在减少，一方面是机械化程度增加，另一方面也展现出我国在生态脆弱区或生态工程建设区仍有未充分就业劳动力的现状，因此生态工程建设创造就业机会是不可忽视的。在保证生态工程建设质量的前提下，探索通过以工代赈开展生态扶贫的有效实现形式，使生态工程建设惠及受影响区域内的人口，增加生态工程建设投资的就业拉动作用，应该成为我国生态工程建设和保护的一项基本政策。

四是发挥政府和市场合作的作用，加强生态扶贫。生态环境保护和生态治理不可仅仅依靠政府的投入和支持，更需要巨大的资金投入和科学管理，以及不断的技术创新，否则会限制生态治理的规模、速度和质量。各地政府在制定县级精准扶贫政策时需要坚持大力鼓励和支持市场及社会力量参与生态保护和治理的原则，并完善和细化政府与市场合作开展生态保护与治理的政策，探索包括公私合作模式（PPP）在内的多种政府与市场和社会力量合作开展生态保护与治理的方式，加快地方的生态保护和治理，并使生态保护和治理惠及当地居民，实现生态环境保护、参与企业发展和受影响农户福祉提高的“多赢”。

三、加大开发式扶贫的力度，提高扶贫政策的帮扶作用

继续加大产业扶贫、旅游扶贫等开发式扶贫的力度，增强贫困群众自身脱贫能力和脱贫愿望，防止扶贫造成群众惰性滋生的情况发生。根据不同县区的实际情况，扶贫小组应当制定不同的开发式扶贫政策。对农业资源丰富的县，可以依据地势制定特色农业发展政策，扶植农村产业发展。对风景美丽的县，可以开发其旅游资源，将农业与休闲观光的旅游业结合在一起，实施开发式扶贫。

同时，地方政府部门应加强对金融扶贫政策的宣传，使贫困户及时知道金融扶贫的相关内容，建设贫困区金融支付体系，提升金融服务功能，鼓励更多贫困户参与金融扶贫。拓宽就业渠道，集中就业信息，为贫困户提供准确、及时的就业信息和岗位培训，加强劳动力市场建设，完善就业服务体系，帮助农村贫困人口就业，促进农村贫困人口增收。

扶贫小组须及时调查了解当前市场紧缺职业，并与贫困户的就业意愿相结合，开设多种技能培训班，增加贫困人员的选择空间，激发农民参加技能培训的积极性。对已开展技能培训地区，应当根据实际

需要加大培训力度，增加技能培训的项目，帮助中青年贫困人口掌握一门技术，提高就业竞争力。深入了解农民的时间安排，结合贫困人口从事农业活动的实际情况，科学制订培训计划，合理安排培训内容和时间。

四、分类施策，强化扶贫政策的针对性

要持续加大扶贫投入，尽量满足贫困农户需求，缓解供需矛盾；要根据农户自身的条件和所在地区的特点开展对应的扶贫项目，对扶贫项目的选择应该更加灵活和更具合理性，从而使扶贫资源得到更好的配置；在政策的实施过程中，要根据贫困户的贫困原因进行有针对性的帮扶。对于有劳动能力的贫困户可采取技能培训、安排就业、鼓励创业等措施提高其自身的收入能力；而对于无劳动能力的贫困户，采取改善基础设施、现金帮扶、土地入股等帮扶方式改善他们的生活状况。对于自然条件较为恶劣的落后地区，应该分批将贫困人口搬迁到自然条件较好的地方，政策制定者要根据贫困户的家庭特征和个人特征，针对不同搬迁类型、年份的移民户，合理地配置社会资源。同时要重视对中青年贫困人口人力资源的开发，加大对中青年贫困人口的帮扶力度。中青年贫困群体是开发式扶贫的重要参与者，对扶贫政策的满意度会影响开发式扶贫效果，尽快地提高中青年贫困群体自身的反贫困能力，才能从整体上提升贫困群体的满意度。

五、科学监督、考核、评估

保证评估的质量与可信性，是科学评估手段的一大挑战。科学的评估能够进一步促进扶贫政策落实，促使脱贫攻坚工作方向更加明确，县域脱贫攻坚工作推动更加有力。

首先，部分地区采用第三方评估，这是评估脱贫的一种高效方式，在脱贫攻坚工作中引入第三方机构来进行评估，是扶贫工作考核体系的一大创新，是检验脱贫实效的重要手段，可以更加客观公正地反映

基层脱贫工作实际。第三方评估标准的选择至关重要，这需依托于第三方机构，标准应当注重实际脱贫成效，简洁、科学、合理。

其次，对脱贫的考核与评估，必须根据脱贫攻坚的目标和任务，完善监督与考评的内容。以结果为导向进行脱贫攻坚的监督、考核评估，是我国目前监督、考评制度设计的基本思路和原则，这也符合国际上主流的监测评估做法。以结果为导向设计监督、考评内容和指标，可以更好地聚焦脱贫攻坚的目标和任务，提高监督、考评的有用性和有效性。从近两年脱贫攻坚监督、考评的实践来看，各项考核之间的分工尚不够明确，部分重要考核内容被轻视，考核内容没有充分考虑重点、难点区域和领域脱贫攻坚的特点和需要。所以，我们根据上述问题提出以下几点建议。

第一，进一步明确脱贫攻坚监督、考核和评估之间的职责分工。监督、考核和评估各自承担不同的职能，需要建立明确的职责分工。目前在有些地区、某些环节不同程度存在脱贫攻坚监督、考核和评估内容重叠和工作交叉的情况，一方面，增加了基层扶贫工作者准备和陪同监督检查、考核评估的时间和精力，分散了地方扶贫工作的注意力；另一方面，来自不同机构、不同层级的监督检查和考核过多，过于频繁，也容易使基层扶贫工作者将工作重心上移来应付检查、考核，而不是扎扎实实沉下去搞精准扶贫。要进一步明确脱贫攻坚监督、考核和评估的职责分工，减少重复交叉的内容和形式，增强监督、考核和评估的严肃性与有效性；努力推进脱贫攻坚中监督、考评数据共享，避免重复调查取据。

第二，要重视贫困地区基本公共服务改善的监督和考核。到2020年实现贫困地区基本公共服务主要领域指标接近全国平均水平，是《中国农村扶贫开发纲要（2011—2020年）》确定的我国扶贫开发总体目标之一，也是《中共中央国务院关于打赢脱贫攻坚战的决定》和《“十三五”脱贫攻坚规划》中重申和坚持的脱贫攻坚目标。然而，在最后确定的考核评估制度中，在财政专项资金绩效考核、省级党委和政府扶贫开发成效考核中都没有列入基本公共服务均等化的考核内容，仅仅在贫困村退出时作为统筹考虑的指标被列上。虽然全国多数贫困村的基础设施和公共服务设施已接近全国农村平均水平，但是也要看到还有部分深度贫困地区基础设施和公共服务还存在不小的缺口，而且这些地区基础设施和公共服务改善的难度很大，没有相应的监督和考核去督促，如期实现基本公共服务主要领域指标接近全国平均水平的目标可能会难以完成。

第三，要进一步体现深度贫困地区脱贫攻坚监督、考评的特点和作用。如在总报告中所讨论的，深度贫困地区的脱贫攻坚受多方面因素交织影响，如果不同步关注基础设施和公共服务与扶贫对象“两不愁、三保障”，不仅基本公共服务主要指标接近全国平均水平的目标难以完成，还会影响贫困发生率这个最主要指标的完成。中共中央办公厅、国务院办公厅 2017 年发布的《关于支持深度贫困地区脱贫攻坚的实施意见》指出，在时间很短的条件下，完成深度贫困地区脱贫攻坚任务，需要加强深度贫困地区脱贫攻坚的监督、考核。除了要在省级党委、政府扶贫开发成效考核，东西部扶贫协作考核，以及财政扶贫资金绩效考核中将深度贫困地区脱贫攻坚的成效单独列出考核之外，还需要同时关注结果考核和过程考核。

考核评估过程中应当完善考核评估制度，提高考核评估结果的可信度和公正客观性。中央也一再要求贫困退出结果要经得起历史和时间的检验。而保证考核评估可信的前提是建立并有效实施科学、公正、公开的考核制度、标准和方法。最近几年，我国陆续建立了脱贫攻坚的考核评估制度，但是对考核评估标准、方法和数据来源的规定还比较笼统而且透明度不够。应该在总结前几年考核评估制度实施情况和问题的基础上，进一步完善脱贫攻坚考核评估的制度、标准、方法，规定数据来源，尤其是要公开相关的考核评估标准、方法和数据获取规定。

最后，也应当注意完善监督、考评结果应用政策。监督、考评的目的是改进精准扶贫、精准脱贫工作，促进脱贫攻坚目标和任务完成，因此监督、考评结果的应用尤为重要。目前我国脱贫攻坚的考核评估制度中都明确了结果应用的程序和办法，并且通过通报表扬、资金奖励和约谈等形式得到了一定程度的体现。但是目前我国考核评估结果采取不公开的内部应用的方式，省级党委、政府扶贫开发成效考核、财政扶贫资金绩效考核等都只将结果在内部通报，这种处理方式在较大程度上限制了社会对考核评估结果的知情和监督。以资金奖励的方式来体现考核结果应用的方法虽然与我国扶贫工作机制吻合，但本身也存在不合理性。这实际上使地方党委、政府在扶贫上作为的好坏与区域内扶贫对象能分享的资金多寡联系起来，使扶贫开发成效考核结果不够优秀地区的扶贫对象成为扶贫资金减少结果的承受者。尤其是考虑到部分地区脱贫攻坚难度比较小，资金奖励的结果应用方式在某种程度上会拉大省区市间可从中央得到的资金的差距。相对来说，加重对扶贫开发成效考核结果排名靠后的省级党委、政府领导的问责，可能比给排名靠前的省份资金奖励更加有效和合理。

第五节　总　　结

以县为中心的扶贫模式体现着中国扶贫政策的逐渐细化和瞄准。以县为中心扶贫在“贫困县全部摘帽，解决区域性整体贫困”的工作要求下，分级、分层次的扶贫工作为后来的精准扶贫和精准脱贫政策提供了重要的参考和经验。

第一，需要对扶贫对象进行入户核准家底，从而精准定位。在扶贫工作开展前期，应当每户入户考察核实，划出每人具体负责的工作范围，一一对应完成任务，以分片包干形式划分负责范围。在各个负责范围中，通过群众评议、入户调查、公告公示、抽查检验、信息录入等完成建档立卡工作；同时建立贫困户的信息网络系统，动态管理，实现扶贫对象有进有出、扶贫信息真实可靠。在核准家底、信息完备的基础上，应针对扶贫对象具体情况选择扶贫方式，做到因地制宜、扬长避短，精准扶贫措施和资源配置。

第二，促进贫困人口就业，消除导致贫困的因素，实现造血式扶贫、可持续扶贫。首先，通过搭建多种转移就业平台，促进贫困劳动力尤其是农村贫困劳动力最大可能地转移就业；同时对转移就业人口增强保障力度，提供就业援助托底安置，并给予经济补贴，解决贫困劳动力人口的增收问题。其次，积极鼓励创新创业，首要考虑当地优质资源的有效利用，如乡村特色旅游、高山种植、农业养殖等创新创业项目，对有能力且有意愿创业的贫困人口提供支持，如多种资金融通渠道、政策补贴和优惠，并为他们提供全方位的指导。最后，对于不具备就业意愿的贫困人口也应当进行精神帮扶，开展就业动员大会，大力实施职业培训，结合当地的产业发展规划，对贫困人员实施分类培训，不断提高贫困人员的就业能力和农业实用技术水平；同时入户帮扶，积极鼓励贫困人口就业，帮助其转变就业观念，树立正确的就业观，激发内生动力，调动劳动就业积极性。

第三，动态管理贫困人口社保信息，强调跟踪服务的重要性。针对贫困人口的医疗保险和养老保险实施动态管理，建立信息共享机制，定期进行信息交互，确保系统内个人的信息一致。同时当地政府可以成立自查小组和核查小组，并对各小组的工作范围进行划分，全覆盖自查，填写记录脱贫工作进展报告表。及时更新各贫困户经济状况，动态划分贫困户与临界户。

第四，推行“三变”改革。通过“资源变资产、资金变股金、农民变股东”的“三变模式”，极大地增强农村集体经济实力，拓宽农民增收致富渠道。让公司带动农村、农民、土地的有效发展，变成以乡下的产业为主，第二产业和第三产业为产业链，开展乡下产业的市场，从而深度调整产业结构，推进产业转型，因地制宜发展特色农业，转变传统的农业结构，以适应市场经济需求。

然而，在以县为中心的脱贫攻坚实践中，仍然存在一定的问题和挑战，扶贫工作任重而道远。

首先，部分贫困县扶贫开发领导小组对申请退出仍然怀有畏难情绪和紧张心理，对贫困县退出的有序稳步推进不利。不少贫困县担心一旦申请退出，在评估考核时如果无法通过会处于被动地位，因此多选择保守的策略，将申请退出的时间往后推延。这种谨慎负责任的做法无可厚非，但是太多的贫困县达到退出条件后仍选择等待，会出现最后两年贫困县扎堆退出的情况，加大退出审核评估的工作难度。

其次，为了提高退出评估审核的成功率，不少贫困县选择在提交退出申请前邀请第三方机构，主要是可能参加国家第三方评估的高校和研究机构，参照国家贫困县退出的指标、程序和方法先进行一次预评估，以期发现问题，力争申请一次通过。这种做法会导致过度评估，不仅浪费了资源，也容易增加扶贫对象对评估访谈的抵触情绪，最后损害退出评估的质量。

最后，脱贫攻坚过程中仍然存在疲劳综合征和假脱贫道德风险。脱贫攻坚行动时间跨度长、工作任务重、社会压力大，对于各级党政领导、专业扶贫部门、帮扶部门的广大工作人员和扶贫对象来说，都是一场持久战。长期高负荷、高压下工作，其间部分人就会出现扶贫工作疲劳综合征，在精神和身体上产生厌倦、抵触、逃避进而敷衍的状态，将影响到脱贫攻坚的质量和任务完成的效率。另外，随着越来越多的县级地区进入脱贫考核验收期，难免会有少数地区根据观察和了解到的考核验收制度和方法中存在的漏洞，找出应对的办法，敷衍通过考核验收，导致出现假脱贫。

第十二章 整村推进扶贫

第一节 成 就

随着国家扶贫开发工作的开展，新世纪的扶贫工作由1986年到1993年主导的以项目为中心的大规模区域性扶贫开发，逐步转向直接瞄准贫困人口的“到村到户”扶贫模式，进入解决温饱和巩固温饱成果的新阶段。新的贫困形势下，绝对贫困人口的分布已经由区域性大面积分布转向小范围相对集中于贫困村和偏远地区，原有的扶贫模式存在瞄准困难、扶贫项目开发建设内容单一、贫困人口参与程度低、返贫率较高等特点。因此，早在《国家八七扶贫攻坚计划》实施的后期，甘肃等地就探索出了一种能够融合项目管理和“到村到户”两种方式优点的扶贫模式，即“参与式整村推进扶贫”模式。①

2001年，国务院颁布了《中国农村扶贫开发纲要（2001—2010年）》，实施整村推进计划成为这一时期扶贫开发的工作重点之一，与贫困地区劳动力转移培训和产业化扶贫共同构成这一阶段的农村扶贫开发的基本干预框架。扶贫开发以县为基本单位，以贫困村为基础，广泛动员群众参与是21世纪扶贫模式进入新阶段的体现，也是党的十八大以来提出的精准扶贫、精准脱贫工作方针的基础。②其间，国

感谢宋丹宁为本章做出的贡献．

① 杨军．“整村推进”扶贫模式探析[J]. 农村经济，2007（4）：57-59.

② 汪三贵，曾小溪．从区域扶贫开发到精准扶贫——改革开放40年中国扶贫政策的演进及脱贫攻坚的难点和对策[J]. 农业经济问题，2018（8）：40-50.

务院扶贫开发领导小组办公室在2008年发布文件，提出“三个确保”，进一步促进整村推进扶贫开发工作在少数民族、内陆边境和革命老区地区的开展。①

整村推进工作成效明显。根据实际情况，国家对扶贫工作重点县的范围进行了调整，在592个国定重点贫困县所辖贫困村以外，还划定了非国定贫困县的贫困村。根据实际情况和政策，国家分阶段对整村推进扶贫工作进行调整和推进。2002年全国确定了15万个贫困村，占行政村总数的21%，到2006年年底，有5.4万个贫困村实施完成了整村推进的扶贫开发计划（表12-1），并且推进速度也比2001—2004年平均快了60%，资源整合效率和各部门支持力度也明显增强，在2006年，全国用于整村推进的财政资金投入比例平均达到50%以上，比前三年的30%提高了近一倍。②到2010年年底，全国已经有12.6万个村实施了整村推进，占总数的84%；共投入中央和地方财政扶贫资金789亿元，村均投入财政扶贫资金约63万元。③

表12-1　2006年年底全国贫困村数量统计④

地　区	贫困村数量	截至2006年年底完成规划的贫困村数	剩余贫困村数
总计	146 157	53 981	92 176
河北	7 102	3 138	3 964
山西	10 510	3 439	7 071
内蒙古	5 319	4 320	999
辽宁	2 739	1 787	952
吉林	3 800	1 338	2 462
黑龙江	3 112	1 032	2 080
江苏	2 036	1 025	1 011
浙江	3 161	1 575	1 586
安徽	5 102	1 946	3 156

① 关于共同促进整村推进扶贫开发工作的意见，国开办发〔2008〕27号[EB/OL]. Gov.cn. 2018/2018 -10 -24. http://www.gov.cn/zwgk/2008-06/05/content_1006369.htm.

② 《中国农村贫困监测报告》，2007：61-64.

③ 国务院扶贫办等. 扶贫开发整村推进“十二五”规划.

④ 2006年全国纳入扶贫规划的贫困村情况，来源：《中国农村贫困监测报告》，2007：61-64.

续表

地　区	贫困村数量	截至 2006 年年底完成规划的贫困村数	剩余贫困村数
福建	2 520	0	2 520
江西	5 000	1 200	3 800
山东	4 579	2 133	2 446
河南	10 430	2 455	7 975
湖北	7 061	1 603	5 458
湖南	7 000	2 260	4 740
广东	4 088	1 515	2 573
广西	4 060	1 617	2 443
海南	720	335	385
重庆	5 270	3 270	2 000
四川	10 000	6 623	3 377
贵州	13 973	3 442	10 531
云南	40 000	10 000	30 000
西藏	2 000	300	1 700
陕西	10 700	3 126	7 574
甘肃	8 790	2 236	6 554
青海	2 453	728	1 725
宁夏	1 026	516	510
新疆	3 606	1 022	2 584

自 2000 年以来，国家设立了两条农村贫困标准，一条为绝对贫困标准，另一条为低收入标准。从表 12-2 可以看出，无论是绝对贫困人群还是低收入人群，贫困人口数量都大幅下降。按照 2008 年确立的贫困标准，贫困人口从 2000 年的 9 422 万人减少到 2010 年的 2 688 万人，贫困发生率从 2000 年年底的 10.2% 减少到 2010 年的 2.8%；绝对贫困人口从 2000 年的 3 209 万人降低到 2008 年的 1 004 万人，绝对贫困发生率降低到 1%。绝大多数贫困人口解决了温饱问题。随着国家经济水平的发展，贫困地区的定位不断缩小，以贫困村为基本瞄准单位使得贫困人口的瞄准范围不断变得更为精确。这一时期的扶贫标准在不断调整下每年稳定上升，从年人均纯收入 865 元提高到 1 274 元，大幅增加了扶贫政策惠及人口。

表 12-2　2000—2010 年贫困人口规模及贫困发生率

年　份	按低收入标准衡量			按绝对贫困标准衡量		
	标准 /（元 / 人）	规模 / 万人	发生率 / %	标准 /（元 / 人）	规模 / 万人	发生率 / %
2000	865	9 422	10.2	625	3 209	3.5
2001	872	9 029	9.8	630	2 927	3.2
2002	869	8 645	9.2	627	2 820	3.0
2003	882	8 517	9.1	637	2 900	3.1
2004	924	7 587	8.1	668	2 610	2.8
2005	944	6 432	6.8	683	2 365	2.5
2006	958	5 698	6.0	693	2 148	2.3
2007	1 067	4 320	4.6	785	1 479	1.6
2008	1 196	4 007	4.2	895	1 004	1.0
2009	1 196	3 597	3.8			
2010	1 274	2 688	2.8			

资料来源：全国农村住户抽样调查，转引自《2011 年中国农村贫困监测报告》.

贫困人口收入快速增加，从 2000 年到 2010 年，农村地区人均纯收入增长了 1.6 倍，贫困人口人均纯收入增长了 1.8 倍，增长速度高于农村地区平均增长速度，尤其是在 2005—2010 年（见图 12-1）。

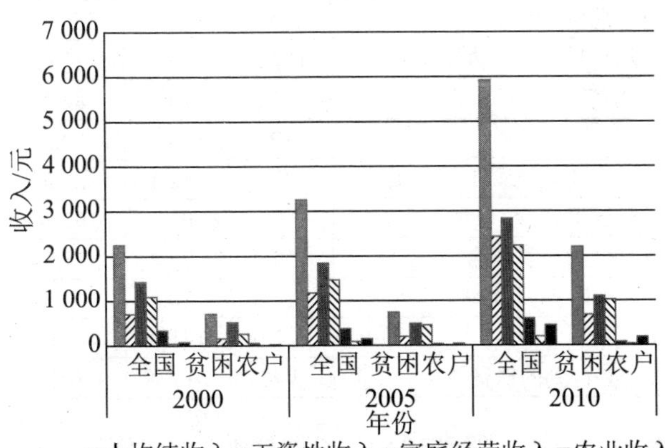

图 12-1　贫困农户收入变化情况

国家扶贫工作重点县和重点村的产业在国家政策的扶持下得到了较快发展，扶贫工作重点县地方生产总值增长速率与全国保持同步，人均地方生产总值在10年间翻了约4倍，其中第二产业、第三产业占比不断扩大，成为带动地区经济发展的主要领域，劳动力结构也不断优化，表明贫困地区分享了国家市场经济发展的成果。

在具体到村的扶贫项目中，扶贫重点县贫困村参与到村扶贫项目的比例从2002年的29.5%增加到2010年的52.2%，到位的扶贫资金从2002年的村均13万元增加到2010年的38.9万元，国家对于贫困村的资金扶持力度显著增加。到2010年，平均每个扶贫重点县得到的扶贫资金为1亿元，比2002年增加6 012万元（表12-3），有10个省区的扶贫资金年均递增速度超过10%。其中，用于基础设施的扶贫资金占全部扶贫资金的19%，用于改善农民生活条件的资金占全部资金的23.7%，扶贫资金分配主要侧重于改善民生。

表12-3　国家扶贫重点县扶贫投资总额和县平均资金

指标名称	2002年	2010年	2010年与2002年相比	
			增加量绝对值	年均递增/%
一、扶贫资金总额/亿元	250.2	606.2	356.0	11.7
1. 中央扶贫贴息贷款累计发放额	102.5	116.1	13.6	1.6
2. 中央财政扶贫资金	35.8	119.9	84.1	16.3
3. 以工代赈	39.9	40.4	0.5	0.2
4. 中央专项退耕还林还草工程补助	22.6	52.1	29.5	11.0
5. 中央拨付的低保资金	0.0	91.1	91.1	
6. 省级财政安排的扶贫资金	9.9	25.4	15.5	12.5
7. 利用外资（实际投资额）	17.6	20.1	2.5	1.7
8. 其他资金	22.0	141.0	119.0	26.1
二、平均每个县得到的扶贫资金/万元	4 227	10 239	6 012	11.7

在基础设施方面，到2010年，贫困村所在的通信、电力、公路建设等基础设施基本实现全面覆盖，贫困村通电的比重为99.8%，通公路的比重为96.9%，通电话的比重为96.9%，能接收电视节目的比重

为 97.7%，均比 2000 年有较大提高。

根据联合国的相关报告，整村推进扶贫模式在学术上被称为以社区为单位进行发展的扶贫模式（community-driven development），作为一个重要的减贫策略，在国际范围内也得到广泛讨论。目前全球已经有 105 个国家采取了这种扶贫模式，用于促进特定贫困社区的社会经济发展。而中国的整村推进扶贫工作也为国际扶贫理论提供了实地经验和作出了理论贡献。

2010 年后，整村推进扶贫模式仍然是我国政府采取的农村开发扶贫的重点之一。在 2011 年公布的《中国农村扶贫开发纲要（2011—2020 年）》中指出："结合社会主义新农村建设，自下而上制定整村推进规划，分期分批实施。发展特色支柱产业，改善生产生活条件，增加集体经济收入，提高自我发展能力。以县为平台，统筹各类涉农资金和社会帮扶资源并集中投入，实施水、电、路、气、房和环境改善"六到农家"工程，建设公益设施较为完善的农村社区。加强整村推进后续管理，健全新型社区管理和服务体制，巩固提高扶贫开发成果。贫困村相对集中的地方，可实行整乡推进、连片开发。"①

第二节 经 验

整村推进的扶贫模式体现出中国扶贫政策由原有的大范围的补偿型模式转向因地制宜的发展型模式。与我国的经济发展水平和减贫工作开展情况相对应，我国的扶贫瞄准方式由早期的地区转向贫困县，再到贫困村为主的扶贫资源。整村推进在"中央统筹，省负总责，县抓落实，工作到村，扶贫到户"的工作要求下，分级、分层次的扶贫工作为后来的精准扶贫和精准脱贫政策提供了重要的参考和经验。

---

① 中国农村扶贫开发纲要（2011—2020 年）.

一、参与式扶贫，以人为本

整村推进扶贫模式的核心是群众充分参与，以人为本。政府提供资金和政策优惠，以村为单位，激发贫困农户的主观能动性，发挥群众在扶贫项目的决策、实施和监督全过程中的作用，激发贫困农户自主脱贫的意愿，提高贫困村自我发展的能力，扶贫方式由早期的“输血”模式转变为“造血”模式，为贫困地区的可持续发展提供基础。社会扶贫工作的外在性，即外力主导下的发展行动，应当与扶贫对象的内在性即自我发展的内驱动力共同作用。

参与式整村推进扶贫模式是建立在扶贫对象自我赋权的基础上，唤回扶贫主体对自身的发展优势、知识和能力的自信和重建自尊的过程，主要有四个方面：使贫困群体成为扶贫主体；使外源扶贫资源内源化；赋予贫困群体、贫困村发展的机会和权利；赋予贫困村和贫困群体独立决策、管理资源及收益分配的权利。[①] 根据多维贫困理论，物质条件匮乏的贫困人群往往也陷于“可行能力”的缺失。贫困群体往往处于市场经济的边缘地位，多数居住地交通不便，社会文化观念落后，受个体知识、技能、教育程度的限制，缺乏人力资本和社会资本，缺少自主脱贫的能力和意识，仅仅提供设施和资金上的援助并不能够真正提升贫困群体的福利。[②] 以往的政策扶贫模式往往自上而下，扶贫对象往往是政府扶贫政策的接受者和执行对象，处于一种“失权”的状态。[③] 政绩导向的扶贫项目和扶贫政策的制定者为县乡政府，并不能完全从扶贫对象的立场出发，深刻理解贫困人群的真实需求，导致有限的扶贫资金并不能充分发挥其作用，往往止步于可以量化的数据体现，如提供设施，但并不能发挥持续扶贫的理想效益。在某些政策被机械

---

① 沈茂英．“整村推进”综合扶贫模式的理论基础 [J]. 郑州航空工业管理学院学报，2008（2）：124-128.

② 丁建军．多维贫困的理论基础、测度方法及实践进展 [J]. 西部论坛，2014，24（1）：61-70.

③ 沈茂英．“整村推进”综合扶贫模式的理论基础 [J]. 郑州航空工业管理学院学报，2008（2）：124-128.

执行的情况下，甚至可能导致扶贫对象和贫困村的发展过分依赖于扶贫政策，导致扶贫行动的效果受到影响。

整村推进以村为扶贫工作的开展平台，为贫困人群参与扶贫工作赋权，使贫困人群在扶贫行动中由原本的客体地位变为主体地位，扶贫行动成为自我发展、自我改善的自主行为。在具体到每个村的扶贫项目的规划的制定、实行、监督和考察的过程中，贫困农户通过村民大会或村民代表大会共同商议和探讨致贫原因和脱贫策略后，上报县乡政府的扶贫相关部门，由专家分析项目的可行性并反馈，上下层级的沟通不是机械的、单向的，而是双向的、不断调整以符合切实需求的。[①]参与式扶贫保证了农户对项目的了解和认同，减少了项目实行的阻力，调动了贫困人群参与自主扶贫的热情和积极性，也保证了项目在实行过程中的信息公开和透明，一定程度上对原有的县乡政府在扶贫工作中的形式主义行为和部分不规范的操作进行了约束。

作为参与式扶贫，整村推进模式所强调的参与度在减贫过程中为基层贫困人群提供了能力训练、整合机制、激发机制三种功能：在策划、推进和管理扶贫项目的过程中，贫困群体可以主动学习和提高自身的生产能力，是一种可持续的反贫困措施；在参与贫困项目的协调和整合资源的过程中，贫困群体与外源性资源产生交互，对涉及自身利益的政策和项目都有着知情权和控制权，有利于改善贫困社区内和贫困社区与基层政府的关系；贫困群体在参与策划项目、整合资源的过程中有利于激发其潜在的社会资本。[②]

案例：甘肃省徽县麻沿乡麻安村

麻安村位于甘肃省陇南地区徽县最北端的麻沿乡西北部，交通不便，信息闭塞。麻安村一共有152户农户，总人口671人，人均耕地0.24公顷。麻安村地处高寒阴湿山区，海拔2 100米，气候恶劣，

① 常艳，左停．中国整村推进扶贫工作的总结及评议[J]. 甘肃农业，2006（1）：61.

② 李棉管．贫困村灾后重建中的扶贫开发模式——“整村推进”与“单项突破”的村庄比较[J]. 人文杂志，2010（2）：158-166.

农业基础条件差，经济社会发展水平落后，是甘肃省典型的贫困村，2001 年人均现金收入 650 元，贫困人口 124 户共 563 人，占总人口的 83.9%。2001 年 12 月麻安村被确定为甘肃省参与式整村推进扶贫示范村，开始了为期三年的扶贫开发工作。

整个扶贫项目在扶贫办工作小组在深入群众，进行村情调查和访谈、宣传动员后开始实施。2001 年 12 月 8 日麻安村村委会、党支部主持召开了村民大会，民主选举产生村民代表。县级政府相关部门列席参加。通过海选的方式，以村民小组为单位，通过推荐和自荐等方式提出村民代表候选人，并进行举手表决。最后选出村民代表 15 人，其中妇女代表 5 人。由村民代表讨论分析后提出全村贫困户名单并提交村民大会，经村民举手表决共同确定重点扶持的贫困人口。村民代表组织各村民小组分析制约麻安村经济发展的原因，提出需要发展的项目，村民通过讨论一共提出了 14 个建设项目，根据一户一人、户均 5 票的原则让村民按照自己的意愿选择自己需要发展的项目，经扶贫办、村民代表、村委会共同商议确定前 8 个项目为整村推进的主要项目内容。同时由村民举手表决选出由村干部、党员代表、妇女代表和贫困户代表组成的 11 人麻安村项目规划实施小组和由 56 名村民代表组成的 5 个项目能力建设小组。最后由项目农户根据自家状况和愿望申报项目，由村实施小组和能力建设小组确定项目农户及各农户的项目内容并张榜公布。

麻安村的项目实施小组和能力建设小组在与规划人员及相关部门技术人员讨论后编制出《麻安村参与式整村推进扶贫规划》，对项目目标、项目内容细则、项目实施小组、能力建设小组及农户的责任、权利和义务进行划分。在项目的具体实施过程中，麻安村项目实施小组和能力建设小组在县乡政府的协助下对职责和分工进行进一步的明确和细化，对各项目的具体建设规划、资金管理和运行、项目的后期管理和维护都进行了详细的安排。

村民在参与扶贫项目的各项事务的过程中，思想观念和认知也得到了新的发展，开始学会主动寻求各种支持和帮助，走出村庄，寻求发展机会。麻安村的打工人数从2002年的50人增加到2005年的130人，村内的养殖产业也学习了外来先进的养殖技术。在生活水平不断提高，基础设施明显改善的情况下，村民的合作意识和村庄的凝聚力也得到了增强。

资料来源：张永丽，王虎中．新农村建设：机制、内容与政策——甘肃省麻安村“参与式整村推进”扶贫模式及其启示 [J]. 中国软科学，2007（4）：24-31.

麻安村的参与式整村扶贫项目不仅仅是扶贫工作的新尝试，也是基层民主的一次有益实践，使村级事务的处理开始走向规范化、制度化和程序化。在详细的程序规划下，扶贫行动成为基层民主的重要实践。麻安村的参与式整村扶贫强调了多方代表的积极介入，包括政府工作人员、技术人员的指导作用，也充分发挥了村民们参与自主扶贫项目的积极性，并且通过设立项目实施小组和能力建设小组，既保证了项目的公平性与参与性，也保证了项目的有序进行。在这一过程中，农民与地方政府共同参与发展事务，有利于建立起信任机制和增强地区凝聚力。[①]

二、整合资源，综合扶贫

整村推进是一种更为综合的扶贫模式，可以使贫困村在短期内获得大量资金和资源，将其用于基础设施和产业开发等建设项目。这种扶贫模式有利于将有限的扶贫资源集中起来，在政府主导下将政府各部门和社会各界的力量联合起来。整村推进扶贫开发中，随着扶贫工作的不断推进，扶贫人员通过不断探索创立了多种市场经济体制下有效的资金管理机制与方法，平衡有限的资金与多样化的扶贫需求，在整村推进扶贫模式推行的初期经历了以下几个探索阶段：2002 年至 2003 年，扶贫人员将扶贫资金的无偿使用变为有偿使用，以调动农户自我发展的主动性和积极性，合理利用有限的扶贫资源；2003 年至 2005 年，扶贫部门与农村信用社联合，将财政扶贫资金、农村信用社

① 田萌萌，周丹，罗洋．参与式理念在发展规划中的应用——以甘肃省徽县麻沿乡麻安村“参与式整村推进”扶贫项目为例 [J]. 安徽农学通报（上半月刊），2010，16（11）：3-5，243.

贷款和世界银行贷款一起整合使用，使扶贫贷款发放更具程序性和法规性；2004年至2005年，通过建立公益基金等方式提高资金使用效益，为更多农户参与整村推进提供启动资金。[①]这一时期的扶贫工作由于受到资金规模的限制，贫困地区需要在不断摸索中探索出新的整合资源的方式，如优先解决主要矛盾和关键问题，确定重点贫困村，分期分批地集中有限的扶贫资源解决贫困问题，合理安排项目进程。各地以"一次规划、两年实施、逐村验收、分批推进"的工作思路展开整村推进工作。捆绑资源成为整村推进工作的一个重要特色。[②]

整村推进扶贫模式与以往的传统扶贫模式相比，不再仅仅局限于向贫困地区导入物资和资源，既"输血"，还通过高效率地整合有限的资金投入，调动贫困人口自主发展的积极性，以"造血"为目标。自下而上的激发主动性的扶贫机制，能够使贫困人群主动地将各部门、社会各界的有限资源联合起来，寻求帮助，切实解决更为迫切的需要。

相关研究表明，在整村推进进展顺利，投资量加大的贫困村，全村农民人均收入在一两年内可以提高到50%以上，基础设施如通信、道路条件的改善能够帮助贫困村找到新的发展方式，或促进贫困村的劳务输出，提高贫困村农户的家庭收入。[③]

当然，在实际执行的过程中，整村推进工作并不能够一直获得充足的资金，这也给扶贫工作造成了一些困难，使扶贫工作成效受到了限制。

三、瞄准扶贫对象，因地制宜

随着社会经济的发展，贫困人口的数量和分布特征也发生了变化，越来越集中于环境恶劣地区。与前几阶段的扶贫方式相比，整村推进

---

① 任燕顺．对整村推进扶贫开发模式的实践探索与理论思考——以甘肃省为例[J]. 农业经济问题，2007（8）：95-98.

② 常艳，左停．中国整村推进扶贫工作的总结及评议[J]. 甘肃农业，2006（1）：59.

③ 王洪涛．中国西部地区农村反贫困问题研究[D]. 北京：中央民族大学，2013.

显著缩小了扶贫范围，以行政村或自然村作为农村扶贫工作的基本单位，并覆盖了592个国定贫困县以外的贫困村，认识到了贫困问题在不同地区、不同范围内的特殊性，解决了部分资源在重点贫困县内外溢问题和非贫困县内贫困村无法享受政府扶贫政策的问题。扶贫资源的使用与贫困村的制约发展原因、人力资本条件和资源等因素更紧密地结合起来，充分提高了以村为单位的民主主体的决策能力和凝聚力，引导贫困村村民进行自我审视，使扶贫系统、贫困村基层组织和贫困人群的能力得到了锻炼，发展了贫困村的社会资本和人力资源，使资金得到更高效的利用。

整村推进扶贫模式的瞄准过程和以村为单位探索发展的尝试，为后续的精准扶贫和产业化扶贫提供了重要借鉴经验。整村推进与产业扶贫相结合，既解决了地区贫困问题，又改善了地区发展问题。

案例：湖北省竹山县秦古镇西庄村整村推进扶贫

秦古镇西庄村总面积9 000亩，耕地面积1 884亩，其中水田748亩。辖7个村民小组，565户，2 123人。现有贫困人口267户870人。2010年农民人均纯收入2 938元。由于村内地理环境特殊，村民思想观念陈旧，农业生产结构单一，因此被列为“十二五”扶贫开发工作重点村之一。

秦古镇党委、政府召开专题会议，成立工作班子，并组织西庄村村干部、村民代表到外地学习扶贫开发经验，在进行充分讨论后形成开发式扶贫的工作共识，确立了以“土地流转、集约经营”为基本方式，以“长抓无性系茶叶为主导，短抓套种花生和露地蔬菜为补充”的产业发展思路。在两年时间内新建无性系茶叶基地500亩，高标准改造升级老茶园500亩，完成茶叶基地配水设施及作业道建设，新建现代露地蔬菜500亩，新修通组水泥路3条4公里，复修整治山塘8口，配套堰渠5 000米，河道综合治理2 000米，改造房屋50户，扶贫搬迁33户，新建“1+9”新型党员群众服务中心办公楼一栋。初步实现“致富有园，活动有场，住房安全，设施配套，道路相通”的目标。

西庄村的无性系茶叶基地建设项目是综合地理环境、气候、水资源、交通等各方面条件，结合农民生产基础确定的扶贫项目，是以茶叶生产为主导，蔬菜、花生种植为辅的创新生产模式，以打造特色鲜明的优势产业。整个项目实行区域化布局、集约化经营，经过公开“竞标”将173户530亩田地整体租赁给7个大户经营，用大户能人组织和带动贫困户发展茶叶产业。项目实行观光式设计，高标准建园，并进行规模化种植、标准化管理，努力使其成为支柱产业。镇政府成立了西庄村无性系茶叶基地建设指挥部，抽调15名干部组成工作专业班子，将茶叶项目发展纳入政府的年度管理目标，并派出专业技术人员到田间地头对农户进行科学的种植保养技术的指导，为项目的实施提供技术支持。

截至2011年7月，西庄村累计投入资金3 230万元，完成无性系茶叶基地建设的基础工作，硬化了4公里院水泥路；完成了2 000米河道治理的护脚岸、护坡、堤顶路建设和1 800米的渠道复修工程，全村群众全程参与。

资料来源：竹山县秦古镇西庄村整村推进产业发展纪实 . 湖北省人民政府扶贫开发办公室 . 2011. http://www.hbfp.gov.cn/fpkf/cyfp/3016.htm.

秦古镇的无性系茶叶基地建设项目是“十二五”期间的扶贫项目，整村推进扶贫模式与产业扶贫模式相结合的方式发挥了较为明显的作用。在短时间内，贫困村的基础设施建设得到较大的改观，为村庄的集体产业发展项目提供了条件。镇政府为贫困村提供了政策优惠和工作指导，技术人员为西庄村的茶叶基地项目提供了技术支持。无性系茶叶基地项目的选择是根据该地区的自然地理环境和产业规划等因素综合考虑后决定的，事实证明该产业的成功建设为贫困村村民提供了发展致富的新道路。打破原有单一的产业结构，解放思想、科学规划、因地制宜是贫困村整村推进发展规划项目能成功的重要因素。

四、加强瞄准机制

整村推进扶贫模式作为以贫困村为单位的扶贫工作，暴露出了一定的瞄准问题，后续的扶贫工作需要加强瞄准机制，为绝对贫困群体提供更多的倾斜和帮助。需要认识到的事实是，贫困对象的分布具有复杂性，具体到社区、集体的层面，如贫困县、贫困村不一定都是目标扶贫对象，扶贫对象的筛选机制需要进一步优化，提出明确的有效的评估指标。根据致贫原因的多样性和复杂性，从贫困的多个维度来识别和分析出需求最为迫切的群体。

同时，在设计扶贫项目的时候也需要考虑贫困人群人力资本和社会资本、经济条件的限制，由于他们对资源的获取和利用能力有限，因此要给予一定的政策支持，降低项目加入门槛和障碍，减少贫困项目的选择性条件，真正将扶贫资源倾斜给需要扶持的贫困人群。具体措施有：为特殊贫困群体建档立卡，加强贫困人口识别工作，设立扶贫档案，针对其实际情况提供有针对性的帮助，不仅限于资金上，还有文化观念、人力资源、社会资本等方面的。可以通过结对帮扶等措施，帮助贫困人口将扶贫资金用于有效的扶贫项目，提升贫困人口的发展能力，对贫困村内的绝对贫困人口给予额外的支持。

案例：广西省马山县整村推进扶贫

广西壮族自治区马山县位于广西中部偏西，处于红水河中段南岸，大明山北麓，境内多山。全县行政区域总面积 2 345 平方公里，其中石山面积为 1 330 平方公里，占总面积的 56.3%。全县人均耕地面积 0.68 亩。2007 年年末全县总户数 10.142 万户，总人口 52.41 万人，其中 57% 的人口居住在石山区，43% 的人口居住在土山区。受自然条件、历史和文化等因素的影响，马山县经济基础薄弱，经济发展落后，贫困人口较多、分布较广，是老、少、边、山、穷县的典型。有绝对贫困人口 20 360 人，相对贫困人口 37 447 人。1984 年马山县被国务院划定为国家级特困县，2002 年被国务院定为国家扶贫开发工作重点县，全县有 90 个村被自治区确定为贫困村。

马山县从 2005 年开始实施整村推进扶贫开发工作，确定了首批 38 个项目村。马山县扶贫开发工作以村屯道路建设、沼气池建设、饮水工程建设为主，推行“扶贫销号”制，将首批整村推进工作的验收达标作为考核乡镇、县直各责任单位的一项重要内容，将任务进行分解后逐一分配，落实任务、单位和责任人，明确每个县班子领导至少联系一个整村推进贫困村。并提出部门包村，定点帮扶，全县 103 个县直机关单位联系帮扶 38 个首批村。在整村推进项目实施过程中，将项目分解落实到包村单位，明确完成时间，对需要解决的项目进行编号备案，设立“扶贫销号”卡，进行动态管理，掌握项目建设的进度。利用县财政资金 550 万元和包村单位捐资 42 万元，全面解决中小学危房问题；利用区、市、县包村单位捐资捐物帮助完善首批村公所办公用房；由乡（镇）筹集资金 38 万元，建设计生室 30 间 760 平方米；基层办负责完善村公所培训场所 23 间 550 平方米，使村公所办公用房、计生室、卫生室培训场所全部达到验收要求；电信部门负责实施的电话通信和广电局负责的村村通广播电视项目也基本达到验收要求；将财政扶贫资金、以工代赈资金、贴息贷款等部门筹措的扶贫资金和群众自筹资金等优化组合，定向、定位投入 38 个首批村。该县在整村推进贫困村项目实施过程中，组成督查组定期或不定期到各乡（镇）进行督查，项目实施结束后，由县扶贫开发领导小组组织人员进行交叉检查验收。

通过各级各界的大力帮扶，马山县整村推进贫困村扶贫开发取得了显著成效：38 个首批村农民人均纯收入从 2004 年的 1 520 元增加到 2006 年的 1 948 元，2007 年增加到 2 223 元，增长率维持在 13% 以上，高于全县农民人均纯收入增长水平；整村推进项目村的贫困状况大幅减少，2006 年 38 个项目实施村中贫困人口发生率下降到 17.3%，2007 年下降到 16.73%。项目推进基础设施建设：建设人饮工程 356 处，解决了 1.15 万人的饮水难问题；进行农村电网改造，目前首批贫困村农户用电率已达 99%；建设沼气池 2 740 座，首批村沼气池入户达 41%；建设通信光缆，截至 2007 年全县 38 个首批村已全部通电话。由于生活条件不断改善，项目推进村的劳务输出人数也不断增加，2006 年劳务输出 25 231 人，2007 年劳务输出增加到 27 049 人，劳务输出收入增加 4 001.87 万元，同比增长 28.92%。①

广西马山县的扶贫实践也遇到了许多问题：在第一批 38 个贫困村实施的项目中，石山区基础设施项目建设难度大，部分偏远山区道路建设路程远，工程量大，项目进度滞后；存在干部在推进参与式扶贫工作中发动群众不足，对群众的参与度不够重视的现象，也存在一些村屯群众参与意识不强、积极性不高的问题。一方面，在实际执行的过程中，政府部门在项目中仍占主导地位，项目的资金管理不规范，群众的知情权、监督权、决策权仍然没有得到充分的保障；另一方面，群众的自我管理能力较弱，尚未形成有效的基层群众自治组织来发展和维系这新兴的经济互助关系。最后，依然存在资金投入不足的现象。

资料来源：马山县新农村建设整村推进成效显著 . 南宁日报 . 2007 年 5 月 28 日 .

马山县对整村推进模式扶贫项目给予了充分的重视，在县乡层面有着明确的推进计划和有效的考核指标，对于整村推进的项目执行给予了较大的支持。项目推进过程中，权责明确，项目备案、“扶贫销号”等动态管理的制度有利于提高扶贫工作的效率和透明度，在实施过程中定期督查、交叉验收也有利于扶贫项目的完成质量，显著改善了贫困人群的生活质量。马山县的整村推进扶贫项目主要集中在基础设施建设方面，明显改善了贫困村的生活环境。但在更深层次的人力资源、社会文化、产业结构层面的扶贫工作还有发展空间。扶贫工作应当因地制宜，研究确定地区的经济增长点，进行合理的战略规划，优化产业格局。同时，应当提供更多的劳动力素质培训。关于马山县整村推进工作中出现的问题，一方面是扶贫项目本身的体制性问题，即扶贫是自上而下推进的行政指令，导致参与式扶贫理念与官本位的传统思想产生矛盾，地方官员与基层群众并没有打破传统扶贫模式的思维惯

① 曾文进，杨建军 . 广西马山县实施“农户参与式”整村推进扶贫项目的现状及对策分析 [J]. 广西大学学报（哲学社会科学版），2008，30（s2）:261-263.

性，在整村推进扶贫工作中，这一点需要更多的努力和宣传；另一方面，参与式扶贫是一种新的扶贫方式，需要民众花时间进行培养来接受，从而摆脱原有的依赖思想，增强参与意识，提高参与能力，改变原有的行为模式。马山县扶贫工作中遇到的一些问题也是整村推进工作遇到的普遍问题，下文将会进一步详述。

第三节　问　　题

一、资金投入问题

资金投入不足与贫困村发展的资金需求大是整村推进扶贫模式实行期间的主要矛盾。尽管各地方政府制定了响应政策的扶贫目标，但财政扶贫资金不足成为整村推进工作的主要困难之一。贫困地区的地方财政收入本身十分有限，提供配套资金的能力较弱，而贫困村村集体的经济基础也非常薄弱，多数贫困村的主要集体经济来源为上级政府的转移支付，仅能用于机构的正常运转，而不能为扶贫项目提供额外的开发项目、产业扶贫的配套资金，即村集体经济仅仅是一个“空壳”。

另外，扶贫过程中确定的整村推进的项目往往涉及交通、水利、教育、卫生等多个部门，多个部门的资金协调困难也成为一些地区整村推进项目阻碍重重的原因。

二、瞄准问题

由于在整村推进过程中财政拨款资金的限制，配套捆绑贷款成为常见的扶贫资金来源之一，而工作人员出于资金使用效率和回报的考虑，更容易将资金投入能力较强、发展前景较好的农户，这就导致了真正的扶贫对象尤其是能力匮乏、人力资本和社会资本不足的贫困人群参与扶贫计划、享受扶贫政策的资金门槛。相关研究表明，在整村推进扶贫工作中，收益最大的是贫困村内收入水平中等或较高的群体[①]，相较于贫困社区中的弱势贫困人群来说，他们具有更好的社会资本和人力资本，对扶贫资源的获取和利用程度更好。而对于处于温饱线之下的绝对贫困人口而言，有限的扶贫资金及其使用条件使其并不能享受到政策的红利，得到的生活的改善非常有限，仍然难以跳出原有的贫困陷阱。[②]

此外，政策执行过程中的一些不正当、不规范的操作甚至是腐败、贪污行为也影响扶贫对象的瞄准问题。整村推进作为参与式扶贫模式，强调基层贫困人口的参与，但在实际工作中，村内扶贫项目往往由村干部和一些地位较高者决定，具体的项目分配和贫困户划分的标准也会由基层工作者根据情况进行调整，部分农村基层工作人员的素质和工作作风问题以及对待扶贫工作的随意性也会导致扶贫工作在贫困村推行过程中瞄准贫困户时并不能真正地完全将扶贫资源用于有需要的贫困人口。地方政策在执行过程中产生的偏差和谬误以及项目执行过程中缺乏细致的、严格的管理决定了瞄准问题——不仅在机制设计方面，还有实施管理和监督方面——仍然是后续扶贫工作中需要考虑的重中之重。

三、贫困村适用类型限制

整村推进作为参与式扶贫模式，关键在于群众的积极参与，群众的参与度是这种扶贫模式的工作基础。因此有学者认为参与式扶贫仅适用于流动性较小的社区，可以通过发动当地群众进行自我发展和自我管理，但以劳务输出为主要收入来源、外出打工人员较多的地区，参与式扶贫的优势并不能得到体现。[③]

此外，整村推进扶贫模式以就地开发、改进基础措施为重点的扶

① Community-based development and poverty alleviation: an evaluation of China's poor village investment program.

② 常艳，左停 . 中国整村推进扶贫工作的总结及评议 [J]. 甘肃农业，2006（1）：59.

③ 谢萌，辛瑞萍 . 关于我国农村参与式扶贫模式的思考 [J]. 河北农业科学，2009，13（1）：107-109.

贫措施并不适用于部分地缘性贫困导致的贫困农户。

四、贫困人群的可持续发展问题

整村推进的扶贫模式在实际执行过程中多数集中于建设农村地区公共基础设施等方面。由于扶贫资金有限，扶贫工作优先将重点放在贫困村整村层面的建设需要和项目需求，这种集中力量办大事的扶贫方式确实在短时间内给很多贫困村带来了较大的面貌上的改善，而扶贫工作的成果也易于被量化。例如，道路建设、饮用水设施建设、沼气池建设、学校建设等。这些项目显著地改善了贫困村的生活环境，可以在较短的时间内展现出明显的成效，但并没有解决贫困人群后续的可持续发展问题。存在基础条件得到改善后，生产致富的项目，如产业发展等经济活动需要持续的投入，绝对贫困人口受到经济条件和人力资源条件限制而无法承担，基础设施的建设并没有为绝对贫困人口脱贫提供与经济条件较好的人群同等的效益。这种情况在一些需要配套资金的扶贫项目中尤其显著，项目配套比例越大，对绝对贫困人口的排挤效应越强，反而将真正最需要经济扶持的贫困人群排斥在外。另外，由于扶贫资金在实际工作过程中规模有限，直接具体到户的增收扶贫项目资金规模较小，对真正的贫困户产生的持续有效的增益受到限制。

此外，整村推进扶贫模式给贫困人口带来的扶贫资金之外的其他资源和帮助非常有限，但贫困人口需要的并不仅仅是资金上的支持。由于贫困户在实际情况中致贫原因的多样性和复杂性，整村推进工作层面的扶贫计划对重度贫困户的可持续发展的帮助效用并没有达到预期。贫困户受到教育水平、素质、文化观念等因素的限制，一些统一发放的扶贫物资并没有得到合理的利用。例如，有不少贫困户在领取扶贫项目发放的牛、羊等在几日后将其宰杀食用，没有达到项目原本计划的扶贫效果。另外，在一些重点贫困村，贫困的原因为一些难以人为改变的因素，如自然环境恶劣、经济来源单一、劳动力能力低下等。整村推进扶贫模式虽然为扶贫工作提供了有益的思路，但并不能切实有效地根据实际情况改善这些积重难返的致贫因素，往往局限于硬件，即一些在较短时间内可以解决贫困村基础设施问题的项目，如通水、通电、通路等，一些发展难度大、有风险和不易见效的产业项目和劳动力素质培训等往往不是工作重点。[①] 整村推进工作由于扶贫资金限制和项目年限要求，仅仅解决了贫困人群的温饱问题而没有解决发展问题，因此在一些贫困村中仍然存在着较高的返贫率，贫困群众的问题并没有从根本上得到解决。

第四节 对　　策

一、改进资源整合机制

资金不足和获取困难是阻碍整村推进扶贫工作进展的主要因素，这使改进资源整合机制、创新扶贫资金使用机制成为解决扶贫工作问题的重点之一。在整村推进扶贫工作的过程中出现的资金短缺问题，部分原因是各个部门之间整合协调不当，各行业部门的资源未能形成合力，使得本身有限的扶贫资金在使用过程中进一步碎片化，未能达到原有的集中力量办大事的理想效果，成为扶贫工作推进的阻碍。改进资源整合机制，要求各部门之间资源实现整合、集中投入、相互协作、及时跟进，尤其是在教育、医疗卫生、养老保险等方面，减少贫困群体获取资源的难度和烦琐程度，以达到贫困村发展的整体性目标。应当改革显性的扶贫项目与资金管理由多个部门参与的多头管理体系，针对贫困地区的扶贫项目提供一定的政策倾斜和便利，减少行政成本和人力、物力、财力的分散，提高扶贫资源的使用效率。[②] 另外，需要

① 杨军．“整村推进”扶贫模式的问题与对策研究 [J]. 重庆工商大学学报（西部论坛），2006（6）：15-20.

② 起年．县级政府在整村推进扶贫开发中的作用浅议 [J]. 经济问题探索，2007（9）：47-50.

充分调动和开发扶贫的财政资金以外的来源，如信贷政策等政策性金融支持用于扶贫项目的产业发展。应当深化和完善农村信用社改革，发展农村合作金融，活跃民间金融市场以缓解资金需求压力。①

二、健全扶贫项目管理和验收评估机制

整村推进扶贫的项目持续时间多为 3 ～ 5 年，尽管在制度设计过程中设立贫困村规划实施小组、能力建设小组等措施能够尽可能地调动群众参与和监督，但整村推进扶贫模式本身尚未形成来自外界的专业有效的扶贫项目验收机制和后续管理机制。关注扶贫项目在贫困地区的后续发展，有利于后续扶贫政策的调整和保证已投入扶贫资源的合理利用。

对已经完成整村推进项目的村应当进行跟踪调查，总结经验，寻找薄弱环节，改进后续工作，并为新的扶贫项目提供指导，保证扶贫工作能够不断发展；对于进行中的项目，应当建立项目资金管理机制，设立项目，对项目发展进行充分的监督和指导，把群众参与和政府引导相结合，避免扶贫资金的误用、乱用现象，实现责权对应，奖罚分明，充分调动贫困户和地方政府参与扶贫的积极性。② 由于扶贫资金有限一直都是扶贫工作开展的制约因素，健全扶贫项目验收和后续管理机制，有利于使有限的扶贫资金发挥更大的收益，使其成为贫困地区有效的发展动力。根据各个扶贫项目的产业特点和模式，明确扶贫项目的扶持周期，特别是分配到每一户的使用期限，合理分配扶贫资金的适用对象，定期对资金使用情况和项目发展情况进行有针对性的检查和指导，到期后收回资金并启动下一批扶贫项目，就可以使扶贫项目滚动地开展下去，一定程度上解决扶贫工作中资金短缺的问题。

---

① 张永丽，黄祖辉 . 西部地区新农村建设的机制、内容与政策——来自“参与式整村推进”扶贫模式的启示 [J]. 甘肃社会科学，2006（6）：223-227.

② 胡新良 . 中国“整村推进”扶贫开发机制的缺陷与完善 [J]. 粮食科技与经济，2009，34（4）：29-30.

应当由政府相关行业部门和第三方评估机构对结束的和正在进行中的扶贫项目进行专业的评估和分析，建立工作考核和扶贫效果评价体系并使其常规化、制度化，不断完善和发展扶贫模式，增进政府管理的透明度，推广和应用较为有效的减贫策略。由于政府管理制度存在自闭性，第三方评估对扶贫项目的政府绩效考核及其合法性有重要的意义。

三、协调扶贫项目与区域经济发展

整村推进工作不应当仅仅成为短时间内解决贫困地区农村硬件设施问题的短期扶贫项目，还应该与区域经济发展相结合，形成长效的发展机制。整村推进的参与式扶贫模式需要利用其动员能力和民主决策带来的创新优势，调动贫困地区自主发展的积极性和主动性，不仅仅完成其作为扶贫手段的基本任务，解决贫困人群的温饱问题，还应当努力解决贫困村的社会经济综合发展问题，尝试从根本上解决贫困地区的区域经济发展问题。

应当根据贫困地区的致贫原因、地理条件和社会经济条件进行专业分析和规划，对不同类型的贫困采取多样化的扶贫方式，如搬迁扶贫、产业扶贫等。

四、加强贫困对象知识教育和技能培训

整村推进工作在进行过程中主要针对贫困村物质条件的改善，通过政治赋权的方式调动贫困对象的主动性和积极性，但这种政治赋权的行动如果要和持续的扶贫行为产生持续的联系，就需要进行心理赋权。[①] 为贫困对象提供知识教育和技能培训，鼓励贫困人群参与到帮助其自身发展的扶贫工作和项目管理过程中，是扶贫工作由外部的单项援助转向内生的自我发展的重要过程。应该由政府运用法律、经济和

① 胡新良．中国“整村推进”扶贫开发机制的缺陷与完善 [J]. 粮食科技与经济，2009，34（4）：29-30.

行政等手段建立农村劳动力培训的长效机制，注重外出务工人员在输出地和输入地的就业培训，帮助地缘性贫困地区贫困人群找到自身发展道路；在扶贫项目的运营和管理过程中开展有针对性的专业技能培训和工作分配，并以合理的竞争激励机制激发贫困人群的参与热情。使贫困群体在扶贫工作中不断提高自身素质，促进贫困地区的人力资源和社会资本的发展。

第十三章 片区扶贫

中华人民共和国成立以来，贫困问题一直是困扰中国经济与社会发展的一大难题，并且备受党和各级政府的重视。经过30多年的扶贫开发，中国的反贫困效果显著，取得了喜人的成绩，贫困人口和贫困发生率均大幅降低，贫困人口的基本生活状况大大改善，贫困地区的基础设施建设和基本公共服务日趋完善。此外，党的十九大报告明确提出，要确保到2020年实现我国现行标准下农村贫困人口全部脱贫。然而，随着扶贫开发与精准扶贫战略的持续推进，贫困地区封闭化与贫困人口集中化问题日渐突出。由于自然环境恶劣、资源匮乏、自然灾害频发、交通阻塞等原因，一些集中连片特困地区的贫困问题依然严峻，成为今后脱贫攻坚战的难点与主战场。因此，解决好集中连片特困地区的贫困问题，既是区域性整体贫困的关键所在，也关乎全面建成小康社会宏伟目标的顺利实现，具有重要的理论和现实意义。

第一节 绪 论

随着扶贫攻坚的不断推进，我国贫困人口的分布呈现“小集中，大分散”的特征。同时，在偏远村落、高山寒冷区域、资源匮乏地带等贫困人口相对集中的连片特困地区依然存在。集中连片特困地区的

感谢陈仁兴为本章所做出的贡献.

扶贫攻坚是片区扶贫思想的最集中体现。因此，明晰集中连片特困地区的概念内涵，简要回顾其政策发展历程，并总结集中连片特困地区的特征和致贫原因，对综合把握片区扶贫的整体概况，以及发现问题并提出有针对性的对策建议大有裨益。

一、集中连片特困地区的概念内涵

目前，学界和政策制定实施者大多关注集中连片特困地区扶贫模式的典型经验介绍、问题剖析以及对策建议的提出等方面，而较少关注集中连片特困地区的概念内涵等方面。因此，目前学界对集中连片特困地区的概念内涵的认识尚未达成共识。回顾已有文献资料可以发现，任保平（2005）较早对集中连片特困地区的概念进行了界定，他认为集中连片特困地区是指由于自然、民族、历史、政治等特殊因素，导致运用一般经济增长手段不能带动、常规扶贫方式难以奏效的集中连片贫困地区。[①] 该概念主要着眼于致贫原因和特殊性两方面，而尚未关注到集中连片特困地区的区域性特征。2010 年，在西部大开发工作会议上，首次在官方文件中正式提出"集中连片特困地区"的概念，但并未对其进行明确的界定。汪磊（2016）主要从"集中连片"和"特殊困难"两个子概念出发，突出了区域性特征，指出集中连片特困地区是指因受自然、历史、民族、宗教、政治、社会等多种原因的共同影响，一般经济增长已难以带动其发展，常规扶贫方式也难以奏效，扶贫开发难度逐渐加大，地理区位相邻、贫困程度相近的连片贫困地区和特殊困难地区。[②] 钱力等（2018）认为，集中连片特困地区有两层含义：一个是地理上的区域概念；另一个是经济概念，涵盖经济发展水平和经济发育程度两个子概念[③]。

① 任保平 . 西部贫困地区的生态性贫困及其治理 [J]. 商洛师范专科学校学报，2005（1）：7-11.

② 汪磊 . 精准扶贫视域下我国集中连片特困地区致贫成因与扶贫对策 [J]. 贵阳市委党校学报，2016（4）：29-33，47.

③ 钱力，李剑芳，倪修凤 . 连片特困地区精准扶贫面临的问题及路径优化 [J]. 区域经济评论，2018（4）：107-113.

二、集中连片特困地区扶贫政策的发展历程

回顾中国的扶贫政策，扶贫单位经历了一个从县域扶贫到重点贫困村扶贫，再到片区扶贫等不断发展演变的过程。“片区扶贫”与“集中连片”的概念最早可追溯至20世纪80年代，在1986年制定的扶贫开发战略中，确定了以改善基础设施建设为主要内容的区域性扶贫计划，并在全国划分了吕梁山区等18个集中连片特困地区。随着扶贫开发的推进，传统的区域性贫困出现了新的变化。2011年召开的中央扶贫开发工作会议颁布实施了《中国农村扶贫开发纲要(2011—2020年)》，对集中连片特困地区进行了调整，将武陵山区等11个集中连片特困地区和西藏、四省藏区、新疆南疆三地州共14个片区、680个县作为新一轮区域性扶贫的“主战场”（表13-1），并初步建立起集中连片特困地区脱贫攻坚的领导、组织与协调机制。[①] 自2013年实行精准扶贫政策以来，我国贫困人口锐减，而与此同时，集中连片特困地区“脱贫难、易返贫”的问题日益突出，成为打赢脱贫攻坚战的“最后一公里”。因此，2017年国务院办公厅颁发的《关于支持深度贫困地区脱贫攻坚的实施意见》中，提出要加大政策倾斜力度，确保深度贫困地区和贫困人口如期脱贫，并同全国人民一道步入全面小康社会。

表13-1　1986年和2011年集中连片特困地区分布状况

集中连片特困地区	1986年	2011年
重合地区	吕梁山地区、太行山地区、秦巴山区、武陵山区、乌蒙山区、大别山地区、西藏地区	秦巴山区、武陵山区、乌蒙山区、吕梁山区、燕山-太行山区、大别山区、西藏区
未重合地区	努鲁儿虎山地区、陇西高原地区、西海固地区、陕甘黄土高原地区、横断山区、九万大山地区、滇东南山区、沂蒙山区、桂西山区、井冈山地区、武夷山地区	六盘山区、滇西边境山区、滇桂黔石漠化区、大兴安岭南麓山区、罗霄山区、四省藏区、新疆南疆三地州

① 中共中央、国务院印发《中国农村扶贫开发纲要（2011—2020年）》的通知，国务院公报，2011年第35号.http://www.gov.cn/gongbao/content/2011/content_2020905.htm.

三、集中连片特困地区的基本特征

与县域扶贫、贫困村扶贫不同，集中连片特困地区有其鲜明的特征。精准把握集中连片特困地区的基本特征和内部贫困结构是扶贫脱贫的基础。目前，学界对集中连片特困地区的特征进行了研究。钱力、李剑芳等（2018）指出，集中连片特困地区集老、边、少、穷等特点于一身，并且具有贫困面积广、贫困程度深、贫困发生率高、贫困人口多、致贫原因复杂、脱贫难度大等特征，因此，成为脱贫攻坚战的重点与难点。[①] 李东法（2013）认为，从地理位置上来看，集中连片特困地区大多位于革命老区、民族地区、偏远山区、高山寒冷地带，具有跨省跨边界地域大、少数民族聚集、区域边缘性强、贫困程度深等特点。具体来说，集中连片特困地区自然条件相对恶劣、经济发展落后、工业化与城镇化不足，贫困现状较为特殊。[②] 汪霞和汪磊（2013）对贵州集中连片特困地区的特征进行了总结：一是生态环境脆弱与生存条件恶劣并存；二是深度贫困分布与少数民族聚居相互交织；三是地处省际交界地带且远离区域中心等。[③] 综上，中国集中连片特困地区的特征主要表现在以下几个方面。

（一）自然生态特征

一般说来，深度贫困往往发生在生产生活条件相对较差的地区。通过分析 14 个集中连片特困地区的自然条件与自然资源禀赋可以发现，片区内大多自然条件相对较差，生态环境较为脆弱。14 个片区内的地形多以山地、丘陵和高原为主，农业生产条件较差。此外，生态环境较为脆弱，扶贫开发与生态环境保护面临两难困境，资源环境承载力较低。同时，诸如水土流失、冰冻、干旱、泥石流、滑坡等自然

① 钱力，李剑芳，倪修凤 . 连片特困地区精准扶贫面临的问题及路径优化 [J]. 区域经济评论，2018（4）：107-113.

② 李东法 . 连片特困地区扶贫攻坚问题与对策分析 [J]. 经济研究参考，2013（56）：68-70.

③ 汪霞，汪磊 . 贵州连片特困地区贫困特征及扶贫开发对策分析 [J]. 贵州社会科学，2013（12）：92-95.

灾害的频发也加大了脱贫的难度。例如，东部地区的大别山区、燕山-太行山区等主要以丘陵和山地为主，属于劣质土壤区，不利于发展农业和工业生产。中部地区的武陵山区、秦巴山区、六盘山区、滇桂黔石漠化区等主要以高原或特殊地质为主，给交通运输和日常生产生活带来不利影响。西部地区的四省藏区、新疆南疆三地州和西藏地区多以沙漠和高原山地为主，生态环境较差。因此，我国集中连片特困地区主要集中分布在自然条件相对较差、地理位置偏远且封闭、生态环境恶化、基础设施滞后，基本公共服务不健全的地区。[①]

（二）社会人口特征

集中连片特困地区的社会人口特征突出表现为贫困人口相对集中，贫困程度深、脱贫难度大。集中连片特困地区作为目前脱贫攻坚的主战场，贫困范围分布较广。《2013 年连片特困区蓝皮书》的相关数据显示，国家划分的14个集中连片特困区域的总面积达140万平方千米。[②]首先，贫困人口相对集中。国家统计局的相关数据显示，截至 2012 年，全国 14 个集中连片特困地区的农村贫困人口达 5 067 万人，贫困发生率为 24.4%，片区内农村贫困人口占全国农村贫困人口的比例是 51.2%。[③]其次，贫困程度深。14 个片区内共有 680 个贫困县，其中在一项全国综合排名中，排名最低的 600 个县中有 521 个在集中连片特困区域内，占比达到了 86.8%。最后，脱贫难度大。14 个集中连片特困地区的农民人均年收入仅为 2 676 元，不足全国平均水平的一半，再加上自然条件较差，因此脱贫难度较大，且极易返贫。

（三）空间区域特征

集中连片特困地区呈现明显的空间区域分布，具有跨区域治理的特征。每个片区往往覆盖多个行政区域，且多处于省市交界地带。以

---

① 冯利．我国连片特困区域精准扶贫过程中的问题及对策 [J]. 重庆科技学院学报（社会科学版），2017（4）：38-41.

② 《2013 年连片特困区蓝皮书》.

③ 国家统计局住户调查办公室《农村贫困监测资料（2012 年）》.

乌蒙山片区为例，其涵盖云贵川3个省份的38个县市区。王宝（2016）等对中国集中连片特困地区的空间区域特征进行了较为典型的概括，他们经过研究发现：第一，集中连片特困地区主要分布在我国中西部地区，其数量占连片特困地区总量的92.86%；第二，集中连片特困地区往往远离区域中心城市及城市群，大多位于城市群的“真空地带”；第三，从地图分布来看，其大多位于国界、省界、地貌类型过渡地带，不利于对连片特困地区实现跨区域协同治理；第四，集中连片特困地区的贫困县与国家扶贫重点县存在高度重合，其数量占全部扶贫重点县的74.32%。①

四、集中连片特困地区致贫原因分析

关于集中连片特困地区的致贫原因，学界也进行了广泛而深入的研究。常香荷（2017）以吕梁山区为例，对集中连片贫困地区的精准扶贫政策进行了分析，认为该地区的贫困主要是因为农民文化程度较低，劳动技能缺乏；农业生产条件差，生态环境脆弱；资金投入不足，基础设施滞后三方面的原因。②蒋轩（2017）基于克鲁格曼地理本性论分析集中连片特困地区的致贫原因，发现东部地区主要受第三本性（人力资本与研发水平）影响，中部地区受第二本性（交通与区位）或第一本性（自然禀赋）影响，而西部地区主要是第一本性（自然禀赋）起决定性作用。③郑长德（2017）基于索洛－斯旺经济增长模型，对四川集中连片特困地区进行了分析，研究发现，该地区贫困程度较深的原因可归结为地理第一性驱动的空间贫困陷阱、地理第二性（市场发育程度低和文化因素）驱动的贫困陷阱，以及因极度稀缺驱动的行为贫困陷阱。④刘桂莉、孔柠檬（2017）指出，集中连片特困地区的致贫原因主

① 王宝，高峰，李恒吉．中国集中连片特困区空间特征及致贫机理[J]. 开发研究，2016（6）：59-64.

② 常香荷．集中连片特困地区精准扶贫的对策——基于吕梁山集中连片特困地区的分析[J]. 宏观经济管理，2017（7）：73-77.

③ 蒋轩．连片特困地区致贫因子分析[D]. 上海：华东师范大学，2017.

④ 郑长德．贫困陷阱、发展援助与集中连片特困地区的减贫与发展[J]. 西南民族大学学报（人文社科版），2017，38（1）：120-127.

要表现在：经济发展基础薄弱，产业结构单一；地理资本脆弱和地理位置偏远；社会发展基础脆弱，自我发展能力不足。[①] 通过阅读文献并结合实地调查经验可以发现，集中连片特困地区的致贫原因主要有以下几方面。

（一）自然因素

资源禀赋、气候条件和生态环境等自然因素是导致集中连片特困地区贫困程度深、脱贫难度大的重要客观原因。首先，集中连片特困地区主要集中在中西部自然条件相对较差的地带，地形以高原、山地、丘陵等为主，土地资源稀缺，人均耕地面积较少，农业生产条件较差，导致居民收入处于较低水平。通过分析 14 个连片特困区域可以发现，其总体呈现南方缺土、北方缺水的基本态势，如南方的乌蒙山区、武陵山区和罗霄山区多以山地为主，可耕地面积极度缺乏，而北方燕山-太行山区严重缺乏水资源，且灌溉难度大。[②] 其次，片区内生态环境的脆弱性为大规模扶贫开发带来较大挑战。由于片区内贫困人口环保意识的淡薄，导致本就较为脆弱的生态环境更加恶化，从而形成了“生态脆弱—贫困—开发—生态更加恶化—更加贫困”的恶性循环。最后，特殊的气候条件与地质构成，导致集中连片特困地区往往是自然灾害高发区，如泥石流、旱灾、冻灾、地震等，对人民生产生活以及反贫困战略造成不利影响。

（二）区位因素

地理区位因素对于地区发展的重要性毋庸置疑，而地处偏远山区、交通闭塞等因素是导致集中连片特困地区贫困的一个重要因素。由于地势陡峭、地质结构复杂以及高山地形，片区内公路铁路交通以及其他基础设施建设成本较高，严重滞后于全国平均水平。例如，我国集

① 刘桂莉，孔柠檬 . 中国连片特困区发展的特殊性及减贫路径优化——以赣南罗霄山为例 [J]. 改革与战略，2017，33（3）：104-107.

② 周侃，王传胜 . 中国贫困地区时空格局与差别化脱贫政策研究 [J]. 中国科学院院刊，2016，31（1）：101-111.

中连片特困地区内的公路网里程总数为924 253公里，仅为全国公路网里程总数的23.06%；片区内农村公路公里数为836 118公里，也仅占全国农村公路里程数的23.39%；而建制村交通通畅率为57.5%，远低于全国平均水平。[①]

由于基础设施建设滞后，片区发展相对闭塞，难以招商引资，吸引企业入驻，从而导致当地居民就业机会较少，而不得不外出打工。此外，由于交通条件限制，片区内的农业产出多以满足居民日常生活消费为主，且生产经营多以初级农业劳作为主，缺乏农产品的深加工，从而不利于形成当地特色产业以及产业化发展，经济增长较为困难。

（三）政策因素

目前，扶贫政策及扶贫方式的不尽合理也是造成集中连片特困地区难以脱贫的重要原因。首先，过去的扶贫政策多以贫困县、贫困村为扶贫单位，而尚未考虑到贫困的区域性特征，从而缺少对集中连片特困地区的倾斜性扶贫政策。宏观区域性视角的缺乏，导致片区内基本公共服务和基础设施相对落后，影响了连片特困地区的发展。其次，由于过去粗放式的扶贫政策，使得片区内的贫困对象难以获得全部的扶贫资源和扶贫资金。同时，区域性的扶贫开发战略优先将资源分配给具有一定发展潜力和优势的地区，鼓励其率先脱贫，从而带动其他贫困地区的发展。虽然其政策出发点是好的，但是由于集中连片特困地区缺乏基本的发展条件，需要政策予以特别支持，这就造成具有发展潜力的地区与集中连片特困地区的发展差距逐渐拉大，造成“马太效应”。最后，由于集中连片特困地区存在行政区域上的交叉，而目前的行政管理体制尚未具备跨区域治理的能力，因此，跨越不同省份的片区难以实现扶贫资源的统一调配与协调机制，从而限制了扶贫效益实现最大化。

（四）文化因素

奥斯卡•刘易斯（Oscar Lewis）关于“贫困文化”的论述已充分证明，

① 中国农村贫困监测报告2016.

贫困地区共享着一种贫困亚文化，并共享着一种独特的生活价值观，这导致贫困人口与主流社会的生活方式相隔离。由于大多数集中连片特困地区位于偏远山区，交通闭塞，远离城市与文化中心，缺乏利用互联网等现代科技进行生产致富的能力，从而不能充分共享经济发展的成果。同时，地理区位因素也导致片区贫困人口未能融入现代化的生活方式，在文化上产生了某种程度上的隔阂。因此，片区内的贫困人口往往共享着一种“贫困文化”，思想相对保守，缺乏进取心，而扶贫政策和扶贫方式的不尽合理又加剧了贫困户“等、靠、要”的思想。这就导致贫困户内生发展动力不足，参与式扶贫难以奏效。

（五）人力资本因素

健康状况和教育水平作为人力资本的重要组成部分，是增强贫困人口个人发展能力的重要方式。然而，集中连片特困地区基本医疗卫生服务和基础教育设施建设严重滞后，当地居民健康状况较差，受教育水平普遍偏低，在一定程度上导致贫困的代际传递现象。如表 13-2 所示，虽然片区内有卫生站（室）和拥有合法行医证医生 / 卫生员的行政村比重已有大幅提升，但个别片区的比重仍然较低，如西藏区、四省藏区、南疆三地州三地。而片区内有幼儿园或学前班和有小学且就学便利的行政村比重普遍偏低，基础教育发展严重滞后。

表 13-2　中国 2015 年连片特困地区文化教育卫生情况统计　　%

片　　区	有卫生站（室）的行政村比重	拥有合法行医证医生 / 卫生员的行政村比重	有幼儿园或学前班的行政村比重	有小学且就学便利的行政村比重
全部片区	95.5	90.8	57.1	66.2
1. 六盘山区	96.1	92.5	51.4	74.4
2. 秦巴山区	96.3	90.0	52.7	55.0
3. 武陵山区	91.5	88.7	45.8	50.7
4. 乌蒙山区	93.7	89.4	58.7	74.5
5. 滇桂黔石漠化区	97.6	87.7	69.7	78.8
6. 滇西边境山区	98.2	96.4	63.1	78.4

续表

片　　区	有卫生站（室）的行政村比重	拥有合法行医证医生/卫生员的行政村比重	有幼儿园或学前班的行政村比重	有小学且就学便利的行政村比重
7. 大兴安岭南麓山区	89.5	96.0	38.3	41.4
8. 燕山 - 太行山区	97.6	96.6	62.2	45.2
9. 吕梁山区	92.3	77.1	37.7	39.5
10. 大别山区	99.0	99.2	70.8	77.8
11. 罗霄山区	97.1	94.8	74.4	82.1
12. 西藏区	69.6	73.1	38.3	27.9
13. 四省藏区	78.0	76.5	30.5	35.4
14. 新疆南疆三地州	83.4	68.2	78.5	79.8

资料来源：《中国农村贫困监测报告 2016》。

第二节　中国片区扶贫取得的成就

经过 30 多年的扶贫开发，中国扶贫成效显著。首先，集中连片特困地区的贫困人口大幅度减少，贫困发生率也逐年降低，居民人均可支配收入和人均消费水平大幅提升，片区内社会经济发展统计各项指标也呈逐年递增趋势。其次，随着政策支持力度的加大，片区内基础设施状况改善明显，文化教育和卫生事业取得明显进步，提高了农户的受教育水平和健康水平。此外，随着农户生产生活条件的改善，片区内公共财政收入和支出大幅增加，其耐用消费品拥有量较之前有大幅增长。具体来说，中国片区扶贫取得的成就主要表现在以下几个方面。

一、社会经济发展统计各项指标呈逐年递增趋势

根据相关数据，截至 2014 年，中国集中连片特困地区共有 5 622 个乡、4 557 个镇，共计 24 243 万人。近年来，随着扶贫开发力度的

加大，集中连片特困地区经济发展较为迅速，片区内生产总值从2011年的26 763亿元增长到2014年的38 968亿元，第一产业增加值年均增长569.5亿元，第二产业增加值年均增长1 244.5亿元，第三产业增加值年均增长1 237亿元。此外，集中连片特困地区公共财政投入和支出均有大幅增长，年均增长量分别为293.25亿元和1 194亿元。居民储蓄存款量增幅明显，由2011年的17 618亿元增长到2014年的29 686亿元。同时，用于支持片区内经济发展的各项金融机构贷款也呈逐年增长趋势，由2011年的12 966亿元增长至2014年的24 140亿元（见表13-3）。

表13-3　中国历年连片特困地区经济社会发展情况统计（2011—2014年）

指　　标	2011年	2012年	2013年	2014年
一、连片特困地区基本情况				
乡个数 / 个	5 991	5 996	5 845	5 622
镇个数 / 个	4 218	4 279	4 460	4 557
户籍人口 / 万人	—	—	—	24 243
二、财政金融资料 / 亿元				
地区生产总值	26 763	31 212	35 300	38 968
第一产业增加值	6 757	7 696	8 403	9 035
第二产业增加值	11 099	13 142	14 841	16 077
第三产业增加值	8 908	10 374	12 056	13 856
公共财政收入	1 399	1 782	2 302	2 572
公共财政支出	8 312	10 454	11 769	13 088
居民储蓄存款余额	17 618	21 751	25 684	29 686
年末金融机构各项贷款余额	12 966	16 288	20 446	24 140

资料来源：国家统计局县（市）社会经济基本情况统计

二、贫困人口数量和贫困发生率大幅缩减

（一）贫困人口大幅减少

贫困人口的大幅度减少是中国集中连片特困地区扶贫成就的最直

接体现。根据表 13-4 的数据可知，集中连片特困地区贫困人口数量已从 2011 年的 6 035 万人减少到 2015 年的 2 875 万人，年均减少 632 万人。从 14 个片区的减贫人数来看，均有明显减少，其中，六盘山地区的贫困人口减少率最高，年均减少 72 万人。

表 13-4　中国历年连片特困地区农村贫困人口统计（2011—2015 年） 万人

片　　区	2011 年	2012 年	2013 年	2014 年	2015 年
全部片区	6 035	5 067	4 141	3 518	2 875
1. 六盘山区	642	532	439	349	280
2. 秦巴山区	815	684	559	444	346
3. 武陵山区	793	671	543	475	379
4. 乌蒙山区	765	664	507	442	373
5. 滇黔桂石漠化区	816	685	574	488	398
6. 滇西边境山区	424	335	274	240	192
7. 大兴安岭南麓山区	129	108	85	74	59
8. 燕山 - 太行山区	223	192	165	150	122
9. 吕梁山区	104	87	76	67	57
10. 大别山区	647	566	477	392	341
11. 罗霄山区	206	175	149	134	102
12. 西藏区	106	85	72	61	48
13. 四省藏区	206	161	117	103	88
14. 新疆南疆三地州	159	122	104	99	90

资料来源：国家统计局农村贫困监测调查

（二）贫困发生率明显下降

贫困人口的大幅减少带来集中连片特困地区贫困发生率的明显下降。根据表 13-5 数据可知，片区内农村贫困发生率从 2011 年的 29% 下降到 2015 年的 13.9%，年均降幅 3.78%。由于自然生产条件以及政策倾斜程度不同等原因，各片区贫困发生率的减少不尽相同。其中，西藏区和四省藏区的减贫率最为明显，年均减贫率分别为 6.33% 和 6.58%。

表 13-5　中国历年连片特困地区农村贫困发生率统计（2011—2015 年）%

片　　区	2011 年	2012 年	2013 年	2014 年	2015 年
全部片区	29.0	24.4	20.0	17.1	13.9
1. 六盘山区	35.0	28.9	24.1	19.2	16.2
2. 秦巴山区	27.6	23.1	19.5	16.4	12.3
3. 武陵山区	26.3	22.3	18.0	16.9	12.9
4. 乌蒙山区	38.2	33.0	25.2	21.5	18.5
5. 滇桂黔石漠化区	31.5	26.3	21.9	18.5	15.1
6. 滇西边境山区	31.6	24.8	20.5	19.1	15.5
7. 大兴安岭南麓山区	24.1	21.1	16.6	14.0	11.1
8. 燕山 - 太行山区	24.3	20.9	17.9	16.8	13.5
9. 吕梁山区	30.5	24.9	21.7	19.5	16.4
10. 大别山区	20.7	18.2	15.2	12.0	10.4
11. 罗霄山区	22.0	18.8	15.6	14.3	10.4
12. 西藏区	43.9	35.2	28.8	23.7	18.6
13. 四省藏区	42.8	38.6	27.6	24.2	16.5
14. 新疆南疆三地州	38.7	33.6	20.0	18.8	15.7

资料来源：国家统计局农村贫困监测调查

三、居民人均可支配收入和人均消费水平均有明显提升

（一）居民人均可支配收入逐年提高

人均可支配收入的提高是衡量集中连片特困地区减贫成就的重要指标。根据表 13-6 的数据可知，片区内居民人均可支配收入从 2013 年的 5 956 元增长到 2015 年的 7 525 元，年均增长量为 784.5 元。其中，增幅最明显的是西藏区，从 2013 年的 6 553 元增长至 2015 年的 8 244 元，年均增长量为 845.5 元。

表 13-6　中国历年连片特困地区农村常住居民人均可支配收入统计（2013—2015 年）

元

片　　区	2013 年	2014 年	2015 年
全部片区	5 956	6 724	7 525
1. 六盘山区	4 930	5 616	6 371
2. 秦巴山区	6 219	7 055	7 967
3. 武陵山区	6 084	6 743	7 579
4. 乌蒙山区	5 238	6 114	6 992
5. 滇桂黔石漠化区	5 907	6 640	7 485
6. 滇西边境山区	5 775	6 471	6 943
7. 大兴安岭南麓山区	6 244	6 801	7 484
8. 燕山 - 太行山区	5 680	6 260	7 164
9. 吕梁山区	5 259	5 589	6 317
10. 大别山区	7 201	8 241	9 029
11. 罗霄山区	5 987	6 776	7 700
12. 西藏区	6 553	7 359	8 244
13. 四省藏区	4 962	5 726	6 457
14. 新疆南疆三地州	5 692	6 403	7 053

资料来源：国家统计局农村贫困监测调查

注：2012 年国家统计局实施了城乡住户调查一体化改革，连片特困地区开始使用农村常住居民人均可支配收入。

（二）居民消费水平逐年提升

集中连片特困地区居民人均可支配收入的逐年增长带动了片区内居民消费水平的提升。根据表 13-7 可知，片区内农村常住居民人均消费支出从 2013 年的 5 327 元增长到 2015 年的 6 573 元。分片区来看，增幅最明显的依然是西藏区，年均增长量达到了 739 元。

表 13-7　中国历年连片特困地区农村常住居民人均消费支出统计（2013—2015 年）

元

片　　区	2013 年	2014 年	2015 年
全部片区	5 327	5 898	6 573
1. 六盘山区	4 677	5 362	5 875
2. 秦巴山区	5 739	6 229	7 057
3. 武陵山区	5 701	6 353	6 994
4. 乌蒙山区	4 718	5 298	6 077
5. 滇桂黔石漠化区	5 186	5 788	6 508
6. 滇西边境山区	4 547	5 131	5 848
7. 大兴安岭南麓山区	5 191	5 958	6 373
8. 燕山 - 太行山区	5 895	6 181	6 538
9. 吕梁山区	5 537	5 315	5 800
10. 大别山区	6 107	6 799	7 631
11. 罗霄山区	5 510	6 140	6 909
12. 西藏区	4 102	4 822	5 580
13. 四省藏区	4 691	5 010	5 437
14. 新疆南疆三地州	4 803	5 033	5 207

注：2012 年国家统计局实施了城乡住户调查一体化改革，2013 年起连片特困地区开始使用农村居民人均消费支出。2013—2015 年老口径人均生活消费支出根据新口径人均消费支出和增速推算得出

四、基础设施状况日臻完善

基础设施状况既是改善居民生活水平的重要前提条件，也是影响片区内经济发展的重要因素。根据表 13-8，截至 2015 年，从通电和通电话的自然村比重来看，除西藏区和四省藏区外，其余片区的比重均超过 95%。虽然片区内网络普及率较之前有了明显改善，但通宽带的自然村比重仍然较低，尤其是西藏区，仅占 8.5%。从交通方面来看，片区内大部分自然村主干道路面经过硬化处理的比重超过了 70%，受地形因素和地质条件的影响，片区内通客运班车的自然村比重相对较

低，全部片区仅为47.5%，其中西藏区仅为29.1%。

表13-8 中国2015年连片特困地区基础设施状况统计 %

片　　区	通电的自然村比重	通电话的自然村比重	通宽带的自然村比重	主干道路面经过硬化处理的自然村比重	通客运班车的自然村比重
全部片区	99.7	97.7	53.2	71.7	47.5
1. 六盘山区	99.6	99.5	52.6	77.2	70.7
2. 秦巴山区	99.6	98.8	55.4	74.1	49.0
3. 武陵山区	100.0	96.5	50.1	71.7	50.1
4. 乌蒙山区	99.2	95.9	31.1	57.0	48.0
5. 滇桂黔石漠化区	99.9	95.2	34.4	67.7	42.7
6. 滇西边境山区	99.9	100.0	41.3	61.9	39.5
7. 大兴安岭南麓山区	99.3	99.2	82.4	85.4	72.8
8. 燕山 - 太行山区	100.0	99.3	69.8	79.4	65.7
9. 吕梁山区	100.0	96.8	53.4	86.3	64.4
10. 大别山区	100.0	99.5	78.8	80.3	38.1
11. 罗霄山区	99.9	98.3	73.7	78.9	54.6
12. 西藏区	92.1	89.5	8.5	57.7	29.1
13. 四省藏区	90.7	90.9	25.5	61.4	43.5
14. 新疆南疆三地州	99.9	99.9	50.1	88.1	88.9

资料来源：国家统计局农村贫困监测调查

五、文化教育和卫生事业进步明显

文化教育状况和卫生事业发展状况是决定片区内居民受教育水平和健康水平的重要影响因素，也是激发贫困人口脱贫能力、增强脱贫政策可持续性的重要条件。根据表13-9，由于受到出生率的影响以及人口迁移和流动的影响，片区内普通中学在校学生数和小学在校学生数略有下滑，但总体维持在较高水平。在医疗保健方面，片区内医疗卫生机构床位数、各种社会福利收养性单位数及其床位数均有明显提升。

表 13-9　中国历年连片特困地区文化教育和医疗保健情况统计(2011—2014 年)

指　　标	2011 年	2012 年	2013 年	2014 年
一、文化教育				
普通中学在校学生数 / 万人	1 325	1 264	1 189	1 185
小学在校学生数 / 万人	2 022	2 053	1 796	1 772
二、医疗保健				
医疗卫生机构床位数 / 万床	53	61	69	77
各种社会福利收养性单位数 / 个	7 357	7 402	7 520	8 233
各种社会福利收养性单位床位数 / 万床	44	46	51	58

资料来源：国家统计局县（市）社会经济基本情况统计

六、生产生活条件明显改善，农户耐用消费品拥有量显著增加

首先，从农户生产生活条件来看，2012 年至 2015 年，片区内农户居住在竹草土坯房和使用炊用柴草的农户比重逐年下降，使用照明电、管道供水、净化处理自来水、独用厕所以及饮水无困难的农户比重逐年提高。其次，在农户耐用消费品拥有量方面，百户汽车、洗衣机、电冰箱、移动电话和计算机的拥有量均呈明显上升趋势（表 13-10）。

表 13-10　中国历年连片特困地区农户生产生活条件统计（2012—2015 年）%

指　　标	2012 年	2013 年	2014 年	2015 年
一、农户生产生活条件				
1. 居住竹草土坯房的农户比重	8.1	7.5	7.0	6.1
2.使用照明电的农户比重	98.8	99.3	99.5	99.8
3. 使用管道供水的农户比重	—	53.6	55.9	61.2
4. 使用经过净化处理自来水的农户比重	—	29.3	31.7	34.7
5. 饮水无困难的农户比重	—	80.0	80.9	84.0
6. 独用厕所的农户比重	89.9	92.0	92.5	93.0

续表

指　　标	2012 年	2013 年	2014 年	2015 年
7. 使用炊用柴草的农户比重	62.6	59.6	58.8	55.5
二、农户耐用消费品拥有情况				
1. 百户汽车拥有量 / 辆	2.7	5.3	6.2	7.9
2. 百户洗衣机拥有量 / 台	51.4	65.1	70.1	75.0
3. 百户电冰箱拥有量 / 台	46.1	52.3	58.5	65.8
4. 百户移动电话拥有量 / 部	162.8	175.3	196.0	210.5
5. 百户计算机拥有量 / 台	4.5	7.7	9.8	12.0

资料来源：国家统计局县（市）社会经济基本情况统计

第三节　中国片区扶贫的典型经验

目前，我国脱贫攻坚战已到了深水区，区域性整体贫困成为脱贫攻坚的“主战场”，也关系到全面建成小康社会的宏伟目标能否顺利实现。然而，由于集中连片特困地区在自然和生态环境、人口、经济和社会等方面存在独特的区域性特征①，同时，由于集中连片特困地区生计资本匮乏、生态环境脆弱、自然条件较差、基本公共服务供给严重不足等原因②，集中连片特困地区较一般贫困地区而言脱贫难度更大，为我国区域性减贫战略带来较大挑战。自习近平总书记在湖南湘西州考察时强调“实事求是，因地制宜，分类指导，精准扶贫”的指导方针后，精准扶贫为集中连片特困地区的减贫事业提供了新思路、新方法。同时，学界对精准扶贫也展开了广泛而深入的研究，例如贫

① 沈茂英．四川藏区精准扶贫面临的多维约束与化解策略 [J]. 农村经济，2015（6）：62-66.

② 李英勤．石漠化地区区域发展、扶贫开发与生态建设耦合问题及对策——以贵州人口较少民族地区为例 [J]. 黔南民族师范学院学报，2013，33（4）：45-48.

困对象瞄准机制（袁树卓等，2018）[①]、农村扶贫资源的分配（吴高辉，2018）[②]、精准扶贫的理论解释和现实挑战（左停等，2015）[③]、精准扶贫的对策与路径选择等（邓维杰，2014）[④]。

此外，学界关于集中连片特困地区精准扶贫策略也展开了卓有成效的研究，如张琦等基于多维动态评价理论和灰色关联分析法，建构出一套综合评价模型，通过对集中连片特困地区扶贫开发成效的现状和增长两方面进行评估分析，考察其具体成效。[⑤]徐云松通过对贵州省修文县的实地调研，全面分析了该县扶贫开发的现状，并对该县金融精准扶贫实践模式进行了总结，并构建了金融精准扶贫的顶层设计机制和系统性良性循环机制，以促进该县金融精准扶贫模式的健康发展。[⑥]因此，为全面深刻总结片区扶贫的主要做法，下文主要选取比较典型和具有代表性的扶贫模式，对我国集中连片特困地区的扶贫模式和典型经验进行总结，从而为其他特困地区的扶贫提供借鉴。

一、滇桂黔石漠化片区产业扶贫模式

目前，产业扶贫模式业已成为中国农村反贫困中最直接有效的举措，它在贫困人口的就业增收中发挥着重要作用。据统计，截至2015年年底，中国仍有5 500多万贫困人口需要脱贫，其中有3 000多万人需要通过产业扶贫的方式实现如期脱贫，由此可见产业扶贫模式的重

---

① 袁树卓，殷仲义，高宏伟，等.精准扶贫中贫困的瞄准偏离研究——基于扎根理论的内蒙古Z县建档立卡案例[J].公共管理学报2018，15（4）：1-18.

② 吴高辉.国家治理转变中的精准扶贫——中国农村扶贫资源分配的解释框架[J].公共管理学报：2018（15）：1-16.

③ 左停，杨雨鑫，钟玲.精准扶贫：技术靶向、理论解析和现实挑战[J].贵州社会科学，2015（8）：156-162.

④ 邓维杰.精准扶贫的难点、对策与路径选择[J].农村经济，2014（6）：78-81.

⑤ 张琦，陈伟伟.连片特困地区扶贫开发成效多维动态评价分析研究——基于灰色关联分析法角度[J].西南民族大学学报（人文社会科学版），2015，36（2）：104-109.

⑥ 徐云松.金融精准扶贫问题研究——基于贵州省修文县的思考与探索[J].区域金融研究，2016（2）：15-24.

要性与普遍性。因此，本例在14个集中连片特困地区中选取比较有代表性的滇桂黔石漠化片区，简要介绍其做法和经验。

第一，滇桂黔石漠化片区贫困概况。在14个片区中，滇桂黔石漠化片区相对较为复杂，是贫困地区、民族地区、大石山区、革命老区和边境地区的结合体，同时也是贫困人口数量最多、跨省交界面积最大、民族自治县最多、少数民族人口最多的贫困片区，是14个连片特困地区脱贫攻坚的“硬骨头”。滇桂黔石漠化片区包括云南、广西和贵州三省共80个特困县，其中以贵州省的特困县数目最多，共计40个，占比达到50%。

第二，主要做法和经验。滇桂黔石漠化片区在脱贫攻坚中积极探索，创新发展出具有特色的产业扶贫模式。首先，片区依托当地特色，以生态畜牧、精品水果、特色蔬菜和优质茶叶四大产业为主导，并辅之以乡村旅游，积极推进当地特色产品的产业化，形成产业链和规模效应。其次，滇桂黔石漠化片区充分发挥政府、企业或其他社会力量以及贫困户主体三方的作用，探索出了“政府主导＋企业推动/合作社带动/能人带动＋贫困户参与”的产业扶贫模式，在充分发挥多主体作用的前提下，实现了贫困人口的就业增收。最后，片区以财政扶贫资金为支持，建立产业扶贫示范基地和农业园区，推动产业扶贫平台建设；创新发展产业扶贫的融资方式，扶持地方龙头企业和农民专业合作社组织。该片区通过建立产业扶贫发展基金以及贷款风险补偿金制度，创新推出有利于地方产业发展的金融产品，如“特惠贷”等，为产业扶贫模式提供持久动力。

资料来源：本部分案例主要参考相关网页和以下文章。李英勤：《滇桂黔石漠化片区产业扶贫的成效、问题与对策研究》，《黔南民族师范学院学报》2016年第6期；张榆琴等：《云南省石漠化片区反贫困问题探讨》，《中国集体经济》2012年第6期；许凌志：《广西滇桂黔石漠化连片特困区智力扶贫对策研究》，《经济与社会发展》2013年第3期；凌经球：《推进滇桂黔石漠化片区扶贫开发的路径研究——基于新型城镇化的视角》，《广西民族研究》2015年第2期

滇桂黔石漠化片区产业扶贫模式可借鉴的经验主要包括三点：首先，因地制宜，发展特色山地产业；其次，探索出具有推广意义的产

业扶贫模式；最后，出台产业扶贫相关配套措施，确保产业扶贫顺利进行。

二、武陵山片区金融精准扶贫模式——以湖南省张家界为例

目前，各集中连片特困地区在金融扶贫领域进行了探索，并发展出多种金融扶贫模式。例如，秦巴山地区坚持“大金融、差异化、普惠性”的方向，通过扩大贷款投放等措施支持贫困地区“三农”产业和小微企业的发展。综合集中连片特困地区金融扶贫的实践来看，以武陵山片区张家界市的金融扶贫模式最为典型。

第一，贫困状况和金融扶贫条件。首先，从武陵山片区张家界市的贫困状况来说，截至2013年年底，张家界市有贫困村416个，贫困人口共计29.58万人，贫困发生率为20.2%，高出全省9个百分点①，是目前武陵山片区脱贫攻坚的主要地区。其次，从开展金融扶贫的资源条件和基础来看，张家界市有良好的金融体系，各类金融机构较多，金融服务网点分布范围较广，这为开展金融扶贫奠定了良好的基础，节省了建设成本。截至2013年底，张家界市内有各类银行业机构13家，并且拥有221家各类银行业金融机构的营业网点，形成了较为完善的金融服务网络。②

第二，主要做法与经验。首先，相较于其他扶贫模式，金融扶贫模式更具复杂性，因此，在全面开展该模式之前，进行试点探索显得极其重要。在试点阶段，张家界市经过前期的考察与评估，选取了国家重点贫困县桑植县和慈利县，以及永定区与武陵源区作为金融精准扶贫模式的试点。通过试行前期制定的金融精准扶贫规划和体系，在实践中总结经验，以求全面推广。其次，张家界市将片区内的金融服务机构和网络体系进行梳理，结合现有金融机构和基础设施，开展拓

① 林鄂平．精准扶贫的“张家界样本”[J]. 中国扶贫，2015（10）：62.

② 袁黎．武陵山片区金融扶贫问题研究——以张家界为例 [J]. 产业与科技论坛，2016，15（5）：94-96.

展性金融扶贫项目。同时，根据当地发展的迫切需求，选择交通、电力、住房改造、旅游开发等基础设施项目为主，通过金融项目予以支持。此外，鉴于金融扶贫产生的信用问题以及监督机制的不完善，张家界市根据贫困对象个人的生产要素以及当前经济状况等因素，建构起科学合理的信用评估体系。同时，结合个人信用征信，并通过民主评议和公示制度等，全面落实对金融扶贫项目的监督和管理体系。最后，张家界市根据贫困人口和当地发展的需求，制定了多样化的金融扶贫政策，其帮扶领域涵盖教育、医疗、产业扶贫、旅游开发、基本公共服务投入等。具体金融扶贫项目主要包括小微企业贷款、产业扶贫项目贷款、家庭农场投资、民俗文化旅游项目贷款、贫困户职业教育项目等。虽然在实践中金融扶贫模式仍存在诸多问题，但是该模式不仅改善了片区的基础设施建设，而且激发了片区内贫困人口从事生产投资活动的热情，是将资产社会政策融入中国农村精准扶贫的一种探索和尝试。

资料来源：本部分案例主要参考了张家界金融扶贫的相关网页以及相关论文。主要包括，梁庆凯等：《探索精准扶贫新路径——开发性金融支持湖南武陵山片区扶贫开发案例》，《开发性金融研究》2015 年第 1 期；袁黎：《武陵山片区金融扶贫问题研究——以张家界为例》，《产业与科技论坛》2016 年第 5 期；常艳华：《金融支持武陵山片区扶贫开发的调查与思考——以张家界为例》，《金融经济》2013 年第 10 期

湖南省张家界武陵山片区金融精准扶贫模式的主要经验有三点：首先，选择“先试点、后推广”的金融扶贫路径；其次，打造“现实为经，需求为纬”的精准帮扶体系；最后，因地制宜，多措并举，制定多元化金融支持体系。

三、大别山片区旅游精准扶贫模式——以安徽省六安市为例

旅游精准扶贫模式以天然的自然景观和丰富的旅游资源为基础和前提。目前，在 14 个片区中开展旅游精准扶贫的地区较多，如云南乌

蒙山片区和宁夏六盘山片区等，多依托其得天独厚的自然景观，因地制宜地开展旅游扶贫项目。其中，以安徽省大别山区的旅游精准扶贫模式最具代表性，现简要总结该模式的主要做法和经验。

第一，贫困状况与资源条件。首先，从大别山区六安市的贫困状况来看，六安市贫困人口呈现分布范围较广、贫困人口分散以及贫困人口占比高的特点。数据显示，截至 2013 年，六安市有农村贫困人口 33.24 万户，共计 97.36 万人，占安徽省贫困人口总数的 20.28%，并且占到全市总人口的 13.6%。[①] 此外，其贫困人口多分布于深山区、水库区、江淮分水岭以及蓄洪区等地，分布相对较为零散，这为六安市的扶贫攻坚带来较大挑战。其次，从六安市所具备的旅游资源条件来看，片区内生态环境和旅游资源较为丰富，红色、绿色和古色旅游资源是其特色。据统计，六安市有 8 个 2A 级旅游景区，23 个 4A 级旅游景区，2 个 5A 级旅游景区，这为六安市开展旅游精准扶贫模式奠定了资源基础。

第二，主要做法和经验。首先，根据是否有意愿、有能力参与旅游精准扶贫项目，六安市将片区内的贫困人口划分为“有意愿 - 有能力、有意愿 - 无能力、无意愿 - 有能力、无意愿 - 无能力”四种类型，前两种类型是旅游扶贫开发的主要对象。而对于“无意愿 - 有能力”者，则主要通过旅游扶贫收益辐射带动其发展，并鼓励其参与到其中；对于“无意愿 - 无能力”者，主要通过社会政策兜底的方式，使其共享旅游扶贫的发展成果。其次，旅游扶贫区域的精准统筹和划分。六安市根据当地的自然资源条件和旅游开发难度等，将片区内的区域划分为可以开展旅游精准扶贫的地区和难以开展旅游精准扶贫的地区两类。根据片区内所具备的旅游资源条件、基础设施等经济发展条件、旅游项目和旅游企业等情况，将六安市的旅游精准扶贫划分为三种模式：一是“政府主导型”。该模式主要以地方政府的行政力量为主导，综合片区内的各项资源，并将其与国家扶贫政策相结合。二是“市场主

① 安徽省六安市农村财政研究会课题组，宗克炳，陈传忠，陈兆清．大别山片区扶贫开发的政策建议 [J]. 当代农村财经，2014（12）：38-40.

导型”。该模式主要依托市场和社会力量，通过招商引资的方式，吸引当地的一些地方企业投资当地旅游项目，并带动片区内贫困人口的就业，从而达到就业增收的目的。三是“精准帮扶型”。一方面，在地方政府和部分行业组织的引导下，将景区周边的贫困人口与旅游企业等进行资源链接，形成旅游服务行业链，带动贫困人口的脱贫；另一方面，在政府的组织协调下，实现景区与贫困人口的定向帮扶机制，将贫困人口纳入景区内进行就业，以实现就业带动脱贫的目标。

资料来源：本部分案例主要参考了安徽六安旅游精准扶贫模式的网站介绍以及相关学术论文。主要有银马华：《区域旅游扶贫类型与模式研究——以大别山集中连片特困区 36 个县（市）为例》，《经济地理》2018 年第 4 期；杨祎：《六安市旅游精准扶贫模式研究》，《皖西学院学报》2016 年第 2 期；赵怀琼：《六安市旅游扶贫的政府驱动模式》，《襄樊学院学报》2005 年第 5 期

安徽省六安市大别山片区旅游精准扶贫模式的主要经验包括：首先，基于是否有意愿、有能力参与旅游精准扶贫项目，实行了贫困对象的精准识别；其次，旅游扶贫区域的精准统筹和划分；最后，旅游精准扶贫模式的精准选择。

四、秦巴山区易地搬迁精准扶贫模式——以四川省苍溪县为例

易地搬迁精准扶贫模式是“五个一批”中难度较大、标准较高、政策性较强的脱贫策略。易地搬迁精准扶贫模式是在“搬得出、留得住、能致富”的原则下，对于生存环境相对恶劣、基础设施条件较差、缺乏发展潜力的地区，通过制定相应政策和流程，按照规定的时间节点，按批次、有计划地将其贫困人口搬迁至生产生活条件相对较好、基础设施完善、具有一定发展潜力的地区，通过享受更好的公共服务、教育和医疗条件，增长发展潜力，以实现稳定脱贫的一种方式[①]。与其他精准扶贫模式相比，易地搬迁模式相对不太普遍，但作为深度贫困地

① 金梅，申云 . 易地扶贫搬迁模式与农户生计资本变动——基于准实验的政策评估 [J]. 广东财经大学学报，2017，32（5）：70-81.

区脱贫的一种重要策略，其存在具有较大的合理性。如前所述，集中连片特困地区多处于自然条件较差、生态环境恶劣、基础设施不完善、脱贫难度大的地区，因此，在传统扶贫手段很难奏效的前提下，易地搬迁模式不失为一种有效的策略。综合片区内各种易地搬迁模式的实践可知，秦巴山区四川省苍溪县的做法较为典型，有较强的借鉴意义。

第一，苍溪县概况与资源条件。苍溪县位于四川盆地北部，秦巴山脉南麓，地处苍溪谷，县域内地貌以低山和深丘为主，拥有较丰富的水资源，但是耕地、矿产资源等相对匮乏，自然灾害多发，部分地区脱贫难度大。因此，易地搬迁成为该县域部分地区脱贫的主要手段。据统计，截至2017年年底，苍溪县累计承接四川省国农公司易地扶贫搬迁项目资金51 088.50万元，累计使用易地扶贫搬迁项目资金51 040.15万元，资金使用比例已达到99.91%，位居全省第二。[①]同时，苍溪县大力建设易地扶贫搬迁公共服务设施项目。据统计，为建设标准化村级公共服务中心，县以工代赈共计投资150.38万元用于村级公共服务中心建设，其中观音村47.98万元，蟠龙村47.37万元，孙家村55.03万元。

第二，主要做法和经验。首先，搬迁对象和搬迁区域的精准识别。苍溪县通过前期的摸底调查，充分了解当地村民的搬迁意愿，按照自然条件、基础设施、脱贫难度、发展潜力等维度，确定了县域内易地搬迁扶贫的区域；同时，根据贫困户的意愿，充分考虑到当地的传统习俗和文化等因素，因户因人施策，采取了集中与分散安置相结合的策略，确保有序、稳定搬迁。其次，部门协同，责任共担。由于易地搬迁模式是一项系统、复杂的工程，涉及多部门的工作职责，如国土资源部、住建部、民政部以及环保、林业等部门，因此，多部门的协同合作显得尤为重要。搬迁之前，明确各部门的职责，确保搬迁工作顺利进行；搬迁中，注重搬迁政策的灵活性，充分考虑到贫困人口的异质性与特殊需求，切不可采取“一刀切”的策略；搬迁后，重视对

---

① 资料来源：四川省苍溪县人民政府官方网站，http://www.cncx.gov.cn/xhtml/fileinfo.html?id=20180115113236692.

搬迁项目的反馈评估，以及时修正与现实情况不相吻合的政策，同时注重了第三方评估。最后，易地搬迁扶贫政策的动态管理。为确保易地搬迁的顺利进行，苍溪县制定了一系列配套措施，如安置后的就业政策、产业政策、金融政策和社会保障政策等。同时，制定了项目推进、监管和评估机制，责任共担和问责机制，资源整合机制，问题协调机制等。

资料来源：本部分案例主要参考了秦巴山区易地搬迁扶贫模式的新闻或网页介绍，同时参考了相关学术论文。主要有张玉强：《我国集中连片特困地区精准扶贫模式的比较研究——基于大别山区、武陵山区、秦巴山区的实践》，《湖北社会科学》2017 年第 2 期；常艳：《西部地区易地扶贫搬迁的土地安置能力分析》，《经济问题探索》2008 年第 6 期

四川省苍溪县秦巴山区易地搬迁精准扶贫模式的主要经验包括：首先，搬迁对象和搬迁区域的精准识别；其次，部门协同，责任共担；最后，易地搬迁扶贫政策的动态管理。

五、启示

在片区扶贫的过程中，14 个集中连片特困地区结合自身实际，开辟了各具地方特色的扶贫模式，积累了丰富的片区扶贫经验，总结起来，主要表现在以下几个方面。

首先，因地制宜，发展特色产业，多措并举，制定多元支持体系。通过总结各地的典型经验可以发现，各地均立足于地方特色，发挥地方优势资源，保障了特色扶贫模式的顺利开展。同时，在精准扶贫政策背景下，各片区充分利用政策资源、经济资源和社会帮扶资源等，充分调动了社会各界力量，共同致力于片区脱贫，形成了政府主导、社会力量共同参与的精准扶贫模式。

其次，采用“先试点、后推广”的精准扶贫路径，探索出了具有推广意义的扶贫模式。由于集中连片特困地区经济、社会的复杂性，若不经试点就直接大面积推广扶贫措施，往往导致扶贫模式的“水土不服”，且浪费扶贫资源。因此，片区通过先试点总结经验的方法，

后逐步推广，并结合本地的特色，因地制宜地进行要素调整。

再次，采用“现实为经，需求为纬”的精准识别和精准帮扶体系。一方面是贫困对象的精准识别。无论是旅游扶贫还是易地搬迁，首先进行的是扶贫对象和区域的精准识别，确保政策实施的精准度和顺利进行。另一方面，除了立足于地方特色资源外，片区内的精准扶贫模式更注重从贫困对象的需求以及贫困地区发展的需求出发，从而使得扶贫措施在最大程度上契合贫困对象和集中连片特困地区发展的需求。

最后，出台精准扶贫相关配套措施，确保特色扶贫的顺利进行。传统的扶贫项目以物质给予和扶贫资金发放为主，虽然在短期内保障了贫困人口的基本生活，改善了其生产生活条件，但是这种“输血式”的扶贫方式无法增强贫困人口的内生性脱贫能力，一旦失去政策支持则极易返贫。因此，应通过采取小额信贷等金融手段和措施，在贫困地区发展适宜的金融扶贫项目，尤其是为连片特困地区的扶贫提供金融资源的支持，从而为片区内产业扶贫、旅游扶贫、项目扶贫等扶贫模式提供金融和资金方面的帮助，将资产社会政策的理念融入精准扶贫政策中，以增强贫困人口的内生发展动力和可持续脱贫的能力。

第四节　中国片区扶贫存在的问题

经过30多年的扶贫开发，尤其是大力实施精准扶贫政策以来，集中连片特困地区的贫困问题大大缓解，贫困人口和贫困发生率大大降低，片区内基础设施和基本公共服务供给大大改善，文化教育及卫生事业发展迅速，贫困人口生产生活条件大为改善。但由于集中连片特困地区贫困程度较深以及扶贫方式的不尽合理等原因，集中连片特困地区的扶贫攻坚仍面临诸多问题。

第一，精准识别机制不完善。首先，贫困对象识别不精准。对贫困人口的精准识别是精准扶贫政策的基础和前提，其识别精度与深度直接关系到整个扶贫政策实施的效果。然而，由于集中连片特困地区多是老少边穷地带，贫困人口分布相对较为分散，且以“三留守”人员（留守老人、留守妇女和留守儿童）为主，民主评议变得更加困难，再加上由于人口流动性的增强，其收入难以核实，导致难以做到对贫困人口的精准识别。其次，贫困对象需求识别不精准。目前，我国农村扶贫的资源配置采取从上往下的方式，尚未关注到片区内贫困问题的异质性，也没有关注到集中连片特困地区人口、民族和致贫原因的多样性，从而使得帮扶措施难以契合贫困人口的真实需求，造成了扶贫资源的浪费。

第二，扶贫措施“投入—产出”比失衡。一方面，由于集中连片特困地区多为生态环境脆弱、自然条件恶劣、自然灾害多发的地区，因此，这些地区的贫困程度更深，脱贫难度更大。同时，由于先天条件的脆弱性，贫困人口应对天灾人祸的能力更低，因此极易返贫。另一方面，由于地质条件和地形地势的影响，集中连片特困地区基础设施相对较差，如交通、通信、水利等，这就意味着该地区的扶贫需要承担额外的成本。因此，与其他贫困地区相比，集中连片特困地区需要更多的资源投入，才能获得与其大致相同的扶贫收益。这就对集中连片特困地区的扶贫攻坚提出了严峻的挑战，需要相关部门在扶贫方式、扶贫策略以及扶贫成功巩固等方面进行大胆创新。

第三，贫困人口内生动力不足，缺乏扶贫参与的积极性。精准扶贫政策要求贫困对象在扶贫全过程的参与，包括贫困对象的认定、帮扶对策的制定以及扶贫效果的评估等方面。然而，在集中连片特困地区的扶贫实践中，贫困对象的参与率却长期处于较低水平，其原因主要体现在以下几个方面。一是集中连片特困地区贫困人口文化水平较低，思想觉悟不高，对其在扶贫过程中的主体性认识不足。二是受区位因素的影响，集中连片特困地区往往远离城市中心区域，较少受到现代化因素的影响，缺乏积极进取的精神。再加上传统习俗与生活习惯的因素，贫困人口之间共享着特困地区的一种“贫困文化”。三是扶贫政策与扶贫方式的不合理，加剧了贫困户“等、靠、要”思想的形成。目前的扶贫方式仍以物质给予为主，而较少立足于贫困户人口的赋权、可行能力的培育以及防止贫困的代际传递等方面，造成贫困人口主动脱贫的意愿较低。

第四，现有扶贫模式过度依赖政府扶贫政策的支持，缺乏自生发展能力和可持续性。目前，从集中连片特困地区的精准扶贫模式来看，无论是金融扶贫模式、旅游扶贫模式、产业扶贫模式还是易地搬迁扶贫模式等，对政府扶贫政策的依赖性较强。因此，我们不得不思考，2020 年以后，中国实现现行标准下贫困人口的全部脱贫后，扶贫政策的支持力度必然会降低，那么现存的扶贫增收项目是否依然能够发挥作用？在政府主导的扶贫模式下，社会力量、市场力量和贫困对象的参与相对不足。同时，随着现代科技的不断发展，城市与集中连片特困地区的贫富差距将会进一步拉大，而贫困人口的生产能力和技能难以满足市场化经济体制下企业的要求，使得贫困对象尚不具备自主脱贫的能力，难以获得稳定的劳动收入，缺乏可持续性。

第五，产业化发展迟滞，缺乏品牌意识。目前，集中连片特困地区仍然以传统种植业为主，而辅之以养殖业，生产经营项目较为单一。一方面，片区内耕地资源相对短缺，面临人多地少的困境，村民主要以出售所种粮食为经济来源，而缺乏其他增收路径。另一方面，集中连片特困地区对当地的特色资源开发不足，虽然当地有较好的特色生物资源、旅游资源等，但受制于经营意识缺乏、特色资源市场尚未有效开发等因素，集中连片特困地区产业化发展迟滞，对于一些特殊资源也缺乏品牌意识。因此，集中连片特困地区尚未充分利用当地的自然资源发展具有当地特色的产业，品牌意识和规模意识淡薄，也就无法吸引年轻劳动力回流，形成贫困的恶性循环。

第六，受制于固化的管理体制，难以实现集中连片特困地区的跨域治理。从 14 个片区的行政区域划分来看，每个集中连片特困地区往往跨越多个省区，而目前的扶贫政策多以同一省、市、县域为单位制订扶贫目标，并且扶贫资源的配置也遵循同样的原则，这就导致集中连片特困地区难以突破现有的行政藩篱的束缚，从而无法做到与周边贫困地区的资源共享与互通，难以实现对资源的综合开发与利用。另外，处于不同片区毗邻处的贫困人口往往处于被边缘化的状态，使得那些远离行政中心、处于偏远地带的贫困人口较少获得扶贫资源，增加了脱贫难度。此外，受制于目前固化的管理体制，不同行政区域间尚未实现扶贫资源的相互融通，难以实现集中连片特困地区的跨域治理。

第五节　中国片区扶贫的对策建议

目前，集中连片特困地区已成为我国扶贫攻坚的主要阵地。然而，由于自然条件恶劣、资源匮乏、远离城市中心、基础设施较差等因素，集中连片特困地区的贫困状况严峻，贫困程度较深，面临生态环境保护与扶贫开发的双重困境。同时，扶贫政策和扶贫方式不尽合理，使得集中连片特困地区的扶贫出现了一系列问题，如不能精准识别贫困人口、缺乏内生动力和可持续发展能力、产业化发展迟滞、难以实现跨域治理等。因此，采取有效的措施应对上述问题，改善集中连片特困地区的贫困状况，是确保到 2020 年我国实现现行贫困标准下全部脱贫的重要手段，也是集中连片特困地区一道步入全面建设小康社会的新时期重要举措。因此，新时代背景下中国集中连片特困地区的扶贫政策应立足以下几个方面。

第一，完善精准识别机制，实现贫困人口的精准帮扶。首先，精准识别贫困人口与区域。建立多维区域贫困识别体系，以全面综合地反映集中连片特困地区的实际情况，包括人口年龄结构、收入和消费结构、空间区域特征、资源条件等方面，并且，要深入深度贫困地区，了解贫困人口的真实需求，从而为制定有针对性的扶贫政策奠定基础。其次，精准识别致贫原因。通过实地调查，真正摸清集中连片特困地区致贫的原因，从自然因素、区位因素、政策因素、文化因素等方面，将片区分为资源匮乏型、生态环境脆弱型、劳动力缺乏型、人力资本薄弱型等，从而做到分类施策、精准帮扶。

第二，尊重地区差异性，因地制宜地采取多元化帮扶举措。集中连片特困地区之间以及片区内部均存在较大的异质性，致贫原因和贫困状况相对复杂，再加上集中连片特困地区多是少数民族聚居地，传统习俗和文化因素相对多元，因此，需要真正摸清集中连片特困地区的实际状况，精准把脉其发展存在的问题，从而因地制宜地选择精准扶贫模式，如产业扶贫模式、旅游扶贫模式、金融扶贫模式以及异地搬迁扶贫模式等。同时，在扶贫开发的全过程中建立反馈评估机制，不断完善扶贫模式。在借鉴其他地区的优秀扶贫经验时，注重与本地实际相结合，避免“水土不服”导致的扶贫资源浪费。

第三，充分发挥贫困人口的主体性作用，注重激发脱贫的内生动力。贫困人口的参与有助于提升扶贫项目的契合性，使得扶贫政策发挥更具可持续发展能力。首先，应加强扶贫政策的宣传，让贫困户真正获悉相关扶贫帮扶政策，鉴于集中连片特困地区老少边穷的特点，需要采取更加精细化的宣传帮扶举措，让贫困户看到扶贫政策带来的实际收益，提升贫困对象参与扶贫的积极性。其次，加强集中连片特困地区的基本公共服务供给，提高财政支出在医疗卫生和教育领域的投入比重，切实提高片区内贫困人口的健康水平和教育水平。通过创新开展相关技能培训，着力培育其人力资本和可行能力，增强自主脱贫和可持续发展的能力，避免重新返贫。

第四，立足于当地特色优势资源，注重品牌意识和产业化经营。首先，相关专业人员应坚持“宜工则工、宜旅则旅”的原则，协助片区找准当地特色资源，立足优势产品，加强宣传工作，形成品牌意识。同时，应注重培育当地龙头企业，从资金支持、政策优惠、品牌宣传等方面，集中优势资源将其做精做强，并发挥其辐射带动作用，帮助贫困人口就业增收。其次，着力改善集中连片特困地区的基础设施建设，发挥城市中心区域的辐射带动作用。改善贫困地区的基础设施建设，尤其是交通条件的改善，对于集中连片特困地区“引进来”和“走出去”均大有裨益。此外，基础设施的改善，打通了片区内与外界沟通的渠道，更易吸引投资方和企业入驻。

第五，完善社会保障体系，有效衔接社会救助与扶贫开发两项制度。目前，社会救助和扶贫开发隶属于两类不同的政策体系，两者在政策目标、覆盖人群、主管部门、运行机制等方面均存在明显分割。然而，在社会救助和扶贫开发的政策实践过程中，两种体制又存在救助对象的交叉重合。二者的分割运行不利于资源的利用最大化，因此，实现社会救助和扶贫开发的有效衔接，有助于反贫困资源的整合，这就需要从政策的整体设计着手，在对象认定、帮扶措施等方面进行衔接，使得社会救助更加强调贫困人口的基本生活保障，而扶贫开发更加注重贫困地区的基础设施建设和生产生活条件改善等方面。其次，社会保障体系作为贫困人口基本生存与发展的安全防护网，可以缓解贫困人口因病、灾、残、学等招致的风险。因此，应从覆盖范围、给付水平、待遇调整机制等方面，进一步健全集中连片特困地区的社会保障体系，发挥社会保障的兜底作用。

第六，打破行政体制分割，实现集中连片特困地区的跨区域治理。集中连片特困地区由于区块分割导致扶贫资源的分散化，不利于边缘片区的扶贫开发。因此，整合不同部门间的资源与利益，实现片区扶贫的跨域治理，是中国片区扶贫的可行路径。首先，在对各个片区设计扶贫攻坚规划和发展方略时，应加强不同片区间决策层面的合作交流，并在具体业务经办层面建立业务网络联结，优化片区管理，加强不同片区间区域战略合作，统筹协调产业规划、基础设施、基本公共服务等方面。其次，加强不同片区以及各级地方政府的利益整合，完善跨域治理的经办流程。同时，构建各个地方政府之间的问题协商机制，解决好集中连片特困地区扶贫攻坚中的利益补偿、成本负担等问题，形成跨省域多边协商机制。最后，注重不同层级、不同片区间政府之间的信任，通过信息、资源的共享机制，减少片区内建设不足或重复建设的问题，减少跨域治理在具体执行过程中的阻力，通过跨域治理实现集中连片特困地区的区域性整体脱贫。

第六节　总　　结

自 2015 年以来，随着精准扶贫的深入开展，集中连片特困地区的脱贫事业成为今后脱贫攻坚战的难点与主战场。我国集中连片特困地区主要分布在自然条件相对较差、地理位置偏远且封闭、生态环境恶化的中西部地区，具有贫困人口相对集中、贫困程度深、脱贫难度大的特征。并且，集中连片特困地区往往远离区域中心城市及城市群，多位于国界、省界、地貌类型过渡地带，往往与国家扶贫重点县存在高度重合，上述特征均为集中连片特困地区的脱贫提出了严峻的挑战。

随着 14 个集中连片特困地区的确立，以及国家政策扶持力度的加强，集中连片特困地区的脱贫攻坚战取得了显著成就，贫困人口数量和贫困发生率大幅缩减，片区内社会经济发展统计各项指标呈逐年递增趋势，居民人均可支配收入和居民消费水平逐年提升，片区内基础设施状况日臻完善，文化教育和卫生事业进步明显，生产生活条件明显改善，农户耐用消费品拥有量显著增加，人力资本大大提升，为集中连片特困地区的脱贫提供了较好条件。

此外，片区内结合自身实际，开辟了各具地方特色的扶贫模式，积累了丰富的片区扶贫经验。各片区因地制宜，发展特色产业，多措并举，制定多元支持体系。通过采用“先试点、后推广”的精准扶贫路径，探索出具有推广意义的可借鉴的经验模式，如滇桂黔石漠化片区产业扶贫模式、武陵山片区湖南省张家界金融精准扶贫模式、大别山片区安徽省六安市旅游精准扶贫模式、秦巴山区四川省苍溪县易地搬迁精准扶贫模式等。同时，基于“现实为经，需求为纬”的精准识别和精准帮扶体系，出台精准扶贫相关配套措施，为集中连片特困地区的脱贫打下了坚实基础。

然而，集中连片特困地区的扶贫攻坚仍面临诸多问题急需解决。首先，贫困对象及其需求识别不精准，导致扶贫措施难以真正契合贫困户的需求，从而使得扶贫措施“投入—产出”比失衡。其次，政府的主导作用在一定程度上对社会力量、市场力量具有挤出效应，现有扶贫模式过度依赖政府扶贫政策的支持，缺乏自生发展能力和可持续性。再次，政府投入的过多，导致贫困人口内生动力不足，缺乏扶贫参与的积极性。最后，受资源环境和生产条件等限制，片区内产业化发展迟滞，缺乏品牌意识。同时，由于片区大多横跨多个行政区域，因此难以实现集中连片特困地区的跨域治理。

基于以上问题，新时代背景下中国集中连片特困地区的扶贫政策应立足以下几个方面。第一，完善精准识别机制，实现贫困人口的精准帮扶，这是集中连片特困地区扶贫的基础和前提。第二，充分尊重地区差异性，因地制宜地采取多元化帮扶举措。第三，充分发挥贫困人口的主体性作用，注重激发脱贫的内生动力。第四，立足于当地特色优势资源，注重品牌意识和产业化经营。第五，完善社会保障体系，有效衔接社会救助与扶贫开发两项制度，克服目前社会救助和扶贫开发相互割裂的状态。第六，打破行政体制分割，实现集中连片特困地区的跨区域治理。坚持以人民为中心和共享发展理念，创新开展精准扶贫，确保集中连片特困地区在2020年如期脱贫，全体人民共享经济发展成果。

第十四章
精准扶贫

中国改革开放持续开展到今天，已经取得了阶段性的伟大成就。扶贫工作作为这一历史进程中的一项重大举措，也随着改革开放进行到不同阶段而不断深入发展、不断创新。为实现我国2020年全面建成小康社会的战略目标，党的十八大以来，以习近平同志为核心的党中央高度重视脱贫攻坚工作，将精准扶贫放在了更加突出的地位。

有关数据显示，自2012年党的十八大召开后的短短5年内，脱贫攻坚工作取得重大成效。据统计，贫困县数目实现初次减少，在2016年总共有28个贫困县成功摘帽，2017年第一批已有40个县实现脱贫摘帽，而且第二批85个县已完成实地专项评估检查，为解决我国区域性整体贫困迈出了有力的一步。[①] 但是，在辉煌的成就之下，我们不得不承认，伴随着脱贫攻坚工作而生的新问题也屡见不鲜。比如：出现扶贫表层化和虚荣化——部分贫困县大举外债提高表面政绩；扶贫工作中贪污腐败现象滋生，部分干部目无法纪，挪用扶贫公款；“被扶”对象缺乏主动性，“等扶”状况百出，依靠国家补助而懒于劳作等。

---

① 精准发力聚焦深度贫困——精准扶贫论坛和慈展会国际公益峰会发言摘登，人民网，2018年9月21日，http://paper.people.com.cn/rmrb/html/2018-09/21/nw.D110000renmrb_20180921_1-10.htm.

第一节 绪 论

我国国内对精准扶贫的研究始于2013年，并且随着精准扶贫工作的开展，这一问题渐渐成为热点。当前，学界对于精准扶贫的研究总体可以分为三大类别。

第一类是对精准扶贫进行理论层面的研究，对精准扶贫理论的形成、内涵及意义进行解读。如汪三贵、刘未（2016）对精准扶贫的概念进行了界定，同时对“六个精准”进行了较为全面的解释。[①]左停（2015）主要从理论层面对精准扶贫战略进行阐释，提出：从宏观角度，“精准”是精准扶贫战略的核心，无论是理论重心还是实践重心都要严格按照“精准”要求；扶贫项目要与贫困地区相对接，扶贫方法要有创新性和实践性，要做到帮扶的措施精准；微观层面上，精准扶贫战略的重点之一是对贫困人群的精准识别。[②]莫光辉（2016）等对精准扶贫战略的提出、形成和发展过程进行了具体阐述。[③]

第二类是从宏观视角，主要对精准扶贫的开展路径和工作机制进行研究。主要是从政策层面、大时代背景层面进行研究，比较关注在其实践过程中的某一个核心问题。比如，丁国峰（2018）从理论、政策角度出发，在我国精准扶贫立法政策和实施困境的基础上，提出我国精准扶贫立法的完善路径。[④]刘解龙（2015）对经济新常态对精准扶贫的影响阐述了自己的观点，同时针对经济新常态背景下精准扶贫的新机遇提出了自己的看法。[⑤]

第三类是从微观角度，结合地方精准扶贫的具体实践案例，对其实践成果、困境进行研究，或者对精准扶贫过程中的某一个领域进行

---

① 汪三贵，刘未．以精准扶贫实现精准脱贫：中国农村反贫困的新思路[J].华南师范大学学报（社会科学版），2016（5）：110-115.

② 左停．精准扶贫战略的多层面解读[J].国家治理，2015（36）：16-21.

③ 莫光辉，于泽堃．精准扶贫战略的形成[J].党政视野，2016（7）：45.

④ 丁国峰．我国精准扶贫立法完善的路径[J].行政论坛，2018，25（5）：61-65.

⑤ 刘解龙．经济新常态中的精准扶贫理论与机制创新[J].湖南社会科学，2015（4）：156-159.

研究。也有的从技术运用和学科角度出发，对精准扶贫的运行途径及实践价值进行阐释。

沈茂英（2015）调查了四川藏区的实践现状，提出了四川的精准扶贫藏区受到多维约束，并提出解决对策。[①]王嘉毅、封清云等（2016）从教育在精准扶贫中的重要作用出发，主要研究教育领域应如何与精准扶贫政策相互配合、精准发力。[②]孟志华、李洁（2018）从精准审计视角，针对精准扶贫的落实，提出了把精准审计贯穿于精准识别、精准帮扶、精准管理、精准考核的过程中。他们提出应该以资金流向为抓手，对精准扶贫资金的分配、拨付、管理、使用要及时跟踪；以跟踪审计为方法，不但要重视扶贫资金的审计，而且要强化在精准扶贫全过程的跟踪审计；以审计信息化为助力，面对精准扶贫涉农资金跟踪审计繁重的任务要求，在审计工作中要鼓励创新审计的方法，充分利用云计算、大数据技术实行联网审计，加强审计的信息化。[③]

前人在精准扶贫领域的探究包含面确实很多，为我们的研究提供了丰富的学术资源，其研究成果虽然值得肯定的，但也有些美中不足。

第一，关联性较弱。无论是研究精准扶贫存在的实践困境还是针对实践困境提出解决对策，学者们主要针对精准扶贫的各个阶段提出看法及建议，而忽略了精准扶贫这几个阶段（精准识别、精准帮扶、精准管理、精准考核）之间本身是存在内在联系的。虽然分别针对不同阶段研究问题显得更加直接明了且有针对性，但这似乎忽略了各阶段间前者与后者甚至多者之间的因果联系，有将其几个过程割裂开来看待之嫌。

第二，缺乏综合性。有的研究是以综述的形式对以往精准扶贫领域的研究成果进行汇总，而没有对精准扶贫的实例进行分析；有的研究仅从微观的角度针对某一个地区精准扶贫实施的具体案例进行分析，

① 沈茂英．四川藏区精准扶贫面临的多维约束与化解策略 [J]. 农村经济，2015（6）：62-66.

② 王嘉毅，封清云，张金．教育与精准扶贫精准脱贫 [J]. 教育研究，2016，37（7）：12-21.

③ 孟志华，李洁．精准审计助力精准扶贫政策落实的实现路径 [J]. 审计月刊，2018（2）：11-13.

其观点就这个地区而言具有针对性，但是总跳不出这个狭小的圈子，而没有再站到一个更高的位置从宏观的角度提出创新性的看法及观点，使其研究对于国家精准扶贫战略的实行缺乏借鉴性。

第二节　精准扶贫战略的形成及基本内涵

一、精准扶贫的基本概念

伴随着精准扶贫战略的产生、形成和发展，许多学者对精准扶贫的基本概念进行了解读。但对于精准扶贫的精确定义，目前学界并没有达成统一共识，更多的解释来源于对领导讲话和政府文件的归纳概括。在一系列对精准扶贫的解释当中，学者王思铁（2014）指出："精准扶贫是粗放扶贫的对称，它是指针对不同贫困区域环境、不同贫困农户状况，运用科学有效程序对扶贫对象实施精确识别、精确帮扶、精确管理的治贫方式。"① 李鹍（2015）基于此，对精准扶贫的概念进行了进一步丰富，他认为："所谓精准扶贫，就是在科学有效的标准和程序下，因时、因地对贫困地区、贫困村和贫困户进行精确识别，按照本地的实际开展联动帮扶和分类管理，并根据动态的准入和退出机制做出精准考核的过程。"②

在前人研究的基础上，并结合习近平总书记的精准扶贫思想，本书以为，精准扶贫就是在中央统筹、省（自治区、直辖市）负总责、市（地）县落实的调和机制下，以因地制宜、科学规划、分类指导、因势利导的思路为指导，以精准识别、精准帮扶、精准管理与精准考

---

① 王思铁.精准扶贫：改"漫灌"为"滴灌"[J].四川党的建设(农村版)，2014(4)：14-15.

② 李鹍.论精准扶贫的理论意涵、实践经验与路径优化——基于对广东省和湖北恩施的调查比较[J].山西农业大学学报（社会科学版），2015，14（8）：810-816，829.

核为主要动态治理过程的富有中国特色的扶贫开发工作机制。精准扶贫不仅在准，更在于精，不仅在精，更在于可持续。[①]

二、精准扶贫战略的形成过程

习近平总书记多次在考察我国贫困地区时以及在扶贫会议上提出一系列关于精准扶贫的论述，逐渐确立了新时期坚决打赢扶贫攻坚战的重要工作机制。

2012 年，习近平总书记在河北省阜平县调研时提出了贫困开发要坚持因地制宜、科学规划、分类指导、因势利导的思路。2013 年 11 月，习近平同志在湖南湘西考察时指出："发展是甩掉贫困帽子的总办法，贫困地区要从实际出发，因地制宜，把种什么、养什么、从哪里增收想明白，帮助乡亲们寻找脱贫致富的好路子。"[②]这是习总书记第一次提到精准扶贫，同时，也是精准扶贫重大战略的思想雏形。此后，习近平总书记在多次视察和会议中围绕精准扶贫发表了一系列重要讲话，逐渐勾勒出精准扶贫的基本框架。2013 年 12 月，在我国部分地区实施精准扶贫工作，将精准扶贫作为我国新时期、新阶段的扶贫工作战略。2014 年 5 月，国务院制定颁布了《建立精准扶贫工作机制实施方案》，对全面实施精准扶贫作出了全局性的部署，并对某些基础性的环节也提出相应的要求。2014 年 5 月，国务院制定了《扶贫开发建档立卡工作方案》，进一步明确了精准识别的操作规范，就贫困户的识别标准、方法和程序作出了更为详细的解释。国家统计局、国务院扶贫办、中组部于 2015 年联合出台了《关于加强和改进贫困县考核工作指导意见》，通过协调多个部门共同参与到科学管理体系的构建，从制度层面上为精准扶贫实现精准治理提供了强有力的支持。随着精准

① 雷明 . 论习近平扶贫攻坚战略思想 [J]. 南京农业大学学报（社会科学版），2018（1）.

② 姜萍萍、谢磊 . 习近平在湖南考察时强调深化改革开放推进创新驱动实现全年经济社会发展目标 [N]. 人民日报，2013-11-06（1）.

扶贫在全国范围内的开展，“四个精准”[①]的基本内涵也进一步细化为“四个切实[②]，六个精准[③]”的具体要求。2015 年 11 月，国家颁布了《中共中央、国务院关于打赢脱贫攻坚战的决定》。这表明精准扶贫战略在全国范围内迎来了新一轮实践探索高潮，为实现脱贫攻坚工程目标任务奠定了扎实基础。2016 年 11 月，在国务院颁布的《“十三五”脱贫攻坚规划》中，提出精准扶贫要遵循五个基本原则[④]，进一步明确了扶贫工作要把“两不愁”“三保障”作为脱贫标准，并且确保 2020 年达到在现行标准之下贫困人口能够全部脱贫的目标。[⑤]

党的十八大以来，党和国家对精准扶贫、精准脱贫作出了一系列的战略决策和制度安排，形成了新时期精准扶贫的完整、全面、系统的战略体系。

三、精准扶贫的内涵

精准扶贫是自改革开放以来，中国经过摸爬滚打探索出的扶贫工作史上的重要成果，是为实现全国人民携手并进、实现共同富裕的伟大中国梦所做出的创举。

（一）精准扶贫的基本内容

1. 精准识别

扶贫首先要识贫。所谓精准识别，就是在统一的标准之下，采用符合规范的程序和科学的方法，识别出那些真正的贫困人口、贫困户、

① 精准识别，精准帮扶，精准管理，精准考核。

② 切实落实领导责任，切实做到加强组织建设，切实强化社会合力，切实加强基础设施建设。

③ 扶贫对象精准，措施到户精准，项目安排精准，资金使用精准，因村派人（第一书记）精准，脱贫成效精准。

④ 坚持精准扶贫、精准脱贫；坚持全面落实主体责任；坚持统筹推进改革创新；坚持绿色协调可持续发展；坚持激发群众内生动力活力。

⑤ 杨秋宝．精准扶贫 脱贫攻坚 （公务员读本）[M]. 北京： 中国人事出版社，2017：38.

贫困村，弄清其真实的贫困状况，分析其致贫原因，了解其脱贫需求，为扶贫工作的瞄准对象提供科学的依据。[①] 习总书记在中央扶贫开发工作会议上说：“精准识别贫困人口是精准施策的前提，只有扶贫对象清楚了，才能因户施策、因人施策。”[②] 要做到“扶真贫”，找准扶贫工作真正的工作对象、找准真正的发力点，这样才能让扶贫工作变得有针对性、有效率，避免扶贫资源的浪费，真正发挥其实质性作用。

精准识别，主要是将扶贫对象精确到每人、每户，了解贫困人口真实的贫困状况，分析真正导致贫困的原因，真正做到因人因户施策，并且对不同贫困地区的贫困群众建档立卡，对各地的贫困状况进行灵活化、动态化、发展化的管理。目前我国主要依据国务院扶贫办于2014年4月2日印发的《扶贫开发建档立卡工作方案》中“各省将报国务院扶贫办核定后的贫困人口识别规模逐级分解到行政村。在县扶贫办和乡镇人民政府指导下，按照分解到村的贫困人口规模，农户自愿申请，各行政村召开村民代表大会进行民主评议，形成初选名单；由村委会和驻村工作队核实后进行第一次公示，经公示无异议后报乡镇人民政府审核；乡镇人民政府对各村上报的初选名单进行审核，确定全乡（镇）贫困户名单，在各行政村进行第二次公示，经公示无异议后报县扶贫办复审，复审结束后在各行政村公告”。将其作为指导识别的文件。[③]

2. 精准帮扶

在精准识别的基础上，还要明确“谁来扶”“怎么扶”的问题，这是扶贫工作开展的重要环节。精准帮扶通过深入分析扶贫目标对象，以提高贫困户和贫困人口的生产能力，改善其生存、生活条件为目标，针对扶贫户和贫困人口所存在的实际问题，并根据其需求，特别制订具体的精准帮扶措施。

---

① http://paper.dzwww.com/dzrb/content/20140919/Articel23002MT.htm.

② 中共中央文献研究室．习近平总书记重要讲话文章选编 [M]. 北京：中央文献出版社，2016：284.

③ 国务院扶贫办关于印发《扶贫开发建档立卡工作方案》的通知 [EB/OL]，http://www.cpad.gov.cn/art/2014/4/11/art_624_14224.html.

对于“谁来扶”的问题，主要是强化脱贫攻坚的责任制，明确扶贫领导责任和部门责任，将责任落实到人。第一，党中央、国务院制定方针、协调全局，主要进行顶层设计，省（自治区、直辖市）级党委和政府对辖区负总责[①]，对扶贫工作的目标、项目、资金等方面进行中层组织，市（地、州、盟）党委和政府要做好上下衔接、推进实施等工作。第二，各部门要依法履职，加强对本部门的组织领导，充分利用部门职能和行业资源做好工作，加大贫困地区的基础设施建设力度。

对于“怎么扶”的问题，主要是针对不同贫困地区和贫困人口的不同情况，具体问题具体分析，具体情况具体安排，实施“五个一批”工程。

（1）发展生产脱贫一批。对于贫困人口中那些有劳动能力、有耕地或其他资源，但缺少资金、缺少产业、缺少技能的，要立足于当地资源，因地制宜地发展特色产业，实现就地脱贫。同时，对于有劳动能力，但是难以就地从事生产的贫困人口，要支持其外出就业、创业增加其工资收入，改善其生活条件，提高其生活水平。

（2）易地搬迁脱贫一批。这主要是针对自然条件恶劣、自然灾害频发的地区。这些地区的贫困人口很难依托当地自然资源和条件实现脱贫，这就需要政府来帮助实施易地搬迁。首先，要处理好支撑易地搬迁的资金问题，从多种路径吸取资金，确保在此过程中资金的保障性功能得以发挥。同时，要尽量为易地搬迁人口制造就业机会，创造就业收入，稳定其收入来源。

（3）生态补偿脱贫一批。对于那些生态系统极其重要但需要加以保护修复且生存条件差的贫困地区，要给予更大力度政策性支持。一方面，要秉承“绿色和共享”的扶贫观念，结合扶贫资金和项目开展绿色生态扶贫，从政府方面引导脱贫与环保相结合；另一方面，要使贫困人口在生态补偿中受益，增大对有劳动能力的人就地转成生态保护人员的倡导力度。

---

① 中共中央文献研究室．习近平总书记重要讲话文章选编 [M]. 北京：中央文献出版社，2016：289.

（4）发展教育脱贫一批。在教育经费支持上，国家要继续向贫困地区、特别是贫困地区较为落后的基础教育、职业教育方面倾斜，加大对贫困地区的基础办学设施和办学条件的帮扶力度，提高贫困地区办学水平。同时，在学费减免政策上，要尽量从建档立卡的贫困家庭学生开始，并且实行大城市优秀学校与贫困地区的学校结成对子，进行教育帮扶，积极筹备建立学前教育公共服务体系，关爱留守儿童和其他弱势群体。

（5）社会保障兜底一批。这是从社会保障层面，对那些完全丧失劳动力或部分丧失劳动力的贫困人口进行兜底帮扶。主要是进行两方面的协调，第一，协调扶贫政策和社会最低保障政策，协调“两标准”①——农村扶贫标准和农村地区社会最低保障标准，充分发挥社会最低保障政策的基础性保障作用，努力使社会最低保障标准低的地区逐步提高到国家扶贫标准；第二，协调扶贫政策与其他社会救助制度，这主要是对于那些因病致贫或因病返贫的贫困人口的帮扶手段，既要解决因病致贫，又要防止因病返贫现象，推动医疗救助制度和医疗保险政策的健全和完善。

3. 精准管理

首先，是对所有贫困户和贫困人口进行登记，对帮扶措施进行统计，并对达到脱贫标准的建档立卡家庭进行跟踪和持续帮扶，以达到稳定脱贫的目标。其次，是对扶贫资金和项目的管理。②

（1）对已经建档立卡的贫困人口和贫困家庭的管理要弹性化。对于被精准识别出来的贫困人口及贫困家庭要及时登记，对于贫困措施及时统计，将已经稳定脱贫的贫困人口和贫困户及时清除于名单之外，对于暂时脱贫但又由于某种原因重新返贫的贫困人口及贫困家庭要及时补录，要求做到三个“弹性化”——扶贫政策弹性化，建档立卡数据弹性化，脱贫管理弹性化。

---

① 杨秋宝 . 精准扶贫 脱贫攻坚 （公务员读本）[M]. 北京： 中国人事出版社，2017：38.

② 汪三贵，刘未 . 以精准扶贫实现精准脱贫：中国农村反贫困的新思路 [J]. 华南师范大学学报（社会科学版），2016（5）：110-115.

（2）对扶贫资金和项目的管理。精准扶贫离不开扶贫项目的开发和资金的投入，要在二者的安排和投入中进行精准管理。我国在财政部发布的《中央财政专项扶贫资金管理办法》中明确提出，要把扶贫资金管理权责任到县，减少上级政府的干涉权，加强上级政府对资金的监督，要从政策和运转程序上提高资金使用的灵活程度。

4. 精准考核

精准考核主要包括两个方面：第一个是按照脱贫标准对贫困户的扶持效果进行考核和评估，防止弄虚作假和数字脱贫；第二个是对贫困地区的整体脱贫情况进行考核，保证贫困县和贫困村的摘帽。

（1）“两不愁、三保障”即到2020年，稳定实现农村贫困人口不愁吃、不愁穿，义务教育、基本医疗和住房安全有保障。依照这个标准，按照科学设定的时间表，对贫困人口、贫困家庭进行严格评估和考核，防止出现自欺欺人，贫困户“被脱贫”的现象。

（2）以贫困县和贫困村的退出机制要求，开展对贫困村和贫困县摘帽的考核工作。对贫困县和贫困村的考核，要严格按照脱贫验收办法，确保脱贫结果经得起社会、群众的检验。国家2016年颁布的《关于建立贫困退出机制的意见》中，确立了贫困县和贫困村的退出机制，对于贫困村和贫困县的退出主要是看贫困发生率，其次看基础服务设施、集体收入、医疗水平等综合发展程度。贫困村贫困发生率在2%以下（西部地区在3%以下），在乡镇内公示无异议后，公告退出；贫困县贫困发生率在2%以下（西部地区在3%以下）准许退出①。

（3）着重突出社会监督在脱贫工作绩效考察中的地位，提高当地群众对脱贫成效的评价参与度，或积极引入第三方评估机制，以提高脱贫工作的可信度。对于那些赶着脱贫大潮耍心机、玩花样的表象脱贫要给予严惩。

---

① 中共中央办公厅，国务院办公厅. 关于建立贫困退出机制的意见. 2016. http://www.qov.cn/zheng ce/2016-04/28/content-5068878.html.

（二）精准扶贫的核心要义

“六个精准”是精准扶贫的核心和必然要求。

2015 年 11 月 27 日，习近平总书记在中央扶贫开发会议上的讲话中，提到“总结各地实践和探索，好路子好机制的核心就是精准扶贫、精准脱贫，做到扶持对象精准、项目安排精准、资金使用精准、措施到户精准、因村派人精准、脱贫成效精准”①，我们称为“六个精准”。“六个精准”是习近平总书记精准扶贫思想的进一步发展与细化，它全面而具体地从扶贫工作的全过程出发，来对精准扶贫的扶持对象识别、判断与评价的精准化，使得扶贫资金和项目的管理更具科学性和严谨性，扶贫人员的配置、责权安排更具明确性，进而对脱贫成效的真实性、有效性考核的精准化等进行细化统筹与设计。

“六个精准”要求如下：

（1）扶贫对象精准。要做到“扶真贫”，依照“遵循标准、逐户核查、公示公告、分级确认、动态调整”② 的原则，找到真正的贫困人口和贫困区域，包括贫困户、贫困村和贫困县，并为已经识别出来的贫困人口建档立卡。

（2）项目安排精准。各类扶贫开发项目的设计、分配要真正做到因地制宜，与扶贫对象以及其致贫原因相符合，并且严格按照精准扶贫标准、程序实施项目。

（3）资金使用精准。要做到按照贫困户需要和项目需要整合和分配不同来源的扶贫资金，减弱资金的外流程度，从各方面严抓资金的流向和使用成效，改善资金使用的效率。

（4）措施到户精准。实事求是，以贫困户或贫困人口最迫切、最紧急的问题为工作的发力点，要做到扶贫项目和资金等扶贫措施的安排能够直接落实到被识别出来的贫困人口和贫困户，做到“真扶贫”，使扶贫措施切实有效。

---

① 中共中央文献研究室．习近平总书记重要讲话文章选编 [M]. 北京：中央文献出版社，2016：288.

② http://www.cnrencai.com/zongjie/hot/635564.html.

（5）因村派人精准。向贫困村派遣的驻村干部的素质和能力能够切合贫困村实际并满足其需要。

（6）脱贫成效精准。在脱贫攻坚总任务、时间表要求下，无论是贫困户的退出还是贫困村、贫困县的摘帽都要符合要求。对于那些在一定时间内不能马上摘帽的贫困村或贫困县，要做到“扶上马，送一程”[①]，降低返贫率，实现稳定脱贫。

第三节　精准扶贫的减贫成就

时至今日，精准扶贫工作的开展已使我国大部分贫困地区摆脱了贫困落后面貌，贫困群众享受脱贫攻坚的阶段性成果。整体上看，我国贫困人口减少幅度较大，对全球减贫的贡献率超过七成；农村居民收入增长速度较快，生产生活水平明显提高。从区域上看，我国东部地区和西部地区减贫成效较为显著，区域性贫困已经得到了极大缓解。从脱贫路径和维度上看，我国各项扶贫措施力度加大，易地搬迁、生态脱贫、教育脱贫、医疗保障脱贫、社会保障脱贫等多种扶贫措施成效显著。

一、精准扶贫取得决定性进展

（一）现行贫困标准下，我国农村贫困人口大幅减少

据统计，2013—2017 年我国现行贫困标准之下的贫困人口由 8 249 万人减少至 3 046 万人，累计总共减贫 5 203 万人，我国贫困发生率也由 8.5% 降至 3.1%（表 14-1、表 14-2）。[②]

---

① 中共中央文献研究室．习近平总书记重要讲话文章选编 [M]. 北京：中央文献出版社，2016：294.

② http://www.stats.gov.cn/ztjc/ztfx/ggkf40n/201809/t20180903_1620407.html.

表 14-1 按现行农村贫困标准衡量的农村贫困状况[①]

年份	当年贫困标准 /[元 / (年 · 人)]	贫困发生率 /%	贫困人口规模 / 万人
2013	2 736	8.5	8 249
2014	2 800	7.2	7 017
2015	2 855	5.7	5 575
2016	2 952	4.5	4 335
2017	2 952	3.1	3 046

表 14-2 2013 年以来的减贫人数

年　　份	2013	2014	2015	2016	2017
减贫人数 / 万人	1 650	1 232	1 442	1 240	1 289

（二）东部地区率先脱贫，全国贫困发生率全面下降

2017 年，我国东部地区农村贫困地区人口相较于 2012 年年底共减少 1 067 万人。

就农村贫困发生率而言，中部地区较 2012 年下降了 7.1 个百分点，农村贫困人口已由 2012 年年底的 3 446 万人减少到了 1 112 万人，共减少 2 334 万人。西部地区下降了 12.0 个百分点，2017 年，该地区农村贫困人口已减少到 1 634 万人，相较于 2012 年底的 5 086 万人，共减少 3 452 万人（图 14-1）。

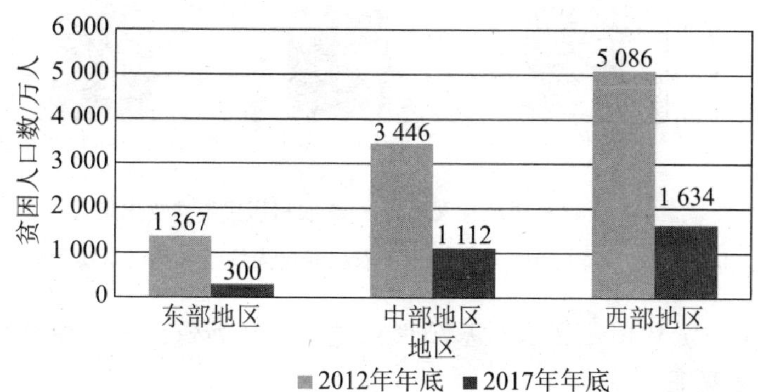

图 14-1 2012 年年底与 2017 年年底东、中、西部贫困人口数量对比

① 资料来源：国家统计局，2018 年《扶贫开发成就举世瞩目 脱贫攻坚取得决定性进展——改革开放 40 年经济社会发展成就系列报告之五》，农村住户调查和居民收支与生活状况调查。

从总体上来看，我国东、中、西部到2017年年底共有贫困人口3 046万人，较之于2012年的9 899万人累计减少6 853万人口，贫困人口的减少数量令人震惊，减贫成绩十分显著。

（三）各贫困地区农民收入和消费水平持续增长

自开展精准扶贫工作以来，不仅贫困地区农民可支配收入持续较快增长，而且其消费水平也不断提高，生活水平明显提高。

一方面，贫困地区农村居民收入增长迅速，将价格因素包括其内，2017年，相较于2012年，名义水平增长1.8倍，5年年均增长12.4个百分点；（下面提到的实际水平、实际增长均是扣除价格因素以外的）相较于2012年，实际增长1.6倍，年均实际增长10.4个百分点。

另一方面，贫困地区农村居民消费支出总体增势迅猛，2017年，贫困地区农村居民人均消费支出与2012年相比年均名义增长11.2个百分点，年均实际增长9.3个百分点（图14-2）。

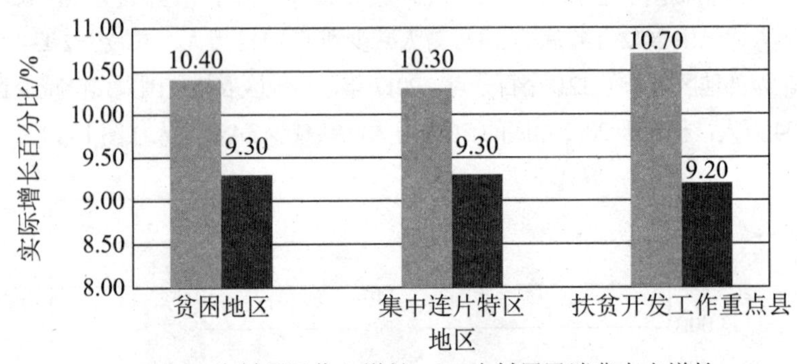

图14-2　2017年较2012年贫困地区农村居民人均收入与消费实际增长

（四）贫困地区农村基础设施建设明显加强，医疗和教育水平显著提高

精准扶贫中，政府开展了对贫困地区的“五通”工作——通电话、通有线电视、通宽带、通主干道路、通客运班车，使得科教文卫设施配置条件大大改善。

1. 基础设施条件不断完善

2013 年以来，贫困地区的基础设施条件全方位、大范围地得到了改善。对于基础设施，我们主要从贫困地区自然村接通电话、有线电视、宽带，道路硬化处理以及通客运班车在贫困地区所占的比重来分析，如表 14-3 所示。

表 14-3　2013—2017 年贫困地区基础设施条件[①]　　%

指 标 名 称	2013 年	2014 年	2015 年	2016 年	2017 年
通电话的自然村比重	93.3	95.2	97.6	98.2	98.5
通有线电视的自然村比重	70.7	75.0	79.3	81.3	86.5
通宽带的自然村比重	41.5	48.0	56.3	63.4	71.0
主干道路面经过硬化处理的自然村比重	59.9	64.7	73.0	77.9	81.1
通客运班车的自然村比重	38.8	42.7	47.8	49.9	51.2

2. 教育文化状况明显改善

对于教育状况，我们主要从贫困地区农村法定年龄学生九年义务教育的完成情况，贫困地区学生上幼儿园、小学便利程度，以及有无文化活动室这几个方面来分析，如表 14-4 所示。由此可以看出，自 2013 年以来，农村贫困地区九年义务教育的完成程度有所提高，学前教育普及度更广，对于教育教学设施的投入力度加大，贫困地区教育文化状况明显改善。

表 14-4　贫困地区农村教育文化情况[①]　　%

指　　标	2017 年	2012 年	2017 年比 2012 年提高（百分点）
16 岁以上成员均未完成初中教育农户比重	15.2	18.2	-3.0
所在自然村上幼儿园便利的农户比重	84.7	—	17. 1*

① 资料来源：国家统计局，2018 年《扶贫开发成就举世瞩目 脱贫攻坚取得决定性进展——改革开放 40 年经济社会发展成就系列报告之五》，农村住户调查和居民收支与生活状况调查。

续表

指　　标	2017 年	2012 年	2017 年比 2012 年提高（百分点）
所在自然村上小学便利的农户比重	88.0	—	10.0*
有文化活动室的行政村比重	89.2	74.5	14.7

注：* 表示相较 2013 年有显著提高。

3. 医疗卫生水平显著提高

贫困地区农村的医疗逐渐专业化、科学化，而不再是依靠从前的“土方子”“土医生”；畜禽的饲养更加规模化，减少了畜禽病况对人体的危害；垃圾的处理更加集中化，一方面减少了垃圾乱排乱放对环境的污染和对人体的危害，另一方面增强了贫困地区农村的可持续发展能力（见表 14-5）。

表 14-5　2013—2017 年贫困地区农村医疗卫生条件[①]　%

指 标 名 称	2013 年	2014 年	2015 年	2016 年	2017 年
拥有合法行医证医生 / 卫生员的行政村比重	88.9	90.9	91.2	90.4	92.0
所在自然村有卫生站的农户比重	84.4	86.8	90.3	91.4	92.2
拥有畜禽集中饲养区的行政村比重	23.9	26.7	26.9	28.0	28.4
所在自然村垃圾能集中处理的农户比重	29.9	35.2	43.2	50.9	61.4

二、多维扶贫措施成效显著

（一）识别更加精准

从近几年的数据上来看，识别工作成绩突出。2014 年，开展的贫困识别工作对我国贫困人口的大致分布情况有了了解。2015 年 8 月至

① 资料来源：国家统计局，2018 年《扶贫开发成就举世瞩目 脱贫攻坚取得决定性进展——改革开放 40 年经济社会发展成就系列报告之五》，农村住户调查和居民收支与生活状况调查。

2016 年 6 月，在开展建档立卡“回头看”工作中，一共补录 807 万漏查贫困人口，剔除识别 929 万识别不准和识别模糊人口。2017 年 2 月，各地对 2016 年脱贫真实性开展自查自纠，245 万标注脱贫人口重新回退为贫困人口。①

（二）帮扶走出好“路子”

自精准扶贫政策实施以来，以“五个一批”工程为代表的主要帮扶路径所取得的脱贫成效较为显著，其中，在教育脱贫和社会兜底脱贫方面尤为突出。

1. 教育脱贫

开展精准扶贫工作以来，我国实现了贫困地区农村义务教育之下学生营养改善计划全覆盖，贫困家庭子女免费接受职业教育。贫困地区学生升学率逐年提高，贫困地区农村学生上重点高校的人数上升率增长较为明显，从 2013 年的 8.5% 上升至 2016 年的 21.3%，上升率达 12.8 个百分点（图 14-3）。

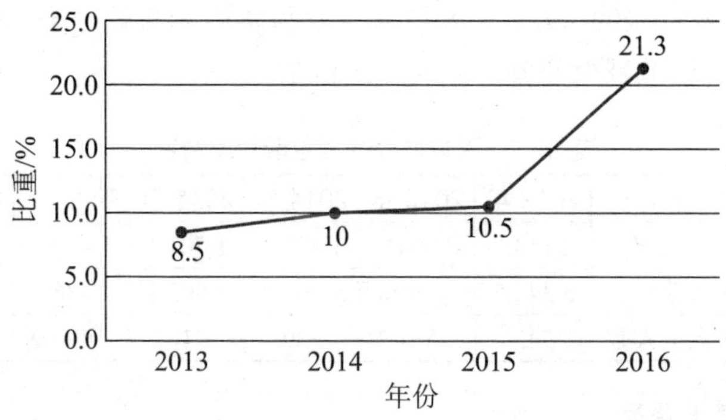

图 14-3　贫困地区农村学生上重点高校人数比重 ②

① http://www.ahnw.gov.cn/nwkx/Content/4ad86e19-04be-4db6-b9a1-8be3542de4c3.

② http://www.rmlt.com.cn/2017/0821/491254.shtml?from=timeline&isappinstalled=0.

2. 社会兜底脱贫

在积极推进社会兜底脱贫过程中，灵活统筹农村低保和精准扶贫政策对接，充分发挥低保的基础保障作用。自2012年以来，我国农村低保投入逐年增多，补贴水平大幅度提高，享受低保人数逐年下降（见表14-6）。

表14-6 农村最低生活保障发展情况[①]

年份	农村低保投入/亿元	享受人数/万人	享受户数/万户	平均保障水平/[元/(人·月)]	补贴水平/[元/(人·月)]
2012	718	5 344.5	2 814.9	172.3	104
2013	866.9	5 388	2 931.1	202.8	116
2014	870.3	5 207.2	2 943.6	231.4	129
2015	931.5	4 903.6	2 846.2	264.8	147.2

从贫困群众基本生活救助情况来看，全国低保人数持续减少。2017年全国低保人数为5 261.2万人，较之于2012年，总人数减少2 226.8万人，其中，城市低保人数总共减少927.5万人，农村低保人数总共减少1 299.3万人。2017年，农村特困人数较之于2012年的545.6万人总共减少了78.7万人（表14-7）。

表14-7 困难群众基本生活救助情况[②] 万人

指　　标	2012年	2013年	2014年	2015年	2016年	2017年
城市低保人数	2 143.5	2 064.2	1 877.0	1 701.1	1 480.2	1 216.0
农村低保人数	5 344.5	5 388.0	5 207.2	4 903.6	4 586.5	4 045.2
农村特困人员人数	545.6	537.2	529.1	516.8	496.9	466.9

3. 其他路径

在生产脱贫和易地搬迁脱贫路径方面，相关数据显示，2016年全国249万人“挪穷窝”“换穷业”“拔穷根”，易地搬迁工作及时跟进;

① 资料来源：2015—2010年社会服务发展统计公报，2009—2014年民政事业发展统计公报，中华人民共和国民政部网站，http://www.mca.gov.cn/article/sj/tjgb/.

② 资料来源：2017年社会服务发展统计公报，中华人民共和国民政部网站，http://www.mca.gov.cn/article/sj/tjgb/.

据国家相关部门的统计数据显示，至2016年10月底，我国易地搬迁的贫困人口本地落实就业岗位已达到45.18万个，产业扶持126.19万人；在生态补偿脱贫方面，2016年林业部门为扶贫对象安排护林员岗位28万个，西藏50万贫困人口实现生态保护就业。[①]

（三）精准管理和考核更加严谨

在精准管理和考核工作上，无论是对对象还是方式总体均趋向更加科学化、严谨化。我国2015年开展涉农资金专项整治，2016年开展财政专项扶贫资金集中自查，2017年实现审计与专项检查对重点贫困县全覆盖。在国家开展的整治活动中，2016年纪检监察部门处理了1.95万人，检察院系统处理了1 892人，审计发现的问题处理了153人次，财政部、扶贫办集中检查，各地处理了1 231人。这几年随着监管力度的加大，扶贫资金总体管理使用情况逐步好转。[①]

第四节　精准扶贫的实践案例

一、案例1：沿河县的创新扶贫模式

（一）基本情况

1. 自然状况：沿河县位于黔东北部地区，山地占69.9%，丘陵占27%，坝地占3.1%。岩溶区占72.5%，是典型的岩溶山区。全县国土面积2 468.8平方公里，适宜发展区面积仅265.39平方公里，与全县国土总面积相比，占比仅一成。[②]

---

① http://www.ahnw.gov.cn/nwkx/Content/4ad86e19-04be-4db6-b9a1-8be3542de4c3.

② 孙小涛，等.重点生态功能区人口——经济——生态环境耦合协调发展探讨——贵州省沿河县为例[J].重庆师范大学学报（自然科学版），2017（4）：127-137，141.

2. 人口和经济状况：沿河县共有人口 66.86 万，其中少数民族比重超过五成，是国家新阶段扶贫开发重点县之一。2015 年年底，贫困发生率为 16.97%，依然有 186 个贫困村，10.445 万贫困人口，主要分布在全县 22 个乡镇（街道）和 429 个村。①

3. 致贫原因：其一，自然环境恶劣，全县超过 70% 的土地是喀斯特地貌，土地贫瘠，可利用土地面积小，水资源缺乏，对当地人民的生产生活条件造成了极大的限制；其二，为贵州省最边远的县之一，远离市场，交通不便，道路险峻，事故频发；其三，在历史上就是贵州省较为落后的地区之一。

（二）创新扶贫模式新举措

1. 聚合社会力量，改善基础设施，为贫困群众提供基础保障。

自 2015 年开始，为响应国家扶贫开发的政策，各大企业和社会组织开展对沿河县的帮扶。乌江水电开发有限责任公司不仅在此投入资金改善基础设施，还提供就业岗位，带动许多贫困群众走上脱贫致富的路子。除此之外，社会其他企业或组织也对沿江村进行扶贫攻坚的帮扶。官舟薄利莱鞋业有限公司、沿河刚强汽贸公司、瑞恩精神病医院、沿河圆梦旅游公司等都采取资金或者物力、人力对沿河县进行扶贫支持。②

2. 抓党建扶贫和对口扶贫工作，促进遍访服务零距离。

实行干部“四级”联动机制 [领导干部联系乡镇（街道）、股级干部或一般干部包村、“第一书记”驻村、村干部包组]，开展对贫困地区的全面排查行动，按程序实施精准识别工作，精准帮扶到个人。该县把相关政策、干部联系方式做成容易看懂的小画册分发到群众手中；党员干部和村（居）干部积极进村入户访谈、进行问卷调查，全面摸清扶贫对象的基本情况并实施精准帮扶；因人制策，帮助有劳动

---

① 孙彦龙，等 . 贵州省武陵山片区农村贫困人口状况分析及脱贫对策 ——以沿河县贫困户为例 [J]. 濮阳职业技术学院学报，2017（7）：76-79.

② 聚智聚力战贫困 携手并肩奔小康，沿河自治县政协扎实推进脱贫攻坚“ 百 千 万 行 动 ”，http://sh.qihoo.com/pc/986352d1a4502bc27?cota=1&refer_scene=so_1&sign=360_e39369d1.

能力的贫困户制订科学的脱贫计划。将丧失劳动能力的群众纳入低保体系；将留守老人、残疾人、精神病人、刑释解教人员等特殊群体作为重点救助群体，对其加大工作力度。

3. 产业扶贫、可持续扶贫、现代科技有效结合。

根据当地自然资源情况和气候特点，沿河县科学规划了沙子空心李特色产业，集中力量发展产业扶贫。将沙子空心李产业链与现代科技相结合，建立以县、乡农技推广机构为重点，专业大户、科技示范户为示范引领的技术服务网络。同时通过大数据的引入，促进网上平台的推广程度[①]；为了提高产品附加值，实现空心李的精加工，沿河县与多所科研院校合作，结成帮扶对子，开展空心李深加工技术研究，初步形成了从销售到成品的产业链条。

4. 扶贫项目跟着特色产业走，实施整村推进工程。

沿河县以贫困村整体作为脱贫单位，实施整村推进工程，按照“村”的贫困单元探讨扶贫项目，筹划扶贫资金，探讨扶贫路径。沿河县先后累计投入 1.2 亿元，大约是近三成的扶贫资金总额，实施了整村推进工程。同样地，除沙子镇南庄村外，沿河县根据其他各贫困村的致贫原因及自然条件，在其他贫困村先后发展精品水果、核桃、茶叶、油茶等特色产业，发挥产业扶贫在扶贫工作中的重要作用。

资料来源：中华工商报，2017 年 8 月 1 日；人民网，2018 年 6 月 5 日，小水果成就扶贫大产业——沿河自治县打造沙子空心李农特产业品牌；大河网，2015 年 11 月 6 日，沿河自治县积极推进精准扶贫工作

结合上述案例，我们对精准扶贫工作应该有所反思。

（1）充分发挥基层扶贫开发领导小组的组织功能，发挥基层干部的带头作用。

在精准帮扶的过程中，沿河县解决好了“谁来扶”的问题，充分发挥了基层干部在精准扶贫中的带头作用。

其一，基层干部处于精准扶贫阵地一线，与群众的关系是最密切的，联系也是最紧密的。沿河县基层领导充分发挥扎根群众的精神，深入

---

① http://gz.people.com.cn/n2/2018/0605/c375236-31668727.html.

群众之中，与贫困地区人民群众融为一体。从精准识别贫困户、留守儿童、残疾人等弱势群体到因人制策、一户一个脱贫方案的精准帮扶过程，再到对贫困户的管理和考核过程，都发挥了带头、指引作用。

其二，基层干部将责任落实到个人，精准担责。沿河县在领导方式上进行了创新，实行“四级联动制”，使不同层级的干部都参与到扶贫开发工作之中，每个人都有责担，一个干部都跑不脱。通过“四级联动制”的创新运用，编织起一张精准扶贫大网，不仅将上下级干部联动起来，增强扶贫攻坚的前沿力量，同时也通过这张扶贫大网将干部和贫困群众联系在一起，使干部有责任、有渠道、有使命地融入群众，使群众有信心、有干劲儿地携手干部共同脱贫致富。

其三，基层干部以踏实肯干的精神感染贫困群众，在精准扶贫的过程中扮演了不可或缺的角色。沿河县的各级干部扎扎实实干工作，踏踏实实引领脱贫。脱贫攻坚容不得一点“虚”张声势，领导干部是否做实质性工作，是否真心实意为人民服务，人民是最切实的感受者，也最具有发言权。从案例中，我们不仅看到的是扶贫成就的数字形式，更看到的是沿河县干部带动群众的实干精神，他们全心全意带领群众探索脱贫致富的新路子，积极地组织群众投入到脱贫攻坚的工作中来。

（2）推动扶贫产业联动，因村制宜，实现三大产业共同发展。

在选择扶贫路径的过程中，根据不同贫困村的自然生态条件，充分利用当地的优势，发展林业、畜牧业、渔业等第一产业。同时，在发展第一产业的时候，找准切入点，延长产业链，增加脱贫致富的新路径，促使群众增收，促进第二产业的发展。在第一、第二产业的发展中糅合当地特色文化，并在此基础上推动旅游业的发展。采用三大产业联动发展的方式，不仅增加当地就业岗位，提高贫困地区就业率，加大了贫困地区与外部其他地区的经济文化交流，同时，也使贫困群众在高效、新型劳动中获得脱贫致富的幸福感。

（3）高效利用科学技术助力扶贫新模式。

利用当代信息社会的优势，扩大信息交流的途径，提高信息交流的效率，将高新技术输入贫困地区，将特色产品输出到全国各地。同时，利用大数据对生产、销售各个环节进行管控，使得产业发展科学化、规模化。利用互联网的强大功能，推出电商销售平台，扩大产品销售面和产业发展影响力。

（4）灵活统筹，多种脱贫路径相融合。

精准扶贫的路径是多样化的，更是灵活变通的。沿河县系统性而又有弹性地引导脱贫，不止走“五个一批”脱贫路径的单一道路，还灵活统筹多种路径。

其一，对于生态脆弱地区，走的是生态与产业扶贫双向结合新路子。不仅针对生态环境脆弱的地区开展生态环境保护工作，同时也利用生态保护工作开展的契机发展绿色实业。

其二，对于残疾人、留守儿童、空巢老人等弱势群体，不是走“社会保障兜底一批”的单一路子，而是在其基础上结合了“发展教育脱贫一批”的复式路径。要大力发展教育，完善教育基础设施，为贫困人口提供教育机会，同时也要发挥社会保障的兜底作用。将贫困地区弱势群体转化为脱贫攻坚的新生力量，利用教育阻隔贫困的代际传递。

其三，对于异地搬迁的群众，对其秉承“离土不离乡”的原则，实施就近搬迁，为精准扶贫注入人文关怀。针对异地搬迁群众，不仅提供物质支持，亦进行精神帮助，以慰其思乡之情。使得精准扶贫政策增加了人情温度，不仅追求最终达到脱贫致富，同时，也要努力做到在其实施过程中对贫困群众有足够的精神层面的关怀。

（5）激发内生动力，带领群众主动“造血”。

从社会舆论大环境、教育事业、技术支持、模范大户等多个方面开展工作，培养群众的“造血”思想，促进群众的“造血”意愿，提升群众的“造血”能力。

其一，充分发挥社会舆论的作用，运用符合当地群众知识水平的宣传册子，从生活中的各个方面渗透精准扶贫思想，大力宣传扶贫精神，增加群众参与度。

其二，开展意识扶贫。从意识形态层面贯彻扶贫思想，推动教育事业与扶贫事业共同发展，争取发挥二者相互驱动、相互推进的复合作用。

其三，邀请专家和技术人才对农业种植户进行技术指导，增强当地贫困户的生产能力，增加其经济收入。

其四，对于那些率先脱贫成功的示范户予以激励，在贫困村中实行“先富带动后富”的机制，不仅使“雁归”人群为家乡注入了劳动力，也减少了空巢老人和留守儿童现象。

二、案例2：汝城县的“面子工程”

（一）基本情况

1. 自然状况： 汝城县位于湖南省东南部，是国家的扶贫重点县之一，也是国家集中连片开发区的重点区域之一。汝城县下辖 15 个乡和 8 个镇，总面积为 2 401 平方公里。[①]

2. 人口和经济状况： 全县总人口为 39.9 万，少数民族人口占比近两成，总共有 6.8 万人。汝城县民族地区的经济社会发展相对缓慢，目前全县 70% 的贫困人口分布在少数民族乡。

3. 致贫原因： 其一，汝城自然生态环境恶劣，是我国自然灾害多发区；其二，许多贫困村地处偏僻之地，基础设施落后，交通不发达，对外交流能力弱。

（二）扶贫领域出现的问题

1. 大搞“阔面子”工程，罔顾民生。

汝城县没有将中央所分发下来用于扶贫开发工作的资金用到实处，没有把群众的“救命钱”用到刀刃上，而用来大搞政绩开发。

2. 融资代建，政府失信，负债累累。

融资代建，表示当政府资金缺乏充足性和周转性的时候，由第三方，即负责施工的相关单位或者其他社会资本提供资金帮助，待政府有力偿还时再归还本息。汝城县领导主观性行政，以这种方式使得政府背负极重的债务负担，使得其被划入债务风险红色预警阵地。

3. 卖地填债，项目调停，给群众生活带来困扰。

为了偿还债务，将债务风险降到橙色预警以下，汝城县政府调停了正在进行的建设、投资项目，连续 5 年出让价值达 4.5 亿元的土地。

① https://baike.so.com/doc/5621268-5833885.html.

进入 2018 年，汝城县政府大量出让土地，同时也就带来房地产市场的乱象。这不仅没有使贫困状况得到缓解，反而更使得群众的正常生活受到困扰。

4. 粗放规划，盲目建设。

没有把握精准扶贫的核心，并未采用因地制宜、因人施策的“精准”扶贫方法。依然采用大水漫灌的方式，粗放地进行规划，盲目投资建设，却没有取得实质性成效。2014 年至 2017 年，汝城县将全县的发展重点聚焦于“全域旅游开发”，提出打造“一环一心五水十园”，构建“会呼吸的城市”，并在全县范围内遍地开花建旅游景点，试图给每个乡镇都确定一项旅游特色。总投资 50 多亿元的理学古镇、总投资 30 亿元的汝城特色小镇、总投资 15 亿元的热水国际温泉度假中心等一大批旅游产业项目短期内扎堆开建。[①]

资料来源：中国纪检监察报，2018 年 8 月 5 日

针对上述案例，我们可进行如下反思。

（1）把握精准扶贫的核心——“精准”。

精准扶贫，成败在精准。很显然，汝城县恰恰丧失了精准扶贫的灵魂。无论是对于贫困人口的识别还是对于帮扶措施的施行，都没有做到“精准”二字。为了完成上级部属的任务，而将精准扶贫数字化、冰冷化——只为盲目追求政绩而不管贫困群众真正的境况和需要，将不符合贫困户条件的人纳入帮扶体系之中，而将那些最需要帮扶的人排除到体系之外。这样不仅会造成人力、物力资源的浪费，而且会使贫困程度相对加深，社会矛盾加大。

（2）精准帮扶，要确定好“谁来扶”。

扶贫工作要充分抓好党建扶贫，发挥基层干部在精准扶贫中的领导组织作用，加强扶贫队伍机构建设。

其一，“帮钱帮物，不如帮助建个好支部”[②]。基层领导干部与人

---

① https://finance.sina.com.cn/china/dfjj/2018-10-12/do.

② 中共中央文献研究室 . 习近平总书记重要讲话文章选编 [M]. 北京： 中央文献出版社，2016：298.

民群众的关系最为密切，其在扶贫工作中起着极为重要的作用。在思想好、作风正、能力强的好干部的领导之下，扶贫攻坚工作将会事半功倍。反之，在思想作风不正的领导带领下，民众走向的不是“小康”，而是“万丈深渊”。在思想作风不正的领导带领下，领导集体内部混乱，更使得汝城县没有改变多年的贫困状况；使得当地贫困地区与其他保持正常速度脱贫的地区相比，处于相对贫困的地位；使得当地贫困群众生活更加艰难，脱贫信心和意识淡薄。

其二，党员干部要潜心投入到扶贫工作中，扎根到贫困村中，发挥基层党组织的先锋作用，带领贫困群众冲在脱贫前线阵地，夺取脱贫新胜利。中国共产党本就是中国人民的先锋队，在精准扶贫工作中，应该以“从人民群众中来，到人民群众中去”为基本路线，在脱贫攻坚中发挥其战斗堡垒的作用。

（3）精准考核，要确定好考核标准。

对于地方政绩的考核，不应该使 GDP 在考核的各项指标中占有极大比重。因为这样会造成部分地方官员只重扶贫数字而不顾民生，不干实事。以 GDP 为先的政府政绩论的精准扶贫工作开展是没有温度的，是缺失意义的，是违背初心的。应该将生态环境考核、群众的生活水平提高程度、群众的幸福指数加入考核维度，使得考核标准多维化、综合化、全面化。应杜绝出现像汝城县基层干部那样，为了在上级领导面前蒙混过关，而拿着扶贫的钱大搞面子工程的现象。

（4）加强扶贫工作中的监督考核机制建设。

在汝城县的扶贫问题案例当中，由于缺乏监督考核机制的建设，以至于问题不断积累和发酵，最后干脆由国家纪检部门一举揭发。对于监督考核机制的建设应该着重从以下三个方面进行。

其一，加强动态监督。从纵向来看，虽然在精准扶贫过程中我们要解决好“如何退”的问题，但是扶贫工作是一个动态的过程，对于扶贫工作的监督自然不应停留在脱贫攻坚的最后阶段，应该将其贯穿精准识别、精准帮扶、精准管理、精准考核的全过程。在各个阶段均设计监督体系，哪个阶段出问题、出岔子就在哪个阶段解决，减弱脱贫攻坚工作过程中由于阶段性工作失误而带来的不必要损害。从横向来看，精准扶贫工作的开展涉及多个等级的不同部门和机构，对每个机构进行监督同样是必要的，这样不仅可以减少不同部门之间的责任推诿事件，而且可以提高脱贫攻坚的工作效率，增强脱贫攻坚的实质性效果。

其二，加快专业性较强的第三方监督机构的引入进程，第三方监督机构要加强自己的专业性建构，上级部门应委托第三方机构评估下级单位，将评估结果公开化。

其三，扩大当地群众对于扶贫工作的监督面并提高群众的参与度。群众是扶贫工作最直接的参与者和受益者，扶贫的成效好不好，群众最具有发言权。要在精准扶贫的全过程拓宽群众监督的途径，将群众上访、投诉的路径拓宽贯穿于扶贫工作中，让群众的监督贯穿扶贫工作全程，使其真切感受到精准扶贫工作的时效性与公开性。

第五节　精准扶贫的实践困境与应对策略

一、精准扶贫面临的实践困境

综合学界的研究和笔者上述所提及的范例来看，精准扶贫的实践困境主要可以从四个方面来分析，即分析在扶贫工作开展的各阶段——“四个精准”中所呈现的问题。

（一）精准识别过程中出现的问题

精准识别贫困村和贫困户是精准扶贫的前提，但在实践过程中却面临很多挑战。

（1）自然环境的障碍成为工作开展的瓶颈。我国许多贫困地区主要是由于自然环境恶劣造成的，而这些造成贫困的自然障碍也正好成为精准识别贫困人口的阻碍。很多贫困地区交通受阻、通信设施缺乏，难以与外界保持联系畅通，故在此居住的贫困人口难以被精准识别出来。

（2）贫困认定标准不统一。国家对于贫困人口的认定是年平均收入低于当年贫困标准，而不同地方政府的贫困认定标准又是根据当地的经济发展水平和人口状况等因素来确定的，这就会出现两线不统一，部分实际上生活困难的群众被排斥在政策之外，而又有许多“侥幸者”会被包揽进政策之中，使得对贫困人口的识别出现误差，变得不“精准”。

（3）扶贫前沿的基层工作人员文化素质尚有欠缺。基层工作人员是精准扶贫的生力军，也是奋斗在精准识别一线的人员。由于贫困地区教育水平偏低，因此基层工作人员也存在知识水平偏低、文化素质不高、知识老化等问题。

（4）科层制的弊端是对工作开展的一大禁锢。科层制的一大特征就是信息的单向流动，同时不能跨层级，这不仅导致了中央下达的政策和标准被逐层解读，还使得那些因病返贫、因灾返贫的人口来不及重新被加入档案之中。

（5）地方政府对贫困人口数目的上报缺乏真实性。由于地方政府开展扶贫工作要向中央立下军令状，而最后中央又要以此来对贫困地区进行脱贫效果的考核，所以一些地方政府会少报贫困人口，以减小政绩压力。同时，由于上级政府是根据贫困人口的规模来进行拨款，有的地方政府想获得高额的扶贫资金，便会多报人口数量。

（6）人情关系使得识别的精准程度大打折扣。中国传统社会中对于人情关系、裙带关系比较看重，这一概念会在精准扶贫的过程中有所渗透。为了享受国家的优惠政策，许多不符合贫困人口标准的非贫困群体就依靠“关系”被加入贫困名单之中。

（7）人口政策现实性基础有所欠缺。现实生活中许多人没有户口，或者生活在过于偏僻地区的人口具有隐秘性，使得国家所掌握人口状况与现实生活中的人口状况不相符。这就使得依照国家所获得的数据制定的人口政策在现实生活中缺乏完全的适用性。

（二）精准帮扶中出现的问题

1. 资金方面的问题

资金分配、调动、运转缺乏完整性和严谨性。

政府没有统一对扶贫资金进行管控和调度，导致资金碎片化严重、低效率利用。许汉泽、李小云（2016）两位学者通过对华北 W 县的竞争性扶贫项目进行田野调查，得出结论：W 县地方政府只关注政绩上的宣传，并不关注扶贫项目的质量和后续维持。这就使有限的扶贫资金分散在各个贫困村与合作社之中，导致扶贫资金的碎片化供给与低效率使用。[①] 李金龙、杨洁（2017）在其文章《农村精准扶贫政策执行的失范及其矫正——基于街头官僚理论视角》中提到，扶贫资金使用的隐瞒性执行使得扶贫工作的效果大打折扣，这集中表现在村组干部对扶贫资金的截留、转移和盗取上。[②]

2. 扶贫项目方面的问题

（1）产业扶持缺乏"滴灌化"。目前产业扶贫主要针对的对象是贫困村或者贫困县，还没有具体到贫困户、贫困人口。产业扶贫还停留在大水漫灌的层面，对于贫困人口的精准帮扶还有所欠缺。

（2）产业扶持存在制度性缺陷，未能形成总体的统筹和安排。许多贫困地区的产业扶贫项目开发缺乏制度性安排，在扶贫项目开展初期有政策支持，但是在中后期便出现了资金、技术难以跟进的状况。

（3）产业扶贫过程中的多因子致贫因素被忽视。这就不得不与精准识别过程相联系了，在精准识别过程中，地方基层干部对于贫困人口做到精准识别之后，又分析不同的致贫原因，以便做到因人制策、精准施策。但是如果上一环节出现了问题，缺乏对多维致贫原因的分析，则会导致产业扶贫过程中的扶贫效果大打折扣。

（4）私人企业支持产业扶贫的过程中，以自我利益优先，忽视贫

---

① 许汉泽，李小云 . 精准扶贫视角下扶贫项目的运作困境及其解释——以华北 W 县的竞争性项目为例 [J]. 中国农业大学学报（社会科学版），2016，33（4）：49-56.

② 李金龙，杨洁 . 农村精准扶贫政策执行的失范及其矫正——基于街头官僚理论视角 [J]. 青海社会科学，2017（4）：120-127.

困群众的利益。许多贫困地区的产业扶贫项目开发一般是以私人企业为主，而私人企业又正好是以自己的利益优先，所以贫困群众真正的利益被排斥在产业开发之外。

（三）精准管理中出现的问题

精准管理中出现的问题主要体现在主体的参与性不足、融入性低，对此主要从三个层面来探讨。

1. 社会各主体融入性低

顾海娥（2017）从民族地区精准扶贫研究中利益相关者的角度，提出精准管理中所存在的社会力量参与不足问题。这里的社会力量主要指社会组织。一种是有官方背景的社会组织，它们虽然给扶贫带来了一定的成效，但是由于其人事、资金基本上完全依赖于政府，因此会出现扶贫效率低下的情况。另一种是无官方背景的社会组织，一方面它们并未得到政府的广泛支持，在贫困地区的工作开展的深度与广度有限；另一方面它们因其自身的价值选择，更多的是关注某个民族贫困地区的典型，着重向世界呈现中国贫困的现实，而在贫困实际解决方面的努力有限。还有一种是由一些中国优秀的企业家出于企业的社会责任感和公益理念而成立的社会组织参与到扶贫工作中，目前此类社会组织有着很高的参与热情，但是在专业性方面存在问题。①

2. 贫困户融入度不够

这存在三种情况，第一种是由于贫困群众的知识文化水平较低，对政府的政策解读能力极弱，所以对精准扶贫政策漠不关心；第二种是因为当地政府在前几年的扶贫实践中没有做出实质性扶贫成绩，使贫困群众对扶贫政策本身有失望心理，导致对精准扶贫工作参与度极低；第三种是因为许多地区的精准扶贫工作都没有真正做到“精神扶贫”与物质扶贫相结合，顾海娥（2017）在文章中提到，目前民族地区主要还是一次性或每年、每季度多次给予现金扶贫，这样贫困户每

---

① 顾海娥 . 民族地区精准扶贫的实践困境及解决路径——基于利益相关者理论的分析 [J]. 新视野，2017（2）：41-46.

次拿到扶贫资金，只能在短期内使生活得到改善，但钱花完后，依然处于贫困状态。①

3. 基层工作者、驻村人员无法热心投入工作

我国处于精准扶贫工作前线的正是那些基层工作者，基层工作者对精准扶贫工作起着十分重要的领导带头作用。但是现实生活中依然存在基层工作者对扶贫工作的敷衍、不认真、不负责情况。这主要是由于我国精准扶贫实施的过程中缺乏系统的精细化管理，以至于政府部门各自为政，驻村工作人员无法热心投入工作；其次是因为许多贫困地区的驻村工作组都是经上级部门外派任职，难以适应当地的风土人情及生活习惯；还有一个原因就是，有些地方基层工作者、地方官员人员不足，面对十分繁杂的精准扶贫工作有心无力。

（四）精准考核中出现的问题

1. 群众监督力量薄弱

第一个是思想上的原因，许多贫困地区的群众以地方官员为“父母官”，对于官员持崇拜、敬畏心理，而对于地方官员所为的政事则“不敢言”。第二个是由于贫困人口自主融入不足。有些群众对于精准扶贫的前三个环节没有完全参与，或是参与程度不够，没有涉及与自身利益切实相关的事务，自然对第四个环节是漠不关心的。第三个原因就是我国监督体系还不完善，群众监督的途径和渠道相对来说还比较狭隘，这就造成了在精准扶贫工作中群众监督的缺位现象。

2. 监督缺乏技术支持

贫困地区也正是科学技术没有能够涉足的地区。贫困地区落后的基础设施成为进一步引进高科技技术的桎梏，对于扶贫成果考核不能完全引入互联网技术。例如，在考核的数据采集方面，贫困村一级大多使用纸质填表，而县一级使用的是电脑录入，这不仅造成了在扶贫成果最底层可能会出现数据缺失问题，使扶贫成果的考核缺乏精准性，还会对考核的工作效率带来直接影响。

---

① 顾海娥．民族地区精准扶贫的实践困境及解决路径——基于利益相关者理论的分析 [J]. 新视野，2017（2）：41-46.

3. 第三方主体的引入有所欠缺

在吴雄周和丁建军（2015）二位学者的研究中指出，第三方考核主体引入的滞后性导致精准考核中出现了主体排斥，这里的第三方考核是指社会专业考核机构、公众和舆论等对扶贫责任主体进行的外部考核。与政府机构考核相比，第三方考核主体有自身的优势，可以斩断利益链条。而在我国扶贫考核的监察体系中，第三方主体的引入虽然早已在社会上倡导和呼吁，但是措施上依然还处于滞后阶段，第三方主体的引入尚且缺乏制度性对接。其次就是第三方主体还缺乏专业性，监督技术、监督策略和内部监督体系还不完善。[①]

二、应对策略

（一）精准扶贫政策体系化

开展精准扶贫工作过程中，政府居于主导地位，政府的政策体系化便具有十分重要的指导性和保障性意义。精准扶贫过程中，发挥政府作用的政策体系包括以下政策：一是关于资源配置的政策，包括财政政策、货币政策、产业政策和区域发展政策等；二是促进基础公共事业发展的政策，包括土地政策、医保政策、教育政策等；三是促进贫困地区人民收入的增加。通过各类政策对精准扶贫的保障性作用，为精准扶贫提供有力的结构化体系支撑。

1. 完善关于资源配置的相关政策

政府政策制定应该做到具体问题具体分析，财政政策、货币政策多向贫困落后地区倾斜和偏移。不仅加大中央政府对贫困地区转移支付的帮扶力度，地方政府也要在自己财政能力范围之内，形成中央和地方政策合力支持，从上至下加强对贫困地区财政的投入力度。同时，政府应出台相关政策引导各类金融机构加大对精准扶贫的支持力度，形成金融服务与政策相对接、与扶贫产业项目相对接、与贫困人口相

① 吴雄周，丁建军 . 精准扶贫：单维瞄准向多维瞄准的嬗变——兼析湘西州十八洞村扶贫调查 [J]. 湖南社会科学，2015（6）：162-166.

对接。最后，建立健全扶贫资金的监督政策，以政策保证扶贫资金和项目在实践中发挥最大功效和作用。

2. 完善促进公共事业发展的相关政策

在土地政策方面，要完善土地的总体规划，实现土地合理利用、适度开发和有效保护相结合。确立精准扶贫用地的需求的优先性，统筹安排用地规模和布局，同时，政府要将增大建设用地指标向贫困地区倾斜力度贯彻落实到审批用地指标过程中。在医疗制度方面，进一步完善农村新型合作医疗保障制度以及医疗保险制度，对于那些因病致贫和因病返贫的贫困群众要从政策上加大帮扶力度。对于教育政策，要保证国家教育经费向贫困地区倾斜，加大基层地区的教师队伍和基础教育设施建设力度，进一步落实职业教育学费减免和九年义务教育政策。

3. 完善社会分配和就业政策

通过精准制定就业政策与社会分配政策，开展对贫困地区群众的帮扶工作，通过政策性支持，增强贫困地区的自主“造血”能力，缩小社会差距，从根本上解决我国区域性不平等和收入分配差距过大的问题。在产业扶贫和生态扶贫中政策性引导贫困地区人民积极投入就业当中，增加其劳动性收入。

（二）精准扶贫责任化

1. 增强人员委派的严谨性，切实做到因村派人

在精准扶贫工作中，党中央、国务院主要进行顶层设计，省一级负总责，对扶贫工作进行中层组织，市一级上下衔接，推进实施。对于高层级的人员委派具有严谨性，但是对于基层干部的委派有所疏忽。在人员委派的过程中要增强对人员选拔的严格性，切实挑选那些踏实肯干、具有奉献精神的基层干部，并且做到外调人员就近派人，针对不同贫困区域的不同贫困状况派遣具有相应能力的干部。

2. 加强领导责任制，扶贫责任落实到人

首先需要选好领导班子，统筹省内领导干部，选准配强到扶贫攻坚重地的主要领导人。确保扶贫一线阵地领导班子的稳定性。有计划地安排各级后备干部到贫困地区挂职任职，对政绩突出的部门和个人进行表彰，对不负责、造成不良影响的人坚决撤换，追究责任到部门和个人。其次要强化分级负责制，明确分配扶贫任务到各级，发挥各级扶贫攻坚的不同作用。

3. 增强对扶贫工作负责人的多维、细化考核

对于扶贫工作的考核标准要多维化，不能只以经济增长作为考核的主要标准，还要将生态文明建设、群众的满意度等作为考核的标准。对于扶贫负责人要层层考核，不仅要对扶贫工作最后的成绩进行考核，而且要贯穿到扶贫工作的各阶段。打破考察过程中的科层制弊端，形成下级对上级的监督作用和上级对下级的督促作用相结合，加强扶贫工作跨层级式考核机制建设。

（三）精准扶贫科学化

1. 科学技术的引入

把科学技术引入到贫困地区，通过一般性的科学技术解决贫困农村地区农作物栽培、灌溉、施肥、病虫防害等问题；通过互联网技术促进贫困地区的一、二、三产业融合，延长贫困地区的产业链，扩大贫困地区特色产品的市场占有率，增加贫困地区群众的稳定性收入。同时，加强对贫困地区群众的科学技术指导，发挥科技示范大户的辐射性作用。也可以促使科技发达地区或者科技研究机构和贫困地区结成“对子”，形成一对一帮扶，充分发挥科技脱贫的作用。

2. 科技人才的引入

第一，鼓励、支持、引导科研人员到贫困地区基层去，接触贫困现实问题，了解贫困群众的需要，通过自己的科学技术知识解决实际问题。第二，贫困地区存在科学技术人员数量不足、知识老化的问题，应该通过教育着力培养有志于献身于基层扶贫的科技人员，并不断对贫困地区进行人才性输入。同时，对贫困地区现有科技人员组织集中培训，更新其知识结构、提高其科研能力。

（四）精准扶贫综合化

1. 路径的综合，因地制宜，分类指导

对于脱贫的路径选择要实事求是，根据当地发展需求和条件来进行合理规划和制定。有些地区的致贫原因是多因子复合而成，应充分发挥“生产脱贫一批、易地搬迁脱贫一批、生态补偿脱贫一批、发展教育脱贫一批、社会保障兜底一批”的综合性作用。除此之外，还要探索符合自己地区发展的创新路径，充分保障脱贫符合创新、协调、绿色、开放、共享的发展理念。

2. 参与力量的综合

第一，综合东西部力量。要通过政策性号召，促进东部与西部形成对口性支持，建立发达区域和欠发达区域的合作交流机制。鼓励东部地区机关、事业单位、企业单位和社会组织精准对接西部贫困县、贫困村、贫困户，使得扶贫具有针对性、综合性。

第二，综合社会多元主体加入扶贫工作。

首先，政府制定优惠政策，鼓励企业参与扶贫项目开发、贫困地区劳动力就业和贫困地区技能培训，鼓励企业积极履行社会责任。其次，加强各民主党派和无党派人士对扶贫工作的支持力度，加强对贫困地区科教事业等方面的支持；发挥民间各群众性组织的联系纽带作用，争取实现政府主导扶贫与社会群体参与扶贫的双向良性互动。最后，突出个人在扶贫前沿的作用，积极引导大学生到贫困地区去，为贫困地区注入新鲜活力。有效引导港澳台同胞以及世界其他正义性力量对我国贫困地区的支持。

第六节　总　　结

精准扶贫是中国扶贫工作开展到一定阶段的创新之举，也是实现中华人民共和国伟大复兴的重要举措，是我国人民实现共同富裕的必经之路。

自2013年精准扶贫工作开展以来，我国领导干部带领群众不断探索实践并反思改进，使扶贫工作在新时期取得了举世瞩目的成就。精准扶贫工作不仅是对以往扶贫成就的肯定，也是对以往扶贫成就的提升与发展；精准扶贫工作的受益者不仅仅是贫困地区群众，更是我国人民乃至世界人民；精准扶贫工作不仅对于中国有极其重要的意义，对于世界其他发展中国家的反贫困行动也具有借鉴意义，乃至对整个人类世界的进步与发展都具有难以替代的作用。

精准扶贫工作的开展充分体现了中国特色社会主义制度的优越性。首先，中国共产党是我国的执政党，始终坚持以人民利益为中心，尊重人民的主体地位。精准扶贫、脱贫攻坚正是本着以人民利益为中心的原则，旨在解决人民的基本生存、生活问题，提高人民生活水平。其次，社会主义的本质是消灭剥削，消除两极分化，最终实现共同富裕。邓小平同志曾指出，贫穷不是社会主义。带领人民摆脱贫困、共享改革开放成果才是社会主义的最终目标和本质特征。从精准扶贫初具雏形到制度体系的健全与实施，使贫困地区摆脱贫困，使贫困人民解决温饱问题并走向小康社会，充分表明精准扶贫是我国在走中国特色社会主义道路上探索出的适合中国国情的新型路子。

精准扶贫工作的开展为世界其他发展中国家的反贫困行动提供了有意义的借鉴。中国通过精准扶贫、脱贫攻坚使得贫困规模大幅减小，贫困地区状况日益改善，充分反映了中国扶贫政策选择的正确性以及扶贫举措的有效性。精准扶贫战略的形成，不仅是结合中国国情，从中国扶贫实践的经验总结中得来的，同时，也是充分吸取世界其他国家人民的智慧和借鉴其他国家扶贫工作经验而形成的。精准扶贫具有理论来源和内涵的丰富性，以及推行的可实践性，无疑成为世界其他发展中国家的优秀借鉴范式。

精准扶贫工作的开展，是人类发展史上的伟大壮举，为世界消除贫困做出了重大贡献。贫困问题是人类社会的重要问题，关乎世界人民的生存和生活，直接影响国际政治安全、经济安全以及环境安全；贫困问题也是当今世界人类面临的几大难题之一，是世界各国所亟须解决的重大问题。中国作为世界上最大的发展中国家和世界上人口最多的国家，通过精准扶贫工作的开展，积极承担为世界减贫的责任。党的十八大以来，我国农村贫困发生率持续显著降低，贫困人口规模大幅减少，对全球减贫贡献率超过七成。中国的精准扶贫，显示了中国摆脱贫困、走向繁荣富强的勇气和信心，更为世界反抗贫困作出了巨大的努力，极大地推进了世界减贫工作的进程。

在世界贫困难题被完全解决之前，精准扶贫会一直在路上。

从横向来看，精准扶贫不仅仅是中国的伟大战略，其更具有世界性推行的战略意义。精准扶贫的成就不容置疑，其对于中国和世界的重大意义也是不容忽视的，但对于在其推行过程中所出现的问题更应该予以重视、加以解决。只有这样，精准扶贫才能在不断否定中变得更加成熟，更具发展性、灵活性、动态性和实践性，才能使其适用范围跨越国家界限，扩展到世界其他国家。

从纵向来看，精准扶贫不仅适用于当今社会的贫困问题，其对于超越时空局限性的贫困问题更具有重要意义。精准扶贫从初步构想到施行，再到取得阶段性成就，其理论内涵和实践经验是不断丰富和发展的。它所包含的“六个精准”“五条路径”等重要内容和工作方法、推行措施也不仅仅局限于当今时代的贫困问题。我们应该以一种超越时间局限的、运动的、发展的眼光去丰富、发展并且创新其内涵，使其成为有效的反贫困策略。

第十五章

深度扶贫

深度扶贫是全面实现小康社会、完成两个“一百年”奋斗目标的必由之路，也是脱贫攻坚的“重中之重，坚中之坚”。中华大地幅员辽阔，区域差异鲜明，如何确保深度贫困地区同全国一道迈进小康社会，如何攻克深度贫困的堡垒，是党和国家现阶段面临的严峻问题。[①]

本章第一节对深度扶贫理论进行概述，介绍了深度扶贫的理论基础，以及在当代中国深度贫困地区的主要成因。第二节以湖南省怀化市为例，主要讨论深度扶贫在现阶段取得的成就和经验。第三节介绍深度扶贫目前存在的问题，包括法律、干部和观念三个方面。第四节将针对深度扶贫现有的问题，提出相应的解决对策。

第一节　深度扶贫的理论基础及主要成因

一、深度扶贫的理论基础

（一）人权保障

《中华人民共和国宪法》的第二章是“公民的基本权利和义务”，

感谢王艺遥为本章所做贡献.

① 雷明.深度扶贫——打赢脱贫攻坚战之关键[N].中国社会科学报，2018-09-26(4).

这是从根本大法的层面重视和保障公民的基本人权。保障深度贫困地区的人民生存和发展权利，是深度扶贫政策必须重视的问题。

生存权最初见于中世纪意大利神学家托马斯·阿奎那（Thomas Aquinas）的著作，20 世纪初德国的《魏玛宪法》则对其进一步做了法律性质的规定。[①] 在我国，随着经济社会的发展和变革，国家越来越尊重和保障公民权利，其中，基本生活保障权利与扶贫政策的价值取向一脉相承。2017 年 9 月，国务院新闻办公室发布《中国健康事业的发展与人权进步》白皮书指出，努力为人民群众提供全生命周期的卫生与健康服务，提升了中国的健康权保障水平，使中国人权事业得到长足发展。[②] 贫穷的最大问题是缺乏基本生存的条件，公民的生存权无法得到满足。因此，扶贫政策首先要解决的便是生存权的问题。

我国全面构建小康社会的基本目标之一是保障人权，其中还包括了发展的权利。人权的发展离不开坚实的经济基础，这便需要深度扶贫政策发挥其应有的效力。深度贫困地区在保障基本的生活的基础上，还应该重视公民的发展权，即教育、劳动、就业等追求自身提升、获得发展机会的权利。只有发展权得到尊重，才能实现“授之以渔”的扶贫目标，让贫困地区不再长期挣扎于最低生存线上，而是以积极主动的姿态，步入小康的生活。

深度扶贫不仅仅是对贫困地区经济上的援助，更是对贫困地区生活的人民从生存到发展的支持。只有实现对人民基本权利的保障，才能彻底地、有效地达成全面建成小康社会的奋斗目标。

（二）共同富裕

共同富裕是社会主义的本质规定和奋斗目标，也是中国特色社会主义的根本原则。共同富裕要求消除两极分化，在生产力发展的基础上，先富带动后富，实现普遍富裕的社会状态。同时，共同富裕也要求物质生活和精神生活都能达到高度文明的程度，不仅物质水平得到提升，

---

① 宁林 . 我国深度扶贫法治机制的构建论析 [J]. 重庆社会科学，2018（1）：94.

② 国务院新闻办公室 . 中国健康事业的发展与人权进步 [J]. 人权，2017（6）：125-144.

而且人的自身文明素质和社会的精神面貌都应该得到提升。

这一点反映在扶贫政策中，正是深度扶贫的意义所在。传统的扶贫方式往往面临“一刀切”或时效短的问题，深度扶贫的针对性和准确性弥补了这一缺陷。深度扶贫的理念是从源头上根治贫困问题，由表面上的短期经济增长转入实际中的长效发展，先富地区对口支援贫困地区，实现经济和文化全面进步，这与共同富裕的思想内涵是高度统一的。

二、深度贫困的主要成因

深度贫困地区的问题由来已久，往往牵涉政治、经济、文化等诸多方面。2017 年 6 月 23 日，习近平总书记发表《在深度贫困地区脱贫攻坚座谈会上的讲话》，其中提到深度扶贫治标与治本的问题。如要彻底攻克深度贫困地区的贫困问题，需要发掘其致贫原因，针对“根本”施以政策，方能实现脱贫的目标。

（1）“老少边”地区的复杂性。我国的深度贫困县中，有革命老区县 55 个，少数民族县 113 个。自然地理、经济社会、民族宗教、国防安全等问题交织在一起，加大了脱贫攻坚的复杂性和难度。[①]深度贫困县中的“三区三州”是脱贫工作的难中之难。“三区三州”指西藏、四省藏区、新疆南疆四地州和四川凉山州、云南怒江州、甘肃临夏州[②]，这些地区均属于“老少边”的范畴。从历史层面看，“老少边”地区经历过较为曲折的发展路径，在改革开放前期一直是非重点发展对象。从现状层面看，“老少边”地区的基础设施、科教文卫、公共服务等均十分落后，单凭当地人民和社会的力量难以实现卓有成效的进步和发展。

（2）政策支持力度不足。1978 年十一届三中全会的召开标志着我国进入了改革开放新时期。1980 年设立深圳、珠海、汕头、厦门等经济特区。1984 年划定 14 个沿海开放城市并开辟沿海经济开放区。

---

① 习近平 . 在深度贫困地区脱贫攻坚座谈会上的讲话 [J]. 党建，2017（17）：10-18.

② 中共中央、国务院关于打赢脱贫攻坚战三年行动的指导意见。

1992年，党的十四大明确提出建立社会主义市场经济体制的改革目标。2001年中国加入世贸组织。可见，我国的经济格局一直处于逐步扩大、加深的状态。但与此相对应的，是对西部地区、中部乡镇和大型城市周边村镇的关注不足。西部大开发战略和前期的扶贫工作，在西部和中部地区取得了相当大的成就，但其局限于大规模的工程和主要城市，对村镇一级和偏远地区的影响力有限。深度扶贫政策的提出，可以弥补以往政策支持力度的不足，更有针对性地带给深度贫困地区发展机遇，既缩小区域差距，也缩小城乡差距。

（3）社会自生动力缺失。深度贫困地区多有“先天不足”和“后天滞后”的问题，因此自身缺乏原生的发展动力。从先天层面来看，深度贫困地区没有中原地区优良的地形、气候、土壤、水源、矿产等自然条件，也没有沿海地区天然的水路或海港优势；从后天发展来看，深度贫困地区的建设成本过高，基础设施较为落后，甚至人民的生存也会受到自然灾害的威胁。人口出生率高，但教育资源严重缺失，文化水平普遍较低，缺乏良好的经济环境，远低于同期全国经济发展平均水平，同外界沟通不便，经常处于脱节的状态，因而难以引进人才、留住人才，并形成了恶性循环。

（4）生态环境脆弱。所谓“绿水青山”，通常都建立在经济发展较好或自然条件优越的基础上，而在深度贫困地区，经济发展的目标尚且难以实现，更妄论对生态环境的保护问题。“还有一些地方处在地质灾害频发地带，‘十年一大灾、五年一中灾、年年有小灾’，实现脱贫和巩固脱贫成果都存在很大不确定性”[①]，习总书记在座谈会上也提及，深度贫困地区的成因之一便是生态环境的脆弱性。

在深度贫困的成因中，需要特别关注因病致贫问题。未富先病、因病返贫，这样的现象在贫困地区时有发生。2017年《人民日报》刊登了一篇名为《驻村三记——来自内蒙古杭锦旗巴拉贡镇昌汉白村的精准扶贫驻村调研》的文章，记者探究当地居民贫困的原因时发现，

① 习近平．在深度贫困地区脱贫攻坚座谈会上的讲话[J]. 党建，2017（17）：10-18.

全村因病致贫率达到八成。由于贫困地区本身医疗条件较差，并且教育水平落后，“讳疾忌医”或担心医药费过重而拒绝治疗的现象时有发生。即使有医保，但由于乡村周边缺乏基础医疗设施，也只能寻求“赤脚医生”的帮助，无法报销费用，最终由个人完全承担，导致原本就处于贫困线的家庭更加贫困。

第二节　深度扶贫的成就与经验

深度贫困主要发生在以下几种地区：一是连片的深度贫困地区，例如西藏和四省藏区、南疆三地州、四川凉山、云南怒江、甘肃临夏等地区，贫困发生率普遍在20%左右；二是深度贫困县，据国务院扶贫办对全国最困难的20%的贫困县所做的分析可知，贫困发生率平均为23%；三是贫困村，全国12.8万个建档立卡贫困村居住着60%的贫困人口。

一、现阶段深度扶贫取得的成就

距离2020年全面建成小康社会的目标大约还有3年，党的十八大、十九大以来，扶贫工作越来越成为社会各界重视的任务指标，这场脱贫攻坚战已经取得了阶段性成就。

（一）制度设计较为合理，脱贫工作持续进展

从制度设计层面来看，“党中央确定的中央统筹、省负总责、市县抓落实的管理体制得到贯彻，四梁八柱性质的顶层设计基本形成，五级书记抓扶贫、全党动员促攻坚的氛围已经形成”①，这样的制度设计可以较好贯彻落实深度扶贫的各项政策。从数据层面来看，脱

① 习近平．在深度贫困地区脱贫攻坚座谈会上的讲话[J]. 党建，2017（17）：10-18.

贫攻坚成绩显著，每年农村贫困人口减少都超过 1 000 万人，累计脱贫 5 500 多万人；贫困发生率从 2012 年底的 10.2% 下降到 2016 年底的 4.5%，下降 5.7 个百分点；贫困地区农村居民收入增幅高于全国平均水平，贫困群众生活水平明显提高，贫困地区面貌明显改善。[①]

案例：湖南怀化深度扶贫“十项工程”

怀化市位于湖南省西南部，市辖 13 个县（市、区），其中沅陵县、通道县属于国家扶贫工作重点县，中方县、沅陵县、辰溪县、麻阳苗族自治县、新晃侗族自治县、溆浦县、芷江侗族自治县、通道侗族自治县、会同县、靖州苗族侗族县 10 个属于国家集中连片特困地区扶贫开发工作重点县，鹤城区、洪江市、洪江区 3 个为湖南省政府明确的省扶贫开发重点比照县。深度扶贫模式近年来在怀化取得较好的效果，依托政策扶持，怀化的脱贫程度得到有效提高。湖南省针对深度贫困问题统筹推进产业、就业、易地搬迁、生态补偿、教育、社会保障等“十项工程”。[①]2012—2015 年，全市脱贫人口分别为 10.05 万人、11.6 万人、12.3 万人、18.81 万人。[②]以 2012 年为例，怀化全市投入财政资金 6 203 万元，新修、维修村级公路 602 公里，硬化村级公路 4 421 公里，改造农村用电线路 12 公里，解决饮水困难人口 3.32 万人。

资料来源：《武陵山区深度扶贫模式创新研究——基于湖南怀化个案分析》，2016 年

见微知著，怀化的进步是中国诸多贫困地区条件改善的缩影。截至 2014 年年底，怀化市有贫困村 1 237 个，占全省的 15.4%；农村贫困人口 752 393 人，占全省贫困人口的 12.5%；贫困发生率 2014 年底为 17.5%，2015 年年底为 12.66%，高于湖南省的 11.2%；全面小康实

---

① 习近平 . 在深度贫困地区脱贫攻坚座谈会上的讲话 [J]. 党建，2017（17）：10-18.

② 刁波，乌小花，宋志光，等 . 武陵山区贫困乡村经济社会发展现状的调查与思考 [J]. 中央民族大学学报（哲学社会科学版），2014（6）：59-65.

现程度为 76.8%。[①] 尽管脱贫攻坚之路依然漫长，但扶贫工作的“量变”已经在积累中越发明显，为实现“质变”提供了机遇和保障。

（二）因地制宜谋发展，实现多元化脱贫

深度贫困地区尽管具有共性，但各地的具体地域条件不同，也要求扶贫政策的多元化。山西联动实施退耕还林、荒山绿化、森林管护、经济林提质增效、特色林产业五大项目，通过组建造林合作社等，帮助深度贫困县贫困人口脱贫。四川省针对大小凉山彝区、川西北高原藏区整体深度贫困地区，制定了大小凉山彝区扶贫规划和方案等、藏区六项民生工程行动计划、阿坝州扶贫开发和综合防治大骨节病方案等，推进彝家新寨、藏区新居、乌蒙新村、扶贫新村建设。云南对人口较少民族、“直过”民族采取特殊扶持政策，打通进山隧道，明显加强了基础设施建设。[②]

除了不同地区的政策差异，即使在同一地区，当地也会组织多种扶贫的方式全方位实现脱贫目标。湖南省怀化市推行“十大行动”，从多个领域和层次改善了当地生活条件和人民素养。一是产业扶持到村到户行动，以精准扶贫模式谋求致富，避免“一刀切”的政策弊端。二是生态移民到村到户计划。对地处高海拔山区、石山区、水库淹没区、饮用水源稀缺区、地质灾害频发区等自然条件恶劣的贫困村，实施异地生态移民搬迁，确保贫困人口脱贫。三是低保兜底到村到户行动，由此保障百姓的基本生存权利。四是医疗救助到村到户行动，针对因病致贫、因病返贫问题，医疗救助可以有效减少贫困户人数。五是危房改造到村到户行动，实现“居有所安”的发展目标。六是基础设施到村到户行动，加快实施贫困村水、电、路、气、房、环境治理“六到农家”等建设，切实改善贫困地区基础设施较差的状况。七是教育培训到村到户行动。通过教育手段改变当地人的精神面貌，增强专业技能，使贫困地区的下一代有更多的发展机遇，从而彻底实现脱贫目

① 湖南省怀化市统计局，怀化统计年鉴 [M]. 北京：中国统计出版社，2013.

② 习近平 . 在深度贫困地区脱贫攻坚座谈会上的讲话 [J]. 党建，2017（17）：10-18.

标。八是金融服务到村到户行动。加强农村金融服务体系和农村金融服务网点建设，创新金融产品，简化贫困户信用等级评定流程，提高贫困户贷款授信额度，大力推进扶贫小额信用贷款，确保 100% 的贫困农户评级授信，90% 的有脱贫项目的贫困群众得到贷款扶持，扶贫贷款规模实现稳定增长，助推贫困农户增收脱贫。九是结对帮扶到村到户行动，全面、深入完成扶贫工作。十是党员示范引领到村到户行动，发挥党员在基层群众中的先锋模范作用。[①]

二、深度扶贫的成功经验

（一）深度扶贫政策对深度贫困地区的有效扶持

当前的扶贫政策比以往任何时候都更具有针对性，省级设立专项资金用于脱贫攻坚战，设立大量的项目帮助深度贫困地区组织建设各类设施。例如，探索资产收益扶贫方式，财政专项扶贫资金和其他涉农资金投入设施农业、养殖、光伏、水电、乡村旅游等项目形成的资产，具备条件的折股量化给贫困村和贫困户。[②]加大对深度贫困地区的政策投入，可以帮助当地又好又快地步入全面小康新格局。

（二）科技扶贫和教育扶贫尤为重要

如果硬件基础设施可以用资金加以改善，那么文化、创新等软要素，则必须通过科学技术和教育来推进。科技扶贫在专家指导下，能够促使当地产业长效发展；教育扶贫为当地注入人才新血液，既完成物质进步，也具有思想的提高。科技扶贫和教育扶贫可以将现有的扶贫政策和技术保留在当地，使其扎根于贫困地区，以避免重返贫困状态。

---

① 文斌．武陵山区深度扶贫模式创新研究——基于湖南怀化个案分析 [J]. 重庆与世界（学术版），2016（9）：32-38.

② 习近平．在深度贫困地区脱贫攻坚座谈会上的讲话 [J]. 党建，2017（17）：10-18.

（三）实施综合治理，促进区域协调发展

深度贫困是一个动态的问题，因此，必须因地制宜，重点突破，综合治理。本着有进有出的原则，把不够条件的村及时清退出来，把未入围的而又真正深度贫困村及时纳入进去。[①] 由此，才能保障每一部分资金和资源的高效使用。

第三节　深度扶贫的难点和问题

习近平总书记在“深度贫困地区脱贫攻坚座谈会”上指出，脱贫攻坚的主要难点是深度贫困，深度贫困的特征可以概括为“两高、一低、一差、三重”。“两高”即贫困人口占比高，贫困发生率高；“一低”即人均可支配收入低；“一差”即基础设施和住房差；“三重”即低保五保贫困人口脱贫任务重，因病致贫返贫人口脱贫任务重，贫困老人脱贫任务重。[①] 截至 2016 年底，全国农村贫困人口多达 4300 多万人。

总量大、难深入的脱贫局势也暴露出我国深度扶贫政策中的诸多问题，一是扶贫工作中的法律问题和法治意识不足；二是扶贫的干部队伍自身的动力不足，甚至有违法乱纪的行为和作风；三是深度贫困地区人民自身的思想问题，尚需加强引导以增强深度贫困地区内生型发展的动力。

一、法律问题

深度扶贫作为近年提出的政策，在立法、执法、司法和法律监督方面均有缺失，因此，深度扶贫法治化问题在当前十分突出。

---

① 习近平 . 在深度贫困地区脱贫攻坚座谈会上的讲话 [J]. 党建，2017（17）：10-18.

（一）深度扶贫工作无法可依

全面依法治国是我国的基本战略，深度扶贫工作作为国家重点政策之一，应当有法可依。但当前深度扶贫的立法工作却缺乏专门的法律法规，多为部委或地方政府的规章和规范性文件。深度扶贫法治化首先应当全面推进立法工作，通过全国人大颁布相关法律，并符合宪法的要求和精神，由此方可使行政主体和人民都对扶贫工作有相对明确的预期，既能有效推进深度扶贫工作，也能切实保障自身的合法权利。

（二）深度扶贫工作执法不严

扶贫工作大多是行政主体对人民的行政行为，而非平等主体之间的民事行为，因此，约束公权力也是深度扶贫法治化需要考虑的问题之一。扶贫是一项长期并艰巨的工作，其地域差异性要求政策手段具有多元性，所以难以做到中央统一监管，由此容易出现效率低下、权力寻租、贪污腐败、职务侵占等法律问题。这些问题的解决是无法依靠群众力量和社会力量完成的，如若缺乏明确、公开的法律机制，深度扶贫政策极容易在基层“变味”，将损害社会公共利益，并对党和国家的形象造成不良影响。

（三）深度扶贫工作司法缺位

在行政法律关系中，司法救济是人民维护自身合法权利的有效措施。然而，现阶段的深度扶贫政策没有从法律层面明确司法救济途径和责任追究程序，因此人民难以用司法手段寻求救济，这将可能导致人民和政府之间的矛盾和冲突。

（四）深度扶贫工作监督纰漏

公权力必须在阳光下运行，但法律缺位导致对深度扶贫工作的监督力度大打折扣，既没有法定的行使监督权的部门或人员，也难以开展社会监督，极易导致干部腐化问题。尽管监察委在体制管理中仍能发挥应有的作用，但深度扶贫是一项特殊的任务，地区发展不同，甚至村与村之间都有鲜明的差异，因此应当对参与深度扶贫的国家工作人员从法律层面加以更为细化的约束。

二、干部问题

（一）贪腐问题

案例：汪祖寿挪用扶贫专项资金案

2018 年 2 月，湖北省阳新县人民法院裁判一起领导干部挪用扶贫专项资金的案件（〔2018〕鄂 0222 刑初 6 号）。2015 年，被告汪祖寿在担任阳新县浮屠镇湖彭村党支部书记、村委会主任期间，采取虚报、欺骗的手段，以发展东北松基地 300 亩项目为由向阳新县扶贫办申报扶贫资金 20 万元。该项目 20 万元资金由阳新县发放拨付浮屠镇财政所后，在汪祖寿的安排下将该笔扶贫款资金中的 9.3 万元用于补偿东北松基地的实际承包人；剩余 10.7 万元用于偿还村委会新建办公楼的欠款，支付村委会以往不能报的招待费、以往村委会租用村干部彭方华的车费和村委会其他日常开支。

资料来源：http://law.wkinfo.com.cn/judgment-documents/detail/MjAyMjk4OTQ0MTI%3D?module=

扶贫资金是专门用于改善人民生活，使人民脱贫的财政支出，属于民政事业费，因此各级领导干部必须保证扶贫资金的专款专物专门使用制度。最终，法院判决被告人汪祖寿犯挪用特定款物罪，判处有期徒刑六个月。本案是一个村委会负责人之所为，可以反映出领导干部的贪污腐败会致使国家和人民群众利益遭受重大损失。因此，各级领导干部都应该加强个人作风问题，将扶贫资金用在“刀刃”上，确保“扶真贫”“真扶贫”，否则应当承担相应的法律责任。

（二）治理能力不足

习近平总书记在《在深度贫困地区脱贫攻坚座谈会上的讲话》中指出，贫困村多存在“村两委班子能力普遍不强，四分之三的村无合作经济组织，三分之二的村无集体经济，无人管事、无人干事、无钱办事现象突出”[①]的问题。领导干部在深度扶贫中必须清楚当地经济发展状况，了解当地自然地理条件、人文地理条件、区域地理条件等情况，“务实”而非“务虚”，切实确定扶贫项目和措施。领导干部应当因地制宜，并尊重自然规律，做到人与自然和谐相处。

（三）急功近利的心态

脱贫是一项长期的、系统的工作，因此各级领导干部应该避免追求短期成果、片面成果，不能“唯 GDP 论”或“唯政绩论”。扶贫工作最大的意义在于让人民群众过上幸福生活，如果这项工作变成各地争相“放卫星”的恶性比拼，将会导致人民群众的生活更加困难，大大影响政府的公信力。脱贫攻坚是一件功在当代、利在千秋的伟业，扶贫干部是完成这项事业的排头兵，因此必须有责任感和信念感。深度扶贫工作不能流于形式和统计数据，各类报表只是工作的辅助手段，而非完成深度扶贫工作的标准。急功近利的心态既是对扶贫机遇和进程的贻误，也是对国家资源和扶贫资金的浪费。

三、观念问题

（一）过度人情消费的陋习

人情消费是中国民间的传统消费。一项对四川典型贫困地区（民族地区贫困县、省级贫困县、国家级贫困县）农村“人情红包”的调查显示，每个家庭每年送出人情红包个数大多都在 20 ～ 40 个，17%

---

① 习近平 . 在深度贫困地区脱贫攻坚座谈会上的讲话 [J]. 党建，2017（17）：10-18.

的人每年人情消费达40次以上，多数家庭单次人情消费金额增加到了300元、500元以上，甚至达到1 000～2 000元，导致一次人情消费的金额竟然达到了每月收入的一大半。[①] 过度的人情消费导致村民在婚丧嫁娶等场合讲究排场，互相之间形成攀比风气，甚至有"一婚十年穷"的说法。因此，深度贫困地区应该做到"开源节流"，在享受扶贫政策带来的收益的同时，也减少不必要的支出，将有限的收入投资在健康、教育、技术等领域，让自身发展具有能动性。

（二）脱贫自主意识不强

贫困地区难以实现致富的原因，除了客观上缺乏技术和资金外，还有安于现状的心理问题。大部分贫困地区人民具有"小富即安"的心理，因为周边的发展水平基本处于同样落后的状态。在缺乏致富模范的环境中，如果当地群众难以见到成功脱贫致富的案例，其在主观心理上就会对脱贫工作持怀疑态度，因此应当在深度贫困地区树立起群众身边的带头榜样，从思想上鼓励贫困群众形成"我要脱贫"的自主意志，这样既可以减少政府的扶贫成本，也让扶贫具有原生性的动力。

脱贫攻坚本来就是一场硬仗，而深度贫困地区脱贫攻坚则是这场硬仗中的硬仗。[②] 因此，党和国家不能满足现有的成就与收获，应当正确、深刻认识到深度扶贫政策实施过程中的诸多问题，了解其复杂性，进而在实践中不断调整政策力度和扶贫内容，切实有效地推进深度扶贫工作，让每一份参与扶贫的力量都能迸发出活力，扎扎实实地打好全面小康社会的基础。

---

① 葛嘉俐，杨小川，罗茂园，等 . 影响全面建设小康进程的"人情枷锁"探索——基于四川典型贫困地区农村"人情红包"的调查 [J]. 现代商贸工业，2018（34）：141-143.

② 习近平 . 在深度贫困地区脱贫攻坚座谈会上的讲话 [J]. 党建，2017（17）：10-18.

第四节　深度扶贫问题的解决措施

2018年6月15日，中共中央、国务院印发《关于打赢脱贫攻坚战三年行动的指导意见》，文章指出，党的十九大明确把精准脱贫作为决胜全面建成小康社会必须打好的三大攻坚战之一，然而未来3年，还有3 000万左右农村贫困人口需要脱贫[①]，其中因病、因残致贫比例居高不下，深度贫困地区程度更深，因此任务仍十分艰巨。

一、明确指导思想和扶贫目标

（一）以习近平新时代中国特色社会主义思想为指导

习近平总书记在深度贫困地区脱贫攻坚座谈会上的讲话中强调，加快推进深度贫困地区脱贫攻坚，要按照党中央统一部署，坚持精准扶贫精准脱贫基本方略，坚持中央统筹、省负总责、市县抓落实的管理体制，坚持党政一把手负总责的工作责任制，坚持专项扶贫、行业扶贫、社会扶贫等多方力量、多种举措有机结合和互为支撑的“三位一体”大扶贫格局，以解决突出制约问题为重点，以重大扶贫工程和到村到户帮扶措施为抓手，以补短板为突破口，强化支撑保障体系，加大政策倾斜力度。[②]接下来的深度扶贫工作应以习近平新时代中国特色社会主义思想为指导，集中各方力量，凝聚人心共同攻克深度贫困的难关。

（二）合理确定脱贫目标

党中央制定了2020年脱贫目标，即到2020年，稳定实现农村贫困

① 中共中央国务院关于打赢脱贫攻坚战三年行动的指导意见[N]. 人民日报，2018-08-20（1）.

② 习近平．在深度贫困地区脱贫攻坚座谈会上的讲话[J]. 党建，2017（17）：10-18.

人口不愁吃、不愁穿，义务教育、基本医疗和住房安全有保障；实现贫困地区农民人均可支配收入增长幅度高于全国平均水平，基本公共服务主要领域指标接近全国平均水平；确保我国现行标准下农村贫困人口实现脱贫，贫困县全部摘帽，解决区域性整体贫困。[①] 但从实际来看，深度贫困地区的问题已累积多年，绝非朝夕之间可以改变，因此 2020 年能够使这些地区接近全国平均水平已是不易，这便要求人民群众和领导干部对深度扶贫有合理的预期，实事求是，不能以发达地区的标准做硬性要求，但也不能因此妄自菲薄，否定多年扶贫工作的成绩。

具有针对性地改善深度贫困地区基础设施发展条件。例如，在交通设施方面，加快实施深度贫困地区具备条件的建制村通硬化路工程。在用水方面，加快实施深度贫困地区农村饮水安全巩固提升工程；加快深度贫困地区小型水利工程建设，推进深度贫困地区在建重大水利工程建设进度。在用电方面，推进深度贫困地区农村电网建设攻坚，实现农网动力电全覆盖；加强“三区三州”电网建设，加快解决网架结构薄弱、供电质量偏低等问题。在网络方面，加大深度贫困地区互联网基础设施建设投资力度，加快实现深度贫困地区贫困村网络全覆盖。在土地方面，推进深度贫困地区整合资金，统一规划、统筹实施农村土地综合整治和高标准农田建设。在生态治理方面，推进西藏、四省藏区、新疆南疆退耕还林还草、退牧还草工程；加快岩溶地区石漠化综合治理、西藏生态安全屏障、青海三江源生态保护、祁连山生态保护和综合治理等重点工程建设。[②]

在民生方面，应当针对不同地区的条件进行政策调整。例如在“三区三州”地区，做好健康扶贫攻坚行动，重点做好包虫病、艾滋病、大骨节病、结核病等疾病综合防治。在省、国界地区，加强禁毒脱贫工作，分级分类落实禁毒脱贫举措；全面落实边民补助、住房保障等守边固边政策，改善抵边一线乡村交通、饮水等条件，启动实施抵边

---

① 习近平．在深度贫困地区脱贫攻坚座谈会上的讲话 [J]. 党建，2017（17）：10-18.

② 中共中央国务院关于打赢脱贫攻坚战三年行动的指导意见 [N]. 人民日报，2018-08-20（1）.

村寨电网升级改造攻坚计划，加快推进边境村镇宽带网络建设。[①] 在少数民族地区，应当采取特殊措施和手段推动人口较少民族贫困人口精准脱贫。

（三）加大政策倾斜力度

北京大学贫困地区发展研究院院长雷明认为深度扶贫的关键在于“深”：目前所剩的贫困人口主要分布在深度贫困地区，特别是残疾人、孤寡老人、长期患病者等无业可扶、无力脱贫的贫困人口，以及部分教育文化水平低、缺乏技能的少数民族贫困群众，需要通过加大投入、完善社会保障来实现脱贫。[②]

党中央和国务院在未来三年的规划中也提出：第一，发挥金融资金的作用。中央财政进一步增加对深度贫困地区专项扶贫资金、教育医疗保障等转移支付，加大重点生态功能区转移支付、农村危房改造补助资金、中央预算内投资、车购税收入补助地方资金、县级基本财力保障机制奖补资金等对深度贫困地区的倾斜力度，增加安排深度贫困地区一般债券限额。规范扶贫领域融资，依法发行地方政府债券，加大深度贫困地区扶贫投入。新增金融资金优先满足深度贫困地区，新增金融服务优先布局深度贫困地区，对深度贫困地区发放的精准扶贫贷款实行差异化贷款利率。[③]

第二，加大政府的投入，发挥主导作用。保障深度贫困地区产业发展、基础设施建设、易地扶贫搬迁、民生发展等用地，对土地利用规划计划指标不足部分由中央协同所在省份解决。深度贫困地区开展城乡建设用地增减挂钩可不受指标规模限制，建立深度贫困地区城乡建设用地增减挂钩节余指标跨省域调剂使用机制。深度贫困地区建设用地涉及农用地转用和土地征收的，依法加快审批。在援藏援疆援青

---

① 中共中央国务院关于打赢脱贫攻坚战三年行动的指导意见 [N]. 人民日报，2018-08-20（1）.

② http://www.rmlt.com.cn/2018/0809/525440.shtml.

③ 中共中央国务院关于打赢脱贫攻坚战三年行动的指导意见 [N]. 人民日报，2018-08-20（1）.

工作中，进一步加大对“三区三州”等深度贫困地区干部选派倾斜支持力度。[①]

二、扶贫法治化

（一）实行制度扶贫和法治扶贫

近年来随着扶贫工作的不断深入和资金投入力度的加大，多地法院都出现了扶贫资金被挪用或侵占的刑事案件，领导干部和部分群众利用制度监管的漏洞中饱私囊，积少成多，足以阻碍我国进一步推进深度扶贫的进程。因此，深度扶贫工作应该从扶贫的行动向制度化、法治化扶贫深入。行动式扶贫具有灵活的优点，正确实施扶贫行动可以在局部地区有显著的效果，但局部的优化不代表整体的优化，其效果的显著也不具有长期性，因此将行动确立为制度或法律就显得尤为重要。

首先，制度扶贫和法治扶贫可以使深度扶贫工作开展得更加系统，从整体入手解决局部问题，可以具有长期的扶贫效果。其次，制度扶贫和法治扶贫也可以避免权力寻租，将权力关在笼子里，保障扶贫工作的平稳运行。最后，制度扶贫和法治扶贫可以减少行动扶贫的偶然性，扶贫工作不是一次两次就能完成的工作，一次行动的成功不代表经验可以复制，因此需要用制度和法律的形式加以规定，确保每一次的扶贫行动都能发挥应有的效力。

总体而言，法治化扶贫具有整体性、长期性和稳定性。在推进深度扶贫过程中，可以从单纯依靠政府，到依靠政府＋企业＋社会组织＋个人，再到政府＋企业＋社会组织＋个人＋贫困户，从行动式扶贫向制度机制扶贫深入，建立扶贫＋扶智＋扶志＋扶制的长效机制，扶植发展股份合作制和集体经济，激发贫困群体内生动力。[②]在法律层面，

---

① 中共中央国务院关于打赢脱贫攻坚战三年行动的指导意见 [N]. 人民日报，2018-08-20（1）.

② http://ex.cssn.cn/zx/bwyc/201809/t20180926_4569349_2.shtml.

国家可以组织法制机构研究针对扶贫政策的法律，及时弥补法律的滞后性，使深度扶贫领域的工作也能做到有法可依、有法必依、执法必严、违法必究，形成行动式扶贫＋制度性框架的联合互动，才是既解决深度扶贫的困境问题，也实现“依法治国”的战略目标。

（二）以裁判案例做警示

汪祖寿在担任湖北省阳新县浮屠镇湖彭村党支部书记、村委会主任期间，将国家拨付专门用于帮助本村发展300亩东北松扶贫项目的20万元资金，挪用于偿还村委会新建办公楼欠款等非特定项目，触犯了《中华人民共和国刑法》第273条规定，犯挪用特定款物罪。这只是诸多挪用、侵占扶贫资金刑事案件中的一起。这些贪污扶贫资金的领导干部，导致国家和人民群众利益遭受重大损失，影响了政府的公信力，有损党群关系、干群关系。解决扶贫工作法律缺失的问题，可以从案例判决入手。在正式法律颁布之前，这些案例可以作为法院裁判的参照，或干部、群众引以为戒的学习材料，通过发布指导案例的形式加强扶贫工作的法治进程，树立参与扶贫工作的国家工作人员和基层群众对扶贫工作的正确认识，使其提高法律意识，规范自身行为。用裁判案例作为扶贫工作的警示，可以在法律出台之前起到一定的作用，有利于扶贫工作的制度化和法治化，从而适应时代的新需求。

三、扶贫“自主化”

（一）鼓励内生动力

深度扶贫不单单是经济上的扶持，更重要的是从心理和精神上帮助深度贫困地区的人民群众认识外面的世界，并使其自身拥有改变现状的决心和信念。习近平总书记在深度扶贫座谈会中指出：现在，一些地方出现干部作用发挥有余、群众作用发挥不足现象，“干部干，群众看”，“干部着急，群众不急”。一些贫困群众“等、靠、要”

思想严重，“靠着墙根晒太阳，等着别人送小康”。[①]这种思想让扶贫变成了表面工作，难以深入“穷根”，只能做到短效的扶贫，难以扭转长期积累下的弊病，因此，即使深度扶贫的任务完成，效果良好，也容易发生“返贫”的现象。

案例：吉林省评选“草根”人才 挖掘农村实用人才“内生动力”

吉林省在2012年评选出首批十大乡土专家和农村实用型专家，涉及当地药材种植、荒漠治理、销售、文艺、农业发明等众多领域。敦化市大蒲柴河镇普通农民刘振江，仅高中学历，但他培育出的鸡蛋每100克含维生素A、E、B_2以及18种氨基酸总量，分别比普通鸡蛋高出60倍、40倍、20倍和1.0～3.6倍以上，胆固醇含量比普通鸡蛋低90%以上，为目前国内、国际上最好的绿色鸡蛋之一。

资料来源：《南方农业》，2013年7月

吉林省还采取发放省政府特殊津贴、纳入专家人才库等措施，用良好的待遇和政策鼓励农民自主研发、增收增创，挖掘出当地农村的“内生动力”，改变了以往直接补助、发放实物的做法，建立的新机制有利于鼓励人民群众以劳动换取新生活，最终实现脱贫致富的伟大目标。

（二）多元模式寻找经济增长点

以往的单纯依靠政策和政府的扶贫模式如今已不再适用，随着社会经济的多元化发展，深度贫困地区的脱贫途径和机遇也越来越多。“生态＋”“互联网＋”等综合扶贫模式比以往依靠政府资助的模式更加能够刺激经济增长点。例如，当前农村旅游度假已成为生活在都市中的人民群众的热潮，针对这一现象，国家旅游局（现为中华人民共和国旅游部）在2017年9月确定了旅游扶贫行动方案，计划每年对深度贫困地区进行包括人才、金融、创业等多方面的专项扶持，旅游扶贫

① 习近平．在深度贫困地区脱贫攻坚座谈会上的讲话[J]. 党建，2017（17）：10-18.

项目将不少于1 000个，资金不少于3 000亿元。

案例：国家旅游局发布旅游扶贫行动方案 旅游扶贫项目将不少于1 000个

国家旅游局牵头的《乡村旅游扶贫工程行动方案》，共梳理出具备发展乡村旅游条件的贫困村2.26万个，涉及建档立卡贫困户230万户。以西藏自治区为例，截至2017年9月，该地区已累计接待国内外游客超过2 000万人次，同比增长17.7%。当地旅游部门通过推动旅游产业与文化、体育、藏医药、农牧业、民族手工业等相关产业融合深化，以农家乐、藏家乐、牧家乐、休闲度假点、家访点为代表的乡村旅游新业态，鼓励城镇居民和农牧区群众依托旅游发展，实现旅游收入301.54亿元，同比增长21.6%。

资料来源：https://www.sohu.com/a/212487167_776128

国家旅游局的方式不仅使当地的旅游业得到迅速发展的机会，而且建立了绿色脱贫的发展模式，同时，对深度贫困地区当地的人民群众而言，旅游模式的脱贫行动改善了就业环境，使农民可以不用外出打工便能赚钱，既解决了留守儿童和留守老人的问题，也解决了深度贫困的难题。从供给转向消费，在刺激当地经济增长点的同时，也带动了国家经济的增长，达成共赢的局面。

（三）注重教育和职业技能培训

教育和职业技能培训是完成脱贫目标的根本举措，“授人以鱼不如授之以渔”，必须加强深度贫困地区人民群众自身的能力，才能彻底改变深度贫困的困境，可谓是“打铁还需自身硬”。人社部、国务院扶贫办决定于2018年9月至2020年年底，在全国组织开展深度贫困地区技能扶贫行动，目标是实现每个希望学习技术和知识的贫困劳动力都能接受职业技能培训。其主要内容有以下几点：精准掌握贫困劳动力信息，广泛组织动员；大力开展就业职业技能培训，促进实现转移就业；积极开展创新创业培训，培养创业带头人；支持企业开展职工培训，促进稳定就业；深入推进技工教育，加大对口帮扶力度；做好职业技能培训结业考核和职业技能鉴定工作，提高就业质量；优化职业技能培训方式方法，提高培训供给能力；加强基础设施建设，提高办学水平。组织教育和技术学习，不仅打破了深度贫困地区与外界交流的隔阂，也使当地人民群众的视野放宽、放远。思想上的改变才是真正的改变，扶贫工作能否长期有效地进行也取决于此，因而教育和职业技能培训式的扶贫是一件真正功在当代、利在千秋的大事。

四、扶贫区域化

孤立的扶贫是难以达到预期效果的，因此必须统筹安排、区域协调，调动各方力量帮助深度贫困地区走出深度贫困状况。将扶贫政策同乡村振兴战略和区域可持续发展战略有机地结合起来，增强乡村发展、区域发展对扶贫的溢出效应，防止非贫困对象对贫困对象的挤出效应，防止非扶贫政策对扶贫政策的挤出效应。①

发展较好的东部地区应该定点帮扶深度贫困地区，这符合共同富裕中“先富带后富”的要求，也强化了对口支援的责任，要求在资金、技术、专家、项目等方面加大政策倾斜力度。例如，“携手奔小康行动”和“万企帮万村行动”，分别是东部发展较好的市县和民营企业发起的扶贫行动，积极鼓励社会力量参与政府工作，担起企业的社会责任。统计数据显示，截至2018年上半年，进入全国“万企帮万村”行动台账管理的民营企业已有5.54万家，帮扶6.28万个村（其中建档立卡贫困村3.99万个）；企业投入597.52亿元，公益投入115.65亿元，安置就业54.92亿元，技能培训58.31亿元，带动和惠及755.97万建档立卡贫困人口。②

---

① 雷明. 深度扶贫：打赢脱贫攻坚战之关键[N]. 中国社会科学报，2018-09-26(4).

② 周勇刚. 推动“万企帮万村”精准扶贫行动纵深发展[N]. 中华工商时报，2018-08-30（6）.

案例：远达集团推动“万企帮万村”精准扶贫行动纵深发展

2016年始，远达集团在甘肃省武威市天祝县、甘南藏族自治州、临夏回族自治州建立了远达藜麦科研试验基地。远达集团在进行试种试验确保成功后，免费向当地农户提供种子、肥料和地膜，并指导技术，加强培训工作。除了指导种植，远达集团还提供销路，签订回收订单，这一举措大大激励了当地农户的积极性。2018年，远达集团联袂中国农科院作物研究所在甘肃天祝县建立了拥有486种藜麦品种的种植资源基地，是南美原产地之外最大的种源基地，并培育出世界首例零皂苷饲草用藜麦新品种。

资料来源：《中华工商时报》，2018年8月30日

在科技和资本的共同帮扶下，当地农户已找到脱贫致富的新路径。远达集团将再投资2.6亿元建设国际藜麦加工产业园，这是对当地产业结构的调整，也是对口帮扶和区域间协调发展的代表性民营企业。

五、干部队伍是中坚力量

（一）精神力量应坚定

基层干部是扶贫工作的先锋，也是离人民群众最近的政府代表，因此，基层干部的“精神气”一定程度上影响了深度贫困地区人民群众对党和国家的深度扶贫政策的认识和信心。

领导干部首先应当发扬实干精神。深度扶贫不是表面工作，不是填写报表的任务，而是扎扎实实给人民群众带来改变和利益的工作。因此，领导干部必须沉心静气做一个实干家。焦裕禄在河南兰考县帮助当地治理环境、脱贫致富，内涝、风沙和盐碱地都是黄河流域给兰考地区带来的巨大挑战，但是焦裕禄发挥实干家的精神，率领干部和群众进行了小面积翻淤压沙、翻淤压碱、封闭沙丘试验，用栽种泡桐的办法解决了内涝、风沙和盐碱地“三害”问题，最终让历史上最难治理的黄河流域的兰考地区拥有了可以耕种的良田。实干精神需要积

少成多的耐心和毅力，艰巨的扶贫不是一朝一夕就能完成的，深度扶贫更是如此，因此必须发挥实干家的精神，一步一个脚印地丈量承载了几千年风雨的土地，让中华大地的深度贫困地区一点一点发生改变，在积累中发生量变，最终实现质的飞越。

其次，领导干部还应该具备勇于担当精神。扶贫工作的琐碎和艰巨是每个基层干部都要面临的问题，能不能深入人民群众中，了解人民群众的真实需求，担负起帮扶人民群众的责任，是检验领导干部的一项标准。

案例：务实扎实的好书记——记大姚县湾碧乡党委书记李忠凯

出任中共云南省楚雄州委组织部州管干部的大姚县湾碧乡党委书记李忠凯，1980年生人，但几年扶贫工作下来头发已经全白。据《楚雄日报》报道，在任期间，李忠凯将全乡贫困程度最为严重的5户群众分配给自己挂包，并在2014年至2017年间，帮助湾碧乡共993户3 941人贫困人口实现稳定脱贫。该报道还表明：为拉动当地经济增长，李忠凯在当地做了长时间的调研实践工作，并结合湾碧丰裕的光热资源、独特的“梯次”海拔高差以及立体气候，提出了产业富民“32字经”——山上核桃、山下花椒，林中牛羊、江中水产，江岸热果、江上旅游，甘蔗红糖、特色冬枣。李忠凯所在乡村离县城相对较远，在扶贫初期基础设施环境较差，经过几年扶贫工作后已经明显有了改善，基础设施问题得到了妥善解决。[①]

资料来源：https://www.jiceng.org/povertyrelief/3519.html

李忠凯认为，想要了解脱贫工作必须进行走访，县里要求乡镇党委书记要走遍全乡所有的贫困村，脱贫的人民群众也相当支持，其辛苦程度可见一斑。李忠凯也是诸多散落在全国各地的基层领导干部的代表，这些有担当和责任的领导干部才是扶贫工作的中流砥柱，才能让扶贫工作顺利完成。

---

① http://www.sohu.com/a/281919636_10023845.

最后，领导干部要有奉献精神。对深度贫困地区的人民群众来说，扶贫资金的每一分都来之不易，因此各级领导干部应该有无私奉献的精神，绝不能出于私利动用扶贫资金。同时，扶贫是一项长期的工作，因此领导干部有时会面临“只开花，不结果”的问题，这就需要领导干部端正思想，秉持功成不必在我的思想境界。扶贫工作的完成凝聚了每一位参加基层领导工作的干部的汗水和心血，这些努力都会为历史和人民所铭记。脱贫工作并不是到 2020 年完成就万事大吉了，而是具有更加深远的意义，因此要求领导干部不要过度在意一时的成绩和政绩，应当为深度贫困地区长期有效的可持续发展能力着想。

（二）严格干部纪律，完善监督机制，提高管理能力

中国已经在大规模的扶贫工作中取得了举世瞩目的成绩，但仍然存在贪污腐败的问题，这是阻碍深度扶贫工作进一步开展的重要障碍。党中央长期以来对领导干部以“四个意识”来要求，即政治意识、大局意识、核心意识、看齐意识，这不仅仅是一句口号，而是要求落实在扶贫工作中的一项原则。习近平总书记在深度扶贫座谈会上强调：党中央没有硬性要求地方提前完成脱贫任务，更何况贫困问题错综复杂的深度贫困地区。脱贫计划不能脱离实际随意提前，扶贫标准不能随意降低，绝不能搞数字脱贫、虚假脱贫。要实施最严格的考核评估，坚持年度脱贫攻坚报告和督查制度，加强督查问责，对不严不实、弄虚作假的现象严肃问责。要加强扶贫资金管理使用，对挪用乃至贪污扶贫款项的行为必须坚决纠正、严肃处理。扶贫工作必须务实，脱贫过程必须扎实，脱贫结果必须真实，让脱贫成效真正获得群众认可、经得起实践和历史检验。[①] 一方面，领导干部应该认识到党内纪律和国家法律的严格性，端正自己的行为；另一方面，法律和政策应该尽快落实监督机制，让扶贫工作在阳光下开展。

领导干部还应该提高自身能力，坚决落实党中央的决策部署，有所作为。扶贫工作不能沦为形式主义，领导干部要讲究科学和效率，

---

① 习近平 . 在深度贫困地区脱贫攻坚座谈会上的讲话 [J]. 党建，2017（17）：10-18.

尤其是第一书记应该具有决策的魄力和眼光。近年来，大学生村官越来越多，提高了基层领导干部知识文化水平，领导干部如同扶贫攻坚战的士兵，必须有精良的队伍才能利用精良的武装打赢这场仗，否则只是花拳绣腿走过场。各地应该建立有能力、有作为的领导班子，让基层干部在实战中锻炼成长，也为深度贫困地区的发展注入新活力。领导干部除了自身的文化水平和能力要强，还应该学会利用科学技术使工作高效化，例如使用电子设备和网络资源，建立共享信息数据库，可以节省一遍遍的填报表时间，从而使深度扶贫工作不在琐事上花费过多的时间和精力，将有限的精力投入到更有意义的实务工作中。习近平总书记强调：我在这里再次重申，脱贫攻坚期内贫困县县级党政正职要保持稳定，对表现优秀的，完成脱贫攻坚任务后可提拔重用。希望在这个岗位上的同志不辱使命，把党交给的光荣任务全面完成好。①

第五节　总　　结

深度扶贫工作主要针对“三区三州”（西藏、四省藏区、新疆南疆三地州和四川凉山州、云南怒江州、甘肃临夏州）地区，应着力在这些地区加强基础设施建设、改善公共服务、开拓产业扶贫、加强生态保护、提高人口素质等，从而奠定脱贫工作的基础。在自身条件改善的同时，注重区域协调发展，引进项目、资金和人才，拉动区域经济增长，提高公共服务水平，降低贫富差距。

深度贫困地区现阶段取得的成就是有目共睹的，大多数地区大大改善了以往的生存环境，保障了人民群众的基本生存权，但距离全国的平均水平还有相当大的差距。未来三年的脱贫攻坚期，深度扶贫地区是党和国家的重点关注对象，也是实现全面小康社会的关键一步。

---

① 习近平．在深度贫困地区脱贫攻坚座谈会上的讲话 [J]. 党建，2017（17）：10-18.

要走好这一步，必须正确面对现阶段发现的各类问题，例如：立法工作尚不完善，部分领导干部存在贪污腐败情况，深度贫困地区的人民群众脱贫致富的思想还比较消极等。

为了解决现阶段存在的这些问题，攻克扶贫工作的难关，应该从以下方面着手进行改变：第一，明确扶贫思想和扶贫目标。扶贫工作尽管有地域之间鲜明的差异性，但必须在统一的领导下来完成，以保障扶贫工作的质量和效率。第二，扶贫工作法治化。必须解决现阶段存在的法律漏洞，完善制度设计，才能最大可能地减少扶贫工作中出现的程序问题和实体问题，让扶贫工作有法可依，这也是建设法治社会的基本要求。第三，扶贫自主化也尤为重要。“打铁还需自身硬”，只有深度贫困地区的人民群众从思想上认识到脱贫致富的重要性，扶贫工作才能减少不必要的阻力，才能让干部和群众“心往一块想，劲往一块使”，从而发掘其内在的经济增长点，逐步脱离被扶持的状态，发现自身的经济增长动力。第四，扶贫区域化可以弥补深度贫困地区自身动力不足的问题。例如石漠化、干旱等自然条件极其脆弱的地区，依靠自然经济而无法形成产业链的地区，基础设施极为落后的地区等，这些地区难以仅凭自身取得重大的发展进步，需要区域之间的协调帮助和对口支援，才能促进当地经济条件的明显改善。第五，干部问题始终是扶贫工作中不可忽视的问题。领导干部是深入一线的排头兵，最能了解深度贫困地区人民群众的基本需求，所以要求领导干部必须有坚定的理想信念和扎实的工作态度，以及优秀的领导决策能力，能够主动为乡村的发展带来有利影响，主动帮助困难群众，从点滴小事做起，最终才能实现“星星之火可以燎原”的扶贫工作的胜利。

第十六章 可持续扶贫

精准扶贫，关键在“可持续”、在提高“造血”能力[①,②]，完成扶贫工作对于每个国家而言都是一场针对贫困艰难的、持久的战争，形成可持续的扶贫状态尤其重要。现今中国扶贫已经将产业扶贫作为重点，前期粗放式绿水青山换得金山银山的策略已经弊端明显，因地制宜、适应发展的可持续性扶贫成为主流模式。可持续发展重点把握“资源的可持续”，要求各行业共同参与扶贫工作，将贫困地区资源更加有效地利用起来。找寻一个地区的可持续发展状态，对中国扶贫事业有着极为重要的意义。

第一节　绪　论

如何有效利用资源致富？这是一个贫困地区发展的重要途径，也是贫困地区脱贫致富的难题。资源是一个地区发展的基础条件。可持续扶贫模式在一个地区可行与否、成功与否，都依赖于该地区如何利

① 雷明，等．科学发展 构建和谐——贵州省毕节地区开发扶贫与生态建设 [M]．北京：经济科学出版社，2008.

② 雷明，等．贫困山区可持续发展之路——基于云南昭通地区调查研究 [M]．北京：经济科学出版社，2010.

用本地和外来资源，从而找到正确的发展方式，这是地区脱贫致富的前提条件。我国在可持续扶贫方面取得了诸多成就，也获得了很多宝贵的经验，因此，回顾和总结我国开展的可持续扶贫道路有何可借鉴之处，有何需改进之处，对于更多的贫困地区走脱贫之路都是非常重要的。

一、可持续扶贫的概念内涵

可持续扶贫是我国在20世纪90年代提出来的，依托可持续发展理念而确定的新型扶贫模式，贯彻落实了可持续发展观以保护自然环境为主体，鼓励经济持续健康增长并提高和改善人们的生活质量的目的。“可持续扶贫是一个系统工程，以扶贫对象最终的独立发展为目的，充分考虑系统内各因素的特点，保证了扶贫工作的科学性、合理性和有效性。”① 目前，可持续扶贫还没有准确的定义，大部分都集中在已取得的成功案例上，但已经有学者陆陆续续地将可持续扶贫形成一个科学的模型。左齐等（2002）对可持续扶贫开发的二元系统观进行了总结，将可持续扶贫模式分为经济子系统和社会子系统。可持续扶贫不是单一的经济问题，它更是一个复杂的社会问题，贫困地区的经济发展水平还处于粗放的发展状态，它的社会子系统则更为原始和落后，对生态系统的破坏只获得了短暂的经济效益。社会子系统对于贫困地区的可持续发展有着决定性的作用，也是可持续扶贫模式的中心思想，两个系统是否能协调发展，是地区脱贫致富的关键，“可持续扶贫开发是一个庞大的二元系统，新的可持续扶贫开发观点强调了两个系统的协同——实施对象和实施手段的可持续性。”② 丁军、陈标（2010）平则对可持续扶贫模式进行了模型化的总结。“主体 - 供体 - 载体”三体均衡、三位一体的扶贫模式要求以“三体均衡”为前提条件，

① 王蓉．我国传统扶贫模式的缺陷与可持续扶贫的战略选择 [J]. 农村经济，2001（2）：8-10.

② 左齐，张麟，莫虹．论可持续扶贫开发的二元系统观 [J]. 经济体制改革，2002（1）：58-60.

以“贫困主体能力持续提高、扶贫资源持续供应、生态环境持续循环”为基本内容，以“三位一体”整体推进为目标，“主体、供体、载体”三者相互促进、相互协调、均衡发展。[①] 因此对于主体，要关注自我积累和发展能力的提高；对于供体，要加强扶贫资源可持续供应与利用；对于载体，要实现生态环境的可持续循环。三方的可持续，是构成可持续发展模式的基础。

二、可持续扶贫的基本特征

（一）以资源为主导，与环境承载力相协调

2003 年《中国城市统计年鉴》数据表明，资源型城市的贫困发生率总体上更高，并且，资源型城市的贫困率随城市规模变化的幅度更大。非资源型城市的贫困率总体上低于资源型城市，但在超大型城市和小城市贫困率反而更高，在特大型、大型与中等城市中，资源型城市的贫困率显著高于非资源型城市，尤其是中等城市中，资源型城市的贫困率比非资源型城市高出了 1 倍多，见表 16-1。可见，资源对于一个地区的发展起到了决定性的作用，贫困城市资源的短缺使得可持续扶贫显得更加重要。在致富的同时必须保护环境，严格控制环境污染，让生态系统能够健康运转，让资源开发依托于环境承载力，制定符合自然规律的科学发展模式，使贫困地区实现经济和生态环境的良性循环，加强行政管制，严格控制资源使用标准，确保资源能够可持续利用，避免恶性循环。并且，贫困地区的人力资源缺乏无法避免，控制人口、提高劳动力素质也是保证可持续发展的重要条件，发展要“以人为本”，和自然环境的协调发展需要人进一步的探索和适应。应增强人力资本积累，避免不断返贫，从而实现人口的可持续发展。

---

① 丁军，陈标平 . 构建可持续扶贫模式 治理农村返贫顽疾 [J]. 社会科学，2010（1）：52-57，188.

表 16-1　城市规模与贫困发生率（2003 年 12 月）

城市规模		贫困发生率 /%
超大城市	非资源型城市	3.81
	资源型城市	2.02
特大城市	非资源型城市	3.91
	资源型城市	6.56
大城市	非资源型城市	5.32
	资源型城市	8.48
中等城市	非资源型城市	5.22
	资源型城市	10.49
小城市	非资源型城市	10.78
	资源型城市	7.26

资料来源：中国减贫研究数据库，https://www.jianpincn.com/skwx_jp/ImgDetail.aspx?ID=91004.

（二）鼓励经济增长

经济发展和可持续发展在贫困地区经常呈现出矛盾的状态，但可持续扶贫的最终目的是增加财富，改善生活质量。应对扶贫资金进行管理和利用，使其功效能够得到充分发挥，在引资的同时引智，改变以往简单的发展模式，运用高科技致富，例如“十大精准扶贫工程”之一的光伏扶贫，将扶贫开发与新能源利用相结合，成功解决了一些贫困地区的用电问题，实现脱贫增收，如表 16-2 所示。充分发挥政府和科技的推动力，使经济不光是得到了数量上的增长，更是保证了增长过程中的质量，提高效益，创新消费模式，更能体现国家的财富实力。

表 16-2　2015—2017 年三年光伏扶贫数据统计

省、自治区	光伏扶贫电站总规模 / 万千瓦
山西	181.35
河北	176.55
安徽	126.57
山东	111.70

续表

省、自治区	光伏扶贫电站总规模 / 万千瓦
甘肃	76.25
青海	62.16
江西	62.00
陕西	51.06
吉林	41.83
内蒙古	36.76
黑龙江	34.93
湖北	30.80
宁夏	29.97
新疆	19.79
云南	18.80
河南	10.50
辽宁	4.60
湖南	3.84
江苏	3.50
四川	1.70
海南	0.11

资料来源：中国新能源网，http://www.china-nengyuan.com/news/119670.html.

第二节　产业融合：可持续扶贫发展新模式

一、金融业参与扶贫工作，助推可持续扶贫发展

为了打赢脱贫攻坚战，我国一直在寻找新型扶贫模式。2016 年 3 月 16 日，中国人民银行、国家发展改革委、财政部、中国银监会、中国证监会、中国保监会、国务院扶贫开发领导小组办公室联合印发了《关于金融助推脱贫攻坚的实施意见》，提出了金融在脱贫攻坚工作中的

作用要适应精准把握的总体要求，扶贫状态和金融需求需要相互对接，要将金融服务精确到村和人，精准解决需求，让贷款能够及时发放到符合条件的贫困人口手中，使其得到现代化的金融服务，为实现脱贫攻坚提供充足的金融支撑。金融扶贫是新时期党中央扶贫开发的重要制度安排，也是脱贫攻坚的重点工程。

首先，金融扶贫将资产支持放在了每一家每一户上，它是精准的、定点的，让个人可以直接从金融扶贫中获益。江西省崇仁县桃源乡朗源村的贫困户朱运龙就成功通过金融扶贫在自家屋后山坡上建起养鸡场，实现了自己的脱贫梦。他通过在当地农商行贷款 2 万元，购买和养殖了麻鸡 5 000 羽，赚了 1 万多元。崇仁县银监办指导当地金融部门向贫困户推广免抵押、免担保 5 万元以下扶贫小额信用贷款，成功解决了贫困户面临的融资难问题，对当下社会中的一些针对落后地区的融资骗局也有所遏制。

在中央金融单位定点扶贫工作推进会上，初步展现了金融定点的扶贫成效：23 家金融单位组织系统内 93 万余人参与定点帮扶，对口帮扶 66 个国家级贫困县，其中深度贫困县 19 个，目前已累计脱贫 86.6 万户 312 万人，为金融产业助推扶贫事业的发展做出了重要贡献。中国人民银行副行长刘国强在会上指出“要发挥金融单位的优势和特长”，要突出“用金融的手段干好扶贫工作”的特色，充分展现金融的价值。① 以“定点”“精准”为核心，精确扶贫主体，细化操作，和国家财政融合，为精准扶贫做坚实的后盾。

其次，就是金融人才的重要性。金融扶贫 86.6 万户 312 万人脱贫的成绩离不开金融专业人才的作用。金融扶贫机制能够逐步完善、顺利推进、因地制宜都依赖金融人才发挥作用，中国人民银行先后选派 8 名优秀中青年干部到定点县挂职、中国进出口银行派 17 名干部到贫困地区挂职，并形成了职责清晰、分工明确的扶贫工作机制。党的十八大以来，23 家金融单位组织系统内 93 万余人参与定点帮扶，累计向定点扶贫县派驻挂职干部 369 人①；直接投入资金 13.47 亿元，投

① 陈果静 . 精准扶贫彰显金融“价值”[R]. 经济日报 . 2018-10-22.

入贷款、基金、风险保障金等行业扶贫资金 330.96 亿元；帮助引进扶贫龙头企业 114 家，投资 25.31 亿元，带动贫困人口 13.6 万人。要改变贫困村“空心化”、人才流失现象，“两个双向”成为吸引人才、培养人才的重要举措。其一，是促进人才双向流动，建立健全人才流动机制，目的是为贫困县培养更多的金融扶贫人才。其二，是银保监会推动实施双向挂职，国家开发银行向 4 个扶贫定点县派驻 1 名挂职干部的同时，接受定点县 3 名干部到国家开发银行进行学习交流和挂职。培养出的专业人才成为填补贫困地区人力资源空缺以及金融产业扶贫重要的智力支持。

自从产业扶贫成为扶贫新阶段的主导力量之后，也成为各贫困县脱贫的关键，产业脱贫在引进产业进行发展的同时，脱贫的可持续性更加重要。与金融产业的相互融合成为了进一步发展的难题，需要金融单位充分运用政策、资金、信息、技术密集的优势，发挥金融平台作用，将金融扶贫与发展当地产业紧密结合，完善利益联结机制，增强贫困地区脱贫的可持续性。

金融产品的“量身定制”，让金融产业成为保障可持续扶贫实现的重要条件。不同的贫困县有一样的贫穷和不一样的原因，金融产业不能盲目照搬发展模式，在为贫困户拓宽资金来源的同时，因地制宜地找到最合适的投资状态、发展状态是最重要的，这是有效杜绝资源、资金浪费的举措。金融扶贫必须结合贫困县的实际情况，为定点县量身设计金融产品，找到适合不同地区的发展模式。

人民银行实施“金融＋”政策帮扶体系，针对定点贫困县缺资金的状况，对扶贫再贷款、定向降准等货币政策工具要灵活运用，打造“扶贫再贷款＋”模式，充分发挥政策带动作用，紧密对接财政贴息、产业扶贫等。截至目前，人民银行累计向 2 个定点县区投放扶贫再贷款 6.2 亿元，引导发放涉农贷款 17.17 亿元①。同时，向陕西宜君县农信社定向降准 1 个百分点，将融资的成本降低了，最大限度地保障了扶贫资金的供给问题，因地制宜推动地区产业发展，

① 陈果静 . 精准扶贫彰显金融“价值”[R]. 经济日报 . 2018-10-22.

积极参与脱贫攻坚。

在资本市场参与扶贫方面，据证监会办公厅扶贫办副主任杨志海介绍，2016 年度证券公司帮助贫困地区融资额达 828 亿元。上市公司、证券公司、期货公司等着力解决融资问题。根据《我国农村金融发展报告（2017）》中对中国目前各个金融产品的概述，2010 年，国际金融公司和红杉资本先后入股中和农信，2016 年 12 月，蚂蚁金服及天天向上基金正式宣布战略投资中和农信；截至 2017 年 10 月，中和农信小额信贷业务覆盖全国 21 个省、276 个县、89 713 个行政村，有效客户数达 38.8 万人，其中农户占比为 92.8%，女性客户占比为 86.6%[①]。在保险业参与扶贫方面，需要发挥其保障作用，建立以农业保险、大病保险为核心的扶贫保障体系，在保证贫困户生活基础的同时保证资金的有效利用。扶贫工作的开展不仅需要依靠国家财政，更要引进社会资金，结合金融机构、金融部门，实现精准扶贫目标。[②] 如图 16-1 所示，2013 年第一个季度我国小额贷款企业数量呈稳步发展趋势。

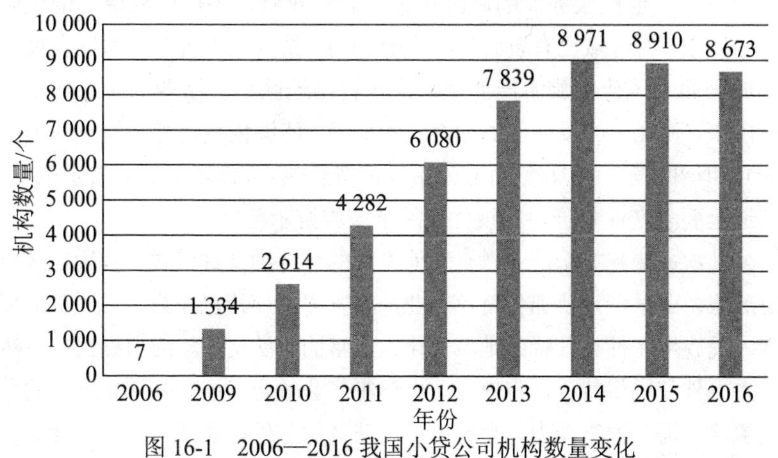

图 16-1　2006—2016 我国小贷公司机构数量变化

① 我国农村金融发展报告（2017）[R]. 利基研究院，2017-12-26.

② 新华社中国网事 . 金融扶贫显成效，探索可持续扶贫机制 [R]，新华社，2017-11-09.

二、乡村振兴战略下的民族地区旅游可持续扶贫①

实施乡村振兴战略，是党的重大决策部署，是全面建成小康社会的重大历史任务，也是一场攻坚战。对于自然环境较为优越，第三产业发展较为缓慢的地区，乡村扶贫的工作重点应该放在旅游扶贫上来。但目前乡村旅游仍存在很多问题，如缺少政府层面的统筹规划，农业现代化发展薄弱，文化保护力度不够，生态保护观念淡薄，乡村环境亟待改善等；由于农村人口向外流动性强，导致缺乏智力和相关技术支撑，使得农村旅游发展经验不足，需要更科学的发展道路。

（一）构建民族地区旅游的可持续发展模式

要以旅游带动经济，就要建造一种旅游占主导地位的发展模式。首先，将发展全域旅游示范区域作为重点，这也是目前旅游转型升级的新方向。全域旅游需要各行业的参与，是一种“全域布局、全民参与、全业融合、全程服务”的旅游状态，需要政府相关部门构建新的旅游产业体系，将区域已有资源进行充分利用，结合其他各产业共同发展，形成全面系统化的旅游产业体系，在贫困地区将旅游业的带头作用发挥出来，使经济的发展能够迎合自然资源、能够依托自然环境承载力，达到和谐的发展状态，培育旅游市场消费新热点。创建全域旅游示范区，打造全要素产业集群，实现优质的全域旅游示范区。

其次，构建旅游产业融合其他产业的可持续扶贫模式。贫困地区要发展旅游业，一定要抓住特色产业，将发挥民族特色作为实现脱贫的根本。民族地区拥有独特的地域文化、丰富的旅游资源，应根据民族自然生态条件和民俗特色，将农业、电商等产业融合发展，开辟更宽广的发展道路，提升致富能力，奠定可持续扶贫的基础，让扶贫的道路变宽，让致富的可能性增加，最终实现贫困地区村民的精准脱贫和可持续发展。

要以旅游业作为主导产业，保证“绿水青山”是基础工作。一个地区是否有原汁原味的特色，是吸引游客的关键，无论是地处边远地

---

① 汪姣 . 乡村振兴战略下的民族地区旅游可持续扶贫研究 [J]. 农业经济，2018（8）：30-32.

带，地理位置较为偏僻，人口稀少、交通不便的区域，还是逐步向现代化发展的乡村，都需要保持原始的生态环境，自然生态资源和人文资源丰富多彩，是乡村振兴和旅游业发展的基础。“良好的生态环境是农村的最大优势和宝贵财富。必须尊重自然、顺应自然、保护自然，推动乡村自然资本加快增值，实现百姓富、生态美的统一。”要将“青山绿水”变成“金山银山”，让贫困地区脱贫致富，就一定要立足实际，严抓生态环境建设和保护工作，拥有良好的自然生态环境和独特的民族文化环境，是民族地区旅游业的吸引力和生命力。在对生态环境进行维护的基础上发展的旅游业，是人与自然能够和谐共生、形成良性发展循环的体现，是贫困地区通过旅游业来实现可持续发展的途径。

要发展可持续旅游扶贫模式，必须发展进步观念、得到智力支持、采用合适的方式发展，三者缺一不可。首先需要政府和相关部门进行正确的价值观念引导，积极宣传扶贫新思想，将以村民为主体的内生动力有效激发出来。建立科学扶贫的制度环境，将贫困群众从等待政府援助和社会捐助的无助环境中拉出来，让贫困地区学会自力更生、发挥民族特色和优势，积极主动参与扶贫项目，成为“自己家”的主人，参与乡村建设，真正实现脱贫致富。如今，互联网已经成为旅游业发展的重要因素，民族贫困地区是否能充分利用互联网，是能否脱贫致富的关键。将乡村旅游资源、特色产品、农家乐或者民宿等资源整合起来，利用互联网平台推广出去，积极构建线上营销平台，形成完整的乡村旅游信息服务功能。让贫困地区发挥自己的特色、展现自己优美的自然环境，同时实现脱贫增收，是一种绿色的、可持续的扶贫道路。[①]

（二）“非遗＋扶贫”传统工艺带来可持续扶贫新模式[②,③]

根据文化和旅游部出台的相关文件，推进文化扶贫同样成为发展

---

① 中国产业研究院数据 中国休闲农业和乡村旅游发展数据分析 市场前景明朗，呈井喷式增长 .http://www.lbzuo.com/shuju/show-18752.html.

② 周玮 . 文化和旅游部：大力推进“非遗＋扶贫”振兴贫困地区传统工艺 [R]. 新华社，2018-07-19.

③ 刘尚君 . 非遗振兴 扶贫有路——第五届中国非物质文化遗产博览会侧记 [R]. 中国青年网，2018-09-21.

重点，应振兴贫困地区传统工艺，让非物质文化遗产尤其是传统工艺成为带动贫困地区脱贫致富的独特优势。有利的就业条件是利用非物质文化遗产发展扶贫产业的特色。来自文化脱贫攻坚一线的专家学者、非遗产业带头人共同分享了“非遗 + 扶贫”的经验与做法。

文化和旅游部办公厅对于通过大力振兴贫困地区传统工艺来实现脱贫致富充满信心，开始加大对贫困地区传统工艺的振兴力度，要求相关省区市组织制定振兴措施和计划，并对实施成效进行评估，对计划进行改进。加强贫困地区非遗传承人群培养，实施中国非遗传承人群研修研习培训计划。扩大知名度，提升当地传统工艺传承与发展水平。2018 年 7 月，文化和旅游部办公厅、国务院扶贫办综合司下发《关于支持设立非遗扶贫就业工坊》的通知，要求充分依托传统工艺带动贫困劳动力就近就业和稳定增收的独特优势，将文化在脱贫攻坚工作中的“软作用”体现出来，激发深度贫困地区自我发展能力，有效促进就业，持续增加收入，助力精准扶贫。文化和旅游部相关负责人表示，我国对非遗项目长久以来的重视，使得借助非遗来进行精准扶贫的基础较好，为传承人群的研修培训提供了人才支持，使非遗项目帮助贫困地区脱贫致富得到了保障。先总结提炼一批可复制、可推广、可持续的非遗扶贫就业工坊工作经验与模式，然后进行进一步推广。

第三节　可持续扶贫案例

一、海南省产业扶贫新模式①

案例：产业扶贫取得显著成效，让脱贫更有活力和可持续

海南坚持“三扶”——扶产业、扶资金、扶技能的政策，选择个

① 海南产业扶贫取得显著成效，让脱贫更有活力可持续 [R]. 人民网 - 海南频道，2017.12.08.

别产业作为基础性产业，在五指山、临高、琼中、白沙和保亭5个国定贫困市县实施了11个农业产业扶贫示范项目，相互联结带动贫困户脱贫增收。坚持“三合”——抓好资金整合、抓好生产与市场的结合、抓好一二三产业融合的政策，融合“三加”——围绕责任加强组织领导、围绕产业加强项目建设、围绕增收加强模式创新，专门成立产业扶贫办公室统筹工作，明确扶贫目标和方法、攻坚克难，使农业产业扶贫取得显著成效。

同时，重视扶贫龙头企业，开发其强大的带动能力，更多地吸收贫困户，达到更好的扶贫效果。探索推广“龙头企业＋合作社＋贫困户”“政府＋公司＋金融机构＋合作社＋贫困户”等多种形式的利益联结机制，使“脱贫”变得更加可持续化。海南省颇有成效的龙头企业正生堂健康产业集团公司，是一家集益智、牛大力、砂仁等南药产业化为主营业务的大型生物工程企业。该公司通过南药品种的种植加工进行产业扶贫，累计带动贫困户1 300余户，累计免费向贫困户发放益智种苗240万丛，平均每年可为农户带来3 600万元的收益。

农民专业合作社对脱贫致富的带头作用同样很强。为广大农民特别是贫困户传授技术、提供信息、提供生产资料，同时还开拓产品销售市场，让贫困户有致富的方法、有致富的渠道，以一种更加可持续的方式完成扶贫任务。近几年，已在保亭县引进受市场青睐的高产优质新品种5个，组织编号生产管理技术3 000份，技术人员跟踪指导150余次。仅推广黄秋葵种植这一新品种方面，在技术上就已实现县域全覆盖，产量从原来的亩产3 000斤提高到3 500斤以上，产品的商品率从75%提高到90%以上，亩纯收入也从5 000元提高到8 000余元，成为冬季瓜菜生产效益最稳定的品种，保亭黄秋葵也成为市场上最受欢迎的产品。带动农户500余户（其中贫困户50余户，种植面积270亩），据估算，全县黄秋葵产业将给农民带来1 900万元的收入，成为农民增收脱贫的主要产业。

资料来源：人民网 - 海南频道，2017年12月8日 . http://hi.people.com.cn/n2/2017/1211/c231190-31018961.html

海南省看重基础产业带动经济发展的作用，着重开发龙头企业，积极引进新品种，同时利用农业合作社集中发展农业。积极发展典型产业，可以初步作为探索可持续扶贫模式的方法，它对于因地制宜发展地区特色有重要意义。海南省的扶贫发展模式看重和市场、政策的协调性和统一性，对市场，开拓销路，促进产业融合，把准市场发展风向；对政策，迎合大发展方向，明确发展目标，落实各方责任，极大程度地保障贫困户的利益，减少发展过程的不稳定性，让脱贫实现可持续并且具备活力，实现长效稳定增收。

二、陕西省特色农村经济发展模式——以渭南白水县为例[①]

案例：陕西能源集团西部信托驻白水县杨武村扶贫工作典型

“坚持因地施策，发展村级经济”，陕西能源集团西部信托驻白水县杨武村扶贫工作成为因地制宜可持续扶贫模式的典型材料。杨武村位于渭南市白水县城西北 36 公里，黄土高原沟壑地貌，地理位置偏僻，气候干旱少雨，导致该村水资源贫乏，农户饮水困难，经济落后，村民主要以地窖蓄水的方式解决饮水问题。全村共 445 户 1 610 个村民，精准识别贫困户 41 户 116 人，主导产业为苹果，全村人均纯收入为 2 300 元左右。2014 年 7 月，陕西能源集团西部信托投资有限公司开始帮扶杨武村，第一时间下派了驻村工作队。工作队坚持常年驻守，认真贯彻落实扶贫相关政策，因地制宜、找准症结、积极探索“合作社＋贫困户＋电子商务”的特色农村经济发展模式，工作队首先要解决的问题就是村民的用水问题。在陕能集团来白水县挂职扶贫副县长孙李军和西部信托驻村工作队队长刘永柏的努力协调下，西部信托公司出资 20 万元硬化村道并安装了小高抽水系统，扩大了灌溉面积，有效解决了部分村民用水和农作物灌溉的问题。为了彻底解决全部村民

① 省扶贫办社会扶贫办．坚持因地施策 发展村级经济——陕西能源集团西部信托驻白水县杨武村扶贫工作典型经验材料 [R]. 陕西省扶贫开发办公室，2017-11.

的用水问题，西部信托公司再次投资90万元打一口机井，并将机井项目资产归村集体所有，运营收入优先考虑贫困户增收。2017年8月机井项目竣工，并达到了预期出水量，成为北塬镇的第一口深水井，村民长期的饮水和农业灌溉问题最终得到了根本性的解决。其次，工作队积极与社会联动，发动社会各界爱心人士助力村子的教育事业发展，改造学校、捐赠器材，多次组织社会人士采购苹果，以扩大销路，形成打赢脱贫攻坚持久战的可持续扶贫道路。同时，工作队认识到实现整村发展才能真正走对扶贫道路，于是选择成立农村专业合作社，逐步吸纳贫困户和普通农户，通过电子商务实现产品到商品的转变，逐步使农户转变为商户，加快集体经济的发展，创建一套成熟的、现代化的发展模式。全村经济得到发展，才能让贫困户实现真脱贫，才能更有效地杜绝返贫现象的出现。工作队将大户作为依托，发挥带头作用，成立了养殖合作社，并依靠西部信托公司出资30万元为其启动资金，吸纳贫困户和一般农户参与，以合作社形式统一对外经营。并与白水农村电子商务公共服务中心建立合作关系，将部分商品通过互联网进行销售。陕西能源西部信托集团工作队开发的"合作社＋贫困户＋电子商务"新型脱贫致富模式，是一条正确的、可持续发展的扶贫道路，为村民带去了实实在在的财富，而这一模式在为杨武村带来经济大发展的同时，也为其他地区带去了宝贵的扶贫经验。

资料来源：陕西省扶贫开发办公室，2017年11月.http://www.shaanxifpb.gov.cn/newstyle/pub_newsshow.asp?id=29018253&chid=100431

陕西省的发展模式首要症结所在，是发展所需要的用水问题，这是严重制约白水地区发展的因素。引进小高抽水系统，前期所需要投入较大，但可一劳永逸地解决用水问题，为进一步发展铺平道路。其次是看重新型销路。线上直销的方法在很多地区都取得了显著效果，结合合作社的统一发展、对外经营，形成规模，比单家单户地进行线上直销更有保障，销路更宽，销量自然会更高，农民也可以实现脱贫增收。陕西省的新型发展模式值得更多贫困地区学习。因地制宜的发展非常重要，找准造成贫困的症结所在才能从根本上解决贫困。当下科技发展迅速，能够提供更先进的技术改变本土发展缺陷，因此，更需要去积极地寻找、大胆地尝试新型发展模式。

三、河北省光伏产业扶贫新情况——以张北县为例①, ②

河北省政府在2017年9月29日发出通知，正式批准了阜城县等11个国家扶贫开发重点县，邯郸市肥乡区等14个省扶贫开发重点县区，共计25个县市区退出贫困县序列，这是河北省长期以来扶贫脱贫工作取得阶段性成效的标志。河北省贫困县大力推进产业扶贫、提高就业、完善社会保障机制，坚持以打赢脱贫攻坚持久战作为主导，统领全局工作，不断增强贫困地区内生动力，有力地促进了贫困户致富脱贫、稳定增收和可持续发展。2017年，中央和省级财政扶贫资金下达情况进行了公示，张北县以总额度7 105万元，其中中央财政5 198万元、省级财政扶贫基金1 907万元位居河北省115个县市区之首。国家财政的支持和资本的进入，更有力地支持了扶贫工作的开展。

案例：张北德胜村“铁杆庄稼”，走光伏扶贫道路

张北县德胜村，最值得村支书叶润兵骄傲的是村里“铁杆庄稼”的收成，因为它让德胜村的村民能够“顶上发电，地上养牛”，成功走向了脱贫致富的道路。所谓“铁杆庄稼”指的就是村里的光伏发电。德胜村曾经是河北省贫困人口最集中的地区，位于河北省10个深度贫困县之一的张北县，过去，种植业和畜牧业是德胜村村民维生的手段，每年的收入很低。加之干旱缺水，村民日常生活用水困难。村内的土路更使得德胜村的发展越来越艰难。村里大量的年轻人外出打工，村内大多数都是留守老人，人才人力的缺失，造成村子的“空心化”“老

① 张北德胜村“铁杆庄稼”：顶上发电 地上养牛 [N]. 北京日报，2018-06-29.

② 肖光明，崔涛，张帆 . 回访张北德胜村：坝上农村的产业扶贫路 [R]. 中国新闻网，2017.08.03.

龄化”严重。通过国家扶贫开发工作，德胜村2017年在原来的荒滩地上建起了光伏电站，张北县全县光伏扶贫电站达到了174座，总占地面积24亩，目前已经全部并网，并实现了贫困人口全覆盖。村支书叶润兵说：“项目20年可实现收益1 365万元。其中60%的电站收益用于增加村民收入，40%用于电站运营维护及全村公益事业，例如帮助村民购买医疗和养老保险等。”德胜村的光伏发电扶贫模式就是光伏电站下种草养羊。光伏电站架下空出来的土地可以种草养羊，可以种植观赏性植物，作为旅游业的发展条件。2018年6月23日，张北县馒头营乡胡家坊村的128个村级分布式光伏扶贫电站异地联建项目并网发电。由于分布式光伏扶贫电站存在电网改造难、投入大等问题，电力专家最终确定本次村级电站采用异地联建的建设模式。这128座光伏扶贫电站与原来建造的光伏扶贫电站相比，最大的特点就是：异地联建、节约土地。全部电站都采用单轴太阳能跟踪支架系统，以高支架的方式建设，使得占地1 500亩的电站有1 000亩的土地能够得到二次利用，不仅不影响农作物的成长，而且常规农业机械也可以使用。德胜村以“生态修复+发电+种树+种草+养殖”的特色生态光伏扶贫模式，成功地做到了脱贫致富，使产业脱贫的观念深入人心，并且可以有效地防止返贫情况的发生，扶贫的可持续性得到了贯彻。其次是旅游产业，德胜村准备将村子打造成为特色民俗旅游村，大力发展乡村旅游服务，在维护村子的生态环境的同时发展农业、旅游业，形成良性循环模式，真正走上致富之路。

资料来源：《北京日报》，2018年6月29日，中国新闻网，2017年8月3日，http://www.chinanews.com/gn/2017/08-03/8294723.shtml

光伏扶贫已经成为脱贫攻坚的重要举措，取得的成果非常显著，它可以对资源进行有效利用，覆盖的受益面积广，可以长期长效地获取收益，并且本身是绿色清洁能源，因此对贫困地区来说是非常适合的发展模式。目前，冀北地区受惠于光伏扶贫模式的贫困户已经达到9.9万户。光伏扶贫目前还在建设期，因此不断有一些问题出现，首先，光伏发展站的建设前期需要大量的政府资金投入，较为依赖财政补贴；

其次，存在发电不稳定的情况，技术、自然环境等都是影响光伏发电状态的因素。光伏发电的扶贫模式重点在于它的可持续性很强，是发展可持续扶贫的重要举措，但在因地制宜选择光伏扶贫模式的同时，更需要加强监管，完善前期的投资和后期维护的关系。

四、宁夏因地制宜扶贫发展新战略——以宁夏滩羊产业、养蜂产业为例①

近日，宁夏回族自治区发展改革委联合扶贫办、财政厅、林业厅、农牧厅共同制定出台了《宁夏扶贫工作方案》，动员3万贫困人口参与生态扶贫工程建设，在未来的两年间，准备组建300个生态建设扶贫专业合作社，新增生态管护员岗位，将会带动近10万贫困人口脱贫增收。

宁夏回族自治区将加大财政投资力度，用来支持贫困地区的各项生态扶贫项目，将贫困人口组织动员起来参与各类生态扶贫建设，并在贫困地区实施精准扶贫五大重点工程。宁夏地区历史文化悠久，自古以来就有“塞上江南”的美称，现有适合耕作的荒地1 067.3多万亩，有可开发利用的草场4 500多万亩，为全国十大牧场之一。土地资源丰富，地处黄河流经区域，有良好的农作物灌溉基础，都成为发展农业极好的条件。水稻单季亩产达700公斤，是西北地区著名的水稻产地，也是全国12个商品粮基地之一。因为气候干旱少雨、光照充足，宁夏地区自古以来盛产瓜果，且品质优良，含糖量比中原地区高15%～20%。发展农业的历史较长，基础较好。针对宁夏地区的扶贫政策，最适合发展生态扶贫产业，通过发展特色林、特色草畜产业和特色林下经济以及衍生出的区域生态旅游业四大重点产业，以发展地方特色生态产业为主导，将一、二、三产业融合发展，形成生态农业

---

① 郑峥，何杉．宁夏6部门出台生态扶贫工作方案 2年内将带动13万贫困人口增收[N]. 宁夏日报，2018-08-16.

海永强．因地制宜发展增收致富产业 确保贫困群众稳定可持续脱贫[N]. 2018-09-10.

为主、其余产业共同发展的特色生态农业发展模式，利用两年时间，让贫困地区枸杞种植面积达到 40 万亩，葡萄种植面积达 20 万亩，并着力培育一批作为先行主导的旅游示范村。

对于国家重点生态功能区中的贫困县，要充分利用转移支付，探索更加多元的生态保护补偿机制，调动社会各界参与生态环境保护的积极性，完善以市场为主体开展横向生态补偿等渠道资金，将特贫人口放在重点，建立完善市场化的生态补偿机制，补偿前期由于经济发展而遭到破坏的自然环境。

宁夏地区虽然拥有良好的农业发展条件，但长时间的产业无法升级，使它仍然成为国家扶贫开发工作的重点区域。占据宁夏土地总面积 58.6% 的南部山区地带是宁夏的贫困人口主要集中地，贫困人口占宁夏总人口的 42.6%。据 2007 年统计的数据，宁夏地区农村绝对贫困人口和低收入人口总数为 33.6 万人，重点贫困村有 1 000 多个，占贫困地区行政村总数的 60% 以上。尽管我国已经有 20 年的扶贫历史，并取得了不菲的成就，宁夏贫困地区也经过一系列改革，实现累计减少贫困人口 330 万人，经济社会发展取得了一定的进步，但是和我国其他地区迅速的、高质量的脱贫情况来比，宁夏地区缓慢的脱贫步伐仍旧相对落后，与我国其他地区的发展差距被拉开，贫困范围占据了较大的土地面积，贫困历史积累较长、较深，区域间因为条件不同造成了较大的贫困程度差异，仅仅靠自我脱贫很难成功的严峻状态。复杂的扶贫状态经常属于民族聚居地区的群体贫困的特点。

宁夏地区对自然条件的依赖程度较大，贫困与否、贫困的程度都取决于该地区的生态系统状态，基础条件较差、气候环境恶劣严重影响了区域的发展。“中国贫穷之冠”“苦甲天下”，都被用来形容宁夏的西海固地区，它是位于宁夏回族自治区南部山区地带和黄土丘陵区的 6 个国家级贫困县的统称，在 1972 年被联合国粮食计划署确定为最不适宜人类生存的地区之一。这里是宁夏生态系统最脆弱的地区，生态环境承受力度较弱，容量较小，多发旱灾、沙尘暴、泥石流等自然灾害，生态平衡失调状态严重，使宁夏贫困地区生存所依赖的农业生产环境更加恶劣、更难发展，扶贫模式和方法难以开展，硬式的扶贫会导致返贫情况严重。据统计，在 1985 年至 2005 年宁夏发生的各类自然灾害中，气象灾害高达 80% 以上，使大气环境被恶化严重，直接造成约占全宁夏地区 GDP1.9% ～ 6.5% 的损失，对基础设施、环境、全区安全状态造成了难以估量的巨大间接损失，直接加剧了宁夏的贫困。

宁夏地区主要依靠农业发展经济，靠天吃饭的状态，对粮食、燃料逐年增加的需求量，使农民缺乏可持续发展的意愿，一味地开垦荒地和索取、过度放牧、乱砍滥伐，这种掠夺式的开发并不能带来长久的收益，对生态环境过度透支，返贫情况必然会频繁出现，结果只能是加剧贫困，毁坏了自然环境，破坏了森林和草原生态系统的自我调节能力，使其自我恢复能力不断下降，面积逐年减少，断了致富的后路。宁夏人均粮食虽由 1949 年的 308 公斤提高到 1999 年的 320 公斤，但付出了水源涵养林减少 22.05 万平方公里的沉痛代价。同时由于过度放牧，严重破坏了草原生态系统。2000 年，在宁夏的草场中，中度和重度退化草场占 77.5%，天然草地覆盖度下降到 10% 以下，20% 严重荒漠化，成为国家环保部监测确认的全国沙尘暴沙源产生地的四个地区之一[①]，成为风能够直接进入内地的主要通道和直接受灾区。因此，在 2011 年 1 月 7 日宁夏回族自治区第十届人民代表大会常务委员会第二十二次会议上，通过了《宁夏回族自治区禁牧封育条例》（以下简称《条例》）。《条例》自实施以来，通过禁牧封育和补播改良治理，有效遏制了草原荒漠化、沙化等严重退化现象，生态环境明显得到改善，初步探索出了一条生态与经济“共赢”的和谐发展道路。据 2003—2011 年全区草原资源与生态监测结果显示，全区草原植被覆盖度平均年递增 17.37 个百分点，草层高度平均年递增 3 ～ 5 个百分点，天然草原植被平均覆盖度、高度、鲜草产量和可食比例均有提高，植物群落朝着趋于稳定的方向发展。

“越垦越穷、越穷越垦”的错误发展模式，使贫困与生态环境恶

---

① 查燕，王惠荣，蔡典雄，等 . 宁夏生态扶贫现状与发展战略研究 [J]. 中国农业资源与区划，2012，33（1）：79-83.

化交织，并陷入恶性循环。让解决贫困问题也“靠天”，由自然环境和气候条件所掌控，广种薄收、粗放经营、农作物质量和土地承载能力逐年下降，都是让宁夏地区的经济状况越来越差的导火索。“振奋精神，实干兴宁”，宁夏市人民政府在中国共产党宁夏回族自治区第十二次代表大会上的报告中，详细地列出了宁夏市的各项扶贫政策，包括产业扶贫、整村推进、金融扶贫、移民搬迁、危房危窑改造、教育扶贫、精准脱贫能力培训政策、就业政策、社保政策、健康扶贫、扶贫保险等。

宁夏地区扶贫的重点就是协调环境和经济发展，对于用水困难的贫困地区，水资源的高效利用是重要发展战略，宁夏应该将重点放在提高水资源利用效率上，加大水资源合理配置，利用西部大开发战略和国家积极的财政支持，加快建设各类水利工程，建立水资源高效利用网络，加快建设节水型灌区、高标准集雨工程，高效率利用洪水资源。应退耕还林还草、种植三北防护林、建立自然保护区等，根据地区自然环境条件，宜林则林，宜灌则灌，宜草则草，乔灌草结合，构建完整的生态环境良性循环的林业支撑体系和以灌木为主、耐旱的防风固沙林体系。针对特贫地区贯彻落实生态移民战略，形成新的自然资源与人类和谐共处的关系，更好地集中发展产业脱贫、教育脱贫。建立区域特色产业发展战略，让示范地区起带头主导作用，引导贫困地区人民脱贫致富，打出宁夏的品牌知名度，发挥特色产业，并且加快产业升级，实现脱贫致富目标。

案例：石泰峰调研盐池县脱贫攻坚指示，可持续发展项目助推同心下垣村脱贫攻坚

盐池县位于宁夏回族自治区东部，是著名的宁夏滩羊集中产区，以盛产“咸盐、皮毛、甜甘草”著称。滩羊是盐池的主要经济来源，也成为该县脱贫的主导产业。自治区党委书记、人大常委会主任石泰峰实地查看滩羊屠宰生产加工流水线和生产产品类别及质量，对滩羊

产业后续精加工、如何打造品牌、扩大市场销售途径以及对群众脱贫增收情况产生带动作用。盐池滩羊具有悠久的历史积淀，这本身就是宁夏的一张名片，提高知名度和美誉度是推广滩羊产业的重要步骤，要把发展滩羊产业作为盐池县脱贫致富的重点产业，要发挥主导作用，重视与市场对接，形成完整的供应链和产业链，将整个产业价值链延伸，提高附加值，加快产业升级，打造规模化养殖、标准化生产、特色化经营的优质产业，持续实现脱贫增收，让产业扶贫带动贫困群众走致富道路。石书记强调，当前脱贫攻坚已进入最后的攻坚阶段，要把发展特色产业作为稳定可持续脱贫的关键。立足本地实际，因村制宜，把产业做出特色、做出品牌、做出效益、做出市场竞争力，不断拓宽贫困群众的增收致富空间。①

2018 年 7 月 26 日，宁夏回族自治区同心县下马关镇红城水社区可持续发展项目正式启动。该项目由宁夏商务厅直接对接隆基绿能科技股份有限公司，委托宁夏扶贫与环境改造中心承办实施，以建设“可持续发展社区”为目标，支持和改善下垣村的产业脱贫、基础教育和乡村建设。在脱贫产业方面，将养蜂业作为脱贫的主导产业和特色产业，开展就业帮扶培训和定向招聘等，并向下垣村 16 户养蜂户捐赠了 40 套蜂箱和 16 台摇蜜机。养蜂的李老汉说：“养了大半辈子蜂，没想到爱心企业给我们送来了现代化的蜂箱、摇蜜机，让我的土蜂养殖事业科技化了，以后干活的劲头更足了。我要带头养好蜂，和邻里乡亲一起脱贫致富。”在基础教育方面，将支持暑期公益夏令营、开展阳光梦想课堂、建设融合光伏的校园科学中心等；在美丽乡村建设方面，将援建太阳能路灯、进行植树绿化，并开展垃圾分类环保教育，促进村容环境的绿化、亮化和美化。

宁夏是隆基股份重要的产能布局地，企业的快速发展让隆基股份一直不忘反哺当地。此次红城水社区的可持续发展项目坚定扶贫要走

① 环球网，石泰峰调研盐池县脱贫攻坚指示“学习借鉴盐池滩羊产业发展经验”[R]，环球网，2018-09-11.

胡俊，可持续发展项目助推同心下垣村脱贫攻坚 [R]，宁夏新闻网，2018-07-27.

可持续发展道路，对贫困地区的内生动力非常重视，项目贯彻落实以“政府＋企业＋社会组织”的扶贫模式，成为红城水社区脱贫的大机遇。

资料来源：环球网，2018 年 9 月 11 日，http://city.huanqiu.com/jzfp/2018-09/12986773.html. 宁夏新闻网，2018 年 7 月 27 日，https://www.nxnews.net/yc/jrww/201807/t20180727_6000091.html

可持续扶贫的特点就是因地制宜，相比于其他地区，宁夏的自然环境状态、承载力、可利用方面都更差，有利条件更少，贫困数量更多，脱贫难度更强，因此能够有效利用有限的资源达成可持续扶贫，对于宁夏地区来说较为不易。充分发挥有限的有利条件，增强独特性和不可替代性，以此在市场占据不可或缺的地位，对于类似于宁夏这样的贫困地区，是很珍贵的因地制宜的发展方式。党的十九大报告强调“坚持大扶贫格局，坚决打赢脱贫攻坚战”，即由政府主导专项扶贫、行业扶贫和包括企业在内的社会扶贫“三位一体”的扶贫格局。具有灵活性、创造性和市场贴近性等特点的社会扶贫，一定能在大扶贫格局中发挥它独有的作用。以往的企业扶贫经常局限于捐款捐物，或是通过与公益组织和政府的合作项目来进行公益活动，这种方式比较单一，产生的实际效果也并不好，社会扶贫难以找到更好的参与方法和参与机制，加上国家规定可以利用企业税收来投资公益项目，因此社会扶贫更应该成为当下我国扶贫的主力。企业在扶贫方面潜能巨大，让他们施展所长，利用企业条件，将贫困地区的发展新动能和消除贫困的内生动力激发出来，这是目前探索扶贫新道路的一大目标。

五、湖南省探索生态模式助脱贫

案例：湖南宜章探索生态模式助脱贫

地处湘南的宜章县，处于山地森林及生物多样性生态功能区。宜章县对县内的生态建设非常重视，探索出油茶种植、林下经济、生态护林、造林奖补等扶贫新路子，以实现生态建设与产业扶贫共赢，与扶贫政策有机结合。

建立示范基地，完善“基地＋贫困户”模式，将泰丰农业、盛世农业等油茶企业作为示范企业，发挥龙头作用，从而解决贫困户的就业问题。在增产增收的同时不大范围进行人口迁移，方便贫困户照顾家庭。2018年，该模式累计帮助10 344人实现就业，发放贫困户工资1 200万元。全县种植脐橙23.6万亩，年产量达14.9万吨，年产值达7.5亿元，带动10万农户增收。

该县科学规划，点线面结合，连续实施九轮10万亩生态营造林工程暨森林生态景观提质工程。针对东部乡镇石漠化严重、立地条件差、造林成本高的地区，县林业局聘请专业施工队在厦蓉高速公路沿线两侧完成高标准造林1 409亩。县政府参照退耕还林政策，每年对厦蓉高速公路沿线两侧100公里范围内旱土造林的旱土所有者进行补助，补助标准为每年每亩230元，补偿年限定为16年，每年补助到位32.41万元。实实在在的收入带动了贫困户参与的积极性，由他们亲手将果园和速生丰产林面积扩大，改善乡村环境，形成造林绿化与造林奖补有机结合的共赢局面。针对造林投资周期长、见效慢的特点，宜章县以建设国家林下经济及绿色产业示范县为契机，大力发展林下经济。2018年全年实现林下经济产值5亿多元，带动8 000多贫困户脱贫致富。

为加大生态保护力度，该县严格按照公告、申报、审核、考察、评定、公示、聘用7项程序，从建档立卡贫困人口中选聘生态护林员，安排生态扶贫资金496万元，其中中央财政资金248万元，县财政自筹资金248万元。出台了《建档立卡贫困人口生态护林员管理考核办法》，每月对生态护林员进行综合考核，考核结果与生态护林员绩效工资直接挂钩。年度考核合格者签订续聘合同，不合格者按程序解聘。目前，共选聘建档立卡贫困人口生态护林员496人，每人每年补助劳务费1万元，让496名贫困户在家门口就业，增加收入，实现“一人护林、全家脱贫”。

资料来源：中国林下经济 湖南新闻网，2018.12.13

宜章县首先利用示范基地的带头作用，打造“基地＋贫困”模式，把握本地特点，就地解决贫困问题，在实现增收的同时留住劳动力，解决以往家庭和工作之间的矛盾，扶贫成果斐然。其次，政府政策的大力支持。林业局运筹帷幄，深知旱土不仅不能够为贫困户带来增收，反而对环境有严重的负面影响，因此采取让贫困户参与绿化、府给予补贴的方式，在调动了贫困户积极性的同时，极大地改善了生态环境，同时看到发展林下经济的契机，形成生态致富的良性循环圈。最后，拓宽贫困户的增收渠道，借助林业的发展选聘护林员，生态保护和脱贫致富一手抓，实现可持续扶贫状态。在湖南省的生态扶贫政策中，最重要的一点是以脱贫致富为目的，但同时激发了贫困户对生态保护的积极性。地区扶贫，要着重把握当地环境特点，才能明确扶贫政策方向，因地制宜，同时政府要合理发放补助，加强监管，保证质量，才能顺利实现脱贫致富。

第四节　可持续扶贫存在的问题[①]

可持续扶贫政策最重要的是因地制宜，开发和维持当地特色，保证产业活力、资金流畅，将国家财政和社会资产相结合，助力本土企业发展，同时加强监管，才能保证资金的有效利用，保证扶贫政策顺利开展，获得应有的成效。在此过程中，经济与自然之间的矛盾仍旧造成了可持续扶贫中的很多问题。

（1）农村人口素质——主体的不可持续发展。人力资源对贫困地区的发展起到了决定性的重要作用，但“贫困—超生多生—教育水平低—素质低—返贫”的恶性循环仍旧存在于非常多的贫困地区。贫困所直接反映出来的是经济问题，但更深层次的是社会文化问题，是地区的人文环境的问题，劳动人口数量少、文化水平低，造成了根本性

① 丁军，陈标平. 构建可持续扶贫模式 治理农村返贫顽疾 [J]. 社会科学，2010（1）：52-57，188.

左齐，张麟，莫虹. 论可持续扶贫开发的二元系统观 [J]. 经济体制改革，2002（1）：58-60.

的贫困。对于贫困地区来说，生活环境的闭塞导致了地区的现代化水平、思想观念的落后。这也是很多新型发展观念无法在一些贫困地区开展的原因，等、靠、要的消极思想严重影响了扶贫政策的推动，使地区的自我发展能力无法从根本上得到提高。

（2）扶贫资源——供体的不可持续发展。扶贫资源是实施现场可持续扶贫的必要条件，扶贫资源是否能够有效供给和利用，对支持贫困地区可持续发展有着重要的作用，外部经济、社会环境的不平等，扶贫制度不完善、下拨资金不足、基础设施不完善、人才引进缺失等，都会使得贫困地区无法得到外部支持，造成了“贫困—扶贫资源不足—经济困难—返贫”的状态。

（3）自然环境——载体的不可持续发展。贫困地区资源匮乏，自然环境错误治理，经济与自然环境发展不协调，粗放式的发展状态都造成了贫困地区自然生态质量下降，生态环境遭到破坏，甚至断绝了其本身的发展道路。前期对自然生态环境的索取，对自然规律的破坏，虽然在短期内得到了经济回报，但无疑是不利于可持续发展的。

可持续扶贫政策如何进行监管，金融机构如何确保资金的有效利用，新型互联网产业加入扶贫如何进行引导和教育，针对大企业参与扶贫只做面子工程、成效甚微、浪费资源的情况，如何进行规范，都是我国可持续扶贫所面临的问题。我国扶贫工作已经达到最后的攻坚阶段，接下来的扶贫工作面临的是最难脱贫的贫困户。由此，贫困的根源是资源。在甘谷县的大山深处，仍然存在“群婚”的病态婚姻状态。所谓的因地制宜发展、靠山吃山理念，在那样的状态下都无法发展，原因只有一个，就是资源的极度缺乏，民俗风情也毫无开发的价值可言。资源的缺乏，断了大山发展的道路，根据前期国家扶贫的政策，只有大规模的移民这一条路可走，而村民世世代代生活在地区深处，思想狭隘，移民的困难可想而知。

国家为了调整南北、东西的资源不协调，已经有了南水北调、西气东输的大型工程，以此来解决资源分配不均的问题。东部带动西部的发展也一直是国家努力的方向。对于上述的地区而言，只能通过国家政策来进行调整，移民迁徙是必要的措施。

（4）城乡差距较大。贫富差距也是因为资源的分配不均而出现的，它使经济发展中的矛盾更加突出，富有的掌握了先机和资源，而贫穷的那部分人因为各种原因所掌握的资源匮乏进而无法继续发展。这就是资源分配不平衡所带来的复杂问题。之所以会贫穷，就是没有发展的资源，没有资源，就没有发展致富的途径。而要解决贫穷，没有资源的就需要迁往有资源的地方，资源匮乏的区域就要多修路、多宣传。一个地方并不是没有任何的发展资源的，有可能只是未开发或者资源存在的地方不均，而和贫困人口相互配合，就能够有劳动力来开发这些资源。资源成为贫穷的根源，而贫穷的状态向来是相对而言的，它不可能消失，但也并不能成为发展的阻碍，只有积极地去探索发展道路，探索如何解决资源分配的问题。大同社会自然是人类发展的终极目标，但达到贫穷和富有的平衡，这才是社会发展的良性状态。

第五节 总 结

通过对可持续扶贫模式的深入研究，我们总结出如下经验。

第一，提高人力资源素质，加大对农村贫困地区教育资金的投入，要因地制宜，准确把握实际情况，尝试“基础教育和职业教育相结合，职业教育与技术培训相结合”的发展思路，培养专业人才，充分利用农村劳动力价值，加强教育宣传，提高贫困地区人民的发展自主性，使其转变思想，主动寻求脱贫措施，使贫困地区返贫的现象减少。政府要加快建设完善贫困地区的社会保障制度，完善医疗措施，提高人口质量，从根本上改善人力资源的状态。

第二，发挥政府财政的重要作用，确保扶贫资源的供给，对下放资金的公示、流程的规范都要完善管理，让扶贫资源得到充分利用，完善扶贫开发机制，加大开发力度，加快贫困地区基础设施建设，引进先进发展技术和高科技助推扶贫事业发展，提高可持续能力。扶贫不光是经济补助，更不能忽视社会文化的作用，需要全面发展公共事业，保障扶贫能够可持续，杜绝返贫现象的出现。

第三，坚持以保护自然生态环境为主导。良好的生态环境是发展的前提条件，经济需要迎合生态环境的发展，人与自然的和谐能够确保扶贫能够顺利推进，形成良性发展，才能够最终保证可持续扶贫。

扶贫是一个长期的、艰巨的任务，并不能在短期内实现。很多地方都成立相关的扶贫工作组，下派基层去进行扶贫工作，但贫困地区造成贫困的原因不同、症结不同，首先应该针对具体问题具体分析，找出造成贫困的根本原因，这是一个较为艰难的、可能会发生很多错误的过程。诚然，任何扶贫工作的开展都需要国家财政和社会支持，这至少能解决当地一些实际需要的基础设施问题，客观上直接帮助当地的生产生活发展，但显然这种粗暴的给钱式扶贫不是可持续的，不能更持久地致富，反而会助长贫困地区人民的惰性，变成一种恶性循环。“授人以鱼不如授人以渔”的道理非常简单，只能短期帮助当地解决问题的扶贫方法不是扶贫。通过发展改变当地的经济、生产、生活，需要激发当地群众的内生动力，让他们做自己的开荒者，因为只有本地人才最了解当地的情况，能最快地找出问题所在，这时候我们的扶贫工作组就要从长远的利益考虑帮助当地群众，积极寻求各方支持，宣传新技术、新思想，使新兴产业可以让人们更容易地接受，这是工作队应该做的事，是形成良性扶贫模式的保障。可持续扶贫是精准扶贫的发展方式和扶贫的最终目标，形成可持续发展状态，是彻底解决贫困问题的唯一办法。可持续扶贫需要的是一种长期的制度和模式，可以有阶段性、可以不断地改变策略和方法，但必须是一种良性的、具有前瞻性的、具体问题具体分析的方法。

第十七章
中国扶贫经验总结

自2014年5月国务院扶贫办制定《建立精准扶贫工作机制实施方案》后，以精准扶贫为主要形式的新型扶贫工作开始在国内各贫困地区展开。在党和政府的领导下，我国脱贫事业取得了历史性的成就：农村贫困人口从1978年的7.7亿人减少到2018年的1 660万人，同期农村贫困发生率从97.5%下降到1.7%，降低了95.8个百分点。在这个过程中多种新型扶贫形式各放异彩，为扶贫事业作出了巨大的贡献。

本章将从精准扶贫、开放式扶贫、绿色扶贫、可持续扶贫、共享扶贫、协调扶贫、创新扶贫七个方面来对我国的扶贫经验进行系统阐述。[①]

第一节 精准扶贫

目前关于我国精准扶贫经验的研究大体分为两类：第一类主要从精准扶贫的理论意蕴层面来探讨；第二类主要从扶贫方法和相关经验层面来讨论。

---

① 雷明．论习近平扶贫攻坚战略思想[J]．南京农业大学学报（社会科学版），2018（1）．

一、精准扶贫的理论意蕴

“精准扶贫”概念首次提出是在2013年习总书记于湘西考察时：“扶贫要因地制宜、实事求是，精准扶贫。”[①] 随即总书记在2015年于云南考察时再一次强调“要以更加明确的目标、更加有力的举措、更加有效的行动，深入实施精准扶贫、精准脱贫”。[②] 国务院扶贫办随即制定了《建立精准扶贫工作机制实施方案》，精准扶贫工作在各贫困地区开展。半年之后，总书记在贵州省考察时，提出了我国的贫困人口要在21世纪20年代实现脱贫，精准扶贫开始成为各级政府的第一要务。

关于精准扶贫理论意蕴的研究，张桥、范鸿达（2018）将精准扶贫定义为：“运用科学有效的标准和程序，对贫困人口和地区的精准识别、精准帮扶、精准管理和精准考核的扶贫开发模式。”他们指出精准扶贫的核心内涵在于引导各类扶贫资源到户到人实现最优化配置，以达到帮助困难群众彻底脱贫的目标[③]。汪三贵等（2015）通过对精准扶贫的经验研究，提出了确定贫困户之考核过程的重要性，他们指出，在精准扶贫成效考核过程中应将当地政府以及有关部门的扶贫动作是否到位作为考核重点，同时对其工作进度加以敦促，而不应该仅将群众是否住进了新房、受益是否增加作为考量标准[④]。习总书记在深度贫困地区脱贫攻坚座谈会上的讲话中也进行了着重强调：“要实施最严格的考核评估，坚持年度脱贫攻坚报告和督查制度，加强督查问责，对不严不实、弄虚作假的严肃问责。”有关精准扶贫的理论意蕴，习总书记精准扶贫理念对于马克思主义反贫困理念有了一定的继承，他提出：“社会主义在解决贫困问题上有着根本的优越性，要始终发挥社会主义政治制度优越性。”刘永富（2014）在首届“10·17”论坛上

---

① 习近平赴湘西调研扶贫攻坚_湖南频道_红网 http://hn.rednet.cn/c/2013/11/03/3186926.htm.

② 习近平在云南考察工作时强调：坚决打好扶贫开发攻坚战_要闻_新闻_中国政府网，http://www.gov.cn/xinwen/2015-01/21/content_2807769.htm.

③ 张桥，范鸿达．精准扶贫：理论意蕴、实践路径与经验探索[J]. 沈阳师范大学学报（社会科学版），2018，42（5）：17-21.

④ 汪三贵，郭子豪．论中国的精准扶贫[J]. 贵州社会科学，2015（5）：147-150.

指出："扶贫不单单是帮助群众脱离经济匮乏、物质短缺，更重要的是通过文化教育和技能培训培养人民群众自我成长、实现自身全面而自由的发展，从根源上阻止贫困的代际传递，这才是根本意义上的脱贫。"其开创性地从个人成长与发展的角度阐述了扶贫的内核所在。①

综上所述，精准扶贫指的是区别于传统的粗放式扶贫模式，精确识别最为贫困、最需要帮助的个人以及家庭，通过针对性的帮扶政策从根本上消除致贫因素，以达到使其彻底脱贫的目标，实现可持续发展的新型脱贫方式。这与我国以往通过评定贫困村、县来认定贫困程度识别方法和集中连片拨发资金的扶贫方法形成了鲜明的对比。

二、精准扶贫的实现路径

目前对于精准扶贫经验的研究较多，主要是基于实地调研的精准扶贫路径及其成效的研究。

韩学俊（2018）从文化扶贫的角度对精准扶贫的路径进行了探索，该研究指出贫困群众思想认识上的改变是扶贫工作的源头所在。农村图书馆一方面可以承担起向贫困群众传播最新的政策以及致富资讯、科学和先进的农业知识之角色，例如通过讲座、展览、培训的方式来提高其知识素养和致富能力②，另一方面也可以根据贫困地区的文化风俗特色以及经济特征来利用其文化资源，因地制宜地探索相关的致富脱贫之路，从基础的物质扶贫达到自身能力的建设。

张桥、范鸿达（2018）通过对闽西武平民主乡扶贫的实践探讨了精准扶贫的实践路径。民主乡干部秉持精准识别的要求"一公示一公告"来确定扶贫对象，通过搬迁安置、集中安置、修缮改造等方法安置贫困户，同时也利用产业项目使民主乡有劳动力的贫困户发展各自的农副产业（百香果、野兔等），培养其生产以及就业技能。③

---

① 刘永富．从严从实，坚决打赢脱贫攻坚战 [J]. 新西部，2018（13）：10-11.

② 韩学俊．农村图书馆文化精准扶贫路径探究 [J]. 农村实用技术，2018（9）：50-51，55.

③ 张桥，范鸿达．精准扶贫的理论意蕴、实践路径与经验探索 [J]. 沈阳师范大学学报，2018（4225）：17-21.

研究发现，部分被认定为贫困户的村民只是居住的房屋较为破旧，实际生活条件并非贫困。建成新居所或将旧屋修葺完成之后，即认为该贫困户已脱贫。这表明住房条件抑或任何一项条件都不能单一地成为认定贫困或是已脱贫的依据。

案例：宣城：旅游扶贫 乡村民宿助农增收

安徽省宣城市泾县立足自身资源优势，探索建立了“发展全域旅游带动脱贫致富、发展乡村旅游助力精准脱贫”的旅游扶贫模式，将旅游与脱贫攻坚相结合，让“好风景”变成“好钱景”。“皖南川藏线”是近年来广受网友热捧的自驾线路，旅游业给周边群众增收创造了有利条件。据了解，“皖南川藏线”沿线5个乡镇有8个贫困村，旅游扶贫直接帮扶，引导当地村民改扩建自家住房经营民宿及农家乐。目前汀溪乡已拥有159家民宿及农家乐，接待游客体验乡村风情。[①]旅游扶贫不仅让贫困群众“动起来”，也让贫困农户的钱袋子“鼓起来”。安徽泾县通过“扶贫”与“扶志”结合起来，将“绿水青山”真正变成“金山银山”。

资料来源：中国新闻网，2018年12月16日

乡村旅游业实质上是一条产业链。首先，通过开发旅游资源，农民的收入有所改观，物质脱贫的目标初步实现；其次，旅游业往往会带动当地的餐饮、住宿、农副产品、养殖业的发展，极大地丰富了当地产业结构；此外，旅游经济的蓬勃发展为当地群众创造了大量就业机会，增加了人才培养以及人才引进的机会，也从根源层面减少了留守儿童以及留守老人等问题。同时，该案例也指出了现有模式所存在的问题，如旅游形式单一、资源浪费等。基于现存问题，案例从“精准”这一层面出发，指出要因地制宜地根据不同地区的不同旅游资源，采取最合适的发展路径，以此将政府的扶贫政策落实到细节，达到产业扶贫的最佳效果，实现贫困地区真正意义上的自由全面发展。

---

① 安徽泾县旅游扶贫 乡村民宿助农增收_深圳新闻网，http://news.sznews.com/content/2018-12/16/content_21283156.htm.

研究发现互联网与精准扶贫也有一定的契合点：首先，互联网模式可以促进贫困地区交通物流体系的发展，使农产品销售突破交通因素的制约，实现高效物流水平，以使商品能够快速大量对外销售。其次，互联网模式亦可改变贫困地区传统的自产自销、各村各户分散且低效率的小规模生产现状，促进当地农业生产的标准化之路。此外，互联网参与精准扶贫突破了传统的扶贫路径，在促进就业、解决人员流失问题、加快人才引进等方面都有着深远的意义。

从以上案例可以看出，我国的精准扶贫的前期认定、项目策划、项目实施、成效评估的一系列工作过程已经达到较为完善的水平。党的十九大前夕的统计数据显示，按照 2010 年农民年人均纯收入 2 300 元的扶贫标准，农村贫困人口从 1978 年的 7.7 亿人减少到 2017 年的 3 046 万人（参考图 17-1），减少了 73 993 万人；同期农村贫困发生率从 97.5% 下降到 5.7%，降低了 91.8 个百分点。[①] 目前距离我国全面建成小康社会的目标实现时间只剩不到两年的时间，脱贫事业也进入了攻坚克难、放手一搏的阶段，精准扶贫作为我国扶贫事业的先进导向，是需要长期坚持并持续发扬的，其意义不仅体现在我国的脱贫事业上，也为我国政府工作提供了新的视野和方法。

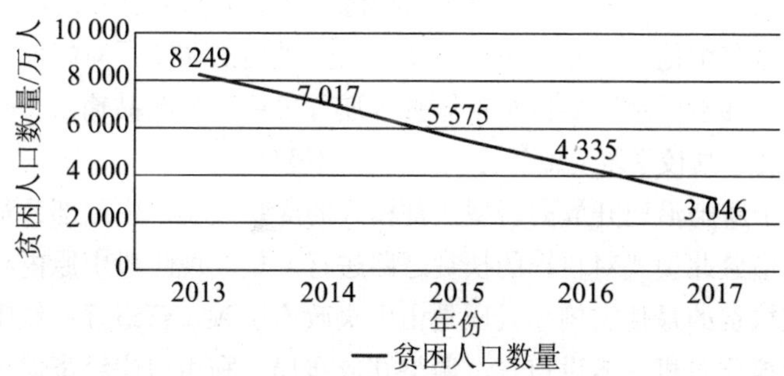

图 17-1　2013 年到 2017 年年末农村贫困人口数

资料来源：国家统计局

① 中华人民共和国 2017 年国民经济和社会发展统计公报，国家统计局，https://baijiahao.baidu.com/s?id=1593656271082733578&wfr=spider&for=pc.

第二节　开放式扶贫

对于开放式扶贫的概念，学界尚无定论，本章根据习总书记数次精准扶贫座谈会中的讲话对其做出以下定义：开放式扶贫是以政府为主导，以社会性、广泛性、参与性为原则，通过调动国内国外两种资源、省内省外两种力量、体制内体制外两种要素参与脱贫攻坚，构建一个扶贫主体开放、扶贫领域开放、扶贫资源开放、扶贫方式开放的适应市场经济的经济运行方式和形态，覆盖生产领域、流通领域等扶贫开放的各个领域。它包含四个方面的特征：一是扶贫资源的开放性，强调引入并整合新型的扶贫开发资源和投入要素；二是扶贫参与人员的多元化，即扶贫并非单一依赖政府资金；三是强调扶贫地区需进行整合联动，基于整个地区的发展来助力精准扶贫；四是扶贫手段的广泛性。[①]下面就开放扶贫的经验进行文献回顾。

徐可（2017）在对新疆沿边地区开放式扶贫的经验研究中发现，新疆沿边开放是由地方政府强力推动，抓住丝路机遇将沿边区位劣势转为开放的优势，以点带面培育经济增长极，带动周边地区开发脱贫。相关数据显示，喀什、霍尔果斯口岸区已成为开放式扶贫的经典脱贫案例。这其中地方政府的职能创新是最为重要的转变。新疆部分与哈萨克斯坦邻近的地区如伊犁霍城县等通过民族手工艺品输出、两岸经济交流会、高校学术交流等方式，来吸引境外的投资[②]。

基于新疆沿边开放的新型扶贫模式的成功经验，中原部分贫困地区也可借鉴此模式对自己的扶贫之路进行展望。现阶段中原内陆地区开放式扶贫的最佳实施模式应是由中央政府引领、营造开放氛围，地方政府抓住时机、增设口岸、调整开放布局，利用口岸经济促进贫困地区形成“开放 - 开发 - 产业”的脱贫机制。

---

① 雷明 . 农村社会治理现代化与开放式扶贫，《生态文明与开放式扶贫》[M]. 北京：社会科学文献出版社，2016.

② 徐可 . 新疆沿边“开放—开发”扶贫模式及其对中原农区的启示 [J]. 中共伊犁州委党校学报，2017（4）：68-71.

案例：巴中市：开放合作 打造全国扶贫攻坚示范区

“巴中市曾以老少边穷而著称，发展滞后、发展不足是巴中最大的市情，发展水平不高是巴中最大的现实。”巴中市委书记在采访中如是说。自该市确定了开放式扶贫的主线之后，巴中市政府通过开放合作、招商引资，先后投资建设了兴文开发区、盘兴物流园与西部商贸城三大商贸基地，逐步建立了以县区、园区为主体的对外开放格局。巴中市自 2014 年到 2017 年的招商实际到位资金已连续翻番，开放式扶贫效果喜人。自 2011 年以来，巴中市已建设重点镇 9 个，已建成中心村 38 个、产村相融的新村聚居点 935 个，36.73 万人搬入“巴山新居”。其中，平昌县元山镇所有 11 个村，村村有产业、有企业，户户有就业。[①]

资料来源：《中国改革报》，2014 年 4 月 24 日

贫困地区通过产业创新，突出谋创新、强产业、补短板、增效益，把产业提效益与农民增收入有机结合起来，不断推进农村新型合作经济组织快速健康发展，产业转变助力乡村振兴正在成为中国扶贫事业发展新图景。

案例：六盘水：打造开放式扶贫试验区

罗亮亮（2018）基于贵州六盘水市钟山区开放式扶贫试验区的探索，对该地的成功经验进行了总结。六盘水市打破了行政区划和地域限制，采用钟山区主导、周边 5 乡镇辅助的发展格局，与森林资源丰富的木果镇、适宜饲养牲畜的青林乡、盛产水产作物的金盆乡等乡镇协同，打造了全域生态、全域产业、全域旅游、全域文明的开放式扶贫试验区建设新样板。此外，“金融＋扶贫”模式亦成为钟山开放扶贫试验区的亮点所在。以木果镇为例，该镇的食用菌采取了“公司＋

① 王进，何子蕊．开放合作打造全国扶贫攻坚示范区 [N]. 中国改革报，2014-04-24（4）.

农户”的生产销售模式，在该模式下，农民既承担生产者的角色，同时也享受股东的分红待遇，其收入除利益分红之外，还包含种植作物的直接收入和务工收入。村民刘富贵在访问中说道：“在我们香菇公司干了半年，分红一下就分了 8 100 元，这放以前是想都不敢想的。”[①]该案例的成功之处可见一斑。据中国新闻网的最新数据显示，上述 5 个连片特困乡镇参与公司分红制改革共 23 290 户 90 235 人（其中贫困户 10 780 户 36 880 人），共签订合同 23 290 户，合同签订率 100%；颁发股权证 22 980 户，股权证发放率 98%；分红单发放 22 980 户，发放分红金 2 609.4 万元，分红单发放率 98%。[②]

资料来源：贵州新闻网，2017 年 11 月 9 日

以往的扶贫模式大都是以低保、五保户为主的福利救济式方法。美国经济学家米德（1992）认为，福利救济政策会对贫困群体和贫困代际传递产生负面影响。持续性地被施于物质援助的困难人口很大程度上会滋生依赖心理，从而丧失学习和摆脱贫困的自觉心，陷入越救济越贫困的福利救济陷阱。开放式扶贫一方面打破了传统扶贫的救助性质，开创性地将困难群众自身作为脱贫的主体，依靠当地生态资源、文化风俗、地理优势等进行具有当地特色的生产建设；另一方面，该模式着眼于区域合作，突破了贫困地区与外界的地域限制，在利用自身优势资源的基础上引进外界先进产业和技术，同时也致力于“走出去”，在国家政策的支持下积极向外拓展交流，形成贫困地区特色开放格局。此种“一进一出”所形成的对外开放的扶贫模式除了对困难地区、困难人口具有积极的意义外，同时也为国家的对外开放发展提供了新思路。

---

① 罗亮亮．协同作战、共书扶贫新篇章——钟山区打造开放式扶贫试验区取得阶段性成效 [J]. 当代贵州，2018（4）：70-71.

② 六盘水钟山区打造开放式扶贫试验区——贵州新闻网，http://www.gz.chinanews.com/content/2017/11-09/77502.shtml.

第三节 绿色扶贫

梅志里等（2006）在《发展型社会政策》一书中指出，在一些发展中国家，贫困往往发生在一些多山、通信闭塞、交通不便的地区。[①]这种贫困发生特征在我国也有明显体现，即贫困地区与生态脆弱地区在地理空间分布上高度契合，环保部印发的《全国生态脆弱区保护规划纲要》中指出，我国 592 个贫困县中，80% 以上地处生态脆弱区；完全贫困人群中超过九成分布在诸如四川大凉山这样环境恶劣的生态区。[②]传统的“输血式扶贫”依赖贫困地区在地资源、政府政策和资金支持，该模式实现了贫困地区产业的转型和升级，使农业从主要依靠人工劳作模式转向工业化模式，被一致认为见效快、绩效高。但只注重经济效益，靠过度开垦耕地、砍伐森林和开采矿产资源来发展经济，很大程度上相当于“用资源促发展、用环境换繁荣”。贫困地区自然条件恶劣、生态系统脆弱，部分地区的许多动物以及稀缺的生态资源在以片面追求经济增长的扶贫过程中被牺牲，水土流失、植被缩减、自然资源枯竭的状况时有发生，群众祖辈以来所依赖的生态环境一去不返。

绿色扶贫的概念首次正式提出于 2015 年 10 月 29 日中共中央关于制定国民经济和社会发展第十三个五年规划的建议中：“实现‘十三五’时期发展目标，破解发展难题，厚植发展优势，必须牢固树立创新、协调、绿色、开放、共享的发展理念”。[③]随即在 2015 年 11 月，习近平总书记在中共中央政治局审议通过的《关于打赢脱贫攻坚战的决议》中明确提出了“坚持生态保护，实现绿色发展”的脱贫原则，即“牢固树立绿水青山就是金山银山的理念，把生态保护放在优先位置，扶

---

① 安东尼·哈尔，詹姆斯·梅志里．发展型社会政策 [M]. 北京：社会科学文献出版社，2006.

② 《全国生态脆弱区保护规划纲要》，2008，https://baike.baidu.com/item/.

③ 《十三五规划建议》，2015 年 11 月 4 日，http://www.tibet3.com/news/content/2015-11/04/content_1923147_2.htm.

贫开发不能以牺牲生态为代价，探索生态脱贫新路子，让贫困人口从生态建设与修复中得到更多实惠”。[①] 由此，以环境保护、资源节约与生态平衡为主线的绿色扶贫成为当今我国精准扶贫的重要方式。[②, ③]

曹康康（2018）认为绿色扶贫就是在国内生态遭到破坏的背景下，在资源短缺、环境破坏以及生态失衡的客观约束之下，通过“绿色化”的扶贫开发模式，达到在生态文明建设中脱贫致富与扶贫开发建设生态保护的良性互动，从而最终实现贫困地区脱贫致富与自然演化共进和谐的新型扶贫观。[④] 彭斌、刘俊昌（2013）认为绿色扶贫的精髓在于使贫困地区生态环境不被破坏的前提，是以开发式扶贫为基础、绿色发展为主调、可持续发展为理念。[⑤] 戴旭宏（2012）基于对四川省政府财政政策的分析，认为绿色扶贫是以科学发展观为核心意涵，在不牺牲生态环境的前提下带领贫困群众脱贫攻坚，促进经济发展与美好环境相依托。[⑥]

牟永福（2016）进行了环京津贫困地区绿色扶贫产业化模式新途径的探究，发现该地区传统扶贫是以煤矿冶炼、轻工业制造业促进就业为主的产业，因此诸如雾霾、水污染、水土流失、土地荒漠化和石质化的恶劣情境成为这些区域脱贫路上的最大阻力。因此，传统产业扶贫已经不能使该地区在保护和恢复生态环境的前提下实现脱贫目标。[⑦]

环京津地区通过利用临近首都等发达城市的文化资源，着力打造

---

① 中共中央国务院关于打赢脱贫攻坚战的决定，2015 年 11 月 29 日，https://baike.baidu.com/item/.

② 雷明 . 两山理论与绿色减贫 [J]. 经济研究参考，2015，2696（16）：21-23.

③ 雷明 . 绿色发展下生态扶贫 [J]. 中国农业大学学报，2017（5）.

④ 曹康康 . 协同作战、共书扶贫新篇章——钟山区打造开放式扶贫试验区取得阶段性成效 [J]. 当代贵州，2018（4）：70-71.

⑤ 彭斌，刘俊昌 . 民族地区绿色扶贫新的突破口——广西发展林下经济促农增收脱贫路径初探 [J]. 学术论坛，2013，36（11）：100-104，134.

⑥ 戴旭宏 . 绿色扶贫：中西部地区现阶段财政支持政策的必然选择——基于四川财政政策支持的视角 [J]. 农村经济，2012（12）：60-63.

⑦ 牟永福 . 环京津贫困地区绿色扶贫产业化模式创新研究：基于京津冀协同发展的视角 [J]. 领导之友，2016（7）：55-59.

京津休闲旅游产业带。同时积极培养诸如钟点工、月嫂、居家养老照护者等人员，增加贫困户的就业渠道，并大力建设养老服务业，“休闲养老集中区”成为该区域产业发展的支柱产业。该地区加速进行能源研发、发展循环经济，积极培育养殖业、种植业循环经济产业链条，建设了一批大规模高端绿色产业园，借此孵化新技术、新产品、新产业。同时园区也通过有机土壤栽培以及畜禽粪便的综合开发等方面缓解环境污染。

案例：康县：精准扶贫精准脱贫成效明显

康县是一个地处甘肃东部的国家级贫困县，县里九成以上的村落地处阴冷潮湿的山林深处。甘肃本就是脱贫攻坚的重点省份，省内多地位于黄土高原的塬区，自然资源匮乏、经济作物单一、自然灾害频发是该地的典型特征。先天环境再加之历史因素的作用，使得脱贫攻坚的任务尤为艰巨。由于地处偏僻，发展基础非常薄弱，单一的粮食种植业成为这里的主导产业，这导致当地经济结构单一，群众除传统农业之外无致富门路，因病、因学返贫致贫现象较多。在过去6年的时间里，全县贫困发生率由2011年年底的54%下降到了目前的11.6%，该县先后获得国家级生态建设示范区、全国休闲农业和乡村旅游示范县、国家农村一二三产业融合发展示范县、全国农村精神文明建设示范县等荣誉。

康县扶贫班子开创性地推行了“基地＋农户＋产业＋市场”的产业扶贫模式，通过引导贫困群众种植核桃、花椒、香菇以及养殖中蜂等特色优势产业，以此有效促进了农民增收，同时增强了县城的经济实力。村民张仲武一家有5口人，近几年，寺台乡和剪子村两级组织针对张仲武一家的实际情况，采取一户一策的措施给张仲武和老伴办了低保，兑现了10亩地的退耕还林生态效益补偿费，扶持种植了一亩金银花，发放了精准扶贫贷款5万元扶持中蜂养殖、中药材种植、高产核桃种植等。通过以上措施的实施加上劳务输出，张仲武一家全年的经济总收入已从过去单一劳务输出的两万元提高到5万元，全家人已经摘掉了穷帽子。

资料来源：每日甘肃网，2018 年 2 月 2 日

据相关文件显示，截至 2017 年上半年，康县已建成年产 5 万吨的核桃露生产线、50 万公斤茶叶生产线、年销售额 4 000 多万元的兴源土特产加工、独一味生物系列制药、康元生物等一批循环产业项目，成立农民专业合作社 1 027 个、产业协会 290 个、扶贫互助金协会 330 个。[①] 增产增收效果明显，脱贫成果喜人。

案例：西藏：发展净土产业　打造“健康西藏”

西藏地区的生态环境具有多样性和独特性，且由于全球气候变暖等生态退化现象的加剧[②]，导致当地江河流量减少，对大气调节能力减弱，生态系统稳定性降低，不确定因素增多，水土流失、草场退化、土地沙漠化、地质灾害频发[③]。由此，绿色扶贫、生态扶贫成为西藏脱贫攻坚的首选之策。

首先从政策方面，西藏自治区政府先后出台并实施了《西藏生态安全屏障保护与建设规划》，规划涵盖了自治区建设、保护、保障三大领域，落实资金 71.2 亿元。[④]“十二五规划”也通过生态补偿的手段，使当地农牧民摇身一变成为森林、草场管护人员。截至 2016 年底，全自治区已有 8.4 万转型管护人员，累计增收 6 000 元。其次，自治区政府另辟蹊径，使“净土企业”成为脱贫攻坚的新路径。西藏依托青藏高原独特的水、土壤、空气、人文环境“四不污染”的资源优势，大

---

① 康县精准扶贫精准脱贫成效明显 - 陇南 - 每日甘肃网，http://ln.gansudaily.com.cn/system/2018/02/02/016902909.shtml.

② 关于西藏生态环境保护的几点思考 [N].http://www.tibetcul.com/zhuanti/whzt/201706/42655.htul.

③ 王跃，张雷雷 . 新发展理念视域下促进西藏绿色扶贫的思考 [J]. 西藏民族大学学报（哲学社会科学版），2018，39（4）：1-7，153.

④ 《西藏生态安全屏障保护与建设规划》（2008—2030 年），http://jiuban.moa.gov.cn/zwllm/zcfg/qtbmgz/200903/t20090305_1230124.htm.

力发展净土产业，为西藏农牧区的精准扶贫与精准脱贫提供了新动能。现阶段，西藏以净土产业为导向的公司产值已超过35亿元，相关公司的财政贡献率达到半数以上。数据显示，已有超过2 800户拉萨市的贫困群众通过参与新兴产业脱去了贫困的帽子。[①]

资料来源：中国新闻网，2016年12月1日

绿色扶贫是对我国日益严重的环境污染、生态破坏现象的积极反应。上述分析所展现的绿色扶贫模式一般是以家庭农场、生态观光园等旅游观光、休闲度假项目为主，此种将生态资源与科技相结合的方式充分利用在地资源与外来援助。贫困群众通过甄选适合本土生长与发展的作物以及产业，进行与环境相协调的生产建设活动，在修复被破坏的生态的同时，也为自身开辟了新的致富路径。

第四节　可持续扶贫

改革开放以来，我国农村贫困人口有了大幅度的减少，从1978年的2.5亿人减少到2008年的4 007万人。但由于传统的以资金扶持为主、经济建设为辅的扶贫手段的落后性，使得贫困人口的自身优势发掘、发展能力建设被忽视，故而出现了贫困地区非但未曾脱贫，反而造成了地区生态环境被破坏，返贫快于脱贫等现象。相关数据显示，自2003年，我国每年有大量脱贫人口重新返贫，贫困人口甚至不减反增（四川省返贫人口超过200万）。由此，可持续扶贫的概念开始被学界广泛讨论，同时也被纳入政府扶贫的必要手段。

可持续扶贫理念将脱贫攻坚视为一种协助贫困人口进行自我能力建设、自我成长的过程。该模式主张扶贫应是地域特色支柱产业链形成、贫困人口生活质量大幅提升、生态文明和谐可持续的综合体。可持续

① 发展净土产业打造“健康西藏”，中国新闻网，2016年12月1日，http://www.chinatibetnews.com/jysp/201612/t20161201_1581402.html.

扶贫的核心要义一方面是指在现阶段扶贫开发的基础上，不破坏或损毁子孙后代发展所需要的资源条件；另一方面是指扶贫应由表及里，从个人自身能力建设出发，拒绝返贫。

丁军、陈标平（2010）从以下三方面论述了我国现阶段亟须进行可持续扶贫的必要性①。第一，扶贫主体的素质即贫困人口的身体素质、思想文化水平、劳动技能等得不到持续有效的提高，这在很大程度上导致了“贫困—超生多生—教育水平低—主体素质低—返贫”的恶性循环，这是贫困地区返贫的根源所在。第二，外部经济、社会环境的不平等导致贫困地区得不到持续有效的资源供给，如农村制度（农村扶贫制度、社会保障制度等）缺失，扶持资金不足，基础设施和公共服务滞后等，使贫困地区因缺乏外部支援而陷入经济困境，贫困主体的自我积累和发展能力也因此受到制约，最终形成“贫困—扶贫资源不足—经济困难—返贫”的恶性循环。第三，盲目扶贫导致生态环境恶化，致使表面脱贫的人口不断返贫，由此造成扶贫“越扶越贫”、脱贫速度趋于缓慢。基于上述原因，作者主张从提高主体素质、确保资源的持续供给以及保护贫困地区的生态可持续循环三方面来实现可持续扶贫。

案例：云南：探寻“可持续”的精准扶贫之路

作为全国脱贫攻坚的主战场之一，云南有贫困人口 331.12 万人，184.3 万名贫困劳动力；16 个州市中有两个是国家“三区三州”重点扶持州市；129 个县中有 88 个“国家级、省级扶贫开发重点县”，其中 27 个为深度贫困县，脱贫攻坚任务非常繁重。为了避免陷入脱贫又返贫的恶性循环，云南省通过创业培训、导师帮扶、降低放贷成本、丰富担保形式等措施，重点加大对农村劳动力生存型、自雇式创业的扶持，提高他们的创业成功率。2016 年至 2018 年 8 月，全省累计开

① 丁军，陈标平．构建可持续扶贫模式 治理农村返贫顽疾 [J]. 社会科学，2010（1）：52-57，188.

展贫困劳动力创业培训 2.5 万人次，一大批贫困人员通过创业实现了脱贫。此外，云南省还专门制定技工院校贫困家庭学生培养方案，实施费用减免、强化培训、就业帮扶等举措，促进贫困家庭学生依靠技能就业，并指导优质培训资源到扶贫一线开展培训援助。2016 年以来，云南省技工院校每年招生均在 5 万人以上，全省 34 所技工院校在校生规模达到 14 万余人，其中贫困地区的农村学生比例达 85%，每年招收建档立卡贫困户学生达 5 000 余人。①

资料来源：人社部官网，2018 年 11 月 15 日

由云南省的扶贫经验可以看出，脱贫工作需扶智更要扶志，通过技能培训，提高贫困地区村民的就业能力，并引导他们转移输出，大力扶持他们因地制宜创业，将短期扶困和长期脱贫有效结合起来，由此取得的成效是传统扶贫工作所无法比拟的。

李永、周桂彬、杨华（2007）从农村现代化建设的视角出发，论述了可持续扶贫的效用所在。该研究指出，大力推进农村住宅、交通、供水、供电、通信、文化娱乐等基础设施建设，可以有效激发贫困地区的投资需求以及消费需求，从而可以促进贫困地区消费市场的形成，为贫困家庭劳动力创造就业机会。② 此外，完善贫困地区少年儿童的基础教育以及中青年的职业技术培训教育意义重大。阿马蒂亚 • 森（2002）认为，基础教育不仅可以直接提高生活质量，还可以提高贫困户获得收入的能力，使其免于收入贫困，基础教育越好、越完善，贫困广就越有机会脱离贫困。文化和科技教育对于人的自身能力的提升远比单一接受政府既定扶贫模式的帮扶要有成效。综上所述，我们可以从三方面来概括可持续扶贫的经验。首先，建立规范的扶贫模式。一个责权分明、稳定高效的政策制定和执行的主体是国家能如期实现脱贫目标的硬件所在③。与此同时，一套与时俱进、专业化程度高的贫困人口

① 人力资源与社会保障部 . 云南：探寻“可持续”的精准扶贫之路，https://baijiahao.baidu.com/s?id=1617195169203642366&wfr=spider&for=pc.

② 李永，周桂彬，杨华 . 基于农村城镇化的可持续扶贫战略研究 [J]. 甘肃农业，2007（12）：78-81.

③ 〔印〕阿马蒂亚 • 森 . 以自由看发展 [M]. 北京：中国人民大学出版社，2002.

甄别与筛选方法亦不可或缺。只有两者相结合，政府扶贫资金、项目资源等方可实现效用最优、受益最大。其次，促进扶贫资源的内外联动、实现科学可持续。“巧妇难为无米之炊”，各类资源的短缺是导致贫困最为直观的原因，因此在扶贫过程中援助资金以及给予相关帮扶政策至关重要。在传统扶贫机制下，国家对于贫困的认定往往是依据地域因素划分贫困县，从而以县为单位倾注扶贫资源，这种做法在很大程度上造成了资金的浪费，比如被频频报道的低保乱申、冒领的现象。这说明扶贫主体对于资源的分发必须根据实际建立一套运行有效的机制，使得扶贫资源能切实惠及贫困人口。最后，多主体参与共同助力可持续扶贫。实现人自由而全面的发展、物质财富人人共享的共产主义社会是每一个社会主义国家的最终目标，扶贫则是实现共产主义的必由之路。然而，如果单一依靠政府这一主体，那么脱贫攻坚就只能形成单一的哺育模式。因此，国家应该积极促进扶贫主体多元化，动员盈利企业、非政府组织、社会企业、电视传媒等社会各界助力扶贫，共同推进扶贫可持续。

第五节　共享扶贫

党的五中全会首次对共享发展的理念加以阐述：“坚持共享发展，必须坚持发展为了人民、发展依靠人民、发展成果由人民共享，作出更有效的制度安排，使全体人民在共建共享发展中有更多获得感，增强发展动力，增进人民团结，朝着共同富裕方向稳步前进。”从这一阐述中我们可以看出，新时期我国的扶贫工作开始真正地聚焦于“以人为本”，切实考虑发展的最终目的和受益者。王思斌（2016）认为，共享从根本上指的是一种过程和结果由全部参与对象共同拥有的情境，是以人为本、人人享有的发展结果。部分贫困地区多数人口有强烈的脱贫愿望，也做过不懈努力，但是由于面临那些靠自身力量难以改变的不利因素而依然陷入贫困之中。[①] 对于这一群体，政府和社会应该伸出援手，通过各方共同努力，尽快使他们走出贫困，共享发展成果。2015 年 10 月，十八届五中全会通过的《中共中央关于制定国民经济和社会发展第十三个五年规划的建议》指出："共享是中国特色社会主义的本质要求，要按照人人参与、人人尽力、人人享有的要求，坚守底线、突出重点、完善制度、引导预期，注重机会公平，保障基本民生，实现全体人民共同迈入小康社会的目标。"[②] 这从政策层面阐明，脱贫攻坚、实现小康社会的主体是所有社会成员，实现该项目标不单单需要政府的前期规划与资金投入，更需要社会全员参与进来。马克思主义的最终意义就是让所有社会成员过上幸福生活，这与脱贫工作消除贫困和发展不平等、增进社会福祉、实现人人平等的目标不谋而合。"共享"概念在此次会议上的提出，一方面总结了我国之前在经济发展与扶贫事业中的盲目和不足之处。1978 年以来，国家经济高速增长，许多人借改革开放的东风改变了贫穷的境况和命运，但由于片面追求经济增长和经济政策的地域倾斜，生态环境问题、东西发展不均衡、城乡发展二元化等问题愈加明显。另一方面"共享"概念的提出也是对未来脱贫攻坚的展望和要求，共享扶贫也是脱贫攻坚、实现全面小康社会的必行之举措。共享发展势在必行。

张文婷、周建华通过对精准扶贫机制的探索，指出了我国当前扶贫事业的不均衡之处。首先，以贫困县、贫困村为受众的扶贫政策在很大程度上忽视了一些在贫困县、村之外的贫困人口。其次，以往扶贫事业均以政府为主心骨，以政策支持、资金支援为主扶贫手段，在很大程度上忽略了贫困人口自身、企业、媒体等社会力量的参与。该拔苗助长式的手段容易造成贫困人口对扶助资金的依赖心理，降低了他们探索脱贫之路的主动性。[③] 此外，共享发展强调每个贫困家庭都有

---

① 王思斌．理解共享发展及社会工作的促进作用——以我国扶贫开发和脱贫攻坚为例 [J]. 重庆工商大学学报（社会科学版），2016，33（5）：1-6.

② 中共中央政治局，《中共中央关于制定国民经济和社会发展第十三个五年规划的建议》，2015 年 11 月 3 日．

③ 张文婷，周建华．基于共享发展理念的精准扶贫机制研究 [J]，2017（8）：86-90.

机会享受扶贫资源，但我国的扶贫实践显示资源往往被挪用，从而导致其无法惠及所有贫困户。有研究显示，20 世纪 80 年代中期，我国实施以贫困县为单元的区域瞄准，但由于这种瞄准主要针对贫困县而不是贫困村和贫困户，因此贫困户无法直接享有扶贫资源。最后，部分地区扶贫过于重视经济发展，而忽视了共享发展不仅是经济发展成果的共享，同时也是政治、文化、社会等各方面的共享，由此导致贫困地区教育、医疗、社会保障等公共服务事业发展缓慢。基于以上扶贫过程中存在的共享问题，作者提出要建立贫困人口精准共享机制，采用多维贫困标准来精准识别贫困人口。同时通过建立扶贫资源共享机制，使得贫困人口参与扶贫资源的选择和分配。此外，必须加强教育、健康、技能和思想观念等方面的帮扶，使他们获得更多的发展机会，增强可持续生计能力。具体来说，要加大对贫困地区的教育投入，完善就业服务体系和劳动培训，发展新型合作医疗，加强生态环境建设等；同时引导贫困群众在接受帮扶的同时积极树立自立自强品质，彻底改变“等要靠”的依赖思想。我国贫困地区的儿童入学率随着精准扶贫工作的开展而年年攀升，这说明国家开始意识到文化教育、思想扶贫之于脱贫事业的极端重要性。

张霞等（2018）从文化自信、文化共享的视角出发，认为衍生于城乡二元体制下的农村文化贫困问题不仅成为精准扶贫难以攻克的难点，也是造成贫困长期恶性循环的深层根源。实践证明，作为舶来品的城市文化和外来文化并不能真正解决农村的文化饥荒和文化贫困，只有将土生土长的乡土文化与现代文化、多元文化进行融合与碰撞，才能使文化扶贫真正发挥作用。[①]

案例：济阳：“121”齐步走出“共享式”扶贫新模式

山东省济阳县新市镇围绕脱贫攻坚工作要求，不断创新工作思路，

---

① 张霞，赵美玲，滕翠华. 共享发展理念下的农村文化精准扶贫路径探析 [J]. 图书馆，2018（4）：52-57.

积极探索扶贫新举措，形成了以“121”为核心的“共享式”扶贫工作模式，在帮扶工作中凝聚脱贫力量，放大扶贫成果，实现了全镇贫困群众脱贫和贫困村摘帽的工作目标。首先“共享式”扶贫充分运用“三会一课”和主题党日活动，采取“本村第一书记负责，其他第一书记配合”的党建管理模式，不断加强对基层党员干部的教育引导，提升基层党员党性修养，使党员干部敢于亮身份、做表率，提升贫困村支部的向心力、凝聚力。把好的经验成果分享推广也是新市镇“共享式”扶贫模式的另一重要特色。开展帮扶工作以来，新市镇部分贫困村在“第一书记”的帮扶下形成了许多各具特色、卓有成效的帮扶工作，在成果共享的引领带动下，可以将一个村的成功变成N个村的成功[①]。工作中，“第一书记”通过经验讲解与现场观摩等方式主动分享工作成果，其他“第一书记”根据自身实际提出需求，由成功“第一书记”结合成功经验量身制定更为合理的工作方案，迅速推动好的成果在其他村生根发芽。

资料来源：新华网，2018年6月13日

“共享是发展的出发点和落脚点”。新市镇“共享式”扶贫在实现共商共议、资源共享、成果共享工作目标的同时，依靠“共享式”扶贫，让广大贫困群众共享了扶贫成果。“共享”扶贫工作机制的完善、“第一书记”及其帮扶单位的密切配合、帮扶举措的不断创新，为确保贫困群众长效脱贫提供了坚实保障，真正让扶贫路成坦途。

在共享理念下，首先应该将文化共享工程纳入公共文化服务体系总规划和贫困地区农村文化建设的总目标中。利用政府援助资源开辟文化保护专栏基金，链接外界企业、媒体等建立乡村文化站，实现网络村村通。其次，要充分发挥社区参与的作用，支持社会团体、科研组织等各类社会组织以多种形式参与农村文化扶贫，为农民送文化，举行科普讲座。地方文化部门应积极发挥沟通和协调作用，建立文化帮扶长效合作机制。鼓励社会志愿者积极参与，形成“一对一”“一对多”“多对一”“多对多”等结对形式。同时，还可通过税收、信

① 新华网，济阳县新市镇“121”齐步走出“共享式”扶贫新模式，https://baijiahao.baidu.com/s?id=1603118586187310308&wfr=spider&for=pc.

贷等优惠政策，鼓励民营企业通过开发地方特色文化资源、打造文化品牌、发展文化产业等方式参与贫困地区农村文化建设，带动农民就业的同时提高农民文化意识。最后，文化扶贫还可参照“西气东输”等形式，鼓励发达地区的文化基金、文化产业参与贫困地区文化的发掘与文化资产的建设，动员东部地区党政机关、团体、企事业单位、社会组织、各界人士等积极参与文化扶贫，实现对口援助、精准对接。

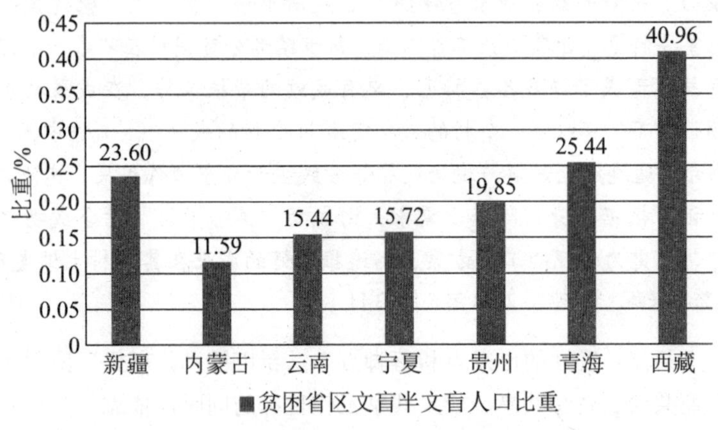

图 17-2　15 岁以上文盲半文盲人口比重

西藏、贵州、云南、新疆等长期以来一直是我国扶贫事业中难啃的“硬骨头”，除了地处边陲、交通不便等致贫原因外，教育资源匮乏、文化贫困（图 17-2）也是极为重要的原因。美国人类学家刘易斯（1959）在对墨西哥贫民窟居民进行一系列的研究之后提出了文化贫困的概念，并利用文化贫困对贫困代际传递进行解释。他认为贫困不仅仅是经济上的收入少，同时也是一种可以实现自我维持和代际传递的文化现象。长期贫困的穷人群体会形成一种特定的生活方式、行为规范及价值观。而穷人群体的聚居，以及缺少与其他社会阶层的交流与流动，更加强化与固化了这种“贫困”的价值观与文化，因而形成一种“亚文化”，会对周围特别是后代产生影响，保持贫困文化自我维持并且不断复制，导致贫困的恶性循环。[①]

① 奥斯卡·刘易斯《五个家庭：墨西哥贫穷文化案例研究》（1959 年）.

打好“扶贫攻坚战”，做好精准扶贫是共享发展理念的根本要求。“没有农村的小康，特别是没有贫困地区的小康，就没有全面建成小康社会”。如何巩固前一段时间的扶贫工作成效，解决精准扶贫工作中存在的问题，消除潜在的隐患，继续推进精准扶贫，攻坚克难，胜利完成决胜全面建成小康社会的使命，是当前的首要任务。要把“扶贫攻坚”统一到共享发展的战略发展理念上来，统一到共享发展成果的战略全局上来，以共享发展理念为指导全力推进“精准扶贫”，攻坚克难。“扶贫”不是“劫富济贫”，不是“恩赐施舍”，而是共享发展。“扶贫”不仅要共享发展成果，而且要共享发展机会，共享发展过程，是共同发展、共同富裕。共享发展理念不仅是对发展理念、道路与范式的深入总结与反思，更是对发展时代本质的深刻理解与阐释；不仅是对中国特色社会主义发展道路的战略思考与理论总结，更是共享中国经验与中国智慧推进人类命运共同体建设的共享共赢；不仅是发展的指路明灯，更是推进发展的科学方法，是习近平总书记发展理念的核心要义，是我们认识发展、分析发展、解决发展的理论武器，是精准扶贫攻坚克难的战略抓手。共享发展理念是目的论和手段论的统一。共享是目的，要实现共享发展，就要实现人民共享、全面共享、渐进共享、共建共享，就要始终把人民放在心中最高的位置，以人民为中心科学统筹经济、政治、文化、社会和生态文明建设，把人民对共享发展的诉求作为工作的突破口、着力点和落脚点，作为唯一的宗旨和任务，作为唯一的目的。共享又是手段，要通过线上线下、网上网下各种渠道、各种途径将科学、技术、信息、资源、人才等共享，通过各种制度安排、文化交流将各国的发展经验、发展教训、发展智慧等进行共享。通过手段来实现目的，又通过目的来强化手段，在目的与手段的统一中坚持共享发展理念。

综上所述，共享扶贫的终极意义在于使困难群众在脱贫建设中树立主体意识即主人翁意识，在脱贫的过程中实现人人出力、人人享有，并切实提高自身参与的积极性，从思想文化层面发掘自身建设能力。

第六节 协调扶贫

党的十八届五中全会提出的五大发展理念中对于协调发展的阐述如下:"坚持协调发展,必须牢牢把握中国特色社会主义事业总体布局,正确处理发展中的重大关系,重点促进城乡区域协调发展,促进经济社会协调发展,促进新型工业化、信息化、城镇化、农业现代化同步发展,在增强国家硬实力的同时注重提升国家软实力,不断增强发展整体性。"① 协调是立足长远、谋划全局的战略考量,协调理念在我国的扶贫事业中具有非同寻常的意义。王鹏(2017)指出,协调理念的提出首先是对地区经济发展失衡现象的明确要求,贫困问题表面上看是收入差距大,而实际反映的是能力低和发展机会少。部分发展较快的群体的经济水平掩饰了大部分人群处于贫困之中的真实现象。② 刘慧(2016)通过对当前扶贫工作中困难与挑战的分析,指出了促进区域协调扶贫的重要性。文章指出,在 2013 年的贫困新标准下,我国有贫困人口 8 249 万。其中,东部地区贫困人口占比 14.2%,中部地区占 34.78%,西部地区占 51.02%(图 17-3),贫困人口在全国的区域分布差异十分显著。

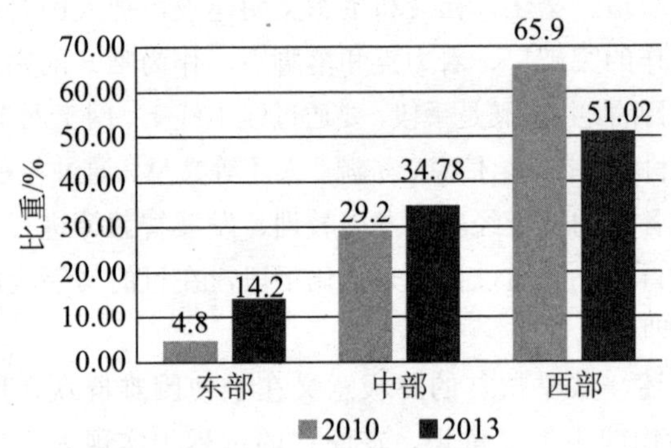

图 17-3 东、中、西部贫困人口占全国人口比重变化

① 十八届五中全会报告,2015 年 10 月 30 日,https://www.unjs.com/fanwenwang/ziliao/421145.html.

② 王鹏. 以五大发展理念推动青海省精准扶贫 [J]. 青海金融,2017(9):24-27.

以协调理念为指导的扶贫措施有利于缓解扶贫过程中的区域发展不平衡的现状。杨枝煌（2017）指出，协调扶贫也是针对扶贫开发过程中政策和资源一味向农村贫困地区倾斜，而忽视了城市贫困人群的现状，如农民工的身份、待遇、社会保障问题。[①] 习近平总书记曾强调指出："小康路上一个都不能掉队"。这表明在全面建成小康社会的征途中，实现东西区域发展协调、城乡发展协调尤为重要。此外，王小京提出，协调扶贫是对目前存在的贫困地区的扶贫产业与当地经济承载能力以及贫困人口的脱贫能力不相适应的状况之积极应对。在很多贫困地区，行业扶贫处于自发状态，制度性、计划性不强。[②] 扶贫缺少统筹协调机制，作用需要进一步发挥。且部分扶贫产业一味强调规模化、产业化、集约化经营，没有考虑到贫困人口的能力水平等因素，由此给其带来了沉重的负担，无益于脱贫致富。

案例：石城：从精准扶贫到致富脱贫

石城县政府和江西省政府、赣州市政府通过加强与福建、广东两省政府在省、市级层面的沟通与合作，建立了具有共同约束力的制度规范，协调各区域的局部利益以服从于整体利益。同时，通过建立边界区域资源联动开发机制，整合优势资源，培育特色产业。赣州市的优势在于历史文化资源、旅游资源、劳动力和林木资源，所靠近广东和福建相邻省市的资源优势在于资金、人才和技术等经济要素。区位因素的便利使得石城县可通过承接珠三角发达地区的产业转移，以特色产业带动经济发展的同时，实现区域整体脱贫。

资料来源：石城县扶贫移民办，2017 年 10 月 3 日

对于贫困地区发展水平、贫困人口的脱贫能力与当前产业扶贫不相协调的问题，刘卫东等（2010）认为，一方面需要从基础教育着手，切实加强贫困农村地区基础教育，彻底普及九年义务教育，加大教育

① 杨枝煌. 精准扶贫亟须统筹协调转型升级 [J]. 科学发展，2017（11）：89-95.

② 王小京. 扶贫政策实施中应上下协调 [J]. 西部大开发，2012（3）：88.

设施建设，推进基础教育资源的均等化；同时也要努力进行义务教育后三年的生存技能培训，增强贫困地区年轻劳动力外出务工及本地工作能力[①]，并全面实施贫困地区中等职业教育免费计划。另一方面，在扶贫开发工作中也需要因地制宜、因村制宜地进行开发项目。要在借鉴以往经验的基础上，着力开发对经济发展有拉动作用的重点项目。同时注意使相关扶贫工程与在地人口的自身能力相适应，与当地生态气候、经济发展水平等状况相协调，以此使得贫困人口能以饱满的热情、足够的动力参与脱贫、真正成为改变自己贫穷命运的主宰者。李智（2014）从城乡发展一体化的视角出发，对湖北武陵山片区的协调发展战略进行了深度探究。[②]

案例：武陵山：统筹城乡一体化大视野 谋划区域协调发展大格局

武陵山片区坚持区域发展与扶贫攻坚“联姻”，走统筹协调扶贫之路。通过跨省合作沟通，先后与国务院以及国家民委签订协议，共同推进武陵山片区民族团结创建工作，为省部之间沟通协调开设了直通车。同时，该地区以武陵山龙山来凤经济协助合作示范区建设为平台，建立湘鄂两省、湘西恩施两州、龙山来凤两县政府跨区域推进协调机制，推动县域经济跨越式发展。此举不仅为该地经济落后的少数民族地区增加了一定的资金扶持，也为其提供了一个与省内其他市合作发展的平台，有力地促进了地区城乡一体化统筹协调发展。

资料来源：《民族大家庭》，2014 年 4 月 11 日

坚持协调发展，实现农村发展和现代化是关键，而贫困地区的发展和贫困人口的脱贫是瓶颈。十八届五中全会提出，要在“十三五”期间农业现代化取得明显进展，人民生活水平和质量普遍提高，我国

① 刘卫东，刘毅，秦玉才，等. 2009 中国区域发展报告——西部开发的走向 [M]. 北京：商务印书馆，2010.

② 李智. 统筹城乡一体化大视野 谋划区域协调发展大格局——湖北武陵山片区区域发展与扶贫攻坚发展报告 [J]. 民族大家庭，2014（4）：41-44.

现行标准下农村贫困人口实现脱贫，贫困县全部摘帽，解决区域性整体贫困。为了达到这些目标，五中全会也提出了一系列举措，如加大对贫困地区的转移支付，实施精准扶贫，对贫困人口实行资产收益扶贫，健全农村留守儿童和妇女、老人的关爱服务体系，推动教育的均衡发展和普及高中阶段教育等。这些政策措施紧扣当前我国农村发展和扶贫建设中的突出问题，具有很强的现实针对性和指导性。加大对贫困地区的转移支付，是要缓解贫困地区长期财政资金缺乏的问题，增强贫困地区地方政府提供公共服务的能力，特别是提高基础教育和基本医疗卫生服务的质量，保证贫困地区的群众享受较高质量的服务水平。实施精准扶贫，是为了改变长期农村扶贫工作以区域为主要对象，对贫困家庭和人口扶持力度不够，影响扶贫效果的问题。这一扶贫方式将有效解决贫困农户由于观念、资金、技术和市场方面的限制，创收能力通常较弱的问题，提高扶贫投资的效率。

在农村劳动力大量外出的背景下，留守在农村的儿童、妇女和老人通常面临更严重的贫困状况。这种贫困不仅表现在物质生活方面，更表现在精神健康方面。在农村建立关爱和服务体系，对这些特殊群体进行有针对性的帮助，不仅能够提高他们的生活水平，也关系到儿童的健康成长和国家未来的发展能力。教育是人的基本需求，也是重要的人力资本，是阻止贫困代际传递的最有效的途径之一。农村地区一要大力发展早期儿童教育，二要普及高中阶段教育。国家将为贫困家庭的学生免除高中阶段的学费，并为各阶段的贫困学生提供补贴。从长期看，教育的均衡发展能有效改变区域发展不平衡问题，使贫困家庭能充分利用社会机会，提高自我发展能力。

综上所述，协调式扶贫着眼于统筹东、中、西三个地域，城乡两元结构协调发展，一方面强调在脱贫攻坚征程中重视固本困难地区的同时，兼顾发达地区的困难区域，做到小康路上一个都不掉队；另一方面，“协调”理念主导下的扶贫工作应该在帮助农村困难群众走出贫困现状的同时，将城市贫困人口——诸如农民工、孤寡老人、困境儿童等群体纳入脱贫的体系之中，做到城乡协调发展、共同脱贫致富。总的来说，我们国家要达成的小康社会不是局部的、单方面的小康，而是包括城镇和农村，东部地区和中西部地区，经济和政治、社会、文化、生态各领域的全面的小康。应始终注重发挥各地比较优势，尊重差异性以及与之相适应的效率贡献，追求区域间要素流动和有效互补。

第七节　创新扶贫

党的十八大以来，习总书记不止一次地强调创新是引领发展的第一动力，是一个民族进步的灵魂；抓创新就是抓发展，谋创新就是谋未来；不创新就要落后，创新慢了也要落后。十八届五中全会指出，“坚持创新发展，必须把创新摆在国家发展全局的核心位置，不断推进理论创新、制度创新、科技创新、文化创新等各方面创新，让创新贯穿党和国家一切工作，让创新在全社会蔚然成风。”创新扶贫的模式是实现精准扶贫的驱动力所在。[①]

丁向权、韩建民（2018）从创新政府治理模式的视角探讨了创新在扶贫工作中的重要性。他指出，从政府治理视角来看，一方面，政府一直处于主导地位，而贫困群众则处于“被脱贫”的状态之中，在脱贫工作中，贫困群众普遍缺乏主动积极性，不愿意参与扶贫工作，直接造成了扶贫、脱贫工作效率不高；另一方面，在扶贫工作中，扶贫主体也不单单由政府来承担，在过去的扶贫工作中，政府总是一力承担治理工作，所以导致扶贫过程中出现了效率不高、投入不足等政府失灵情况。[②]

为解决目前所出现的问题，首先政府应创新治理理念，树立群众意识，保证脱贫的主体——贫困人口能够以参与者而不仅仅是受惠者

① 雷明，共享发展与可持续减贫，《中国共享发展研究报告（2016）》，北京：经济科学出版社，2017.

② 丁向权，韩建民. 浅谈“精准扶贫”的治理理念、治理能力与治理工具——基于政府治理创新视角 [J]. 农业开发与装备，2018（8）：145-146.

的身份融合到扶贫全程中。同时通过树立这一理念，对群众意愿和需求产生进一步了解，明确群众在脱贫工作中的主体地位，通过吸引、引导群众参与，协调好群众与政府的关系，确保各项扶贫工作顺利开展，继而从根源上真正解决农村贫困问题。其次，政府还应认识到在市场经济体制下建立多元合作理念的重要性，由“桨手”变为“舵手”，加强与社会组织的合作，吸引民间力量参与贫困治理工作。由贫困户、市场、民间力量各司其职，缓解政府资金与相关资源的压力。此外，借助各种社会组织的力量，不断深入农村贫困地区开展有针对性的帮扶工作，从而形成多元的扶贫格局。

案例：蒙城葛寨寨村：占领主战场，弘扬正能量

在蒙城县岳坊镇，有一个名为葛寨寨的村子，被周围群众称为“状元村”。该村先后建立了乡贤馆、农民文化大礼堂两个引领村民精神脱贫的扶智基地。

乡贤馆主要展示的是葛寨寨的姓氏分布及家训、民谚等，向大家介绍村里人的励志故事、革命故事和创业故事等。浓厚的学习氛围带来丰厚的回报，据不完全统计，自1977年恢复高考制度以来，全村先后向高等院校输送大学生234名。其中：博士3名，硕士13名，一本52名，普通本科43名，亳州市文科、理科高考状元各1名，蒙城县理科高考状元1名，另外还有5名学子分别留学于美国、英国、德国和加拿大。2000年11月29日，《安徽日报》以“蒙城有个‘状元’村”为题，对葛寨寨村频出学子的现象进行了专题报道，《安徽科技报》《颍州晚报》以整版的篇幅进行了采访报道。蒙城县葛寨寨状元村因此得名，“学在蒙城”品牌越擦越亮。

农民文化大礼堂是村里举办文化活动的场所。根据村里实情和工作需要，制定大礼堂全年活动计划和管理制度，实现建设好、管理好、使用好的要求，依托文化大礼堂阵地，举办农民耕读文化学校葛寨寨教学班，把在家的农村青年、知识分子、种养殖大户等人员从“牌桌”引向“课桌”，从“教堂”引入“课堂”，从“人场”引到“会场”，

对他们进行文化教育补习，同时宣传党的政策、法律法规、乡风文明及脱贫攻坚等知识，牢牢把握基层意识形态主阵地，引领基层舆论新导向[①]。

资料来源：中国社会扶贫网，2018 年 12 月 12 日

“治贫”必先“治愚”，大力发展农村的文化事业，提高农民的思想文化素质和科学技术水平，是促进农村经济发展，从根本上改善农民生活的关键所在。一方面，发展农村文化事业，有利于推动社会全面进步。由于文化扶贫工程不是单一地就文化抓文化，而是把文化、教育、科学普及等与满足农民求知、求富、求乐的要求和发展农村经济紧密地结合起来，这就不仅能使文化更好地为经济建设这个中心服务，而且能够使文化更好地与之同步协调发展，促进经济的快速发展。另一方面，随着时代的前进、市场经济的发展，文化与经济“一体化”的趋势在增强，文化功能负荷在增值。各种产品的文化含量、文化附加值越来越高，文化也不再是单一地满足人们的娱乐要求，而是要在更大范围内为经济发展提供精神动力和智力支持。

案例：凉山：从“扶贫创新”到“创新扶贫”

侯远高（2018）基于乡村社工在凉山精准扶贫中的行动，认为扶贫工作的范畴应该扩大为围绕贫困人口开展的各种支持和服务。其所在的公益组织在凉山彝族贫困区开展了彝族妇女手工产品发展计划、支持抚养孤儿的老人养猪项目以及“借羊还羊、礼品传递”等项目，并进一步提出了赋权式扶贫的策略和方法[②]。赋权式扶贫是借用社会工作中的赋权理念，从提高贫困群众的自我发展能力入手，来引导他们解决致贫因素。所谓赋权就是把公民享有的权利还给他们，通过行使

① 中国社会扶贫网．蒙城状元村：占领主战场，弘扬正能量．https://news.zgshfp.com.cn/pc_news/wzgl/xw/2753091/index.html.

② 侯远高．从“扶贫创新”到“创新扶贫”的实践与反思——乡村社工在凉山精准扶贫中的行动研究报告之二 [J]. 中国社会工作，2018（24）：15-17.

这些权利让自己的处境得到改善。这些权利包括生存权、受教育权、发展权、参与权等。

社会工作组织开展了以凉山彝族贫困女青年为扶持对象的 glow 项目，动员和组织青少年接受系统培训，普及健康知识，提高他们的自我保护意识和能力；此外还针对凉山的贫困人口识字率低等困境，建立“入户动员知识培训、技能培训、就业安置、跟进回访、法律援助”的人力资源开发模式，培训和安置了 600 多名 17 ～ 24 岁的彝族女孩到城市就业。该项目标顺利实现，彻底改变了这些女孩的命运，使其远离了毒品和艾滋病的威胁，也帮助其家庭实现了脱贫目标。

与此同时，作者提出了社区综合扶贫的方法，即在一个贫困社区（村或乡），制订和实施社区综合发展规划，以探索乡村重建的模式。

资料来源：《中国社会工作》，2018 年 7 月 21 日

贫困是一切苦难中必须首先根除的苦难。“坚决打赢脱贫攻坚战，让贫困人口和贫困地区同全国一道进入全面小康社会”是我们党的庄严承诺。2015 年底，国务院扶贫办发布推进实施精准扶贫“十大工程”，首次将电商扶贫纳入扶贫政策体系，指出要采用电商扶贫方式使贫困地区、贫困人口共享经济发展的红利。作为国务院扶贫办主管的唯一全国性社会扶贫网络平台，中国社会扶贫网充分发挥“互联网＋”的社会扶贫巨大优势，建立扶贫商品专属的电商平台，积极探索电商扶贫新路径。

中国社会扶贫网利用“互联网 +”社会扶贫新模式，贯彻精准扶贫新方略，深度运用大数据，构建了连接贫困户与贫困地区脱贫多元化需求和社会爱心资源扶持的网络对接平台。截至 2016 年 8 月 7 日，平台注册用户已突破 3 341 万人，遍布全国（不含港、澳、台）31 个省（区、市），2 937 个县，29 万个行政村[①]。已累计发布帮扶需求 340 万条，对接成功率 70%，平台已有 390 万爱心人士为 217 万贫困户提供健康、教育、住房设施改善等方面的救助。其电商扶贫平台坚

① 农产品电商，社会扶贫电商，电商平台，中国社会扶贫网，2018. https://www.zgshfp.com.cn/pages/shoppingMall1.html?w=3.

持对商品生产、加工、包装、物流、销售等环节进行扶贫属性认证，确保贫困户在商品营销利益链条中的长期收益，对于偏远农村的精准扶贫发挥了重要作用。

根据上述现状以及案例分析，本章将创新扶贫的经验总结为以下几点。

（1）改革经济体制，打造区域特色产业。

在市场经济体制下特色产业是每一个区域经济的核心竞争力，也是每一个地区打造自身经济资源优势的核心纽带。在创新性经济政策引导下，区域政府实施精准扶贫要以深化经济体制改革为根本之策，通过调整社会生产力关系来引导区域原有产业发展，同时要树立创新性思想意识，结合本地区优质资源打造特色产业集群。以特色经济产业为引导，创新经济发展模式带领地区贫困群众共同致富。

（2）切实做好贫困群众的思想工作。

在新的经济发展时期，创新精准扶贫工作模式就要以政府领导为动员主体，做好贫困群众的思想动员工作。首先要帮助贫困群众树立去除贫困的思想认识，要从根本上加强贫困群众的思想教育，以政策为引导、以思想教育为手段引导贫困地区党员干部和人民群众转变观念。其次，要以区域政府为主体积极主动开展精准扶贫工作，要让先富起来的人民群众帮助贫困的人民群众，要让贫困的人民群众团结起来共同奋斗，以摆脱生活贫困为导向，从根本上突破经济条件限制。最后，党员干部要切实发挥自身的领导带头作用，有帮带能力的党员干部要与贫困群众结成一对一帮扶对子，带动群众共同致富，要通过细心工作和耐心引导发动贫困地区干部群众艰苦奋斗、自力更生。根据本地区的资源优势打造创新型经济产业，创新经济发展模式，共同致富。

（3）政府扶贫与社会扶贫相结合，推动社区参与。

近年来随着我国经济的快速发展，人民生活水平的提高，社会上热衷于公益和扶贫工作的志愿者越来越多。各类社会企业、组织团体也都热衷于社会公益事业，都在竭尽所能帮助贫困对象。扶贫开发是社会民生事业的一项系统工程，需要社会各方面力量一起努力，既要动员党政机关事业单位进行一对一帮扶，选定特定帮扶对象，对其在思想、文化教育、家庭经济来源方面予以指导，也要在经济方面进行特定帮助。

（4）做好贫困人口的教育培训工作。

创新精准扶贫模式最关键的一点是要做好群众的教育培训工作。经济落后地区的群众之所以贫困，很大程度受到“读书无用论”的影响，对文化教育的重视程度不够，忽略了学习和知识的重要性。对文化教育的忽视，不仅降低了贫困群众的脱贫能力，还会导致贫困基因世代相传，教育扶智的关键是要让贫困人口公平享受公共教育资源，而不能让贫困群众的孩子无书可读、无学可上。地区政府要想方设法改变当地基础办学条件，以创新性思路作为发展引导，打造创新型教育模式；要重视贫困人口的教育，努力提升其素质；要完善现代信息教育网络建设，开设网上课堂；要在落实各项教育政策的前提下打造创新型教育产业，通过加强贫困人口的教育培训来提升其素质，激发其创新意识，以文化和知识为引导促进区域经济发展和转型。

（5）以生产发展为主线。

在党中央新的精准扶贫战略引导下，地区政府还要做好生产发展工作，以帮助贫困群众改变生活状态、打造区域特色资源优势为导向发展特色经济产业。地区政府要想增强区域经济实力，最有效的途径就是树立创新性发展思路，促进本地区内经济产业转型和升级，结合互联网技术和现代信息技术，运用“互联网＋”战略大力发展特色种植养殖产业、旅游产业和服务产业，引导贫困群众共同创业，走出一条适合区域经济发展的特色产业道路。

第十八章 总　结

自 1949 年中华人民共和国成立以来，中国扶贫事业已经走过 70 年的历程，从最初筚路蓝缕、跌跌撞撞到改革开放时期“摸着石头过河”，再到 21 世纪“取得决定性进展”，国家和人民克服重重困难，才取得了今日的非凡成就，积累了诸多有益经验，为全世界的反贫困事业作出了突出贡献。

本书以政策文件、统计报告和典型范例为基础，综合国内外学术研究，系统描述了中华人民共和国成立以来我国的扶贫理论和实践概貌，涉及政策体系、体制机制、治理结构、能力建设及实现路径等多方面内容，总结我国特有的扶贫理念与方式，列举实例，具体分析成功原因，深度挖掘成功经验，并提出建议。

第一节　本书要旨

中国扶贫事业始于 1949 年中华人民共和国成立，至改革开放前这 30 年间，政府以救济式扶贫为主，通过直接发放救济金、救济粮或低息、无息贷款等方式支援贫困人口。20 世纪 80 年代初期，扶贫工作向帮助生产为主、无偿救济为辅的模式转型，信贷扶贫、以工代赈都是这一阶段的扶贫手段。1986 年，贫困地区经济开发领导小组成立，我国开启了统筹规划扶贫的新阶段，按贫困标准划分的“贫困县”作为扶贫工作重点登上历史舞台。1994 年，我国出台《国家八七扶贫攻坚计划》，这是我国第一个系统化的扶贫政策，以解决农村温饱问题为目标、开发式扶贫为途径，通过政策倾斜、产业扶持、基础设施建设等措施推进扶贫攻坚。进入 21 世纪后，我国普遍贫困基本缓解，贫困人口开始出现零散化分布，我国也相应地调整扶贫战略，以整村推进为扶贫工作模式，取得了良好效益。随着贫困人口进一步减少，2010 年，我国将集中连片特困区作为扶贫工作重点，加强跨省协作，整体规划产业发展。2013 年，习近平总书记首次提出“精准扶贫”概念，此后这一概念不断得到深化和发展，我国扶贫事业实现新跨越。进入“十三五”以后，我国扶贫攻坚任务到了最后的冲刺阶段，解决深度贫困地区的贫困问题成为当务之急，为此，我国出台了一系列政策推进贫困地区多领域、全方位发展，以深度提升贫困群众内在发展能力，切实确保脱贫群众不返贫。

纵观 70 年的扶贫历程，中国扶贫工作历经了“自上而下”到“自下而上”、“菜单式”到“订单式”、“学后干”到“干中学”、“政府主导”到“市场主导”、“供给侧”到“需求侧”的机制转变，扶贫工作不断深化和发展。针对不同时期的不同贫困问题，我国政府先后通过输血救济式扶贫、以工代赈、以县为中心、整村推进、片区扶贫、精准扶贫、深度扶贫和可持续扶贫等扶贫方式，推进扶贫攻坚事业长足发展。

同时，我国也在不断探索中建立了政府、市场、社会协同合作的扶贫治理结构，形成了经济扶贫、法制扶贫、道德扶贫、内生动力扶贫的全方位多领域扶贫机制，健全了中国特色扶贫政策体系，借助行政手段和力量，充分发挥市场机制，引导社会力量参与，汲取国际先进理论与实践经验，提高贫困人口脱贫参与度与可行能力，取得了举世瞩目的扶贫成就，扶贫事业的内在发展力也伴随着扶贫开发建设得以提升。各级扶贫开发领导小组、基层组织和社会组织也为中国扶贫事业的开展提供有力的支撑和保障。

第二节　中国贫困现状

在中国扶贫取得瞩目成就的今天，仍有 1 600 多万同胞生活在贫困线下，我国绝对贫困问题还未彻底解决。准确把握贫困现状，才能使得中国扶贫事业不断发展。

一、区域发展不均衡

改革开放之初，为了促进国民经济快速发展，我国以“先富带动后富”为理念制定并实施相关政策，而由此带来的区域发展不均衡问题未能得到很好解决，同时，优质人口向经济快速增长区域聚集也加剧了发展不均衡的状况。中国农村整体经济水平低于城市，2017 年，我国城镇居民人均可支配收入 36 396 元，人均消费支出 24 445 元，农村居民人均可支配收入 13 432 元，人均消费支出 10 955 元，城乡居民收入和消费水平差距明显[①]；中西部地区经济发展较东部地区迟缓[②]，2016 年，西部地区农民人均可支配收入仅为东部地区农民的 64%[③]，且产业结构也更为单一，以传统农业生产为主。在区域发展不均衡的大背景下，贫困人口的分布也呈区域性集中，按现行国家农村贫困标准测算，一半以上的农村贫困人口仍集中在西部地区。以五年累计脱贫人口下降幅度看，东部地区脱贫速度快于中西部地区，2012—2017 年，东部地区为 78.1%，中部地区为 67.7%，西部地区为 67.9%。[④] 如

---

① 中华人民共和国 2017 年国民经济和社会发展统计公报 .

② 中部地区：包括山西、吉林、黑龙江、安徽、江西、河南、湖北和湖南 8 个省份。

西部地区：包括内蒙古、广西、重庆、四川、贵州、云南、西藏、陕西、甘肃、青海、宁夏和新疆 12 个省（区、市）。

东部地区：包括北京、天津、河北、辽宁、上海、江苏、浙江、福建、山东、广东和海南 11 个省市。

③ 国家统计局，《中国统计年鉴 2017》.

④ 国家统计局住户调查办公室 . 扶贫开发成就举世瞩目 脱贫攻坚取得决定性进展 [N]. 中国信息报，2018-09-04（1）.

图 18-1 所示为 2017 年中国贫困人口分布情况。

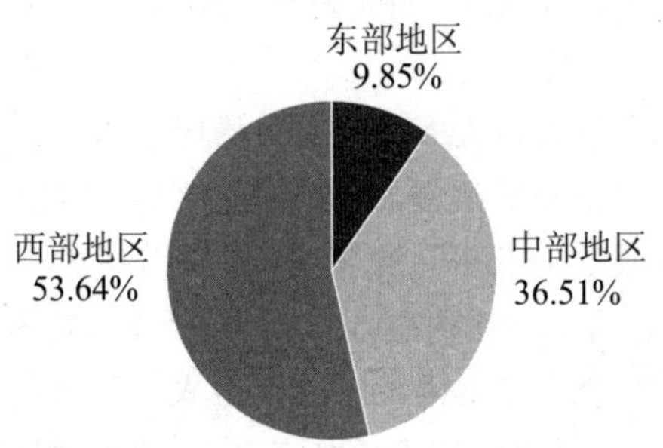

图 18-1　2017 年中国贫困人口分布情况

资料来源：国家统计局住户调查办公室 . 扶贫开发成就举世瞩目 脱贫攻坚取得决定性进展 [N]. 中国信息报，2018-09-04（1）.

区域发展不均衡还体现为区域发展与扶贫开发有效衔接不足，即当地发展不能带动贫困人口脱贫，主要有三种情况：第一，区域内贫困人口主要集中在位置偏僻、交通不便的边远山区，与外界联通不足，导致区域经济增长红利无法覆盖贫困人口，这样的地区往往城镇化进程落后，城乡二元结构特征明显。第二，扶贫开发工作与农村开发建设之间缺乏有效衔接，贫困人口在开发建设或实施项目中没有直接受益，产业发展和经济建设对农村居民尤其是贫困人口收入增加的促进作用不足，贫困个体的脱贫效果不明显。第三，区域经济增长本身不能带动贫困人口脱贫，而在经济增长过程中出现的收入分配不均更会抑制或抵消其减贫效果。

二、脱贫难度加大

2018 年末，中国仍有 1 660 万贫困人口亟须脱贫[①]。据建档立卡数据显示，目前贫困人口超过 300 万的还有 5 个省区，贫困发生率超过 18% 的贫困县有 229 个、超过 20% 的贫困村有 2.98 万个。按照这些

① 中华人民共和国 2017 年国民经济和社会发展统计公报 .

县和村前几年每年贫困发生率下降 3 ～ 4 个百分点的速度，在剩余时间内完成脱贫任务十分艰巨。特别是“三区三州”[①] 基础条件薄弱，致贫原因复杂，脱贫难度更大。[②]

当前，我国贫困人口大多集中在自然环境恶劣、生活水平低下的边远山区，地区经济发展缓慢，基础设施落后，贫困人口众多，且居住分散，自我发展能力低下，扶贫成本高、难度大。以甘肃省秦巴山片区为例[③]，2015 年，片区内有 1 365 个建档立卡贫困村，占片区行政村总数的 42%，建档立卡贫困人口 52.1 万人，贫困发生率为 21%，高于当年连片特困地区发生率 7 个百分点[④]。区内农村居民人均可支配收入为全国的 47.3%，尚未通沥青（水泥）路的行政村 289 个，占行政村总数的 9%；未通硬化（沙化）路的自然村 7 571 个，占自然村总数的 56.2%；尚有 13.5% 的贫困户未解决饮水安全问题，37.1% 的贫困户危房尚未改造。

同时，我国现有贫困人口中因病因残致贫比例居高不下，2017 年分别超过 40% 和 14%，65 岁以上贫困老人占比超过 16%，内生动力不足占比超过 14%。[⑤] 现在剩下的因病致贫人口“多数是病情重、条件差的群众，且很多疾病都是长期的、慢性的、易复发的”[⑥]，这一部分贫困人口生产能力低下，内生动力和活力严重不足，需要强有力的针对性政策和措施才能解决他们的贫困问题。

集中连片特困区跨省分布也加大了脱贫难度。由于现行扶贫政策和措施多以行政区划统筹安排，即便同在一个片区，资金投入和项目建设仍由贫困地区所在省市集中规划，片区内跨省协调联动机制仍未

① “三区三州”：西藏、四省藏区、新疆南疆四地州和四川凉山州、云南怒江州、甘肃临夏州。

② 脱贫攻坚开启新征程，谱写新篇章，http://f.china.com.cn/2018-03/05/content_50660481_2.htm.

③ http://www.gansu.gov.cn/art/2017/6/15/art_4786_310679.html.

④ 国家统计局，《中国农村贫困监测报告 2017》.

⑤ 脱贫攻坚开启新征程，谱写新篇章，http://f.china.com.cn/2018-03/05/content_50660481_2.htm.

⑥ https://baijiahao.baidu.com/s?id=1615304268927211169&wfr=spider&for=pc .

建立健全，扶贫资源难以共享，尤其是涉及区域发展的重大利益问题难以协调，实际上削弱了扶贫效力。另外，片区内位于省际交界的贫困人口往往处于被边缘化的状态，加大了脱贫难度。

三、返贫现象时有发生

在我国现有贫困人口当中，有很大一部分是返贫人口。数据表明，自 2000 年以来，中国农村返贫率通常维持在 20% 以上，部分年份甚至达到 60% 以上，如 2009 年的贫困人口中超过 62% 的人口是返贫人口。从区域看，西部地区是返贫高发地区，返贫率通常在 20% 以上，个别省份甚至高达 50% 以上。①

返贫人口大多十分脆弱，处于极不稳定的状态。②他们的收入水平受经济波动影响大；一些居住在自然灾害频发、生态脆弱区域的脱贫人口，因为抵御灾害能力不足，在自然灾害发生后很容易返贫；另一些脱贫人口因病返贫、因残返贫。③究其根本，还是在于返贫人口的“可行能力”没有真正得到提升，没有做到真脱贫。这与前期扶贫工作中追求短期效益、贫困户参与度不足和社会保障体系不完善等因素密切相关。

四、贫困退出机制亟待完善

当前，中国扶贫事业已经取得巨大成就，贫困规模减小，但农村贫困退出方面呈现出被动退出、退出数量少和退出效果不佳的情况。以贫困县的退出为例，有数据表明，自 1994 年以来，我国国定贫困县的退出比例只占 8.6%，退出数量较少，效果也并不明显。④贫困地区往往不愿意自觉退出，仍希望依赖国家扶贫优惠政策和扶贫资源，加

---

① 杨立雄 . 高度重视扶贫攻坚中的返贫问题 [J]. 中国民政，2016（5）：18-20.

② 同上 .

③ http://cpc.people.com.cn/GB/64093/82429/83083/16288072.html.

④ 林科军 . 新常态下农村贫困退出机制研究 [J]. 农业经济，2018（5）：74-75.

上我国贫困退出机制和制度尚不健全，退出程序尚不明确，都导致了贫困地区退出难的问题。因此对于贫困退出问题需要加以重视。

第三节　思考与建议

一、明确指导思想，加大政策倾斜力度

当前，党和国家领导人十分重视扶贫工作，推进深度贫困地区脱贫是我国重要的民生工程，也是全面建设小康社会的内在要求。扶贫工作要坚持党和政府领导，以习近平新时代中国特色社会主义思想为指导，坚持精准扶贫、精准脱贫的基本战略方针，加大政策倾斜，凝聚全社会之力，攻克贫困难关。

坚持脱贫攻坚与社会主义新农村建设有机结合。党的十九大明确提出“实施乡村振兴战略”，将扶贫工作与“乡村振兴战略”结合起来，建立乡村振兴与脱贫攻坚联动机制，共享政策红利。

建立健全制度扶贫和法制扶贫，规范扶贫程序，监管扶贫资金，减少贪污腐败，使扶贫工作有法可依、有法必依、执法必严、违法必究，切实提高扶贫工作效率，维护社会公平。

完善精准识别机制，因地制宜，因人施策，实现针对贫困人口的精准帮扶；同时，建立明确的贫困退出机制和制度，避免扶贫资源浪费，保证扶贫工作的精准性。

二、打破行政体制固化，实现跨省连片治理

高效合理的政府机构设置和行政体制安排，是建设社会主义现代化强国的重要组成部分[①]，这就要求政府“统筹使用各类编制资源，形

① 十九大明确了政府机构和行政体制改革的三大方向，http://www.china.com.cn/opinion/think/2017-10/19/content_41759366.htm.

成科学合理的管理体制”，“赋予省级及以下政府更多自主权”[①]。同样，政府在扶贫工作中也要注重体制改革，加强部门间合作，或设立合署办公，多领域、全方位推动贫困地区脱贫。在集中连片特困地区，片区行政区域的异省分布导致区块分割，使得扶贫资源相对分散，体制僵化问题较为突出。片区内各省间要通过建立协商机制、统一工作目标、加强合作交流、共享信息资源、完善经办流程、统筹建设项目等措施，减少跨省治理在具体执行中的阻力，实现区域性整体脱贫。

三、促进产业培育，激发贫困人口脱贫内生动力

贫困群众是脱贫主体，其内生动力没有调动起来，就会出现“一扶就脱贫，不扶又返贫”的被动状态，不能从根本上解决问题。[②]贫困人口脱贫，需要的是从根本上激发贫困人口积极性、主动性，可持续的长效减贫机制，其核心是可持续的增收机制。立足于农村的产业培育，才是支撑这一机制长效运转的有效动力。

首先，应依托地方特色优势资源，建立现代化的农村产业体系，通过转变农业生产方式，提高农业生产力，逐步建立起以规模化、集约化、绿色化、工业化和社会化为特征的新型农业生产方式[③]。其次，应促进农业与第二、第三产业的融合，拓展农业多维发展渠道，形成生产、加工、销售链条，提高初级农产品附加值；挖掘和提炼农村文化内核与生态文明，推动旅游业、餐饮业的发展，助力农民尤其是贫困人口创收，培育其可持续发展能力。最后，还要开展贫困群众职业技能培训，引进专业技术人员参与产品生产与创新，为涉农产业的长足发展奠定坚实的基础。

---

① 习近平：决胜全面建成小康社会 夺取新时代中国特色社会主义伟大胜利——在中国共产党第十九次全国代表大会上的报告，http://www.gov.cn/zhuanti/2017-10/27/content_5234876.htm.

② 让贫困群众内生动力再增强，http://news.ifeng.com/a/20170716/51438699_0.shtml.

③ 魏后凯 .2020 年后中国减贫的新战略 [J]. 中州学刊，2018（9）：36-42.

四、提高公共服务水平，改善农村生活条件

贫困地区脱贫，根本目标在于让人民生活得更加幸福。完善的生活设施和公共服务也是人民生活幸福美满的重要保障。现阶段，大部分贫困人口的衣食住行问题已经得到解决，对于少数深度贫困地区，通水、通路、通网仍是人民热切期盼却悬而未决的问题，推进深度贫困地区的基础建设刻不容缓。同时，贫困地区公共教育、文化体育、医疗卫生等公共服务水平仍然较低，应加大资金投入，首先从加强基础设施建设开始，再通过政策宣传、人才引进等方式逐步提高公共服务水平。其次，完善社会保障体系，有效衔接社会救助和扶贫开发，保证贫困人口的基本生存与发展，发挥社会保障的兜底作用。

五、推动广泛参与

继续开展东西部对口支援、事业单位帮扶、军队帮扶和党员结对帮扶等党政机关主导的帮扶项目，同时，大力支持社会组织、民营企业等社会力量参与扶贫，创新参与机制，统筹安排社会扶贫资源，发挥社会组织的桥梁作用和企业的市场导向优势，让社会力量参与资金、人才、技术、产业等多方面投入，加强各界的协作交流，减轻中央财政负担，拓展扶贫带宽，将其作为传统扶贫的重要补充，具有重要的经济、政治和社会意义。[①]

六、队伍建设

当前，我国扶贫工作进入最后冲刺阶段，更加需要高素质、专业化的工作队伍，贯彻落实中央精神和相关决策。通过加强组织领导，统筹规划安排，明确脱贫责任；开展针对性培训，提升工作能力；严明工作纪律，完善监督机制等措施，确保扶贫工作在组织层面的实效性。

---

① 激活精准扶贫的社会力量，http://ex.cssn.cn/zx/bwyc/201805/t20180503_4221079.shtml.

各级干部是我国扶贫工作的中坚力量，要自觉发挥真干实干、勇于担当、无私奉献的精神，为改善民生福祉，全面建成小康社会、实现人民对美好生活的向往而不断奋斗。

第四节　2020年扶贫工作展望

回看中国70年的扶贫之路，纵然荆棘丛生，但在党和政府的带领下，全国人民齐心协力，找到了一条符合中国国情的、具有中国特色的扶贫开发道路，取得了举世瞩目的脱贫成就。尤其是党的十八大以来，中国农村脱贫进程明显加快，贫困群众生活水平明显提高，贫困地区面貌明显改善。

2015年年底，《中共中央国务院关于打赢脱贫攻坚战的决定》（以下简称《决定》）出台，提出到2020年，确保现行标准下农村贫困人口全部脱贫，贫困县全部摘帽，解决区域性整体贫困。《决定》实施以来，党中央、国务院总结原有脱贫经验，坚持“党和政府领导、群众主体、社会参与”的基本扶贫制度，始终将提高贫困地区和贫困人口的自我发展能力作为脱贫目标，在发展中解决贫困问题，同时不断推进扶贫战略、治理结构和资金管理创新，建立健全精准扶贫干预体系，及时、有效地对扶贫工作进行动态调整。4年来，扶贫工作不断向前推进，深度贫困地区脱贫增速，扶贫腐败和作风问题的治理初见成效，扶贫人才培育得到重视。

当前，距离全面打赢脱贫攻坚战最后时间节点不到一年，中国扶贫事业进入攻坚克难的关键时期。我们深刻地认识到扶贫工作的紧迫性和艰难性：深度贫困地区贫困成因复杂、脱贫工作困难重重，城乡发展不平衡的问题仍旧突出，返贫现象依旧存在，现行标准贫困人口全部脱贫任重道远。接下来，我国仍将以解决深度贫困地区的贫困问题为重点，针对深度贫困地区产业落后、劳动力素质低下和老病残聚集的基本状况，通过产业发展、人才培养（劳动力、扶贫干部两方面）、社会事业建设等途径，不断推动群众脱贫和地区可持续发展。同时，确保扶贫工作全覆盖：依托全国扶贫信息开发系统，逐户核实贫困人口状况，防止工作死角出现；落实扶贫工作监测和考核评估，避免“数字扶贫”和虚假扶贫；动态调整扶贫工作，保证贫困退出机制顺利运行和对非贫困地区贫困人口的扶持力度；鼓励国有企业和社会力量助力脱贫，鼓励东西合作助力产业发展，吸引乡村人才回流；加强脱贫攻坚与其他农村发展战略的衔接，帮助脱贫人口提升稳定脱贫能力，巩固脱贫攻坚成果。[①]

行百里者半九十，越到紧要关头，我们越要坚定必胜的信念，迎难而上，不懈奋斗。只要党和国家各部门切实承担责任、真抓实干，只要广大干部群众继续奋发进取、埋头苦干，只要全国各族人民团结一心、咬定目标加油干，就一定能如期打赢脱贫攻坚这场硬仗。[②]

另外，2020 年消除绝对贫困并不意味着扶贫工作的结束，当中国从中低收入国家迈入中等收入国家后，新的贫困问题将会凸显出来。[③，④]

首先，相对贫困将持续存在[⑤]，社会中一定比例的人群收入低于社会中其他人群，解决这部分人口的相对贫困问题将是 2020 年后扶贫工作的重点；其次，贫困将更多地表现为教育、医疗、文化等各方面的发展落后状态，彻底改善贫困人口的发展能力状况，对扶贫工作深度与广度的要求更加严格；再次，贫困标准是随着国家经济发展而不断变化的，确保脱贫人口不因贫困线提高而返贫、保障扶贫可持续性尤为重要；最后，统筹城乡贫困治理是扶贫工作的终极目标，随着城镇化进程的加快和城乡二元结构的改善，贫困人口将逐步从农村向城市

---

① http://www.scio.gov.cn/xwfbh/xwbfbh/wqfbh/37601/39447/wz39449/Document/1643439/1643439.htm.

② http://www.cpad.gov.cn/art/2018/10/17/art_2622_90285.html.

③ 雷明 . 提升贫困群体可持续发展能力 [N]. 中国社会科学报，2018-11-21（3）.

④ 2020：中国扶贫不惑之年的新门槛，https://pit.ifeng.com/a/20180708/59057998_0.shtml.

⑤ 雷明 . 扶贫战略新定位与扶贫重点 [J]. 改革，2016（8）：74-77.

集中，扶贫工作的重点也要及时向城市倾斜。①

未来，中国扶贫工作需要根据国情不断改革体制机制，在总结以往脱贫攻坚经验的同时创新扶贫理论与战略，针对不同形式的贫困制定、实施相应政策，持续推进中国特色减贫开发事业。改革不停顿，扶贫不松劲，才能从根本上解决中国前进中面临的困难和问题，为实现中华民族伟大复兴的中国梦和全面建成社会主义现代化强国奠定坚实的基础。

---

① 陈明珠. 改革开放四十年的扶贫进程与展望 [J]. 中共珠海市委党校珠海市行政学院学报，2018（5）：25-31.